|国家金属资源安全丛书|

丛书主编　黄健柏

JINSHU ZIYUAN JINGJI YU GUANLI DE
ZHONGDA WENTI YANJIU

金属资源经济与管理的重大问题研究

黄健柏　钟美瑞　邵留国　郭尧琦　等 编著

中国财经出版传媒集团

经济科学出版社
Economic Science Press

图书在版编目（CIP）数据

金属资源经济与管理的重大问题研究／黄健柏等编
著．—北京：经济科学出版社，2019.12
（国家金属资源安全丛书）
ISBN 978 – 7 – 5218 – 1106 – 3

Ⅰ.①金… Ⅱ.①黄… Ⅲ.①金属矿物 – 矿产资源管
理 – 研究 – 中国 Ⅳ.①F426.1

中国版本图书馆 CIP 数据核字（2019）第 287262 号

责任编辑：凌　敏
责任校对：蒋子明
责任印制：李　鹏　范　艳

金属资源经济与管理的重大问题研究

黄健柏　钟美瑞　邵留国　郭尧琦　等编著
经济科学出版社出版、发行　新华书店经销
社址：北京市海淀区阜成路甲 28 号　邮编：100142
教材分社电话：010 – 88191343　发行部电话：010 – 88191522
网址：www. esp. com. cn
电子邮件：lingmin@ esp. com. cn
天猫网店：经济科学出版社旗舰店
网址：http://jjkxcbs. tmall. com
北京密兴印刷有限公司印装
787 × 1092　16 开　23 印张　440000 字
2020 年 12 月第 1 版　2020 年 12 月第 1 次印刷
ISBN 978 – 7 – 5218 – 1106 – 3　定价：89.00 元
（图书出现印装问题，本社负责调换。电话：010 – 88191510）
（版权所有　侵权必究　打击盗版　举报热线：010 – 88191661
QQ：2242791300　营销中心电话：010 – 88191537
电子邮箱：dbts@ esp. com. cn）

序　言

　　党的十八届三中全会决定成立"国家安全委员会"，全面维护新时期复杂环境下的国家安全。2014年4月，习近平主席首次提出总体国家安全观，系统提出了11种安全议题，引起世界广泛关注。这11种安全议题首次包括了有关资源利用的安全议题，即资源安全。这是在国家层面上首次提出并确认的安全议题。金属资源是国民经济建设的重要物质基础，金属资源安全事关国家安全。

　　据中国地质科学院测算，2025年前后，我国铜、铝、铅等金属资源需求顶点将陆续到来，但需求总量将在相当长的时间内保持较高水平；铍、锶、锗、镓、铟等战略性金属资源需求则会持续增长。但我国金属资源的基本条件决定了国内资源的自我保障能力较差，加之未来10～15年仍将是我国矿产资源消费的增长阶段，使得我国重要矿产品种的总量保障明显不足，资源结构性矛盾突出，大宗矿产资源的对外依存度将进一步上升，同时资源分布与工业布局不匹配问题也将变得更加突出（国务院发展研究中心，2013）。矿业联合会的研究表明：到2020年，我国已探明储量的金属矿产资源中，铁、铝土矿、锰、锡、铅、镍、锑、金等将处于短缺状态，铜、锌、铬、钴以及铂族元素将严重短缺。而另一方面金属产业中低端冶炼产能则将出现严重过剩。2012～2014年，我国钢铁、电解铝的产能利用率仅维持在72%～75%。未来10年，我国主要金属资源需求将陆续达到峰值，面临资源洪峰与产业转型双重压力。

　　中国金属资源供给的这样一种基本状况，要求我们不得不寻求更广范围的世界资源。21世纪以来，中国开始从以往的"自给自足"的资源战略转变为立足国内、资源国际化经营的新战略。充分利用"国内国外两种资源、两个市场"的战略举措，一定程度上缓解了中国金属资源供给短缺"瓶颈"，但并没有从根本上改善金属资源供给的经济性、稳定性和持续性。据矿业联合会统计，中国海外矿业投资的成功率不到20%。许多海外矿山投资项目不仅没有为企业带来利润，甚至成为拖累企业业绩的包袱。跨国矿业巨头早年圈地的先发优势、全球资源民族主义抬头、资源所在国的政治动荡以及文化与语言差异是中国矿业企业海外开发受阻的直接原因。而国内监管和审批制度烦琐、投资项目预研和论证不充分、缺乏收购和管理技巧以及政策驱动性过强、盲目要求控股则是海外矿业投资失败的内在原因。从未来发展形势来看，中国金属资源的主要来源国印度尼西亚、赞比亚、蒙古国、澳大利亚等相继加强了资源控制，跨国矿业公司垄断格局难以打破，美国亚太再平衡战略加大了海外资源运输通道安全的压力。这些地缘政治和经济因素的影响，使得中国矿业企业走出去困难重重，金属资源的全球化配置风险日益突出。这些问题需要理论界和实务界的同人们共同探讨，走出一条符合中国国情的金属资源国际化经营的路子。

在世界矿业资源竞争日益激烈的背景下，中南大学于2012年11月成立金属资源战略研究院，依托学校在金属资源领域的学科优势，搭建起金属资源硬科学与软科学交叉融合的开放式研究平台，专注于国家金属资源重大战略问题的研究。研究院成立至今，围绕着产能过剩与产业转型升级、资源安全战略与产业政策、资源节约与环境保护以及资源价格与矿业金融等金属资源领域的重大问题形成了稳定的研究团队和研究方向。本系列丛书既是对研究院现有研究成果的一个总结和展示，同时也是研究院在国家金属资源安全的视角下，对我国金属资源领域的重大战略问题的思考和解析。

当前，受国际形势和行业产能过剩影响，我国金属资源产业开始由"高速增长"转入"中低速增长"。经济增长放缓对金属资源的供需规模演变将产生重要影响；新一轮技术革命将加快对金属资源供需结构的调整；政府与市场关系的重塑、"走出去"战略的成果释放、国家"一带一路"等重大战略的实施都将对我国金属资源战略带来制度层面的重大变革。金属资源产业正处于深度调整时期，国家金属资源安全战略、管理体系和政策需要进一步重构。为此，也希望本系列丛书的出版能够为金属资源领域的经济管理决策部门、企业以及所有关心金属资源产业发展的各界人士提供有益的借鉴和参考。

黄健柏

2015 年 12 月

前　　言

　　金属资源是人类社会生存和发展的重要物质基础，是国家生存和发展的重要支撑。金属资源安全不仅是资源安全的核心，而且深刻影响着国家的军事安全、政治安全、经济安全与生态安全。我国是一个金属资源相对丰富、品种比较齐全的国家。目前，全球已发现 200 余种矿产资源，而我国就有 168 种，探明有一定储量的达 153 种，其中金属矿产 54 种。我国金属矿产资源产量、消费量连续 10 余年位居世界第一，堪称金属资源大国。金属资源为国防军工提供关键原材料、为我国快速工业化和城镇化提供基础原材料、为《中国制造 2025》《能源生产和消费革命战略（2016－2030）》等国家战略实施提供关键原材料。金属矿产资源安全在国家资源安全中居于基础地位，是国家资源安全体系的重要组成部分。在这一背景下，金属矿产资源经济、管理及政策所涉及的诸多基础科学问题，是国家在新时代中亟待解决的重大理论和现实问题。为了专注于国家金属资源领域重大战略问题的研究，中南大学依托学校在金属资源领域的学科优势，于 2012 年 11 月成立中南大学金属资源战略研究院，搭建起了金属资源硬科学与软科学交叉融合的开放式研究平台，形成了稳定的研究团队和研究方向。本书是研究团队对金属资源战略问题不断深入思考和研究的总结和展望。

　　本书内容围绕着金属资源开发利用与经济发展的关系、金属资源开发利用与生态环境保护的关系、金属资源性产品定价与经济安全的关系、金属资源开发利用与资源安全的关系等基本内容所展开。第 1 章绪论，包括问题的提出、金属资源概述、金属资源经济管理的理论起点和重大问题等内容；第 2 章金属资源开发利用外部性的核算体系，包括外部性的内涵和分类、代际外部性的核算、环境外部性的核算等问题；第 3 章金属资源开发利用外部性治理的经济影响分析，包括金属资源开发利用的外部性内部化的经济影响、金属资源开发利用的外部性内部化的政策建议等内容；第4章金属资源的优化配置，包括金属资源的最优耗竭问题、代际配置问题、空间配置问题以及资源利用与经济增长中的产能过剩、资源诅咒等内容；第5章金属资源定价机制与定价权，主要包括定价格局与定价机制、金融化、中国因素影响以及价格操纵与定价权等内容；第6章金属资源安全问题研究，主要包括金属资源安全的定义和特征、金属资源安全评价、金属资源安全战略及关键科学问题等内容。

本书为中南大学金属资源战略研究院黄健柏教授主持的国家自然科学基金重点项目经济新常态下的国家金属资源安全管理及其政策研究（项目编号71633006）、钟美瑞副教授主持的国家自然科学基金面上项目有偏技术进步、产业结构升级与金属资源安全：理论机制及模拟分析（项目编号71874207）、邵留国副教授主持的国家自然科学基金面上项目伴生性关键矿产全球贸易格局演变与我国的对策研究（项目编号71974208）郭尧琦副教授主持的国家社会科学基金项目大国竞争背景下的稀有金属全球流动演变与我国供应安全研究（项目编号19BJY076）的阶段性成果，参与本书撰写的有：黄健柏、钟美瑞、邵留国、郭尧琦、唐文源、王叶、谭娜、曾安琪、冯宇文。此外，本书的出版得到了经济科学出版社的支持和帮助，在此对经济科学出版社的领导和编辑表示衷心的感谢。

需要指出的是，本书初稿形成于2016年，是研究团队对金属资源经济和管理中诸多问题的思考，反映了中南大学金属资源战略研究院成立以来在金属资源战略问题研究领域的探索和推进。其间书稿虽有过数次的修改和完善，但仍存在着需要进一步探索和讨论的地方，本书中的不足和错漏之处也请读者不吝指正。尽管如此，我们仍希望本书的出版能够对相关领域的学者、政府管理部门、企业管理人员以及关心该问题的读者们有所帮助。

目　　录

第1章　绪论 ……………………………………………………………… 1

　1.1　金属资源经济管理问题的提出 ……………………………………… 1

　1.2　金属资源概述 ………………………………………………………… 7

　1.3　金属资源经济管理的理论起点 ……………………………………… 10

　1.4　金属资源经济管理的重大问题 ……………………………………… 15

第2章　金属资源开发利用外部性的核算体系 …………………………… 20

　2.1　外部性的内涵及特征 ………………………………………………… 20

　2.2　外部性的治理方法 …………………………………………………… 21

　2.3　金属资源开发利用外部性的内涵和分类 …………………………… 23

　2.4　金属资源代际外部性的核算 ………………………………………… 27

　2.5　金属资源环境外部性的核算 ………………………………………… 39

第3章　金属资源开发利用外部性治理的经济影响分析 ………………… 67

　3.1　中国金属资源经济环境的一般均衡系统 …………………………… 67

　3.2　金属资源开发利用外部性内部化经济影响的实证结果 …………… 118

　3.3　金属资源开发利用外部性内部化实现形式的政策建议 …………… 127

第4章　金属资源优化配置 ………………………………………………… 160

　4.1　金属资源配置的经济学分析 ………………………………………… 160

　4.2　金属资源的最优耗竭 ………………………………………………… 165

　4.3　金属资源的代际配置 ………………………………………………… 178

　4.4　金属资源的空间配置 ………………………………………………… 192

　4.5　资源利用与经济增长 ………………………………………………… 198

第5章 金属资源定价机制与定价权 ⋯⋯⋯⋯⋯⋯⋯⋯⋯⋯⋯⋯⋯⋯⋯⋯ 231

5.1 矿产资源定价权概述 ⋯⋯⋯⋯⋯⋯⋯⋯⋯⋯⋯⋯⋯⋯⋯⋯⋯ 231

5.2 金属资源定价格局与价格形成机制 ⋯⋯⋯⋯⋯⋯⋯⋯⋯⋯ 235

5.3 金属资源金融化及其对价格的影响 ⋯⋯⋯⋯⋯⋯⋯⋯⋯⋯ 247

5.4 中国因素对金属资源价格的影响 ⋯⋯⋯⋯⋯⋯⋯⋯⋯⋯⋯ 258

5.5 多市场联动视角下金属资源价格操控研究 ⋯⋯⋯⋯⋯⋯ 266

5.6 定价权缺失案例分析 ⋯⋯⋯⋯⋯⋯⋯⋯⋯⋯⋯⋯⋯⋯⋯⋯⋯ 280

第6章 金属资源安全问题研究 ⋯⋯⋯⋯⋯⋯⋯⋯⋯⋯⋯⋯⋯⋯⋯⋯⋯⋯ 293

6.1 金属资源安全的定义和特征 ⋯⋯⋯⋯⋯⋯⋯⋯⋯⋯⋯⋯⋯ 293

6.2 我国金属资源安全现状评价 ⋯⋯⋯⋯⋯⋯⋯⋯⋯⋯⋯⋯⋯ 294

6.3 金属资源战略借鉴 ⋯⋯⋯⋯⋯⋯⋯⋯⋯⋯⋯⋯⋯⋯⋯⋯⋯⋯ 303

6.4 新常态下的金属资源安全观 ⋯⋯⋯⋯⋯⋯⋯⋯⋯⋯⋯⋯⋯ 310

6.5 新常态下的金属资源安全战略 ⋯⋯⋯⋯⋯⋯⋯⋯⋯⋯⋯⋯ 315

6.6 新常态下金属资源安全研究的关键科学问题展望 ⋯⋯ 316

参考文献 ⋯⋯⋯⋯⋯⋯⋯⋯⋯⋯⋯⋯⋯⋯⋯⋯⋯⋯⋯⋯⋯⋯⋯⋯⋯⋯⋯⋯⋯⋯ 319

第1章

绪　　论

1.1　金属资源经济管理问题的提出

1.1.1　金属资源开发利用与经济发展的关系

金属资源是人类经济社会发展的重要物质基础。随着经济发展和社会进步，人类对于金属资源的需求和开发利用的深度、广度不断扩大。我国是一个金属资源相对丰富、品种比较齐全的国家。目前，全球已发现 200 余种矿产资源，我国就有 168 种，探明有一定储量的达 153 种，其中金属矿产 54 种。我国金属产量、消费量连续 10 余年位居世界第一，堪称矿业大国。[①]

1.1.1.1　金属资源开发对经济发展的积极作用

（1）金属资源的开发利用对区域经济有着基础性的、深远的影响。由于金属资源在空间上是不能流动的，不可能形成资源在空间上均衡化，因此，金属资源开发的经济活动只能发生在资源富集的区域，进而构成地方经济分异的基础。金属资源种类、组合特征和开发利用活动决定了地方经济的结构特征。地方经济发展是以产业为载体的区域资源的比较优势及其开发，形成了各具特色的地方经济增长及其结构特征。其中典型的是矿业城市，即以与金属资源开发利用活动相关产业为主导的城镇及其体系，对区域经

---

① 中国有色金属工业协会. 中国有色金属工业年鉴（2014）［M］. 北京：《中国有色金属工业年鉴》社，2015.

济发展具有较强的辐射作用。

金属资源是与之相关产业发展的物质基础。区域在发展产业时利用资源优势，优先发展相关产业，积累一定条件后再发展其他产业。当某一矿业市场形成之后，又会对区域内外相关产业的发展产生带动作用。矿业的发展与市场的形成相伴而来。随着产品产供销的循环往复，区域内的矿业市场随之形成。这种由客观经济因素促成的市场具有强大的渗透力和扩散力。正是这种渗透力和扩散力，使矿业对其他相关产业产生强大的关联带动作用。金属资源的采掘，在纵向上可带动选矿业、冶炼加工业等产业的发展；在横向上可带动为矿业服务的交通运输、机械制造、外贸外销以及供电、供水等城市建设产业发展，最终形成以矿业开发为发端的产业群落，从而影响区域内的产业结构，带动区域经济发展。

（2）金属资源的合理开发利用为产业结构升级提供保障。矿产资源是人类生产生活不可或缺的物质基础，对矿产资源的大规模开发利用有力地支撑了世界工业化发展。随着工业化演进，一国（地区）产业发展对矿产资源的需求结构会发生显著变化。考察世界范围内工业化的历程可以发现，矿产资源消费总量及其结构表现出一定的阶段性特征：在工业化初中期，大量消耗煤炭、铁矿石等大宗矿产；工业化中期，石油、有色金属消费增长较快；进入工业化后期和后工业化时期，稀有矿产资源需求逐步扩大，成为现代制造业特别是战略性新兴产业和国防工业的关键原材料。以计算机芯片为例，20世纪80年代的计算机芯片仅含有12种化学元素，而21世纪的高速大容量集成电路则包含61种化学元素，增加的49种化学元素中，包括钇和除钷之外的其他14种镧系元素的稀土金属，以及其他35种稀有矿产资源。

就全球需求层面而言，稀有矿产资源在战略性新兴产业以及国防工业中的广泛应用催生了新的需求，稀有矿产资源的价值链不断向纵深延展；而在供给层面，世界范围内稀有矿产资源的勘探、开采、冶炼、提纯、使用、回收等各个环节都面临着更加严格的环保标准，对未来稀有矿产品供给形成了重要约束。在供求两方面的共同作用下，近年来国际市场上稀有矿产品供求关系呈现出持续波动、总体偏紧的态势。面对稀有矿产品供求关系变化以及稀有矿产领域日益加剧的国际竞争，美国、欧盟、日本等主要发达国家相继通过法案，采取各种措施，加强战略性稀有矿产的国家管控。一方面，主要工业大国加紧对本国稀有矿产资源的再勘探和海外资源的开发收储，加大稀有矿产资源替代产品和技术研发的投入力度；另一方面，美、日、欧等发达经济体利用对现行多边贸易体系的主导权，采取诉诸WTO等方式，要求中国取消对稀土、钨、铂等稀有矿产品出口数量管理措施，意图挤压中国维护稀有矿产资源大国地位的政策空间，从而为其新兴战略性产业发展提供充足、稳定的原材料保障。

（3）金属资源开发促进外向型经济发展。在经济全球化背景下，任何一个地区的经济都不可能在小范围内谋求很好的发展，因此立足本区域发展外向型经济是区域经济发展的内在要求，也是必然趋势。金属资源开发利用从开始就越过了自给自足的经济阶段，直接通过对外输出矿产品及相关产品而获得发展动力。无论是矿业发展的初级阶段还是高级阶段，把矿产品输送到国内外广阔市场始终是矿业开发的追求所在。金属资源的不均匀分布决定了矿业产品不仅在国内各不同经济区域有需求，而且在国际上也有相当大的市场空间。在经济发展水平较低的地区，开展矿产品的对外贸易是刺激本地区经济发展的主要动力之一。区域外部市场对矿业产品的需求，导致外部资金在区域之间流动，通过矿业产品的交换而形成矿业"发展链"，拉近各经济区域的距离。循环不断的相互流通，往往使相邻经济区域之间的联系越来越密切，甚至最终融为一体，促进外向型经济的发展。

1.1.1.2　金属资源开发对经济发展的消极作用

经济发展离不开金属资源，但如果在开发利用过程中，不注意有效保护生态环境，将影响经济的发展。纵观当代世界，一些金属资源丰富的国家，同时也是生态危机最为严重的国家，对经济发展的副作用也更大。

环境污染是指人类活动产生并排入环境的污染物或污染因素超过了环境容量和环境自净能力，使环境的组成或状态发生了改变。大规模消耗金属资源必然排放出大量有害物质（一氧化碳、二氧化碳、二氧化硫、粉尘以及多种有毒气体），治理不当将严重污染环境。

不合理开发利用金属资源不仅造成资源的损失和浪费，而且极易导致生态的破坏。近年来，世界各地地震、泥石流、暴雨等灾害以及地面塌陷时有发生，有些是天灾，也有些是与人类不合理开发、利用自然资源，尤其是矿产资源有很大的关系。

对金属资源合理规划，有计划地开采会优化区域产业结构，但是对金属资源地过度开采也很可能会导致区域人力、物力向某一行业短时间内盲目大量集中，导致行业秩序混乱，区域产业结构恶化，严重时将出现"资源诅咒"现象。

1.1.2　金属资源开发利用与生态环境保护的关系

在金属资源开发过程中，将埋藏在地下的有色金属矿产开采出来，投入到工业发展与城市建设中去，与此同时，金属资源开发会对生态环境产生多方面的影响，如水污染、大气污染、土壤污染、土地资源损毁与占用、固体废弃物污染、生物多样性破坏等。其中，露天开采产生大量的尾矿等固体废弃物，造成部分土地被压占和破坏、植被毁坏和水土流失。金属资源开发产生的金属元素通过各种途径进入土壤、河流，造成矿山生态环境的破坏。除了对自然环境的影响，也对人体健康带来严重的损害。在国内，很多地方已经意识到了这些问题的严重性，加大了防范和治理的力度，取得了很好的成效。但是也还有一些地方只顾追求眼前的经济利益，对金属资源开发所造成的生态环境破坏问题视而不见，造成了巨大的生态环境安全隐患。

目前，我国在废弃物处理和开发利用的工艺技术方面与发达国家存在着较大差距，金属资源综合开发利用率偏低。如我国金属共生、伴生矿藏总采出率只能达到 50%，国外先进水平平均为 70%。固体废弃物的治理与开发利用方面，我国现有大中型尾矿库 2000 余座，煤矸石山 1900 余座，堆存 38 亿吨固体废物，综合利用率只有 44%；堆存粉煤灰 8 亿吨以上，综合利用率为 53%；金属矿山堆存 60 亿吨，综合利用率仅为 8.2%。[①] 此外，我国有色金属利用的主要方式仍然是直接开采，有色金属替代材料的科学研究还有待加强。在黑色金属资源开发利用中，钢铁行业装备水平参差不齐，节能环保投入历史欠账较多，不少企业还没有做到污染物全面稳定达标排放，节能环保设施有待进一步升级改造。吨钢能源消耗、污染物排放量虽逐年下降，但抵消不了因钢铁产量增长导致的能源消耗和污染物总量增加。特别是京津冀、长三角等钢铁产能集聚区，环境承载能力已达到极限，绿色可持续发展刻不容缓。

我国正处于全面建设小康社会的关键时期，随着工业化、信息化、城镇化的同步快速推进，资源总量减少、环境污染加剧、生态系统破坏的问题日益严重。"生态文明"这一概念是在 2005 年资源环境工作会议上首次被提出的，党的十八大中明确指出要把生态文明建设纳入"五位一体"的建设中，融入经济、政治、文化和社会建设等各个方面，在全社会当中形成资源友好与环境保护的良好发展模式，使得产业结构得到优化，生产生活方式更加合理，从根本上扭转生态恶化的颓势。

1.1.3　金属资源性产品定价与经济安全的关系

价格是商品交易的核心问题，价格决定着经济贸易中买卖双方的利益分配，进而决定买方和卖方在该行业中的地位。目前，虽然我国已成为世界大宗商品消费大国，但在大宗商品定价方面长期缺乏话语权。西方发达国家长期以来掌控着全球资源的布局，世

---

① 中国有色金属工业协会. 中国有色金属工业年鉴（2014）［M］. 北京：《中国有色金属工业年鉴》社，2015.

界前8大跨国矿业集团控制着全球矿业供给近50%的市场份额,西方跨国公司掌握着全球金属资源的定价话语权。

铁矿石对于我国经济发展有着举足轻重的作用,我国从1996年起就成为世界第一大钢铁生产国,从2003年起就成为世界第一大铁矿石进口国,10多年来我国的粗钢产量和铁矿石进口量都在快速增长。国际铁矿石价格形成机制始于1981年,经过30多年的发展,逐渐形成了一套独特的谈判规则,包括"三对三"格局,"首发跟风"模式,"长协、离岸、同涨幅"的定价原则等。但是,长期以来,我国钢厂代表在每年的国际铁矿石价格谈判中都处于弱势地位,上千家中国钢厂只能被动接受日本钢厂或欧洲钢厂与三大矿业巨头达成的铁矿石价格协议,这与我国世界第一大钢铁生产国和世界第一大铁矿石进口国的地位极不相称,经济上也造成了极大的损失。

我国是举世公认的稀土资源大国,20世纪90年代,国际上就有"中东有石油、中国有稀土"的说法。然而,尽管我国稀土产业在世界上创造了资源储量、生产量、销售量和消费量四个第一,但由于我国稀土产品在国际上缺少定价话语权,稀土贱卖到了"土"的价钱。例如,钨素有"工业牙齿"之称,是重要的战略资源,尽管中国钨的储量、生产量、贸易量和消费量均居世界第一位,但由于过量开采和产品附加值低,中国钨储量在世界基础储量的占比逐渐下降,资源优势也没有很好地转化为经济优势。

由于我们缺乏国际金属资源贸易的定价话语权,导致金属资源在国际贸易中贱卖。我国的金属资源主要位于经济欠发达的地区,地方政府的财政压力和就业压力巨大。为了解决当地的财政困难、增加就业机会、提高经济收入和获取更多的出口额,在国际矿产贸易价格非常低的情况下,一些金属资源丰富地区不得不加大对金属资源的开采和扩大出口量,采取粗放型的发展方式,从而导致金属资源的过度开采和浪费,也加剧了生态环境恶化。

1.1.4 金属资源开发利用与资源安全的关系

金属资源安全是国家资源安全的重要组成部分。当前,我国金属资源安全面临诸多新的挑战。党的十八届三中全会决定成立"国家安全委员会",全面维护新时期复杂环境下的国家安全。金属资源是国民经济建设的重要物质基础,金属资源安全事关国家经济安全及国防安全。李克强总理指出:"中国是一个有着13亿人口、正处于工业化、城镇化快速推进关键时期的发展中大国,必须提高资源保障能力、化解瓶颈制约。"[1] 据

---

① 陈其慎,于汶加,张艳飞. 点石:未来20年全球矿产资源产业发展研究 [M]. 北京:科学出版社,2016.

预测，中国对金属资源的旺盛需求将持续到 2025 年之后，在相当长的时间内中国对金属资源的需求将会有增无减。但我国金属资源的基本条件决定国内资源的自我保障能力较差，加之未来 10～15 年将是我国矿产资源消费的快速增长阶段，使得我国重要矿产的总量保障明显不足，资源结构性矛盾突出，大宗矿产资源的对外依存度将进一步上升，同时资源分布与工业布局不匹配问题将变得更加突出（国务院发展研究中心，2013）。研究表明，到 2020 年，我国已探明储量的 24 种重要金属资源中，仅有 3 种可保证需求，3 种基本可以满足需求，13 种难以满足需求，5 种将肯定出现短缺。而金属产业中低端冶炼产能则出现严重过剩。2012～2014 年，钢铁、电解铝的产能利用率仅维持在 72%～75%。① 未来 10 年，中国主要金属资源需求将陆续达到峰值，面临资源洪峰与产业转型双重压力，对外依存格局短期难以改变。

中国金属资源的紧缺性和不安全性，要求我国不得不寻求更广阔的世界资源。21 世纪以来，中国开始从以往的"自给自足"资源安全战略转变为立足国内、资源国际化经营的新战略。充分利用"国内国外两种资源、两个市场"的战略举措，虽然一定程度上缓解了中国金属资源供给短缺"瓶颈"，但并没有从根本上改善中国金属资源供给的经济性、稳定性和持续性。据中国地质科学院测算，扣除正常涨价幅度，近 10 年来中国铁、铜和铝资源进口累计损失达 3000 亿～3500 亿美元，市场垄断和基金炒作对资源涨价的贡献率高达 50%～65%；② 从未来发展形势来看，中国金属资源的主要来源国印度尼西亚、赞比亚、蒙古国、澳大利亚等相继加强了资源控制，中国海外矿业投资的成功率不到 20%；跨国矿业公司垄断格局难以打破，美国亚太再平衡战略加大了海外资源运输通道安全的压力。这些地缘政治和经济因素的影响，使得中国矿业企业"走出去"困难重重，过度依赖国际金属资源的发展路径难以为继。在新常态下，我国的发展阶段面临重大转换，经济增长放缓对金属资源的供需规模演变产生重要影响；同时，新一轮技术革命，以及生态文明体制建设、国家"一带一路"倡议等所带来的制度层面的重大改革将对金属资源供需结构产生调整。在经过 21 世纪初以来的高速发展之后，受国际金融形势和行业产能过剩影响，我国金属产业开始由"高速增长"转入"中高速增长"，金属产业正处于深度调整时期，国家金属资源安全战略、政策及管理体系需要进一步重构。

---

① 中国有色金属工业协会. 中国有色金属工业年鉴（2014）［M］. 北京：《中国有色金属工业年鉴》社，2015.

② 陈其慎，于汶加，张艳飞. 点石：未来 20 年全球矿产资源产业发展研究［M］. 北京：科学出版社，2016.

1.2 金属资源概述

1.2.1 金属资源的内涵

金属资源的开发利用历史悠久，人类对其认识也在不断深化，不同学科领域的专家对金属资源的理解不尽相同。地质专家主要侧重于金属资源的形成、赋存等方面；找矿专家主要强调金属资源的赋存状态和数量（即矿产储量）；经济、管理专家则主要强调金属资源的经济意义。因此，这就使得金属资源的定义各有不同。可以从以下几个方面去认识金属资源的含义：

金属资源是赋存在地壳中有用岩石、矿物和元素的聚集物，它们经过漫长的成岩成矿作用而富集，可作为一种物质财富或商品，在目前或可以预见的将来加以开发利用，即金属资源的天然物质意义。

金属资源的开发利用，必须是在科学技术上能够实现的，在经济上是合理的。例如随着技术的进步，人类可利用的金属资源，不论从品种上，还是从数量上，都是在不断增加的。同时，随着社会劳动生产力的提高，可能使一些过去不宜开发的低品位矿物堆积物变成金属资源。因此，在分析研究金属资源时，必须综合考虑金属资源的技术经济含义。

金属资源不仅经济建设需要，国防建设也需要。以金属材料为例，人们常说一代材料一代装备，材料性能决定装备的性能，金属资源产业要为国防提供关键材料。从这个角度看金属资源具有军事意义。

随着人类对金属资源开发利用程度的提高，金属资源对人类的贡献也越来越大。但若开发利用不当，对环境的负面作用也越大。人类不能只顾眼前利益对矿产资源盲目开发，必须兼顾自然界的生态平衡，这就是金属资源的社会意义。

1.2.2 金属矿产的分类

1.2.2.1 金属矿产的传统分类

矿产资源的分类如表 1-1 所示。

表 1 - 1　　　　　　　　　　　　　　　矿产资源种类体系图谱

矿产类别			具体涵盖
金属类	黑色金属 （铁合金金属）		铁、锰、铬、钒、钛等
	有色金属类	重有色金属	铜、镍、钴、铅、锌、锡、锑、铋、镉、汞
		轻金属	铝、镁、钾、钠、钙、锶、钡
		贵金属	金、银、铂、钯、铑、铱、钌、锇
		伴生金属	硅、硒、碲、砷、硼
		稀有金属	锂、铍、铌、钽、铷、铯、锆、铪
		稀土金属	钪、镧、铈、镨、钕、钷、钐、铕、钆、铽、镝、钬、铒、铥、镱、镥、钇
非金属类	冶金辅助原材料		石灰岩、白云岩、硅石、菱镁矿、耐火黏土、萤石、铸型用砂、铁钒土、铸型黏土、高铝矿物原料
	化工原料		硫铁矿、自然硫、磷、钾盐、明矾石、化工用石灰岩、泥炭、硼盐、芒硝、砷、重晶石、钾长石、含钾岩石、化肥用蛇纹岩、钠硝石、天然碱、镁盐、溴、化肥用橄榄岩、碘、毒重石、化肥用硅
	特种		压电水晶、冰洲石、金刚石、蓝石棉、熔炼水晶、光学萤石、光学水晶
	建材及其他		云母、石棉、高岭土、石墨、石膏、滑石、水泥用石灰岩、水泥混合材料、水泥配料、玻璃用砂、长石、陶瓷黏土、砖瓦黏土、建筑石材、蛭石、硅藻土、膨润土、叶蜡石、玉石、泥灰岩、玻璃用白云岩、石榴子石、天然油石、花岗岩、方解石、铸石用辉绿岩、玄武岩、珍珠岩、浮石、刚玉、玛瑙、凹凸棒石、宝石、透辉石、透闪石、颜料矿物、白垩、伊利石黏土、蒙托石黏土、板岩、辉长岩、角闪岩、片麻岩、粗面岩、火山渣、霞石正长岩、沸石、硅灰石
能源类			煤、煤成气、石煤、油页岩、石油、天然气、油砂、天然沥青、铀、钍、地热
水气类			地下水、矿泉水、二氧化碳气、硫化氢气、氦气、氡气

1.2.2.2　深海金属资源

占地球面积约 70% 的海洋里蕴藏着大量的金属资源，是人类 21 世纪的接替资源。除了丰富的锰矿石外，还含有铜、镍、钴、钛和钼等多种金属。据测算，太平洋的锰藏量为 2000 亿吨，镍藏量为 90 亿吨，铜藏量为 50 亿吨，钴藏量为 30 亿吨，分别相当于陆地矿藏量的 57 倍、83 倍、9 倍和 359 倍。[①] 海洋采矿可能比陆地采矿更环保、投资效

① 中国有色金属工业协会. 中国有色金属工业年鉴（2014）［M］. 北京：《中国有色金属工业年鉴》社，2015.

益更高等观点渐成主流，企业无疑将成为深海资源研究开发的重要角色。

1.2.2.3　太空金属资源

太空中的各类天体蕴含丰富的金属资源。据估算，一颗小行星上仅 500 米直径的地方所蕴含的铂金资源就相当于铂族金属（钌、铑、钯、铱和铂等）迄今人类开采量的总和。随着人类宇宙探索能力的不断增强，地外星体将会成为金属资源的重要来源地。

1.2.2.4　城市矿产

世上本没有垃圾，只有放错位置的资源。"城市矿产"是对废弃资源再生利用规模化发展的形象比喻，美国城市社会学家雅各布斯（Jacobs）1961 年提出城市是未来的矿山。"城市矿产"是指工业化和城镇化过程中产生和蕴藏在废旧机电设备、电线电缆、通信工具、汽车、家电、电子产品、金属和塑料包装物以及其他废料中，可循环利用的钢铁、有色金属、塑料、橡胶等资源。

当前我国仍处于工业化和城镇化加速发展时期，对金属资源的需求巨大。但国内金属资源储量不足，"城市矿产"将成为重要的替代资源。开发"城市矿产"更环保、更具有经济价值，既能节省大量原生资源，弥补原生资源的不足；又能"变废为宝、化害为利"，缓解资源环境矛盾。

据联合国环境规划署发布的《回收——化电子垃圾为资源》报告，每吨线路板和每吨手机分别含大约 200 克和 300 克黄金，而金矿石的平均品位只有每吨 5 克。一项研究表明，一部废手机的内件里包含多种有价值的材料，包括 0.01% 的黄金、20%～25% 的铜、40%～50% 的可再生塑料。按我国每年废弃 1 亿部手机估算，这些废旧手机总重达 1 万吨，若回收处理，将能提取出 1500 千克黄金、100 万千克铜、3 万千克银。

据估算，如果我国再生资源回收利用量每年增加 10%，就相当于减少了二氧化碳排放 3800 万吨。因此，再生资源行业的发展已经成为全球范围内破解资源短缺矛盾，实现资源可持续利用，发展绿色经济的重要途径。

1.2.3　金属资源的特征

金属资源具有以下特征：

（1）社会基础性。金属资源是一种基本的生产资料和劳动对象，在社会进步和经济发展中具有重要的地位。在我国，95% 的能源、80% 以上的工业原料和 70% 的农业生产资料均来自矿业。

（2）不可再生性。不可再生性决定了金属资源的有限性和稀缺性，决定了人类社会在社会生产活动中必须十分注意合理地开发、利用和保护。对此我们不能过于乐观，也不必过于悲观。

（3）分布的不均衡性。金属资源在全球的分布呈现十分不均衡的特点。铁矿75%在俄罗斯、澳大利亚、美国、加拿大和巴西；锰矿90%集中在南非和俄罗斯；铬矿97%在南非、津巴布韦和俄罗斯；铜矿56.8%在智利、美国、澳大利亚、俄罗斯和赞比亚；铝土矿72%在几内亚、澳大利亚、巴西、牙买加和印度；铅矿75%在澳大利亚、美国、加拿大、俄罗斯和南非；锌矿53%在加拿大、美国和澳大利亚；金矿55%和铂矿储量的81%集中在南非。

（4）资源丰度的差异性。不同成因的同一金属资源，其有用成分和有害成分的含量都不同；有贫矿与富矿、组成简单与复杂、难选与易选之分。资源丰度的差异，决定了资源的价值。

（5）动态性。金属资源实际上是受地质、技术和经济共同制约的一个三维动态概念。随着技术进步，一些过去由于资源丰度不高而被视为废石的金属资源，今天又具有了工业应用的价值。

（6）共生和伴生性。特别是有色金属矿产，大部分是多金属共生和伴生。一种矿产经常因共生和伴生的矿产而使其利用价值成倍提高，无废开采理念更加受到重视。

（7）开采不合理所造成的环境危害性。矿产开采不合理，会对自然环境和人类社会造成重大的污染和危害。在某种程度上，消费就是一种污染，环境门槛将不断提高。

（8）资产转化的不确定性。地质勘察找矿是一项高风险投资，一般探获一个经济矿床的成功率只有1%～2%，矿业投资是一项高风险的事业。

1.3　金属资源经济管理的理论起点

1.3.1　金属资源经济研究的理论起点

自从1924年R.T.Ely和E.W.Morhous的奠基性工作以来，资源经济学经历了近百年的发展历程。就人类的需求而言，自然资源具有稀缺性，因此资源经济学的中心议题是稀缺资源的配置。广义而言，资源经济学研究的对象是人类生产过程中的一切具有"存量"形态的投入的消耗过程及该过程中所伴随的制度演变，[①] 这里给出了微观视角下资源经济学所包含的两个主题：一是稀缺资源的最优配置；二是最优配置目标下的制度设计。20 世纪 70 年代初世界性能源危机爆发后，经济增长中资源的"瓶颈"效应日趋突出，引发了经济学家对资源问题的关注，试图在资源与宏观变量之间建立起某种联系。宏观视角的引入进一步推进了资源经济学研究的繁荣。近年来，资源经济学充分吸收现代经济学的研究成果而不断发展，在资源耗减价值核算、生态价值核算、资源禀赋与经济发展的关系、资源产权制度等方面取得了较大的进展。

金属资源的开发引发了诸多问题与矛盾。如大规模无节制开采激化了经济发展与生态环境保护之间的冲突，经济发展的资源基础不断被侵蚀，在国际贸易中还把能耗和环保负担留在了国内，以致我国以生态环境破坏以及金属资源快速耗竭为代价向国外提供隐性补贴。从开发价值补偿视角而言，这些问题与矛盾的焦点是现有的金属矿产开发补偿制度及资源税费体系无法反映整个社会为此付出的全部成本，以及实现开发过程中关联主体的利益平衡。在完全竞争的市场上，资源产品的价格应等于其边际机会成本（MOC），它由三部分构成，即边际使用者成本（MUC）、边际直接成本（MDC）、边际外部成本（MEC）。其中，MUC 为不可再生资源，由于今天的使用而给未来使用者造成的净利益损失，也可称为金属资源的原始价值；MDC 指资源勘探和生产过程中所消耗的各种生产要素的成本；MEC 是资源开发过程中引起的对生态环境系统的损害以及对他人造成的不利影响。

金属矿产的开发利用带来资源耗减的外部性，这种外部性具有代际特征。金属矿产耗减价值核算的目的在于明确稀缺性金属矿产耗减对后代的福利影响，以消除代际外部性，实现金属矿产代际的跨期优化配置，因此具有可持续发展的重要意义。金属矿产耗减价值的核算方法有许多，如净价格法、收益净值法、使用者成本法、替代成本法、交易价格法和持续价格法等。上述方法均建立在较为严格的假设前提下，如果经济是完全竞争和动态优化的，那么答案就很简单并且是唯一的，现实世界的复杂性造成了金属矿产耗减价值核算方法选择上的分歧。

不可再生的金属资源还有生态价值属性，Cuperus（1996）和 Allen（1996）对生态价值补偿内涵进行了界定。对生态价值的评估始于环境价值的评估，Westman（1977）

---

① 汪丁丁. 资源经济学若干前沿问题［M］//汤敏，茅于轼. 现代经济学前沿专题（第二集）. 北京：商务印书馆，1993：63.

最先提出"自然的服务"概念及其"生态系统服务功能价值"理念，从而引发了对生态系统服务功能价值的研究。Daily（1997）、Costanza（1997）等展开了生态服务功能补偿评估方法的研究，具体提出了市场替代法、旅游费用法等补偿评估模型，标志着生态系统服务与自然资本经济价值的定量评估理论和方法研究基本成熟，为生态价值补偿的施行提供了理论基础和技术准备。

现代经济增长理论仍将注意力集中在资本、劳动等投入要素上，缺乏对自然资源（包括金属矿产）的关注。尽管有学者运用新古典 Ramsey 增长模型对可耗竭金属资源的最优开采、利用路径进行了分析，却仍相信技术能够找到任何可耗竭资源的替代物。20 世纪 70 年代以后，伴随着全球趋紧的资源环境约束，一些经济学家开始将金属资源、环境污染等因素纳入基于内生增长的理论模型，试图从不同角度寻求克服资源约束的有效途径。随着经济总量不断扩大和人口持续增长，保护环境的压力将进一步加大。环境危机已经直接危害到国民的生存环境、市场经济的有效运行、社会的稳定和可持续发展。环境问题究其本质是经济结构、生产方式、消费模式和发展道路问题。所以对资源、环境与国家宏观经济增长绩效的实证分析，引出关于"资源诅咒"假说的研究，成为宏观视角下资源经济学最为活跃的领域。

资源经济学的发展不仅仅存在于微观与宏观视角下的演进与交叉上，研究维度在时间和空间上的扩展，也将对这一交叉学科的发展带来深远影响。随着空间计量技术的发展，学者们在空间计量模型的基础上，能够更好地阐释资源的自然禀赋、生态和经济过程的地区空间关联和异质性，也能准确地刻画出自然资源的空间集聚效应、空间外部效应和空间溢出效应等，由此形成了基于空间的资源与环境经济学相关理论，这也将成为资源经济学理论和实证研究发展的新方向。

1.3.2　金属资源管理研究的理论起点

世界是一个不断变化和永恒发展的统一整体。显然，世界的不断变化和永恒发展性是资源的无限性的首要基础。在世界不断变化和永恒发展的基础上，人的需要和能力表现出了无限发展性，进而共同构成了资源无限性的基础。在整个世界不断变化和永恒发展的基础上，人类的需要是不断增加和升级的。这是因为：第一，与人类的个体相比，群体意义上的人类在需要上具有无限性。人类发展的无限性决定了人的需要是不断增加和升级的。第二，即使从人类的个体意义上说，人类个体都有追求自身发展的本性，因而个体需要也有无限性。从心理上讲，每个人都追求永恒和不朽，都追求使自身的情况和所处的环境越来越好，因而个体意义上的需要也是不断增加和升级的。第三，人有多种多样的需要，在需要的广度和深度上，人的需要是无限的。美国心理学家马斯洛将人类的需求分成生理需求、安全需求、社会交往需求、尊重需求和自我实现需求五类，依次由较低层次到较高层次。第四，即使是人的每种具体需要，它仍然具有无限发展性，能逐步突破历史条件的限制，从低级向高级发展。这种发展不仅是内涵而且是外延，以全方位的发展建构人类需要的无限性。人类需要的无限性派生于世界发展的绝对性，也与世界的无限变化和永恒发展一起构成了资源无限性的基础。资源是联结人与世界的概念，资源概念的本质内容根植于人与世界的关系，因此，资源的无限性应当从世界和人的关系中无限性的内容加以把握。人的需要是不断增加和升级的，这一点反映了资源无限性的主观形态。人类能力发展无限性从现实意义上肯定了资源无限性的可能，人类需要的无限性和能力发展的无限性一起构成了资源无限性的主观基础。人类能力发展的无限性也是我们认识人与资源关系发展的基本依托。

资源的无限性不仅仅存在于理论和逻辑的推演中，更重要的是，现实世界为我们呈现出了无限的资源形态。在现实世界的无限资源中，普遍存在于自然界和人类社会的物质与能量循环就是资源无限性的现实体现。具体说来，首先，自然界在进化和发展中以质态循环的方式体现着资源的无限性。例如，生物圈在地球上从出现至今的三十多亿年是物质由简单向复杂、由低级向高级进化的历史，也是化学元素周而复始大循环的历史。整个生物界的进化是在多种化学元素的循环中实现的，尤其是在构成生命物质骨架的化学元素——碳、氢、氧、氮四种化学元素大循环中实现的。其中，碳元素作为生命运动和发展最重要的资源和要素，在自然界中的存在并不多，但通过现实自然界的演化和循环，碳元素成为具有无限性的资源形态，成为生物圈最活跃的要素。

现实世界的无限资源不仅与自然界的无限运动和永恒发展有关，而且与人类的需要、能力和价值存在密切相关。例如，所谓低碳经济，是围绕着碳排放和温室效应的概念展开的。自工业革命以来，人类以新的生产力的大发展和新的生产方式的大变革，以前所未有的姿态重新塑造了自然界，创造了伟大的工业文明。与此同时，大量化石燃料的使用使得碳的大量排放与工业的发展和现代化的进程相伴相生。碳的大量排放引发大量的环境问题和社会问题，而最重要的问题之一就是引发的全球性气候变暖和温室效应。因此，控制碳的排放成为当今世界最重要的经济、社会和国际性议题。所谓低碳经济，就是指在可持续发展理念的指导下，通过技术创新、制度创新、产业转型、新能源开发等多种手段，尽可能地减少化石燃料等高碳能源消耗，减少温室气体排放，达到经济社会发展与生态环境保护双赢的一种经济发展形态。

值得注意的是，低碳经济的发展蕴含了一个基本假设，就是无论大气还是整个自然界，碳的含量超过了一定的范围即对人类的发展无益，更不可能称之为资源。但是，今天的碳排放对人无益，并不代表将永远不能为人类所利用。可以肯定的是，随着社会经济的发展特别是人类科学技术的进步，大气中和地壳圈层中过量的碳完全可能被人类充分利用，转化成更有利于人类发展的资源形态，而碳本身，也将成为人类最重要的资源。由此可见，现实世界资源的范畴同样不是静止的，随着人与世界关系的发展和演化，特别是人类技术能力的发展，大量传统的、不是资源的物质将具有资源的属性，从而资源具有现实的无限性。

总之，包括人在内，整个世界的发展是无限多样、无限复杂和无限变化的，在无限发展的世界中，作为人与世界的联结，资源被赋予了无限性的基本属性。在资源无限性的概念体系中，人与世界关系的描述反映了资源无限性的理论形态，而自然界和人类社会包括人的精神世界的存在、转化、守恒和发展的具体内容构成了现实世界资源的无限性。从理论形态到现实形态，资源的无限性作为资源的首要属性，成为我们从理论上分析资源、从实践上利用资源的逻辑起点。

1.3.3　金属资源管理研究的逻辑进路

在一定的时空范围内，世界的发展具有有限性，人类需要的发展具有有限性，人类能力的发展同样具有有限性。因此，在需要、能力、价值和资源相互联结的意义上，资源具有现实的有限性。如果说资源的无限性就是资源管理的逻辑起点的话，资源的有限性就是资源管理的逻辑进路，因为资源的有限性提供给我们分析资源管理问题的现实根据。

资源问题和与之相关的问题之所以重要，是因为时间空间的约束是普遍的，进而资源的有限属性是普遍的。在一定的时空范围内，人们不能随心所欲地支配和利用资源，而必须通过对资源的优化管理实现资源的优化配置，在条件允许的范围内，最大限度地使资源为人类造福。从分析资源管理现实问题的意义上说，资源的有限性给我们提出了研究资源管理的迫切性和现实性。实际上也是由于人类现实需要和控制能力发展的无限性与时空约束有限性的矛盾导致了资源危机，才极大地促成我们对资源管理这一命题的关注。分析一切资源管理的问题应当从资源无限性和有限性相联结的基本立场出发，将资源的有限性作为分析问题的现实根据。在深层次的意义上，资源管理的任务是使资源从有限性向无限性进行合理、科学的转化，解决资源有限性和无限性的矛盾是资源管理在哲学意义上的根本任务。

1.4 金属资源经济管理的重大问题

1.4.1 金属资源开发利用外部性与经济发展协调问题

党的十七大报告中指出："实行有利于科学发展的财税制度，建立健全资源有偿使用制度和生态环境补偿机制。"党的十八大报告中更明确提出："加强生态文明建设，深化资源性产品价格和税费改革，建立反映市场供求和资源稀缺程度、体现生态价值和代际补偿的资源有偿使用制度和生态补偿制度。"由此可见，这些问题已经成为国家亟待解决的重大理论和现实问题。问题的核心在于解决好资源开发利用的外部性问题，确保经济建设和社会发展协调、健康、可持续。金属资源是重要的自然资源，对金属资源的开发利用同样存在比较严重的外部性。对这个问题学术界已有许多研究，但随着对人类经济社会发展方式认识的深化，从可持续发展和推进生态文明建设的高度看，仍有大量问题需要深入研究，包括：

（1）生态文明视角下的金属资源的规制和管理，需更加强调其作为环境要素的属性，体现生态价值、环境价值与可持续发展。金属资源管理一方面要提高资源利用效率，加强经济发展的资源保障；另一方面，在生态文明背景下，加强金属资源管理要十分强调金属资源开采利用的环境保护，强化生态环境价值问题。

（2）金属资源开发利用的环境外部性核算与计量。包括金属资源 LCSA 清单分析；金属资源开发利用的经济 LCA、社会 LCA 和环境 LCA 构建，从而形成其开发利用评价体系；构建金属生命周期可持续发展评价，并具体测算其环境外部性，解决金属资源开发利用环境外部性的定量化问题。

（3）金属资源开发利用与经济、环境协调发展的政策模拟仿真。构建纳入生态补偿要素的资源－经济－环境动态 CGE 模型，解决动态 CGE 模型模拟所需数据的实现问题。在此基础上，对金属资源开发利用的相关政策设计进行仿真模拟，使政策设计更加符合金属资源产业的实际，促进金属资源产业与经济社会和自然环境的协调发展。

1.4.2 金属资源开发利用的优化配置问题

从世界各国经济发展和矿产资源管理的实践看，人们对矿产资源配置的认识不断深化，从向自然索取资源以保障生存为主到依靠矿产资源产业推动经济社会发展进步，再到随着经济发展和资源耗竭，从而更加关注矿产资源与经济社会的相互联系，把资源开发利用、人类经济社会发展和生态环境放在一个统一的整体系统中加以考虑，寻求经济社会可持续发展。这就要求在对矿产资源开发利用的同时，既要加强传统的资源耗竭管理，又要重视经济社会可持续发展和维护生态平衡，而这归根结底是要构建合理的矿产资源管理体制和运行机制，实现矿产资源的优化配置。金属资源是矿产资源的重要组成部分，是经济建设的基本物质基础，也是我国工业化和城镇化同步推进的重要物质保障。因此，金属资源的优化配置问题，是促进矿产资源合理开发利用、支撑经济社会可持续发展以及推进生态文明建设的重要内容。

具体而言，实现金属资源优化配置，即要求在时间结构、空间结构和产业结构层面，对金属资源与其他经济社会要素之间的组合关系进行合理分配和调控，实现金属资源的最优开发和可持续利用，从而最终实现金属资源开发利用与经济社会的和谐和可持续发展。具体而言，金属资源的优化配置还有以下问题需要深入探讨和研究：

（1）金属资源的最优耗竭。金属资源作为重要的可耗竭资源，其优化配置的核心在于如何在各个阶段分配好资源的开采利用以及满足最终向可再生资源的转换，即明确资源的最优开采路径和最佳开采量。

（2）金属资源的代际配置，包括代际公平和代际补偿问题。以代际公平的视角审视金属资源的配置问题，通过确定合理的资源储蓄率及资源利用贴现率，解析金属资源代际公平配置的实现条件及路径，确定合理的代际补偿程度及其实现模式。

（3）金属资源的空间配置，包括金属资源的全球化配置以及地上资源与地下资源的配置。

（4）金属资源利用和经济增长、社会发展之间的关系问题。分析金属资源开发利用与经济增长之间的关系，解析资源开发利用中的"资源诅咒"、产能过剩等现实问题产生的原因、机理及化解对策。

1.4.3 金属资源的定价机制及定价权问题

2012 年 9 月，胡锦涛在亚太经济合作组织第二十次领导人非正式会议上提出要防止大宗商品过度投机和炒作。我国政府的高度重视反映出我国定价权缺失问题的严重性。我国金属资源国际贸易长期面临"一买就涨、一卖就跌"的窘境，给我国资源安全和经济平稳增长带来严重的负面影响。仅铁矿石价格上涨一项，2003 ~ 2011 年的 9 年中我国就多支出 3000 亿美元，钢铁行业步履维艰；2011 年仅必和必拓一家的净利润就超过了中国 77 家重点大中型钢企利润的总和。从出口来看，稀土、锂、铟等我国优势稀有金属资源价格长期低迷，这不仅导致国际贸易中的经济损失，还把能耗和环保负担留在了国内。要实现我国在金属资源国际市场的定价权提升目标，必须清楚回答以下三大基本问题：

（1）必须认清金属资源国际市场定价机制的本质规律及其与国际市场价格操纵行为之间的内在关系。它是解释我国定价权缺失的理论基础，也是认清国际市场价格操纵行为的基石，需要从三个方面加强认识。其一，定价权缺失问题实际上是我国接受的国际市场价格严重背离了金属资源的国际贸易公平价格，因此，如果不从源头上认识金属资源的价值构成，很难解释得清楚什么才是合理的定价。其二，金属资源国际市场均衡价格是按照既定的价格形成方式通过市场出清形成的，遵循既定的国际定价规则，受到国内外因素的共同影响，如国外的市场垄断、信息垄断优势、国内的产业格局混乱、企业风险意识薄弱等因素。国外市场力量正是利用国内市场的不完善实施定价权，从而达到操纵价格的目的。分析这些因素背后的推动力量和作用过程，提取定价权形成的杠杆因素，才能找到定价权分析的着力点。其三，提升定价权就是希望定价权向自身转移。但定价方式转变、定价权的转移遵循一定的客观规律，因此，本书还需要进一步研究不同定价模式间的转换规律以及定价权在国别间的转换规律，确定定价权的转换条件。

（2）必须揭示国际市场价格操纵的机理，并透过典型案例解析现象背后的本质规律。由于以国际贸易规则为掩护的价格操纵行为很难识别和取证，也就不易于采取贸易制裁，轻举妄动易引发国际贸易争端。因此，需要从典型案例入手，将理论研究与实践归纳相结合，建立金属资源国际市场价格操纵及疑似价格操纵案例库，从中总结归纳金属资源国际价格操纵行为特征、模式，深入揭示国际产业组织交易势力和国家政策交易势力的形成及其对国际价格的操纵手法和作用路径，构建我国防范与规避国际价格操纵风险的对策体系，同时为设计我国定价权提升对策提供经验借鉴。

（3）客观预测定价权形成的杠杆因素以及"中国因素"的未来变动趋势，针对性地提出具有增强我国定价权的对策。世界经济的深度调整和我国增长阶段的转换，必然意味着影响金属资源价格的杠杆因素和国际贸易格局将出现改变。因此，必须准确分析和判断未来金属资源国际贸易格局以及"中国因素"在国际贸易格局中的变化，以便拿出具有针对性的、可操作的方案推动"中国因素"转化为中国优势，避免在国际贸易中扮演价格被动接受者的角色。同时，也要看到中国定价权的缺乏，并不能简单地归结于外因，还要研究国内企业自身在资本运作、风险管理、战略决策等方面存在的缺陷和漏洞。

1.4.4　金属资源开发利用的安全问题

新一轮技术革命和产业变革带动新科技革命与新工业革命深度交互，催生出一批新的"未来产业"，而这些"未来产业"不但改变了金属资源消费量，而且也改变了金属资源消费结构；同时新一轮技术革命和产业变革会带来资源节约效应、替代效应、应用拓展效应、循环效应等，这些效应最终改变金属资源的需求。如作为全面推进制造强国战略和助推经济由高速增长阶段转向高质量发展阶段重要举措的《中国制造2025》国家战略中布局了高端装备制造、航空航天装备、新材料、新能源等未来的重点领域，而金属矿产在这些未来发展的重点领域具有不可替代的作用，即是中国正在迅速崛起的战略性新兴产业和国防军工产业的重要原材料。世界发达国家也在积极推进"再工业化"战略，如美国实施"先进制造业"战略、德国推进"工业4.0"战略、英国和法国分别实施了"英国工业2050"战略和"新工业法国"战略等，都把"重振制造业"的战略重点放在了新能源、新材料等战略性新兴产业，进一步加剧了对高技术金属矿产的争夺，造成了中国高技术金属矿产的紧缺性和不安全性。与此同时，我国也正在实施《能源生产和消费革命战略（2016－2030）》，其目的就是抢占能源技术进步先机，谋求新一轮科技革命和产业变革竞争制高点，推进能源生产和消费革命，保障国家能源安全。而在能源新技术与现代信息、材料和先进制造技术深度融合中，需要依赖于多种金属矿产和材料（Viebahn et al.，2015）。为此，需要研究如下三个问题：

（1）从常规安全角度，认清新常态的新形势、新特点、新问题，判断其对国家金属资源安全产生的影响，构建新常态下的国家金属资源常规安全机理分析框架。一是讨论当前中国工业化中后期和产业升级对金属资源消费规律演进的影响。二是突破原有资源供需分析框架中假定技术不变的条件，分析新技术革命对金属资源供给侧、需求侧的冲击作用。三是研究美国主导的TPP、TTIP，我国加入的RCEP带来的贸易规则变化、定价机制的演进对国家金属资源带来的影响。四是针对南海局势紧张、中东危机愈演愈烈、国际恐怖主义猖獗等严重局面，研究资源流动格局与地缘政治对国家金属资源安全的影响。

（2）从非常规安全角度，研判在更为复杂和难以预测的突发事件背景下，国家金属资源安全的演变趋势，构建国家金属资源非常规安全机理。当前，矿难、矿产企业海外社会责任事件、金属资源价格操纵等一系列非常规突发事件对国家金属资源产生重大的冲击。应急安全正是国家金属资源安全应对体系构建的关键，是对常规安全的补充，是国家金属资源安全体系的拓展和完善。研究目的是在国家金属资源常规安全机理分析基础上，解析突发事件对国家金属资源安全的冲击影响机制，回答我国当前面临哪些主要非常规突发事件，其风险程度如何，会对国家金属资源安全产生什么样的冲击等关键问题。

（3）提出新常态下的国家金属资源安全方略。第一，在顶层设计层面，根据中国国情和金属矿产特点，借鉴矿业先进国家经验，构建国家金属资源策略库，厘清国家金属资源安全路线，完善战略、政策与管理体系。第二，在决策支持层面，开发面向金属资源安全管理与政策仿真的数据库及可视化管理实验平台，以解决专业数据支持及科学化决策的难题。

第2章

金属资源开发利用外部性的核算体系

2.1 外部性的内涵及特征

外部性，又称作外部效应或溢出效应，是指一个经济主体的行为对另一个经济主体的福利所产生的效应，而这种效应并没有通过货币或市场交易反映出来。

对外部性理论的发展做出最大贡献的学者分别是马歇尔、庇古和科斯。马歇尔把企业内分工而带来的效率提高称作是内部经济，而把企业间分工而导致的效率提高称作是外部经济。马歇尔虽然并没有提出内部不经济和外部不经济概念，但从他对内部经济和外部经济的论述可以从逻辑上推出内部不经济和外部不经济概念及其含义。庇古首次用现代经济学的方法从福利经济学的角度系统地研究了外部性问题，在马歇尔提出的"外部经济"概念基础上扩充了"外部不经济"的概念和内容，将外部性问题的研究从外部因素对企业的影响效果转向企业或居民对其他企业或居民的影响效果。这种转变正好是与外部性的两类定义相对应的。庇古关于外部性理论的贡献主要体现在外部效应的内部化问题，即用庇古税理论解决了外部性的内部化。科斯的经典论文《社会成本问题》中提出了"交易成本"概念，这对解决外部性问题提供了新的思路。科斯在对待外部性问题时是持自由主义观点，即在外部性问题上政府与市场存在竞争。

2.2　外部性的治理方法

2.2.1　庇古税和补贴

庇古在 1920 年出版的经典著作《福利经济学》中提出了私人边际成本、社会边际成本、私人边际净产值和社会边际净产值，认为解决外部性问题的办法是：政府对于负外部性征税或收费，而对于正外部性进行补贴，征税额或补贴额刚好等于边际外部成本或边际外部收益。庇古的这一提议后来被称为"庇古税"，统指庇古的静态技术外部性理论。在庇古看来，通过这种征税或补贴，就可以实现外部效应的内部化。

庇古主要是基于政府的角度来研究外部性问题，把政府作为应对外部性问题的主体，主张政府承担起解决外部性问题的重任，政府能够有效地解决市场失灵引起的外部性问题。

近年来，我国学术界加大了对资源政策的研究。中国作为发展中国家，资源政策研究关注的一个重点是可耗竭资源配置的公平、有效及可持续。金属资源的可耗竭性意味着当代人对金属资源消耗越多，后代人可以利用的金属资源就越少，其不可逆性使开发利用金属资源的当代人获得收益，却将资源稀缺和环境成本留给后代人。由于市场机制存在时间维度的缺失，致使后代人被排除在决策之外，导致他们的利益在市场配置资源时被忽视。这就是代际间的分配不公平问题，市场对金属资源以及相关的环境空间资源在代际之间配置的失灵。

由于金属资源利用代际外部性的存在，即便满足完全竞争市场的假设，市场机制也无法进行最优资源配置，一个可能的解释是因为当代人没有主动承担外部成本的动力，需要政府对外部性进行修正。政府应当尽量依靠相对市场化的政策措施来缓解市场资源配置的"失灵"问题。征收资源税是解决资源利用外部性问题的有效手段。通过税收改变价格信号调节市场供求，造成的扭曲比较小，也减少了寻租的机会。

通过资源税解决金属资源开发的外部性问题还能促使使用者提高金属资源的利用效率，抑制过度需求，有助于将金属矿产消费控制在一个合理的水平，实现金属矿产的可持续利用。

2.2.2　产权界定与市场交易

科斯在 1960 年发表的论文《社会成本问题》中提出了所谓的科斯定理：如果交易费用为零，无论权利如何界定，都可以通过市场交易和自愿协商达到资源的最优配置；如果交易费用不为零，制度安排与选择是重要的。指出解决外部性问题的关键是明晰产权。

产权管理思路认为，外部性问题的解决无须政府干预，通过产权明晰化，并依靠有关部门的协商和谈判，足以使外部性问题得以合理解决。科斯在对"庇古税"进行批判的基础上认为，如果交易成本为零，不管初始产权如何分配，经过合理的产权交易，不需要征收"庇古税"就能实现资源的最优配置；在交易成本不为零的情况下，"庇古税"可能是有效的也可能是无效的，需要以成本收益分析来判断哪种应对方式是有效的，能够带来最大的社会收益和最小的社会成本。"科斯定理"向人们展示了市场机制解决外部性问题的有效性，除了政府以外，我们还可以选择市场来应对外部性行为。

但是"科斯定理"也有其局限性。首先，科斯的外部性交易理论必须在市场化程度很高的社会里才能有效发挥作用，依靠比较完善的市场机制和健全的法制，外部交易费用才会比较低。其次，由于外部性问题的复杂性和广泛性，如果外部交易成本高于政府征税的成本，外部交易就是无效的解决办法。最后，科斯的外部交易治理方案需要明晰的产权界定，而产权界定的成本可能非常高，这就使得产权交易难以有效实施。

2.2.3　社会道德教育和舆论监督

由于外部性问题的复杂性，无论是政府规制还是市场交易都难以彻底克服外部性。为弥补制度作用的不足，通过社会道德教育提高人们在道德上的自律，对于减少外部不经济的产生具有重要的意义。

斯蒂格里茨认为，进行社会准则和社会价值的宣传和教育是解决外部不经济的另一种方法。这种教育就是"黄金律"教育，即"要产生正外部效应"和"不要产生负外部效应"。西方有些学者将这种社会道德准则对外部性的约束称为良心效应或社会准则。

依靠社会力量进行这种以社会准则和黄金律教育为主的道德教育属于社会精神文明的范畴，精神文明建设理应成为对付外部不经济的重要手段之一。与此同时，通过社会舆论监督也可在一定程度上防止负外部性的产生。报刊、广播、电视等新闻媒介对环境及资源的破坏者进行广泛深入的曝光和跟踪报道可形成对外部不经济制造者的外部约束监督机制。

2.3　金属资源开发利用外部性的内涵和分类

2.3.1　金属资源开发利用外部性的内涵

从时空的角度分类，非再生资源外部性可分为代内外部性和代际外部性。代内外部性是指在同一时代中，"交易内部人"的行为对"交易外部人"的外部性影响。代际外部性是指作为"交易内部人"的当代人的行为对作为"交易外部人"的未来若干代人所造成的外部性影响。

金属资源是典型的非再生资源，对其开发利用的代际外部性表现在：当代人对资源的过度消耗，就意味着后代人对资源的较少占有；此外，当代人对金属资源的过度开采，会直接损害人类赖以生存的生物圈，破坏生态平衡，造成人居环境的侵蚀和污染，从而直接损害后代人的利益。

2.3.2　金属资源开发利用外部性的分类

金属资源开发利用的外部性如图 2 - 1 所示。环境外部性主要是金属资源在开发利用过程中对环境和生态造成了污染影响，代际外部性主要表现在金属资源的耗减。

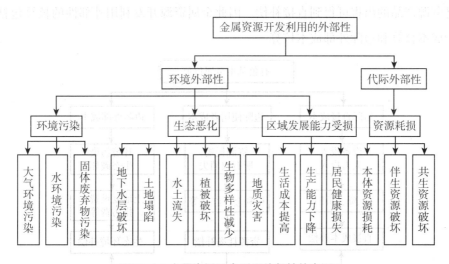

图 2 - 1　金属资源开发利用外部性的内涵

金属资源开发对生态环境影响的负外部性主要体现在对生态环境的破坏。由于人们追求自身经济利益最大化，忽视对生态环境的保护和治理，在对金属资源的开发利用过程中，不重视金属资源的综合利用、矿区生态环境的保护与治理，对地表植被、生态景观、生物多样性带来了严重影响，甚至会造成矿区严重的生态退化。

环境外部性主要由以下几方面的原因引起：开采活动对土地的直接破坏，如露天开采会直接毁坏地表土层和植被，地下开采会导致地表塌陷，从而引起土地和植被的破坏；矿山开采过程中的废弃物（如尾矿、矸石等）需要大面积的堆置场地，从而导致对土地的过量占用和对堆置场原有生态系统的破坏；矿山废弃物中的酸性、碱性、毒性或重金属成分，通过径流和大气飘尘，会破坏周围的土地、水域和大气，其污染影响面将远远超过废弃物堆置场的地域和空间。

金属资源的可耗竭性意味着，当代人对金属资源消耗越多，后代人可以利用的资源就越少，其不可逆性使开发利用资源的当代人获得收益，却将资源稀缺留给后代人。

代际外部性存在的主要原因是产权在代际之间的不完备性。后代人不可能通过产权机制来主张自己的权益，形成代际产权虚置，代际主体间达成直接交易协议的交易成本无限大。

2.3.3　金属资源开发利用外部性的核算体系

金属资源价值是由边际直接成本、边际使用者成本和边际外部成本三部分组成，如图 2-2 所示。边际直接成本是金属资源开发中直接投入的设备、人力等资本，这些成本通过资源产品的出售可得到直接补偿。因此金属资源开发利用外部性的核算包括边际使用者成本核算和边际外部成本核算。

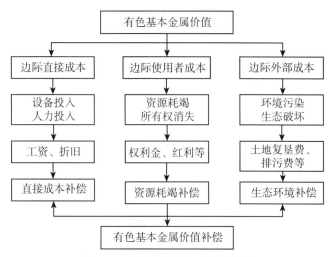

图 2-2　金属资源外部性核算内容

边际使用者成本体现的是非再生资源的自身价值折耗，它由非再生资源的稀缺性、有用性以及人们认识、发现替代资源所付出的有效劳动决定。不管非再生资源处在哪里、为谁所有，它都应给资源所有者带来收入——租金收入。充分补偿非再生资源的使用者成本，是资源开发中协调利益相关者关系，实现代内特别是代际公平的核心。主要方法有：

2.3.3.1 支付权利金

权利金是矿业权人向资源所有者支付的费用，体现资源所有权权能，与资源开采成本和开采效益无关。权利金费率和支付方式不是由税法而是由金属资源法规定，由矿业主管部门征收。表 2 - 1 说明了不同国家非再生能源资源的征收费率水平。

表 2 - 1　　　　　　部分国家非再生能源资源权利金费率对比　　　　　　单位：%

国家	巴西	英国	加拿大	委内瑞拉	伊朗	美国	澳大利亚	印度尼西亚	尼日利亚	马来西亚
石油和天然气	10	12.5	10 ~ 45	30	12.5	12.5	10	20	16 ~ 20	10
煤炭	—	4	—	—	—	8 ~ 12.5	7.5	13.5	—	—

资料来源：奥托. 全球矿业税收比较研究 [M]. 北京：地质出版社，2006.

2.3.3.2 有偿获得矿业权

世界主要资源国都建立起了产权明晰的资源产权法律法规，明确了金属资源与土地的所有权及其收益分配关系，以有效保护资源开发中资源所有者、矿地所有者和矿业开发者等的合法权利。为取得矿业权，矿业权人要向矿地所有者支付机会成本，也称矿地租金、矿业权使用费等。矿地租金分为探矿权租金、采矿权租金两部分。不同国家就矿业权主体确定、探矿权和采矿权租金的收取方法以及标准等的规定不完全相同，见表 2 - 2。

表 2 - 2　　　　　　　　　不同国家矿业权获得方式

国家	获得方式	适用情况	法律规定
澳大利亚	矿业权出让：许可证	国家没有进行勘察投资的矿产地	矿业权可以流转；申请人向国家申请探矿、采矿权，除一次性缴付申请手续费外，每年要按许可证允许的面积缴纳探矿权、采矿权租金
巴西			
美国	矿业权出让：招标	国家拥有已知资源储量和区域的矿地	自20世纪20年代开始，美国联邦政府对联邦所拥有的资源储量已知区域实行竞争性招标

续表

国家	获得方式	适用情况	法律规定
中国	矿业权出让：审批登记	国家拥有资源所有权	国家对金属资源勘查、开采实行区块审批登记制度；政府对矿业权人进行严格监管
美国、巴西、日本	矿业权转让：登记	私人拥有资源所有权	所有权人根据市场机制确定矿业权交易价款而进行的交易，政府一般不进行干预，但要经过官方同意并登记，受政府监督

2.3.3.3　征收资源附加利润税

资源附加利润税，也称暴利税（windfall profits tax，WPT）、特别收益金等，是针对资源行业取得的不合理的过高利润征税，目的是为调控垄断行业的高利润。资源附加利润税是针对矿业权人因开采优质、高品位或具有优越外部条件资源所产生超额利润而征收的，它以采矿企业创造的经济租金或超额利润减去平均利润后的差额为征税依据，反映的是国家和矿业权人之间的经济关系，具有级差地租性质，是一种临时性矿业税制。

2.3.3.4　设立非再生资源基金

针对非再生资源价格波动导致的收入不稳定以及这些波动可能带来的社会政治风险损害子孙后代的资源利益，不少国家建立了非再生资源基金，以补偿资源开发中的部分使用者成本。

2.3.3.5　提供资源耗竭补贴，实行税费优惠

资源耗竭补贴是指每个纳税年度，国家从其净收入中扣除一部分给油田、煤矿和其他非再生资源的所有人或矿业权人，用于寻找新矿体或可替代资源等，降低企业税负，鼓励他们积极从事资源的勘查、开发和进行替代资源的寻找、研发等。它实际是一种负权利金，是非再生资源产业独有的补贴。

边际外部成本是指金属资源的开发对环境的污染和对生态的破坏，应通过经济、法律和行政手段实现外部环境成本的内部化。主要的手段有：

（1）建立健全资源环境法律法规，明确矿区资源环境治理界限和治理责任。早在1920年，美国颁布的《矿山租赁法》就明确要求保护土地和自然资源。到1975年时，全美已有34个州制定了露天采矿复垦法，形成了既有各州颁布的又有联邦政府出台的

全面的矿区生态环境保护法律法规。近年来，我国也制定了一系列资源开发方面的法律法规，如针对因采矿造成的地质灾害和生态环境破坏的补偿问题提出了要求，对矿区环境保护起到了积极作用。

（2）推行开采许可证和矿山开发恢复治理保证金制度。保证金用于在采矿者不履行恢复治理计划时支付恢复治理作业的费用。如果企业完成恢复治理任务，经验收合格，保证金就全额返还。

（3）实行绿色生态税制。为切实体现"受益者补偿"原则，不少国家实行绿色生态税制。绿色税制的突出特点是在对资源开发中破坏环境的行为通过税收进行惩罚的同时，建立起对环境保护行为的奖励机制。

2.4　金属资源代际外部性的核算

2.4.1　代际外部性的核算方法

代际外部性核算需要解决的关键问题是资源配置中的公平与效率问题。在代际外部性的核算方法中，霍特林法则是可耗竭资源研究的早期经典理论，描述不可再生资源的影子价格在最优开采计划条件下的变化规律，即对不可再生资源而言，在它的最优开采路径上，其资源影子价格的增长率恒等于社会贴现率。然而，霍特林法则是建立在完全竞争市场的假设上的，现实中较难满足。Hartwick 提出资源耗竭价值领域的另一个重要理论——Hartwick 可持续性准则，即如果要实现"消费在代际间非下降"，达到可耗竭资源约束下的可持续发展目标，则需要将从不可再生资源的有效开采活动中获取的租金（收入超过边际成本的部分）储蓄下来，全部用于再生产的资本（物质资本和人力资本等）投入。在这一条件下，产出和消费水平将不会随时间改变，实现可持续发展。Hartwick 法则的局限在于，其仅适用于假定人口与技术水平均保持不变的封闭经济体。

美国经济分析局（NBEA）在 20 世纪 40 年代计算国民收入时，就已经考虑了可耗竭资源的机会成本。80 年代末开始不可再生资源的耗减成本这一问题得到广泛讨论，发展了一些计算方法，主要包括：净现值法、净租金法、净价格法、使用者成本法等。

其中，净租金法以霍特林模型为基础，采用类似于计算固定资产折旧的方法来计算自然资源的折旧。在增长率等于利率的假设条件下，资源耗减成本等于霍特林租金与开采量的乘积。而净现值法的思路则是将自然资源等同于固定资本，根据资本价值的减少来提取相应的折耗成本，计算自然资源在期初与期末的价值差额，得到自然资源的耗减价值。其中，以各年资源净收入贴现值之和作为资源当期价值，资源耗减成本就是当期价值变动。该方法需确定未来各期的金属资源价值、贴现率、储量和开采年限，以及现在和以后的资源开采成本、资源价格的信息。这些信息受诸多不确定因素影响，可靠性均难以保证，因此在实践中应用较少。

由于在净租金计算方法中，边际开采成本数据不易获得，在实际计算过程中，多用开采的平均成本代替边际成本，即得到净价格法。净价格法的计算思想与净租金法相同，以经济利润取代霍特林租金，经济利润等于价格减去平均开采成本。这种方法简化了计算过程，具有较强的可操作性，在各国的宏观环境会计核算中被广泛采用。

上述方法的基本思想都是对自然资源进行虚拟资本的假设，而使用者成本法依据的则是收入保持性原则。依据收入的弱可持续性标准，自然资源在被开采使用后，其自身的价值损耗应当能够获得同样的收入，E. L. Serafy 提出使用者成本法，Hartwick 和 Hageman 对此方法做了进一步的阐述。使用者成本法目前广泛用于不可再生资源利用的代际补偿研究中。该方法的基本思想是：可耗竭自然资源取得的既定回报中，需要将一部分转化为对资源耗减的补偿之后，才能构成真实收入（希克斯收入），并且应当将这部分补偿作为可持续性投资。既定回报中对使用者成本进行补偿的这一部分，就是不可再生自然资源的耗减价值。资源开采净收入在扣除使用者成本后的剩余才是能够无限维持的消费水平，是可耗竭资源可持续利用的关键。

综上所述，净价格法、净租金法、净现值法和使用者成本法在计算思路上并没有太大差异，关键是计算方法与假设条件的不同。其中，使用者成本法的优势在于，不含边际成本参数，因此不必担心会因使用平均成本而产生估计偏差，也不要求资源租金增长率与利率相等的假定成立。下面具体介绍几种常用的耗减成本的核算方法。

2.4.1.1　净现值法

按照净现值法，环境资产存量价值等于使用寿命期内资源租金的净现值：

$$环境资产价值 = \sum_{t=1}^{资源寿命} \frac{资源租金}{(1 + 贴现率)^t} = \sum_{t=1}^{n} \frac{R_t}{(1 + r)^t} \qquad (2-1)$$

其中，R_t 为资源租金，表示环境资产在各期产生的收益；r 为贴现率。从式（2-1）可看出，环境资产的价值取决于该资产未来使用寿命期内所得的全部收益的现值的总和。影响环境资产价值的因素有：资源租金、资源寿命和贴现率，并且，各时期的资源租金越高，使用寿命越长，贴现率越低，资产的价值就越高。

式 (2-1) 是净现值法估计环境资产价值的基本公式, 根据资源租金的估计方法以及其他因素的假设条件不同, 实际应用中衍生出其他几种常用的方法, 比如收益还原法。收益还原法是以自然资源的预期净收益作为资源租金, 然后通过净现值公式进行贴现, 最后得到该资源的存量价值, 其估价公式为:

$$RV = \sum_{t=1}^{n} \frac{R_t}{(1+r)^t} = \sum_{t=1}^{n} \frac{S_t - C_t - I_t}{(1+r)^t} \qquad (2-2)$$

其中, RV 为某自然资源当期的期末存量价值; n 为资源的预期可开采年限; r 为贴现率; S_t、C_t、I_t 分别表示该资源产品第 t 期的销售额、开采成本 (包括中间投入成本、固定资产折旧、工资等) 和生产资本的 "合理利润" 或 "正常回报", $C_t + I_t$ 可理解为资源产品生产的总成本; R_t 为各期的资源租金, 等于资源产品各期销售总收入减去相应生产总成本。

把资源租金计算为销售额与成本之差, 结果有时会很不稳定, 甚至会出现负值。主要原因是, 许多基础商品的价格反映的是全球供求关系, 但本地的成本则年复一年比较稳定, 而且如果根据长期平均值计算固定资本回报, 则固定资本回报也是稳定的数值, 如此, 销售额受市场价格影响不断变化, 而成本却比较稳定, 由销售额减去成本得到的资源租金将极不稳定, 出现零值甚至是负值。当资源租金出现零或负的结果时, 应当研究因方法或基本假设错误引起的资源租金估算值的波动, 并设法消除这种波动。

2.4.1.2 净租金法

(1) 霍特林模型。1931 年哈罗德·霍特林 (Harold Hotelling) 分析了在不同的开采条件下, 不可再生资源的最优开采途径。在此基础上, 分析了在竞争市场环境中不可再生资源的均衡价格路径, 即价格随时间动态变化的轨迹, 得到著名的 "霍特林法则", 即: 当某一资源被开采时, 该资源价格的增长率等于贴现率:

$$\frac{P^t}{P} = r \qquad (2-3)$$

如果资源价格的增长率高于贴现率, 那就意味着推迟不可再生资源的开采更有利可图, 因而应该更多地保存不可再生资源; 反之, 如果资源价格的增长率低于贴现率, 那就意味着更多地耗用不可再生资源。

根据 "霍特林法则":

$$R_t = R_0(1+r)^t \qquad (2-4)$$

将式（2 - 4）代入净现值法的式（2 - 1）可得：

$$RV = \sum_{t=1}^{n} \frac{R_t}{(1+r)^t} = \sum_{t=1}^{n} \frac{R_0(1+r)^t}{(1+r)^t} = n \cdot R_0 \qquad (2-5)$$

其中，R_0 为当年的资源租金。该自然资源的全部存量价值等于当年的资源租金乘以可开采年限。显然，按照这一方法，在核算期内，每一期对资源的耗减量价值就都等于 R_0。

一般认为，霍特林模型只适用于不可再生资源，但如果可再生资源没得到可持续管理，则就是耗竭性的，在理论上也可以使用霍特林模型。

（2）净价模型。另一种观点认为，对于已探明储量的自然资源，无论是当年开采，还是未来某一年开采，作为同一物品，它们都应该具有相同的内在价值。基于这种认识，在测算自然资产的价值时，不需要对未来开采的自然资产价值进行贴现，所以资源的存量价值应等于当年的单位资源租金乘以资源的总储量。直接应用下面的估价模型计算资源的存量价值：

$$RV = \frac{R_0}{Q_0} \times \sum_{t=1}^{n} Q_t \qquad (2-6)$$

其中，R_0 为当年的资源租金；Q_0 为资源的年开采量；$\frac{R_0}{Q_0}$ 表示当年的单位资源租金；$\sum_{t=1}^{n} Q_t$ 为资源的总储量。

从表面上看，霍特林模型和净价模型的公式并不相同，但如果对式（2 - 6）加上"每年所开采的资源实物量均相等"的假设，可以得到：

$$RV = \frac{R_0}{Q_0} \times \sum_{t=1}^{n} Q_t = \frac{R_0}{Q_0} \times (n \cdot Q_0) = n \cdot R_0 \qquad (2-7)$$

因此，以净现值法为基础，基于不同的假设或者理论所导出的测算公式具有不同的表现形式，但其本质是完全相同的，结论也基本相同，即资源的存量价值等于当年的资源租金乘以可开采年限，资源的流量价值即等于当年的资源租金，因此把这两种方法统称为"净租法"或"净价法"。

2.4.1.3　使用者成本法

使用者成本法只能用于计算资源的耗减成本，而不能用于计算资源在某一时点的存量价值。使用者成本概念最早是在 1936 年由 Marshall 提出的，此后 Keynes 将其定义为由于设备使用造成的设备价值的减少，目的是想通过这样的定义将现存的非现实主义的经济理论带回到现实中来。1989 年 E. L. Serafy 将非再生资源看作是资本，考察这样的自然资本价值随时间的变化量，进而提出将使用者成本法用来计量非再生资源的损耗价值。他把不可再生资源开采和销售中取得的利润分为两部分：一部分是增加值要素，称为真实所得，是扣除资源价值折耗后得到的真正的收入部分；另一部分是资本要素，称为使用者成本，是来自资源折耗的可持续收入部分，即开采这一非再生资源所得到的机会成本。E. L. Serafy 认为，要满足可持续发展的原则，资源的开采者应该将其在有限时间内开采耗竭性自然资源的所得用于投资，利用投资得到未来持续收益的所得，才是真实所得。令 r 为利率水平，R 为每年的毛收入所得，假设它为固定常数，X 为每年的真实所得，则无限期真实所得 X 的现值为：

$$V = \sum_{t=1}^{\infty} \frac{X}{(1+r)^t} = X/r \qquad (2-8)$$

而在有限的资源开采年限 n 年内每年毛收入所得 R 的净现值为：

$$RV = \sum_{t=1}^{n} \frac{R}{(1+r)^t} = R \frac{1}{r} \left[1 - \frac{1}{(1+r)^n} \right] \qquad (2-9)$$

令此二者现值相等，即得出真实所得 X 为：

$$X = R - \frac{R}{(1+r)^n} \qquad (2-10)$$

E. L. Serafy 进一步定义使用者成本为毛收入所得 R 与真实所得 X 之差，使用者成本为：

$$R - X = \frac{R}{(1+r)^n} \qquad (2-11)$$

将毛收入与真实收入的差定义为 D，则给定某一非再生资源，其使用者成本为：

$$D = \frac{R}{(1+r)^{n+1}} \qquad (2-12)$$

E. L. Serafy 又称该项为耗减因子，表示为自然资源的耗减。使用者成本法在计算 R 时，假设每年每单位毛收入所得固定且开采水平不变，这意味着即使价格及开采成本变动，使用者成本法的估计值仍然不变。

2.4.1.4　代际外部性评估方法优劣势比较

代际外部性评估方法的优劣势如表 2-3 所示。

表 2 - 3　　　　　　　　　　　代际外部性评估方法的比较

方法	假设条件	优点	缺点	适用情况
净现值法	已知每年的开采量和资源再生速度	模型成熟，结果较准确	要求已知的数据多	适用于可再生和不可再生资源
净租金法	资源价格增长率等于贴现率；每年开采量相等	计算简便，不需要确定适当的贴现率	假设条件在实际中难以满足	适用于不可再生资源
使用者成本法	每年开采量和价格都固定	能快速核算耗减价值	假设条件在实际中难以满足	适用于不可再生资源

根据表 2 - 3，首先，尽管净现值法应用了较成熟的货币时间价值理论，是一种较为成熟的估价方法，但是在实际应用中，它也存在着不足，所需的数据较多，而有些数据有时很难得到。净现值法要求预测出未来各年客观正常的资源开采量、销售价格和各种开采成本数据。如果是已经完全知晓的非再生资源，不需要考虑更新问题，寿命长度可以由已知储量和预期开采量直接决定。对于可再生资源，如生物资源，在计算寿命长度时，需明确考虑更新问题，每年根据新的信息重新计算寿命长度，必然造成寿命长度反复无常地变化。随着开采寿命的延长，不确定因素的增加，这些变量的预计值误差将会变得很大。

其次，从理论上看，三种估价方法对数据要求的侧重点不同，但本质是相同的。净租金法在计算非再生资源价值耗减时，假定资源的价格增长速度等于贴现率，从而省略了贴现过程，不需要确定资源的使用期限和贴现率；而使用者成本法则假定资源剩余可采储量和价格固定，从而方便地计算出资源耗减价值，但它需要估计使用期限和确定适当的贴现率水平。因此，如果资源价格的增长速度和贴现率一样，那么净现值法就可以简化为净租金法；若资源价格一直固定，则净现值法可简化为使用者成本法。由此可见，三种方法在本质上都是净现值法，只是由于其假设的前提不同，从而造成其对参数的要求和关注度也不同。因此，在实际应用中，应根据数据可得性和资源特性选择适当的方法。

2.4.2　金属资源代际外部性核算

为了对金属资源的耗竭成本进行核算，利用修正的使用者成本法对金属资源铜、铝、铅、锌、锡、镍的耗竭成本进行核算。经研究发现传统的使用者成本法不适于中国有色基本金属使用者成本的计算，因为当资源储量很大时，贴现率的变化并不会对使用者成本产生较大影响；[①] 但根据式（2 – 12），E. L. Serafy 使用者成本法应该对贴现率的变化十分敏感。另外，当 $r \to \infty$ 时，$D \to 0$，表示不顾后代福利只关注当代消费忽视了资源的耗减成本；当 $n \to \infty$ 时，$D \to 0$，表示资源可以永续使用，资源不存在耗减成本；当 $r = 0$ 时，表示所有的净收入和使用者成本相等，又夸大了资源的耗减成本。

这些矛盾表明 E. L. Serafy 使用者成本法不适于中国有色基本金属使用者成本的计算，需要对使用者成本法进行修正以便更准确地计算中国有色基本金属使用者成本。

本节在 Hartwick 和 Hageman 提出的使用者成本法修正的基础上，做出以下几处修正：

2.4.2.1　将通货膨胀的影响纳入使用者成本计算范围内

在使用者成本的计算公式里，当期开采非再生资源的净收入计算公式为：

$$R = Y - S - K \cdot \varphi - M \qquad (2 - 13)$$

其中，Y 表示非再生资源的销售收入，S 表示非再生资源行业的工资总额，K 表示资本存量，φ 表示正常资本回报率，M 表示中间投入成本。上式计算出的 R 为净收入的名义值，如果将通货膨胀的因素考虑进来，设 R' 为不变价表示的净收入，则式（2 – 13）变为：

$$R' = \frac{Y}{P_1} - \frac{S}{\pi} - K' \cdot \varphi - \frac{M}{P_2} \qquad (2 - 14)$$

其中，P_1 表示非再生资源的价格指数，π 表示通货膨胀率，K' 表示不变价的行业资本存量，P_2 表示中间投入的价格指数，$\frac{Y}{P_1}$ 表示非再生资源不变价的销售收入，$\frac{S}{\pi}$ 表示剔除了通货膨胀因素的工资总额，$K' \cdot \varphi$ 表示正常资本回报，$\frac{M}{P_2}$ 表示剔除了通货膨胀因素的中间成本。

2.4.2.2　将资源耗损的情况纳入计算范围

E. L. Serafy 使用者成本法没有将非再生资源的耗损问题纳入其中。非再生资源的使用者成本不仅仅包括已经售出的资源价值，也应该将开采中所浪费的价值纳入其中，计

---

① 林伯强等. 资源税改革：以煤炭为例的资源经济学分析 [J]. 中国社会科学，2012（2）：58 – 78.

算出完整和真实的非再生资源使用者成本。在我国，开采中的资源浪费率尤其高，如果不考虑浪费的资源价值，计算出来的使用者成本将远低于真实的使用者成本。

设 η 为非再生资源在开采过程中的耗损系数，则式（2 - 12）变为：

$$D = \eta \cdot \frac{R'}{(1 + r)^{n + 1}} \qquad\qquad (2 - 15)$$

2.4.2.3　折现率的确定

E. L. Serafy 使用者成本法中折现率的数值是主观确定的，虽然折现率与长期市场利率相关，但折现率并未被精确计算。在应用使用者成本法时，学者们往往采用数个折现率测算同一资源的使用者成本，而同一对象在不同折现率水平的结果差距较远，选择哪一个结果更加符合实际的使用者成本无法判断。使用者成本法中对折现率选择的主观性使得测算出来的使用者成本很难反映真实的使用者成本。

把当代人愿意延迟消费所换取的未来消费的比率界定为利率替代的社会折算率（SRTP），本书利用 Ramsey[1] 的公式对 SRTP 进行计算：

$$r = \beta + \varepsilon \cdot \sigma \qquad\qquad (2 - 16)$$

其中，r 表示社会折现率，β 表示纯时间折现率，σ 表示人均消费量的增长率，ε 表示边际的效用弹性。

对于 β 纯时间折现率的确定，根据 Dasgupta 和 Pearce[2] 的观点，社会时间偏好并不是个人时间偏好的简单加总，而应该用人口死亡风险的时间偏好计算社会折现率。根据 Evans[3]、Lopez[4] 等学者的研究，将 σ 人均消费量的增长率定义为人均最终消费量的增长率，β 用人口死亡率来表示。ε 用政府的税收行为来计算，即：

$$\varepsilon = \frac{\ln(1 - t)}{\ln\left(1 - \dfrac{T}{Y}\right)} = \frac{\ln\left(1 - \dfrac{\partial T}{\partial Y}\right)}{\ln\left(1 - \dfrac{T}{Y}\right)} \qquad\qquad (2 - 17)$$

其中，t 为有效的边际税率，T 为所得税，Y 为收入。

①　Ramsey F. P. A Mathematical theory of saving [J]. Economic Journal, 1928, 38 (152): 543 - 559.

②　Dasgupta A., Pearce D. Cost-Benefit Analysis [M]. UK: Palgrave Macmillan Press, 1972.

③　Evans D., Sezer H. Social discount rates for six major countries [J]. Applied Economics Letters, 2004, 11 (9): 557 - 560.

④　Lopez H. The social discount rate: Estimates for nine Latin American countries [R]. Policy Research Working Paper 4639, World Bank. 2008: 17.

根据式（2-14）和折现率的修正计算我国有色基本金属的使用者成本。有关数据的确定如下：

（1）开采年限 n。E. L. Serafy 和 Lutz 提到，使用者成本法中的开采年限由当期的开采率和金属资源探明储量共同决定，因此，本书用"开采年限 = 基础储量/年开采量"来计算有色基本金属的 n 值，表示以后各年与基准年维持相等的开采量时当前资源的剩余可采年限。根据我国的《固体金属资源/储量分类》，资源储量分为三大类：第一大类为储量，表示基础储量中的经济可采部分；第二大类为基础储量，表示查明的金属资源的一部分；第三大类为资源量，表示查明的金属资源和潜在的金属资源。

本书按照有色基本金属 2013 年的基础储量和年产量来计算开采年限（见表 2-4），数据来源于《中国统计年鉴》、万德数据库和国际铜业协会的 *2014 World Copper Factbook*。

表 2-4　　　　　　　　　　　　　有色基本金属的开采年限

有色基本金属	铜	铝	铅	锌	锡	镍
开采年限（年）	16	45	6	8	12	12

（2）社会折现率 r。社会折现率 r 由纯时间折现率 β、人均消费量的增长率 σ 和消费的边际效用弹性 ε 三个变量决定。根据式（2-16）以及表 2-5 所给出的数据，计算出社会折现率 r 的值如表 2-6 所示。

表 2-5　　1990～2013 年纯时间折现率 β、人均消费量的增长率 σ 和消费的边际效用弹性 ε

年份	所得税收入（亿元）	总收入（亿元）	消费边际弹性	人均消费增长率	中国人口死亡率（纯时间折现率）
1990	21.10	10352.587	1.00	5.61	0.67
1991	30.41	11341.559	3.52	13.68	0.67
1992	43.84	13200.134	2.18	14.99	0.66
1993	63.19	16434.42	1.56	26.27	0.66
1994	91.08	22428.693	1.15	35.08	0.65
1995	131.30	28610.883	1.42	24.07	0.66
1996	179.97	34461.189	1.60	10.80	0.66
1997	246.69	38062.106	2.88	6.79	0.65
1998	338.20	40688.74	4.25	3.49	0.65

续表

年份	所得税收入 （亿元）	总收入 （亿元）	消费边际 弹性	人均消费 增长率	中国人口死亡率 （纯时间折现率）
1999	413.66	43895.05	2.52	6.56	0.65
2000	659.64	47117.814	5.63	8.28	0.65
2001	995.26	52025.978	3.67	6.22	0.64
2002	1211.78	60429.703	1.29	13.58	0.64
2003	1418.03	67610.915	1.37	7.98	0.64
2004	1737.06	77210.607	1.49	10.31	0.64
2005	2094.91	87899.639	1.41	10.59	0.65
2006	2453.71	100379.93	1.18	9.49	0.68
2007	3185.58	119997.23	1.41	14.96	0.69
2008	3722.31	140021.75	1.01	12.46	0.71
2009	3949.35	157182.78	0.52	9.09	0.71
2010	4837.27	180602.58	1.42	9.84	0.71
2011	6054.11	211455.39	1.39	12.54	0.71
2012	5820.28	242741.12	0.31	9.98	0.72
2013	6531.53	272032.01	1.01	8.09	0.72

资料来源：历年《中国统计年鉴》《中国税务统计年鉴》《中国人口统计年鉴》。

表 2 - 6 　　　　　　　　1990~2013 年我国社会折现率 r 的估算结果

年份	ε	σ	β	r
1990	1.00	5.61	0.67	6.28
1991	3.52	13.68	0.67	48.87
1992	2.18	14.99	0.66	33.33
1993	1.56	26.27	0.66	41.58
1994	1.15	35.08	0.65	40.86
1995	1.42	24.07	0.66	34.81
1996	1.60	10.80	0.66	17.88
1997	2.88	6.79	0.65	20.18
1998	4.25	3.49	0.65	15.47

续表

年份	ε	σ	β	r
1999	2.52	6.56	0.65	17.16
2000	5.63	8.28	0.65	47.26
2001	3.67	6.22	0.64	23.46
2002	1.29	13.58	0.64	18.14
2003	1.37	7.98	0.64	11.61
2004	1.49	10.31	0.64	15.95
2005	1.41	10.59	0.65	15.60
2006	1.18	9.49	0.68	11.87
2007	1.41	14.96	0.69	21.83
2008	1.01	12.46	0.71	13.27
2009	0.52	9.09	0.71	5.46
2010	1.42	9.84	0.71	14.72
2011	1.39	12.54	0.71	18.09
2012	0.31	9.98	0.72	3.78
2013	1.01	8.09	0.72	8.89

（3）净收入 R'。不变价的净收入使用式（2-14）计算。由于使用者成本计算要求市场达到完全竞争的条件，国内的金属资源价格无法达到，相比起来国际资源市场的价格更能反映真实的供求关系，因此在计算销售收入 Y 时，用我国有色基本金属的年开采量和其国际价格（美元）的乘积来表示。对于有色基本金属的名义收入需要剔除通货膨胀的影响，由于无法获得有色基本金属的国际工业品出厂价格指数，用美元的通货膨胀率表示 P_1 将名义的有色基本金属的销售收入折算到 2000 年的不变价，并用对应年份的平均汇率将美元的销售收入换算成人民币表示的销售收入。工资总额 S 用我国采矿业工业平均工资水平和有色基本金属行业的从业人员数的乘积表示，并用我国对应年份的通货膨胀率对名义工资进行平减。不变价的资本存量 K' 通过永续盘存法估计，固定资产的投资价格指数来源于国家统计局。资本回报率 φ 通过单豪杰[①]所提到的方法得出。中间成本 M 为有色基本金属的总产值和增加值的差，并用资源的原材料等资源价格购进指数对中间成本平减为 2000 年的不变价。

---

① 单豪杰，师博. 中国工业部门的资本回报率：1978-2006 [J]. 产业经济研究，2008（6）：1-9.

（4）耗损系数 η。根据不同学者所提出的有色基本金属的综合回收率，得出有色基本金属的耗损系数如表 2 - 7 所示。

表 2 - 7　　　　　　　　　　　有色基本金属的耗损系数 η

有色基本金属	铜	铝	铅	锌	锡	镍
η	1.15	1.22	1.16	1.12	1.32	1.25

根据式（2 - 15）以及以上的数据，可以求出有色基本金属的使用者成本，如表 2 - 8 和图 2 - 3 所示。

表 2 - 8　　　　　　1990 ~ 2013 年我国有色基本金属的使用者成本　　　　　单位：亿元

年份	铜	铝	铅	锌	锡	镍
1990	2.5608	266.2661	11.65742	3.6359	0.916579	8.00994
1991	1.058776	297.6104	2.540434	4.782068	0.030058	1.467524
1992	5.375178	304.6061	4.222759	7.275151	0.254723	4.965702
1993	1.824547	401.304	2.105433	7.098542	0.101934	2.109373
1994	6.03551	308.8461	10.11663	12.61845	0.44592	8.302968
1995	12.99235	220.66	13.93164	31.81249	1.126567	14.72233
1996	37.2131	187.6918	33.32642	24.6201	6.755189	78.39723
1997	67.18885	198.7367	29.45375	93.6717	5.285136	60.74066
1998	71.9818	220.3147	38.28998	110.7821	9.154755	99.78977
1999	82.8722	290.7679	34.25673	126.675	6.934637	80.40029
2000	62.688514	210.7175	43.680525	127.20511	0.689919	96.090131
2001	73.03721	240.7369	38.99611	135.6625	5.99155	152.51752
2002	102.0387	230.5414	47.90458	166.1565	10.43095	189.66312
2003	120.3273	287.7286	53.06956	163.6259	20.74979	177.202
2004	110.0239	301.1311	56.35577	155.1984	8.532385	192.3477
2005	117.9795	290.8913	58.44843	196.0137	1.459886	161.27291
2006	196.57	330.3898	53.9336	200.9262	2.478334	188.82202
2007	230.79361	393.9761	66.5596	243.38072	0.813731	123.65656
2008	320.4895	409.4135	74.45291	287.88908	0.280333	161.24706
2009	502.2281	410.21	63.29544	315.8424	39.4606	206.1235
2010	491.4383	489.1261	76.45087	387.5071	13.73037	106.5221

续表

年份	铜	铝	铅	锌	锡	镍
2011	530. 16784	501. 158	84. 05414	326. 7976	5. 32294	154. 61575
2012	726. 5385	543. 6025	92. 25722	315. 1985	28. 74165	268. 1912
2013	610. 0802	508. 5498	80. 00537	370. 1739	15. 36754	343. 7626

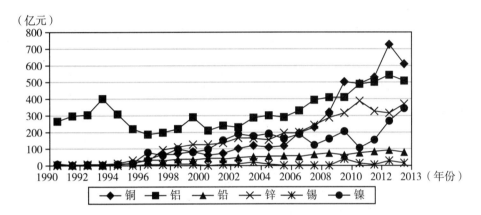

图 2 - 3　1990 ~ 2013 年我国有色基本金属的使用者成本变化趋势

从表 2 - 8 中所列出的使用者成本的数据可以看出，因产量、价格和社会折现率的差别，有色基本金属的使用者成本差别较大。从图 2 - 3 可以看出，六种有色基本金属的使用者成本基本都在 2012 年达到最大值，从有色基本金属的产量上可以解释这一结果。另外，社会折现率的变化对使用者成本也产生了较大的影响，2012 年的社会折现率较低。有色基本金属的使用者成本在 2009 年和 2012 年突然增大，增速较快，这都与社会折现率的变化趋势一致。就整体趋势而言，从 2000 年之后，我国有色基本金属的使用者成本增速较快。随着我国有色基本金属开采规模的不断增加，有色基本金属资源量的不断减少，必然使得使用者成本越来越大。根据使用者成本的含义可知，当代人对有色基本金属的消耗量越大，后代人在使用有色基本金属时所需要付出的成本就会更大。

2.5　金属资源环境外部性的核算

2.5.1　金属资源环境外部性测算方法的进展

关于环境外部性，Mill（1848）认为生态环境同样具有稀缺性，说明了生态环境补偿的必要性。Pigou（1920）首先提出应该通过税收等方式将环境外部成本内部化以避免社会福利损失。Cuperus（1996）和 Allen（1996）对生态价值补偿内涵进行了界定；Westman（1977）最先提出"自然的服务"的概念及其"生态系统服务功能价值"理念，从而引发了对生态系统服务功能价值的研究；Turner（1991）等展开了自然资本与生态系统服务价值分类的理论研究；McCay（2003）提出了分析资源利用效率，评价经济活动对生态系统的影响的能值理论；Wackernagel 等（1996）提出了"生态足迹"度量指标；Daily（1997）、Costanza（1997）等展开了生态服务功能补偿评估方法的研究，具体提出了市场替代法、旅游费用法等补偿评估模型，标志着生态系统服务与自然资本经济价值的定量评估理论和方法研究基本成熟，为生态补偿的施行提供了理论基础和技术准备。后来，Fonseca（2000）、Ando（2004）、Viehman（2009）等提出了评估受损自然资源或生境在恢复期间中止提供自然资源生态服务造成的临时损失的生境等价分析法（habitat equivalency analysis，HEA）；Thur（2007）、Zafonte（2007）等提出了评估受损自然资源或生态环境在恢复期间中止提供自然资源生态服务造成的临时损失的资源等价分析法（resources equivalency analysis，REA）。在国内，张文霞、管东生（2008）系统总结了我国生态补偿核算的方法，包括恢复工程费用估算法、效果评估法、旅行费用法、市场价值法、随机评估法、环境破坏经济损失估算法、机会成本法、影子工程法、博弈纳什均衡经济模型等；党晋华（2007）识别采煤过程中产生的生态环境负外部性因素，对采煤造成的环境损失进行核算；张文丽、连璞（2008）核算煤炭开采过程中的生态成本和补偿基金；张海莹（2012）测算煤炭资源开采中的生态环境负外部成本；余振国等（2012）提出我国要建立金属资源开发环境代价核算；徐辉、蒲志仲（2014）提出通过征收矿产品消费税的形式来减弱开采带来的负外部性成本和生态危机；戴茂华（2014）测算了我国稀有金属资源开发生态补偿。近来不少学者把生命周期理论应用于金属、矿业和环境的研究中。

2.5.1.1　生命周期评价理论

生命周期评价（LCA）理论研究开始的标志是 1969 年美国中西部资源研究所展开的针对可口可乐公司的饮料包装瓶评价的研究。该研究试图从最初的原材料开采到最终的废弃物处理，进行全过程的跟踪与定量分析，为生命周期评价理论奠定了基础。20世纪 80 年代末，伴随着全球环保意识的加强以及区域性和全球性环境问题的日益严重，公众和社会开始关注生命周期评价结果，大量关于生命周期评价的研究工作推动了生命周期评价理论的快速发展。

1989 年，荷兰国家居住、规划与环境部首次提出了制定面向产品的环境政策，即所谓的产品生命周期政策。1990 年，国际环境毒理学与化学学会（society of environmental toxicology and chemistry，SETAC）主持召开了首届关于生命周期评价的国际研讨会，在会议上正式提出了"生命周期评价"的概念，并于 1993 年出版了纲领性报告——《生命周期评价纲要——实用指南》，该报告将生命周期评价的基本结构归纳为定义目标与确定范围、清单分析、影响评价和改善评价四个相互联系的部分。1997 年，国际标准化组织（international organization for standardization，ISO）在 SETAC 的基础上颁布了 ISO 14040 标准《环境管理——生命周期评价——原则与框架》，将生命周期评价正式纳入该体系，以国际标准形式提出生命周期评价方法的基本原则与框架，将生命周期评价分为互相联系和不断重复进行的四个步骤：目的与范围的确定、清单分析、影响评价和解释。这标志着 LCA 全球性的初步标准产生。2006 年，ISO 对原有标准进行了修订，最终形成了 ISO 14040 和 14044 两项新国际标准，成为目前国际学术界和工业界开展生命周期评价工作的主要指南。

目前，以 ISO14040 标准为指南，LCA 理论在清单分析和影响评价方面有着显著的改善，被逐渐应用于对各个领域的产品、系统的环境影响评价，而在金属方面的研究主要集中在铝、铜、锌等几种金属。

早在 1992 年，欧洲铝业协会（EAA）就开展了涉及主要欧洲国家铝生产和制造企业的生命周期指标数据的收集工作，并于 1996 年出版了第一部生态概况报告。国际钢铁协会（the international iron and steel institute，IISI）在 1996 年开展了世界钢铁产品的生命周期清单研究，并分别于 2000 年和 2007 年对清单数据进行了更新，建立了钢铁产品的 LCI 数据库。美国铝业协会于 1999 年发布了《北美铝工业的生命周期清单报告》；国际铝业协会于 2000 年发布了《世界原铝工业关于能源消耗和温室气体排放的生命周期清单：第 1 部分汽车》的报告，于 2003 年发布了《铝的生命周期评价：世界原铝工业的清单数据》，并在 2007 年发布了该报告的升级版本；欧洲铝业协会于 2008 年发布了《欧洲铝工业的环境效应报告：铝生产和转化过程的生命周期清单数据》。这些研究报告基于对欧盟 27 国、北美和其他经济合作组织成员国铝工业数据的问卷调查，编制了原生铝锭、铝板带、铝箔、铝挤压材和再生铝锭的生命周期清单，并进行了包括温室效应在内的环境影响评价。

将生命周期理论应用于对金属和矿业的评价同样是众多学者关注的重点。Reginald 和 Khoo（2005）用生命周期评价法对包括从铝土矿到氧化铝的转化、从氧化铝到铝的过程和最后的铸型产品在内的铝坯料的生产等不同的铝生产过程的环境影响进行了定量分析。Durucan（2006）等建立了采矿体系的生命周期评价模型（LICYMIN），该模型可以为矿业生命周期影响评价模拟提供典型的动态可度量基础。Reid 和 Becaert（2009）用生命周期评价方法对比分析了加拿大六种尾矿库的管理和关闭方案，认为土地利用的影响是一个非常重要的因素。Eckelman（2009）用生命周期评价对镍的提炼、生产和制造过程进行了分析，认为熔炼过程中需要消耗的能量最多，可以占到整个过程的50% ～ 90%。Dubreuil（2010）以镍、铜、锌为例对当前有色金属生命周期的物质流动进行了调查和分析，生成了 3 种金属的回收图模型。Yellishetty（2011）以钢铁行业为例，从生命周期评价的角度分析了为什么金属资源耗竭会成为一个亟待解决的问题，并认为应该对当前铁矿石和钢的动态产量进行更为深入的调查。Valdivia（2011）用生命周期评价理论评估了南美和秘鲁的小规模手工开采黄金对环境的影响，并认为对土地使用的影响还需要进一步分析。Memary（2012）通过对澳大利亚 1940 ～ 2008 年的铜矿开采和冶炼做了时间序列生命周期评价，对澳大利亚最大的 5 个铜矿的环境影响进行了评估。Liu 和 Müller（2012）对生命周期评价理论在铝行业中的应用进行了综述，认为目前所得出的不同的研究结论是和气候以及地理位置的不同有关，而且还和数据的不确定性以及方法的选取有一定的关系，并且这些不确定性和不同可以作为改进生命周期评价的方向。Kogel（2014）等详细分析了包含勘探和采矿、加工、运输和物流以及市场四个环节的矿产开采的生命周期，并提出了评价金属资源的可持续发展的十组指标。

从以上文献可以看到，传统的 LCA 理论以环境影响评价为关注点，其相关理论已趋于完善。但将 LCA 理论用于对金属资源的生命周期评价，在以下几个方面还需要更为完整和连续的研究：（1）目前大部分研究都没有完成金属资源"从摇篮到坟墓"的生命周期评价，而是局限于某一特定的过程，如原始铝铸锭的生产（Tan and Khoo，2005）。只有少数的研究分析了铝土矿的开采（Norgate and Haque，2010）、铸造浇注（Koltun et al.，2010）和废弃回收（Olivieri et al.，2006；Damgaard et al.，2009）过程。对于全生命周期过程的影响评价，尤其是矿业开采的土地使用和金属的使用阶段缺乏量化评估，既没有充分反映资源使用过程的损失，也没有对使用带来的环境效益进行分析（Guinée，2005；Brent and Hietkamp，2006；Steen，2006）。（2）现有研究基本都以传统的生命周期理论为主，仅仅从金属资源生命周期的环境影响分析金属资源的可持续发展，而对经济性和社会性影响较少涉及。同时，现有研究更多的属于静态分析，缺少从时间和空间角度考虑资源消耗和排放对一个地区未来的影响（Yellishetty，2012）。（3）能源消耗和温室气体排放是对金属工业进行生命周期评价主要关心的两个指标，局限于这两个环境测度指标使得很难全面地对环境影响和社会影响做出分析和判断。因此，在实际分析和评价中，需要和资源效率、碳足迹和生态包袱等大家公认的生态指标相结合，而不是简单地局限于对环境排放的测度。
(4) 我国金属生命周期评价的相关研究仍比较薄弱和分散，基础性的连续的生命
周期清单数据收集和调研工作还很缺乏，但却十分重要（聂祚仁，2010；陈伟强，
石磊等，2009）。

2.5.1.2　生命周期可持续评价理论

作为一种系统的评价方法，生命周期思想能够很好地支持可持续性评估，正如欧洲
的许多环境政策，如环境和技术实施计划（CEC，2004）、自然资源的可持续利用策略
（CEC，2005）、可持续消费和生产实施计划（CEC，2008）和欧洲资源效率计划
（CEC，2011）都是以生命周期思想为支撑制定的（Sala，2013）。Andersson（1998）对
把可持续原则纳入 LCA 各阶段分析中的可行性进行了检验，是将 LCA 应用于可持续发
展评价的最早尝试。Upham（2000）将可持续原则应用于 LCA 影响分析，推动了更加
广义的 LCA 理论的发展。Hunkeler 和 Rebitzer（2005）在生命周期评价研究领域权威期
刊 *The International Journal of Life Cycle Assessment* 发表评论文章 The Future of Life Cycle
Assessment 中指出，应将生命周期评价的视角延伸到经济和社会方面。Weidema
（2006）、Labuschagne（2006）等均提出要将经济性和社会性融合到生命周期影响评价
中。而 Ny 和 MacDonald（2006）则认为传统的 LCA 理论缺乏从可持续的角度进行分析，
从而导致理解和应用的困难。为此，Klöpffer（2008）提出了包含环境、经济和社会三
个方面的生命周期可持续评价（life cycle sustainability assessment，LCSA）技术框架，认
为 LCSA 框架应包含环境生命周期评价（LCA）、生命周期成本（LCC）和社会生命周
期评价（S-LCA）三个部分，即：LCSA = LCA + LCC + S-LCA。以上技术框架使得 LCA
理论逐渐从仅仅关注能源和环境分析到包括经济和社会方面影响的更为全面的可持续发
展评价（Benoît and Mazijn，2010；Swarr et al.，2011）。联合国环境规划署（UNEP）和
环境毒理与化学学会（SETAC）在 2011 年对 LCSA 技术框架进行了详细的阐述和说明
（Valdivia et al.，2011；Finkbeiner et al.，2010）。Klöpffer（2008）和 UNEP/SETAC
（2011）的 LCSA 技术框架为将环境、经济和社会影响集成考虑提供了一个很好的出发
点（Zamagni，2012），但是在对技术框架的具体阐述中，环境 LCA、LCC 和 S-LCA 在相
同的系统边界下，是孤立地进行，没有考虑相互关系，阻碍了观察者对整个系统的理解
（Osorio et al.，2009）。结果的有用性和有效性会大大受限，使得生命周期方法的可信
性和可靠性受到质疑（Sala et al.，2013）。为此，Guinée（2011）考虑到可持续发展所
要求的系统的协同性和复杂性，从微观、中观和宏观三个层面对 LCSA 框架进行了阐
述，定义了包含环境 LCA、经济 LCA 和社会 LCA 的 LCSA 集成框架，提出通过跨学科

集成，将模型分析和问题相联系，认为生命周期可持续发展评价应该是"作为一个整体，而不是简单的求和，来进行影响测度"。Valdivia（2013）针对 2012 年"联合国永续发展高峰会"上关于 LCSA 技术框架的讨论，指出现有 LCSA 技术框架已基本形成，但还需要从方法及可行性上进一步地改进。Pizzirani（2014）针对 LCSA 所包含的环境、经济和社会三个维度，提出应考虑不同文化的影响，为此，作者提出应在 LCSA 技术框架下增加不同文化的指标。环境 LCA、LCC 和 S-LCA 共同构成了生命周期可持续发展评价的基础（Ciroth and Franze，2011；Valdivia，2011）。

2.5.2　金属资源开发利用环境外部性的核算方法

环境外部性的治理是指对金属资源开发造成环境污染的价值补偿以及对受损生态环境的修复、治理支出等，分两个方面：一是通过保护或者修复矿区生态环境，恢复矿区正常的生态环境功能；二是对采矿区域及当地居民造成的损失进行补偿。目前对于生态环境外部性最主要的核算方法有以下几类：

2.5.2.1　虚拟治理成本法

虚拟治理成本是指对已经排放但未被消除的污染物进行治理需要的成本。在生产和消费过程中，会产生各种残余物，一般指的是"三废"：废气、废水和固体废弃物。这些污染物有一部分经过处理或处置后被去除，但还有一部分未能被去除，直接被排放到环境中，对环境产生损害。我们要讨论的就是这两部分污染物。已被去除的那部分污染物，在环境统计中对应的实物量指标是"污染物去除量"，将它们去除所花费的费用称为"本年运行费用"，这个费用是实际已付出的成本，因此指的就是"实际治理成本"。被排放到环境中的那部分污染物，对应的实物量指标是"污染物排放量"。这两部分的总和就是本期的生产和消费活动产生的污染物的总量。现在我们已去除了第一部分，因此环境损害就是由第二部分污染物造成的，我们要估计的就是如果把这部分污染物也全部去除，需要多少成本，这个成本就是"虚拟治理成本"。总结来说就是：污染物总产生量 = 污染物去除量 + 污染物排放量，对应的等式是：治理总成本 = 实际治理成本 + 虚拟治理成本。

估计虚拟治理成本的基本思路其实很简单，可用公式表示如下：

$$C = \sum_{i=1}^{n} C_i Q_i \quad （这里 C 是平均数） \qquad (2-18)$$

其中，C 为虚拟治理成本，C_i 为每种污染物的单位治理成本，Q_i 为每种污染物的排放量，i 表示污染物的类别。

2.5.2.2　直接市场评估法

（1）剂量－反应法。剂量－反应法是通过一定的手段评估环境变化给受者（财产、机器设备或人等）造成影响的物理效果，其目的在于建立环境损害（反应）和造成损害的原因之间的关系，评价在一定的污染水平下产品或服务产出的变化，并进而通过市场价格（或影子价格）对这种产出的变化进行价值评估。

剂量－反应法为其他的直接市场评价法提供信息和数据基础。特别是它将提供环境质量的边际变化与受影响的产品或服务产出的边际变化之间的关系。

（2）生产率变动法。生产率变动法或称生产效应法认为，环境变化可以通过生产过程影响生产者的产出、成本和利润，或是通过消费品的供给与价格变动影响消费者福利。例如，水污染将使水产品产量或价格下降，给渔民带来经济损失；而兴建水库则可以带来新的捕鱼机会，对渔民产生有利影响。

生产率变动法的步骤与方法如下：第一，估计环境变化对受者（财产、机器设备或者人等）造成影响的物理效果和范围。第二，估计该影响对成本或产出造成的影响。第三，估计产出或者成本变化的市场价值。如果环境质量变动影响到的商品是在市场机制的作用发挥得比较充分的条件下销售的，那么，就可以直接利用该商品的市场价格进行估算。但是，必须注意商品销售量变动对商品价格的影响。

（3）人力资本法（或收入损失法）。环境质量恶化对人类健康有着多方面的影响。这种影响不仅表现为因劳动者发病率与死亡率增加而给生产直接造成的损失（这种损失可以用前述市场价值法加以估算），而且还表现为因环境质量恶化而导致的医疗费开支的增加，以及因为人过早得病或死亡而造成的收入损失等。人力资本法或收入损失法就是专门评估反映在人身健康上的环境资源价值的方法。

为了避免重复计算，人力资本法只计算因环境质量的恶化而导致的医疗费开支的增加，以及因为劳动者过早生病或死亡而导致的个人收入损失。前者相当于因环境质量恶化而增加的病人人数与每个病人的平均治疗费（按不同病症加权计算）的乘积；后者则相当于环境质量恶化对劳动者预期寿命和工作年限的影响与劳动者预期收入（扣除来自非人力资本的收入）的现值的乘积。由于劳动者的收入损失与年龄有关，所以，首先必须分年龄组计算劳动者某一年龄的收入损失，然后将各年龄的收入损失汇总，得出因环境质量恶化而导致的劳动者一生收入的损失。

（4）防护费用法。当某种活动有可能导致环境污染时，人们可以采取相应的措施来预防或治理环境污染。用采取上述措施所需费用来评估环境资源价值的方法就是防护费用法。

防护费用的负担可以有不同的方式，它可以采取"谁污染、谁治理"，由污染者购买和安装环保设备自行消除污染的方式；也可以采取"谁污染、谁付费"，建立专门的污染物处理企业集中处理污染物的方式；还可以采取受害者自行购买相应设备（如噪音受害者在家安装隔音设备），而由污染者给予相应补偿的方式。

防护费用也有使用效率问题。在预防或治理环境污染的效果相同的条件下，防护费用法选择几种方式中费用最低的方式所需的费用。

（5）恢复费用法（或重置成本法）。假如导致环境质量恶化的环境污染无法得到有效的治理，那么，就不得不用其他方式来恢复受到损害的环境，以便使原有的环境质量得以保持。例如，金属资源开发引起地表塌陷，影响农业生产，可以用土地复垦的办法来弥补。将受到损害的环境质量恢复到受损害以前状况所需要的费用就是恢复费用。恢复费用又被称为重置成本，这是因为随着物价和其他因素的变动，上述恢复费用往往大大高于原来的产出品或生产要素价格。

2.5.2.3　替代性市场评估法

（1）资产价值法。所谓资产价值是指固定资产的价值，如土地、房屋等的价值。固定资产的价格体现着人们对其价值的综合评价，其中包括当地的环境质量。以房屋为例，其价格既反映了住房本身的建筑特性，也反映了住房所在地区的生活条件，还反映了住房周围的环境特性（如空气质量好坏、噪音高低、绿化条件、窗外景观等）。在其他条件相同的前提下，环境特性的差异将影响消费者的支付意愿，进而影响这些固定资产的价格。所以，当其他条件相同时，可以用因周围环境特性的不同而导致的同类固定资产的价格差异，来衡量环境质量变动的货币价值。

资产价值法把环境质量看作影响资产价值的一个因素，也就是资产周围环境质量的变化会影响资产未来的经济收益。如果影响资产价值的其他因素不变，则可用环境质量的变化导致资产价值的变化量来估算环境污染或破坏所造成的经济损失，也可用该方法估算环境质量改善所取得的经济效益。资产价值法也称为舒适性价格法，舒适性是资产的主要使用特性，其价格就是资产价值的反映。

（2）旅行费用法。旅行费用法常常被用来评价那些没有市场价格的自然景点或者环境资源的价值。它要评估的是旅游者通过消费这些环境商品或服务所获得的效益，或者说对这些旅游场所的支付意愿（旅游者对这些环境商品或服务的价值认同）。

为了确定消费者对这些环境商品或服务的价值认同，旅行费用法后面隐含的原则是，尽管这些自然景点可能并不需要旅游者支付门票费等等，但是旅游者为了进行参观

（或者说，使用或消费这类环境商品或服务），却需要承担交通费用，包括花费时间，旅游者为此而付出的代价可以看作是对这些环境商品或服务的实际支付。支付意愿等于消费者的实际支付与其消费某一商品或服务所获得的消费者剩余之和，假设可以获得旅游者的实际花费数目，要确定旅游者的支付意愿大小的关键就在于估算出旅游者的消费者剩余。

同时，旅游者对这些环境商品或服务的需求并不是无限的，受到从出发地到该景点的旅行费用的制约。旅行费用法假设所有旅游者消费该环境商品或服务所获得的总效益相等，等于边际旅游者（距离评价地点最远的旅游者）的旅行费用。边际旅游者消费者剩余最小，而离评价地点最近的用户，其消费者剩余最大。

（3）后果阻止法。环境质量的恶化会对经济发展造成损害，为了阻止这种后果的发生，可以采用两类办法。一是对症下药，通过改善环境质量来保证经济发展。二是在环境质量的恶化已经无法逆转（至少不是某一经济当事人甚至一国可以逆转）时，人们往往通过增加其他的投入或支出来减轻或抵消环境质量恶化的后果。例如，增加用于化肥和良种的农业投入办法来抵消环境污染导致的单产下降；居民购买特制的饮用水以取代受到污染、水质下降的自来水。在这种情况下，可以认为其他投入或支出的变动额就反映了环境资源价值的变动。用这些投入或支出的金额来衡量环境质量变动的货币价值的方法就是后果阻止法。

（4）工资差额法。在其他条件相同时，劳动者工作场所环境条件的差异会影响到劳动者对职业的选择。在其他条件相同时，劳动者会选择工作环境比较好的职业。为了吸引劳动者从事工作环境比较差的职业并弥补环境污染给他们造成的损失，厂商就不得不在工资、工时、休假等方面给劳动者以补偿。这种用工资水平的差异（工时和休假的差异可以折合成工资）来衡量环境质量的货币价值的方法，就是工资差额法。

2.5.2.4　意愿调查价值评估法

（1）投标博弈法。投标博弈法要求调查对象根据假设的情况，说出他对不同水平的环境物品或服务的支付意愿或接受赔偿意愿。投标博弈法被广泛地应用于对公共物品的价值评估方面。投标博弈法又可分为单次投标博弈和收敛投标博弈。

在单次投标博弈中，调查者首先要向被调查者解释要估价的环境物品或服务的特征及其变动的影响（例如，砍伐或保护热带森林所可能产生的影响，或者湖水污染所可能带来的影响），以及保护这些环境物品或服务（或者说解决环境问题）的具体办法；然后询问被调查者，为了改善保护该热带森林或水体不受污染他最多愿意支付多少钱（即最大的支付意愿），或者反过来询问被调查者，他最少需要多少钱才愿意接受该森林被砍伐或水体污染的事实（即最小接受赔偿意愿）。

在收敛投标博弈中，被调查者不必自行说出一个确定的支付意愿或接受赔偿意愿的数额，而是被问及是否愿意对某一物品或服务支付给定的金额，根据被调查者的回答，不断改变这一数额，直至得到最大支付意愿或最小接受赔偿意愿。例如，要询问被调查者，如果森林将被砍伐，他是否愿意支付一定数额的货币用于保护该森林（如10 元），如果被调查者的回答是肯定的，就再提高金额（如11 元），直到被调查者做出否定的回答为止（如20 元）；然后调查者再降低金额，以便找出被调查者愿意付出的精确数额。同样，可以询问被调查者是否愿意在接受一定数额的赔偿情况下，接受森林砍伐或水体污染的事实，如果回答是肯定的，就继续降低该金额直到被调查者做出否定的回答为止；然后，再提高该金额，找出被调查者愿意接受的赔偿数额。

通过上述调查得来的信息被用于建立总的支付意愿函数或接受赔偿意愿函数。

（2）比较博弈法。比较博弈法又称权衡博变法，它要求被调查者在不同的物品与相应数量的货币之间进行选择。在环境资源的价值评估中，通常给出一定数额的货币和一定水平的环境商品或服务的不同组合。该组合中的货币值，实际上代表了一定量的环境物品或服务的价格。给定被调查者一组环境物品或服务以及相应价格的初始值，然后询问被调查者愿意选择哪一项。被调查者要对两者进行取舍。根据被调查者的反应，不断提高（或降低）价格水平，直至被调查者认为选择两者中的任意一个为止。此时，被调查者所选择的价格就表示他对给定量的环境物品或服务的支付意愿。此后，再给出另一组组合，比如环境质量提高了，价格也提高了，然后重复上述的步骤。经过几轮询问，根据被调查者对不同环境质量水平的选择情况进行分析，就可以估算出他对边际环境质量变化的支付意愿。

（3）无费用选择法。无费用选择法通过询问个人在不同的物品或服务之间的选择来估算环境物品或服务的价值。该法模拟市场上购买商品或服务的选择方式，给被调查者两个或多个方案，每一个方案都不用被调查者付钱，从这个意义上说，对被调查者而言是无费用的。

在含有两个方案的调查中，需要被调查者在接受一笔赠款（或被调查者熟悉商品）和一定数量的环境物品或服务之间做出选择。如果某个人选择了环境物品，那么该环境物品的价值至少等于被放弃的那笔赠款（或商品）的数值，可以把放弃的赠款（或商品）作为该环境物品的最低估价。如果改变上述的赠款数（或商品），而环境质量不变，这一方法就变成一种投标博弈法了。但是，其主要区别在于被调查者不必支付任何东西。如果被调查者选择了接受赠款（或商品），则表明被评价的环境物品或服务的价值低于设定的接受赠款额。

总的来说，意愿调查价值评估法是一种很有用的方法，然而它需要精心设计。而且由于需要的数据信息多，严格的调查需要花费大量的时间和金钱，并要对这些调查结果进行专门的解释和研究。

意愿调查价值评估法可以用于解决其他许多方法无法解决的问题。实际上，在空气和水质量问题、舒适性问题、资源保护问题以及环境存在价值等方面已经开展了大量的实证性研究工作。

意愿调查价值评估法的缺陷在于它依赖于人们的看法，而不是他们的市场行为。回答中会有大量的偏差，而这些偏差又不可避免。意愿调查价值评估法的评估结果还有赖于被调查者如何理解环境所处的危机以及这些危机对他们可能产生的影响。这里假设被调查者都受过一定程度的教育并具有一定水平的环境意识。因此，这种方法更适合于评估区域性的环境问题，而不适合于全球环境问题。

2.5.3　基于生命周期的金属资源开发环境外部性测算

生命周期理论是从"摇篮"（起始点）到"坟墓"（终结点）的理论。对于金属资源的开发利用，周期"摇篮"为金属元素的开采，终点为废旧金属产品的回收和处理，研究范围涉及金属工业的各个活动阶段。周期流程如图 2-4 所示。

针对目前我国金属资源采选冶炼加工引起的环境外部性问题，以金属资源铜、钨、稀土、铁矿石为例，核算内容包括三个环节：采选、冶炼及加工制造，分别计算金属资源生命周期各个环节中产生的环境污染和生态破坏的外部性成本。本节采用生态环境外部性价值量直接核算的方法，综合评估生命周期的各环节排放污染造成的环境价值损失，从而评价在金属资源开采加工使用过程中环境外部性的真实成本。具体核算框架体系见图 2-5。

2.5.3.1　铜金属生态环境外部性成本核算

图 2-6 是铜循环的生命周期模型。铜循环的生命周期模型中的铜循环包括铜的生产、铜制品的加工制造、铜制品的使用和废杂铜的回收四个阶段。

（1）铜的生产阶段。铜的生产阶段主要包含三个工序：采、选矿，产品为铜精矿；冶炼，产品为粗铜；精炼，产品为精炼铜。

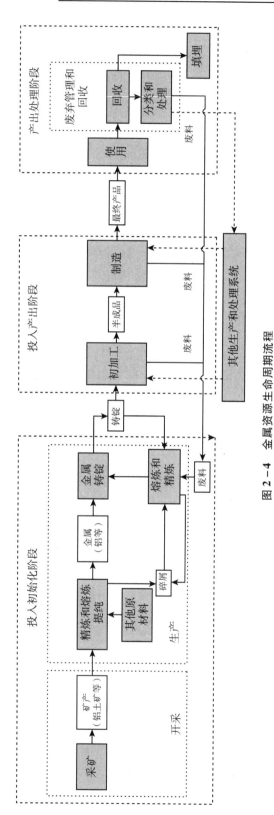

图 2 - 4　金属资源生命周期流程

资料来源：根据 Liu 和 Muller（2012）修改。

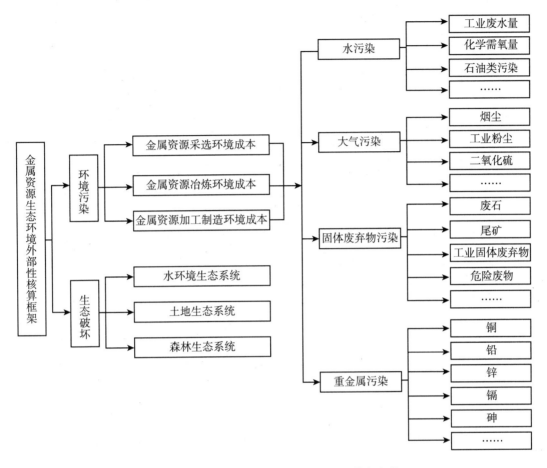

图 2-5　有色金属生态环境外部性成本核算框架体系

岩石圈中的铜矿石经开采后进入铜的生产阶段。除了自产的铜矿石外，净进口的铜矿、粗铜和废杂铜也作为原料进入铜生产阶段。产生的尾矿及熔渣分别进入环境中。同时，铜的生产，以及铜制品的加工制造、使用和废杂铜的回收阶段都会产生一定的铜损失，这部分损失的铜会进入到大气、水等生物圈中。

（2）铜制品的加工制造阶段。铜制品的加工制造包含铜半成品的加工、铜合金半成品的加工，以及最终制品的制造。作为加工制造的原料，除了自产的精炼铜外，还包括净进口的精炼铜、铜材和废杂铜。加工制造阶段会产生加工废铜，加工废铜的一部分返回到铜的生产阶段，作为生产精炼铜的原料；还有一部分重新作为原料，用于铜制品的加工制造。

（3）铜制品的使用阶段。加工制造出的铜制品广泛应用于国民经济的各个领域，其中主要应用于建筑、基础设施、电子产品、机械制造等行业中。使用阶段的铜制品进入到社会存量中，可以形象地把社会存量比喻成一个"仓库"，其中包含仍在使用的铜

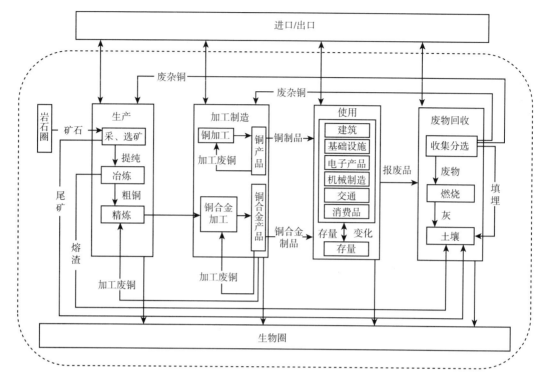

图 2 - 6 铜循环的生命周期模型

制品、超过使用期限但未回收的铜制品以及无法回收的一些含铜废物等。这个库的存量很大，难以准确计算。在铜流分析中，一般并不涉及库存总量，而只是根据铜的进、出量，计算其净增值。

（4）废杂铜的回收阶段。各种铜制品在使用报废后形成废铜，如城市固体废物、报废电子元器件、建筑及破坏废物等。报废的铜制品经收集分选等工序后，可以返回铜工业重新利用。收集分选过程中产生的部分废物可直接填埋，部分废物须经过燃烧变为灰（燃烧后的残余物）后进入到环境中。自产和净进口的废杂铜中的部分废杂铜，如废纯铜或废纯铜合金，进入加工制造阶段，作为原料可直接用于生产铜合金、铜线锭、铜箔及硫酸铜等，称之为废杂铜的直接利用；部分废杂铜，进入生产阶段，作为原料用于生产精炼铜，根据废杂铜的成分，可采用一段法、两段法及三段法，称之为废杂铜的间接利用。

铜物质流如图 2-7 所示。

根据铜的生命周期模型，为了便于计算，本节选取了 6 种常见的铜加工品作为代表。根据价值量直接核算的方法，铜的生态环境外部性成本核算结果如表 2-9所示。

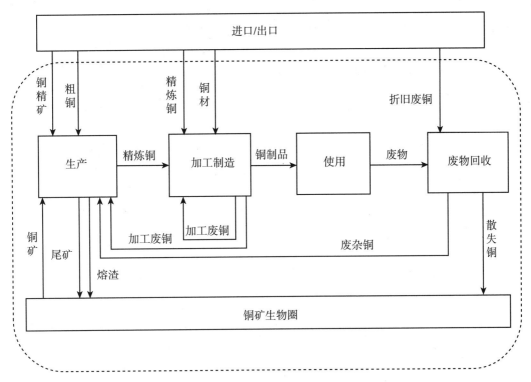

图 2 - 7　铜物质流

表 2 - 9　　　　　　　　　铜生态环境外部性成本核算结果

环节		污染物种类	污染物环境价值（元）
铜开采	坑采	废水量	93715040
		废石	9371504
	露采	废石	28114512
		废水量	14970977640
		铜	1171
		铅	1640
铜浮选	坑采	锌	6560
		镉	2343
		废石	149944064
		尾矿	2553734840
		废水量	19797302200
	露采	铜	559245
		铅	3514
		锌	86921
		镉	1874

续表

环节		污染物种类	污染物环境价值（元）
铜浮选	露采	废石	8160237108
		尾矿	2832537084
铜冶炼		工业废水量	7295441151
		化学需氧量	1606734
		镉	1055653
		铅	627192
		砷	1043970
		烟尘	651486
		工业粉尘	138707
		二氧化硫	13825336
		工业固体废物	9303290743
		HW24 危险废物	13643794736
铜延压及加工	铜板材	工业废水量	4256340
		HW34 危险废物	1336761
	铜带材	工业废水量	6775991
		HW34 危险废物	1422016
	铜管材	工业废水量	15089026
		HW34 危险废物	4945143
	铜盘条	工业废水量	13388245
		HW34 危险废物	4739202
	铜线材	工业废水量	27706345
		HW34 危险废物	5043321
	铜箔	工业废水量	3284189
		HW34 危险废物	654521
铜回收		工业废水量	11136309
		化学需氧量	1588
		二氧化硫	14010
		工业固体废物	5923569
全生命周期总计			78963789542

资料来源：其中铜价值流各个阶段的产量均来自《中国有色金属工业统计年鉴》、国家统计局、美国地质调查局和 wind 数据库。冶炼和加工过程中的排污系数来自《第一次全国污染源普查工业污染源产排污系数手册》，开采过程中的排污量参考南京市《部分行业污染物排放物料衡算系数》。

2012 年铜生态环境外部性成本约为 790 亿元，其中采选、冶炼、延压及加工和回收环节分别为 486 亿元、303 亿元、8864 万元、1708 万元，其中采选环节造成的生态环境外部性成本最大，占总成本的 62%。在采选环节中，废水污染造成的外部性成本最大，为 349 亿元，占采选环节的 72%；固体废弃物污染造成的外部性成本为 137 亿元，占 28%。冶炼环节占总成本的 38%，在冶炼环节中，固体废弃物污染造成的外部性成本最大，为 229 亿元，占冶炼环节生态环境外部性成本的 76%。

2.5.3.2　钨金属的生态环境外部性核算

钨的生命周期模型包括钨的采选、钨的冶炼和钨制品的延压及加工三个阶段。钨的采选包括坑采和磨浮，产品为钨精矿；钨的冶炼是对钨精矿进行冶炼提纯，根据钨的含量产品可以分为仲钨酸铵以及含钨较高的硬质合金、钨粉和碳化物；钨的加工制造包括钨半成品的加工、钨合金半成品的加工，以及最终制品的制造，常见的产品有钨板材、钨带材、钨管材等。本书选取了 6 种常见的钨加工品作为代表。根据价值量直接核算的方法，钨的生态环境外部性成本核算结果如表 2－10 所示。

表 2－10　　　　　　　　　　钨生态环境外部性成本核算结果

环节		污染物种类	污染物环境价值（元）
采选	钨矿→钨精矿	工业废水量	261660336
		化学需氧量	22136
冶炼	钨精矿→仲钨酸铵	工业废水量	5770069200
		汞	83550
		镉	43708
		铅	263746
		砷	278978
		六价铬	5383
		工业废气量	601130
		烟尘	365212
		工业粉尘	645434
		二氧化硫	1322642
延压及加工	钨精矿→硬质合金1	工业废水量	11236982400
		汞	169094
		镉	93642
		铅	547432
		砷	610354
		六价铬	11486
		工业废气量	651785

环节		污染物种类	污染物环境价值（元）
延压及加工	钨精矿→硬质合金1	烟尘	906554
		工业粉尘	1627659
		二氧化硫	1981531
	钨精矿→硬质合金2	工业废水量	14686224000
		汞	259367
		镉	91486
		铅	506068
		砷	733638
		六价铬	11486
		工业废气量	953469
		烟尘	1195274
		工业粉尘	1714275
		二氧化硫	1163997
	仲钨酸铵→钨粉+碳化钨	工业废水量	11695851440
		汞	29184355
		镉	56688
		铅	10701
		砷	19014
		六价铬	1393
		工业废气量	408259
		烟尘	218631
		工业粉尘	147343
		二氧化硫	887699
全生命周期总计			43698581975

资料来源：其中铜价值流各个阶段的产量均来自《中国有色金属工业统计年鉴》、国家统计局、美国地质调查局和wind数据库。冶炼和加工过程中的排污系数来自《第一次全国污染源普查工业污染源产排污系数手册》，开采过程中的排污量参考南京市《部分行业污染物排放物料衡算系数》。

2012年，钨生态环境外部性成本约为437亿元，其中采选、冶炼、延压及加工分别为1.6亿元、57.7亿元、377亿元，其中延压及加工造成的生态环境外部性成本最大，占生态环境外部性总成本的86%，冶炼环节占总成本的13%。在冶炼和延压及加工环节中，均是废水污染造成的外部性成本最大，所占环节成本的比重很大。

2.5.3.3 稀土的生态环境外部性核算

稀土的生命周期模型中包括稀土开采、稀土冶炼、稀土金属压延加工制造和稀土废弃物回收四个阶段。稀土开采包括坑采和露采，产品为稀土精矿。稀土的冶炼和分离是对稀土精矿进行冶炼提纯，根据精矿种类的不同有不同的冶炼分离方法，其产品包括单一稀土氧化物、单一稀土碳酸盐、单一稀土氯化物和稀土金属及合金等。稀土金属压延加工制造属于高科技、多工序加工，常用的稀有金属压延产品仅有钨、钼、钛、钽、铌、锆等几种，目前还没有单独的稀土金属压延加工制品，造成污染物产生的主要环节是成型、烧结、开坯锻造、轧制等工艺因素，目前数据不可获得，因此没有进行核算。稀土废弃物回收阶段是各种稀土制品在使用寿命终了报废后形成的废弃稀土，如废钢、铁、有色金属及合金，废玻璃和陶瓷器件，废荧光粉，废稀土磁材器件，汽车尾气净化器中的废稀土催化剂，废镍氢电池等。根据价值量直接核算的方法，稀土的生态环境外部性成本核算结果如表 2 - 11 所示。

表 2 - 11　　　　　　　　　　稀土生态环境外部性成本核算结果

环节			污染物种类	污染物环境价值（元）
稀土开采	混合型稀土矿	露采—磨浮	工业废水量	2347289
			化学需氧量	259057
			工业固体废物（尾矿）	4931280
			工业固体废物（其他）	1587600
	氟碳铈矿	坑采—磨浮	工业固体废物（尾矿）	3464041
	离子型稀土矿	原地浸出	工业废水量	5628004
			化学需氧量	307195
			氨氮	3568
			森林植被恢复费	11727689
		池（堆）浸	工业废水量	11255996
			化学需氧量	614390
			氨氮	7137
			森林植被恢复费	117276756
			土壤污染治理费	126020139
			水土保持费	21439992
稀土冶炼	混合型稀土精矿	硫酸焙烧 - 萃取转型 - 萃取分离	工业废水量	2027181
			化学需氧量	2614584
			氨氮	10993115
			氟化物（液）	3146091
			烟尘	404495
			二氧化硫	4862654

环节			污染物种类	污染物环境价值（元）
稀土冶炼	混合型稀土精矿	硫酸焙烧－萃取转型－萃取分离	氟化物（气）	1593720
			工业固体废物（冶炼废渣）	295004
			HW14 危险废物（新化学品废物）	21049875
		硫酸焙烧－碳铵沉淀或盐酸优溶	工业废水量	1230660
			化学需氧量	790220
			氨氮	4939277
			氟化物（液）	3203531
			烟尘	412121
			二氧化硫	4967271
			氟化物（气）	1656539
			工业固体废物（冶炼废渣）	309204
			HW14 危险废物（新化学品废物）	20330352
		碱分解－盐酸优溶－萃取分离	工业废水量	528699
			氨氮	3641711
			氟化物（液）	1196082
			总磷	1365400
			工业固体废物（冶炼废渣）	68367
			HW14 危险废物（新化学品废物）	2733167
	氟碳铈精矿	氧化焙烧－盐酸浸出－萃取分离	工业废水量	1403693
			氨氮	12029202
			氟化物（液）	4601120
			总磷	11247
			烟尘	719261
			二氧化硫	96141
			工业固体废物（冶炼废渣）	189745
			HW14 危险废物（新化学品废物）	8780850

续表

环节			污染物种类	污染物环境价值（元）
稀土冶炼	南方离子稀土精矿	盐酸溶解－P507/环烷酸（非氨皂）萃取分离	工业废水量	301802
			化学需氧量	148333
			铅	6557
			总磷	2213
			工业固体废物（冶炼废渣）	13166
		盐酸溶解－P507/环烷酸（氨皂）萃取分离	工业废水量	307711
			化学需氧量	625130
			氨氮	6345218
			铅	6289
			工业固体废物（冶炼废渣）	14208
	稀土氧化物（合金制造）	熔盐电解	烟尘	1612734
			氟化物（气）	1924110
			工业固体废物（冶炼废渣）	65550
稀土废弃物回收	稀土金属化物	碱焙烧法、浓硫酸分解法等	工业废水量	436061
			二氧化硫	7084118
			氟化物（气）	2268290
全生命周期总计				450222202

资料来源：其中铜价值流各个阶段的产量均来自《中国有色金属工业统计年鉴》、国家统计局、美国地质调查局和 wind 数据库。冶炼和加工过程中的排污系数来自《第一次全国污染源普查工业污染源产排污系数手册》，开采过程中的排污量参考南京市《部分行业污染物排放物料衡算系数》。

2011 年，稀土生态环境外部性成本约为 4.5 亿元，其中采选、冶炼和回收环节分别为 3.1 亿元、1.3 亿元、979 万元，其中采选环节造成的生态环境外部性成本最大，占总成本的 68%。在采选环节中，生态破坏造成的外部性成本最大，为 2.8 亿元，占采选环节生态环境外部性成本的 90%，其中森林植被破坏造成的生态环境外部性成本最大，为 1.3 亿元，占采选环节生态环境外部性成本的 42%。冶炼环节造成的生态环境外部性成本占总成本的 30%，在冶炼环节中，固体废弃物污染造成的外部性成本最大，为 5385 万元，占冶炼环节生态环境外部性成本的 40%。

2.5.3.4　铁的生态环境外部性核算

铁在经济社会系统中的生命周期可以划分为四个主要阶段，每个阶段由若干个子阶段或流程组成（见图 2 - 8）：（1）生产阶段，包括铁矿石开采、生铁冶炼、粗钢冶炼（包括连铸）三个流程；（2）加工制造阶段，包括铸件铸造、轧制（又可细分为热轧和冷轧）、挤压等平行的子流程；（3）使用阶段；（4）废物管理与回收利用阶段。在每一个铁的生命周期不同阶段及其子阶段都产生特定的含铁产品，其清单如表 2 - 12 所示。

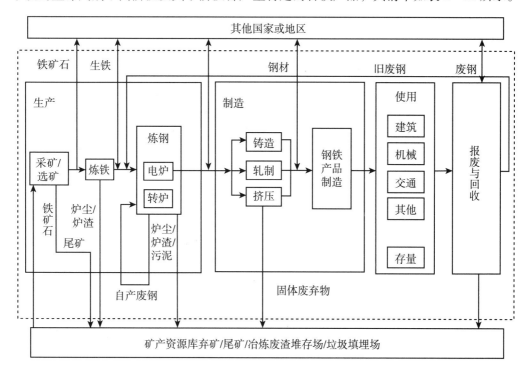

图 2 - 8　铁的全生命周期流动过程

表 2 - 12　　　　　　　铁生命周期各阶段对应的含铁产品清单

生命周期阶段	子阶段	含铁产品名称
生产阶段	铁矿石开采	铁精矿
	生铁冶炼	生铁
	粗钢冶炼	粗钢
加工制造阶段	铸造	铸钢
	轧制	轧钢
	挤压	型钢
	最终产品制造	钢铁制品
使用阶段	最终产品使用	钢铁制品
废物管理与回收利用阶段	废钢回收	报废品
	废钢预处理	折旧废钢

铁物质流如图 2 - 9 所示。

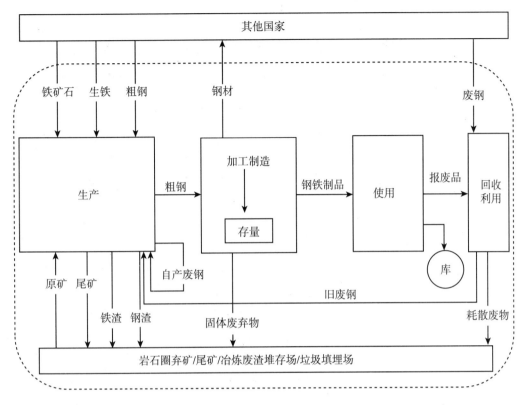

图 2-9　铁物质流

根据价值量直接核算的方法，铁矿石的生态环境外部性成本核算结果如表 2-13 所示。

表 2-13　　　　　　　　　铁矿石生态环境外部性成本核算结果

环节			污染物种类	污染物环境价值（元）
铁开采	铁原矿	坑采	工业废水量	286149049340
			化学需氧量	6955654
			石油类	8837843
			工业废气量	1149236252147
			工业粉尘	306739
			二氧化硫	135522
			氮氧化物	985972
		露采	工业废水量	148503916315
			化学需氧量	956009
			工业粉尘	1200197
			氮氧化物	550983

续表

环节			污染物种类	污染物环境价值（元）
铁冶炼	铁精矿	磁选	工业废水量	5672843
			工业废气量	2875086
	红铁精矿		工业废水量	619111
			工业废气量	366043
	烧结矿	带式烧结法	工业废气量	9366626058502
			二氧化硫	813554015
	球团矿	带式烧结法	工业废气量	580236724856
			二氧化硫	890440504
			烟尘	5550347
	生铁	高炉法	工业废水量	4517681631302
			烟尘	14683575
			工业废气量	2878469081194
			化学需氧量	166917281
			挥发酚	66444171
			氰化物	31893202
			二氧化硫	680171
	直接还原铁	窑法	工业废气量	12368239578
钢冶炼	碳钢		工业废水量	179453402954
			化学需氧量	6233424
			石油类	7178283
			工业废气量	387271410634
			工业粉尘	2039261
	合金钢		工业废水量	40039461176
			化学需氧量	1048207
			石油类	1782330
			工业废气量	113147053910
			工业粉尘	1734022
	不锈钢		工业废水量	17035844925
			化学需氧量	911225
			石油类	1148000
			工业废气量	134986642125
			工业粉尘	1046495

环节			污染物种类	污染物环境价值（元）
钢压延及加工	中厚板	热轧法	工业废水量	2013635925000
			化学需氧量	48855429
			石油类	40140677
			工业废气量	161681289000
			烟尘	1869004
			二氧化硫	357406
			氮氧化物	8935153
	热轧带钢	热轧法	工业废水量	1527305500000
			化学需氧量	32957645
			石油类	20498048
			工业废气量	85561813010
			烟尘	1074603
			二氧化硫	145055
			氮氧化物	5221971
	热轧大型材	热轧法	工业废水量	69163325000
			化学需氧量	1911585
			石油类	1392191
			工业废气量	8410649165
			烟尘	105267
			二氧化硫	16104
			氮氧化物	515328
	热轧中小型材	热轧法	工业废水量	215168975000
			化学需氧量	10297277
			石油类	10309342
			工业废气量	32106635390
			烟尘	411146
			二氧化硫	72575
			氮氧化物	1959518
	热轧棒材	热轧法	工业废水量	481712000000
			化学需氧量	11514559
			石油类	11084850
			工业废气量	48554692800
			烟尘	602642

环节		污染物种类	污染物环境价值（元）
	热轧棒材	热轧法	二氧化硫	118535
			氮氧化物	2963368
	热轧钢筋	热轧法	工业废水量	685289150000
			化学需氧量	29214959
			石油类	28132923
			工业废气量	111973361700
			烟尘	1474858
			二氧化硫	260339
			氮氧化物	6898993
	热轧高线材	热轧法	工业废水量	702406915000
			化学需氧量	20000113
钢压延及加工			石油类	17745017
			工业废气量	81978808860
			烟尘	1079785
			二氧化硫	190602
			氮氧化物	5050945
	热轧无缝管	热轧法	工业废水量	40286673000
			化学需氧量	914709
			石油类	910479
			工业废气量	4913495010
			烟尘	63360
			二氧化硫	10905
			氮氧化物	301696
	酸洗板卷	酸洗法	工业废水量	1674657950
			化学需氧量	115216
	镀层板卷	热镀法	工业废水量	25430352500
			化学需氧量	189779
			石油类	607292
			工业废气量	10773429480
			烟尘	143267
			二氧化硫	27397
			氮氧化物	684916

环节			污染物种类	污染物环境价值（元）
钢压延及加工	涂层板	辊涂法	工业废水量	241690540
			化学需氧量	11952
			石油类	13279700
			工业废气量	25242760850
			烟尘	256892
			二氧化硫	738072
			氮氧化物	2851641
	冷轧无缝管	冷轧法	工业废水量	25383905710
			化学需氧量	1420429
			工业废气量	5929076870
			烟尘	78846
			二氧化硫	15078
			氮氧化物	376938
	冷弯型材	辊压法	工业废水量	34715851800
			化学需氧量	3471585
			石油类	19209438
	焊接钢管	高频焊法	工业废水量	205395833300
			工业废气量	12458314580
			烟尘	165673
			二氧化硫	31681
			氮氧化物	792032
废钢铁回收			工业废水量	52487888600
			化学需氧量	2999308
			石油类	3299239
			工业废气量	318999149452
			工业粉尘	796959
全生命周期总计				26802506777326

资料来源：其中铜价值流各个阶段的产量均来自《中国有色金属工业统计年鉴》、国家统计局、美国地质调查局和 wind 数据库。冶炼和加工过程中的排污系数来自《第一次全国污染源普查工业污染源产排污系数手册》，开采过程中的排污量参考南京市《部分行业污染物排放物料衡算系数》。

2013 年铁矿石生态环境外部性成本约为 268025 亿元，其中采选、铁冶炼、钢冶炼、钢压延及加工和废钢铁回收环节分别为 15839 亿元、173574 亿元、8719 亿元、66177 亿元、3714 亿元，其中铁冶炼造成的生态环境外部性成本最大，占总成本的 65%。在铁冶炼环节中，大气污染造成的外部性成本最大，为 128394 亿元，占采选环节的 74%。钢压延及加工环节占总成本的 25%，在钢压延及加工环节中，水污染造成的外部性成本最大，为 60281 亿元，占冶炼环节生态环境外部性成本的 91%。

第3章

金属资源开发利用外部性治理的经济影响分析

3.1 中国金属资源经济环境的一般均衡系统

3.1.1 金属资源－经济－环境相互作用机理

金属资源、经济和环境三者之间存在复杂的相互影响关系。图 3－1 是对金属资源－经济－环境三者之间相互作用的具体描述。当代社会金属矿产是经济发展的重要保障，通过金属矿产的开采和加工形成一次矿产，并通过转化形成二次矿产，以供生产部门中间投入和家庭部门的最终消费之用。在经济发展过程中，对扩大生产规模以及提高人民福利的要求不断增加对金属矿产的需求。为了满足这些需求，就必须加大对金属矿产的开发力度。金属矿产消费的不断上升必然伴随着污染物排放数量的不断上升，由此给环境带来了不容忽视的压力，一旦污染物的排放超出环境自身承受能力的临界点，环境质量就会退化；环境质量的恶化反过来必然影响金属资源的质量、劳动力质量等基础生产要素，对经济造成负面影响。

3.1.2 金属资源 DCGE 模型的构建

3.1.2.1 CGE 模型原理及应用

可计算一般均衡模型通常简称为 CGE 模型（computable general equilibrium model），是政策模拟领域国际上流行的定量分析工具，其理论基础是 Walras 的一般均衡理论。

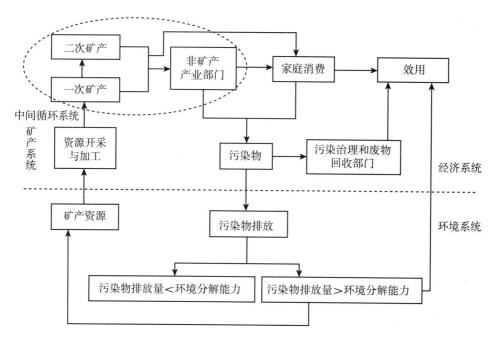

图 3 - 1　金属资源 - 经济 - 环境的相互作用示意

与其他早期的宏观经济计量模型不同，CGE 模型具有清晰的新古典微观经济结构，同时还能表征微观与宏观变量之间的互动关系。它通过一系列方程——生产方程、收入方程、需求方程、价格方程、进出口方程等来刻画特定的经济系统，而不是对单个部门或经济主体的简单描述，其主要特点表现在能够描述整个经济系统内部各主体间的相互作用，可以模拟某一政策变化对社会、经济各方面的直接与间接影响，并通过对宏观经济结构和微观经济主体的详细描述对政策变动的效应进行评价。政策的选择可以根据研究的需要进行不同设定。CGE 模型以一般均衡理论为基础，其核心模块具有庞大的数据结构，便于对社会核算矩阵进行校准和分析，且具有数学方法和软件技术的支撑，能够以多部门生产函数反映整个社会的经济活动，研究经济系统中各要素之间复杂的相互作用和相互依存关系。国内外许多学者利用 CGE 模型研究能源、农产品的税收政策，取得了许多进展。CGE 模型符合金属资源开发补偿政策模拟的要求，能够较好地描述金属资源开发补偿的复杂性。

3.1.2.2　CGE 模型常用函数

（1）生产函数。

第一，CES 生产函数。固定替代弹性生产函数（constant elasticity of substitution production function），简称为 CES 生产函数，是 CGE 模型中使用最为频繁的非线性生产函数，最早是由 Solow 提出，经过广泛验证，逐渐被推广使用。它一般描述生产技术、消费者需求以及对外贸易。CES 生产函数的标准形式为：

$$q = A\left[\sum_{i=1}^{n} \delta_i (a_i X_i)^{\rho}\right]^{\frac{1}{\rho}} \tag{3-1}$$

其中，q 为产出，X_i 为生产投入，δ_i 为投入品 X_i 的份额参数，A 为所有生产投入的技术参数，一般为效率或者规模因素，也被解释为全要素生产率，ρ 为 CES 指数，与生产投入间的替代弹性有关。a_i 为各生产投入的效率参数，一般在 CGE 模型中习惯将 x_1、x_2 的单位进行调整，使 a_1 和 a_2 两个参数单位标准化到 1，从而简化函数的表达形式和参数估算的工作。

在 CGE 模型中，CES 生产函数通常只包括两个投入，若有更多的投入，一般通过"嵌套"的方式解决，所以一般写成如下形式：

$$q = f(x_1, x_2) = A(\delta_1 x_1^{\rho} + \delta_2 x_2^{\rho})^{\frac{1}{\rho}} \tag{3-2}$$

其中，q 为产出，x_1、x_2 为投入，份额参数 a_i 和效率参数 λ_i 合并为参数 δ_i。所以参数 δ_1、δ_2 在产出中和各自投入 x_1、x_2 的份额相关。因为所有的贡献份额相加等于 1，所以得出 $\delta_1 + \delta_2 = 1$。因此，在 CGE 模型中生产函数又经常写为：

$$q = f(x_1, x_2) = A\left[\delta_1 x_1^{\rho} + (1 - \delta_1) x_2^{\rho}\right]^{\frac{1}{\rho}} \tag{3-3}$$

因为微观经济学中，假设生产者作为价格的接受者，并且在生产技术水平一定的条件下，企业通过投入最小化从而使生产成本最小化。于是，给定产量 q，上述生产者问题可以表现成如下规划形式：

$$\begin{aligned} &\min c = w_1 x_1 + w_2 x_2 \\ &\text{s. t.} \quad f(x_1, x_2) = A(\delta_1 x_1^{\rho} + \delta_2 x_2^{\rho})^{\frac{1}{\rho}} = q \end{aligned} \tag{3-4}$$

为了求解生产者最优的结果，我们用拉格朗日乘数求解：

$$\min_{x_1, x_2, \lambda} L = w_1 x_1 + w_2 x_2 - \lambda\left[A(\delta_1 x_1^{\rho} + \delta_2 x_2^{\rho})^{\frac{1}{\rho}} - q\right] \tag{3-5}$$

其中，λ 为约束条件的拉格朗日因子，同时也是约束条件的影子价格，也称为 CES 生产函数的对偶价格。分别对 x_1、x_2 和 λ 求导，并令各等式为零，则有一阶条件为：

$$\frac{\partial L}{\partial x_1} = w_1 - \lambda A \frac{1}{\rho}(\delta_1 x_1^{\rho} + \delta_2 x_2^{\rho})^{\frac{1}{\rho}-1} \cdot \delta_1 \cdot \rho x_1^{\rho-1} = 0 \tag{3-6}$$

$$\frac{\partial L}{\partial x_2} = w_2 - \lambda A \frac{1}{\rho}(\delta_1 x_1^{\rho} + \delta_2 x_2^{\rho})^{\frac{1}{\rho}-1} \cdot \delta_2 \cdot \rho x_2^{\rho-1} = 0 \tag{3-7}$$

$$A(\delta_1 x_1^{\rho} + \delta_2 x_2^{\rho})^{\frac{1}{\rho}} - q = 0 \tag{3-8}$$

联立方程（3 - 6）和方程（3 - 7）的一阶条件，则有：

$$\frac{w_1}{w_2} = \frac{A \dfrac{1}{\rho}(\delta_1 x_1^{\rho} + \delta_2 x_2^{\rho})^{\frac{1}{\rho}-1} \cdot \delta_1 \cdot \rho x_1^{\rho-1}}{\lambda A \dfrac{1}{\rho}(\delta_1 x_1^{\rho} + \delta_2 x_2^{\rho})^{\frac{1}{\rho}-1} \cdot \delta_2 \cdot \rho x_2^{\rho-1}} = \frac{\delta_1}{\delta_2}\left(\frac{x_1}{x_2}\right)^{\rho-1} = \frac{\delta_1}{\delta_2}\left(\frac{x_2}{x_1}\right)^{1-\rho} \quad (3-9)$$

由于 $\delta_1 + \delta_2 = 1$，式（3 - 9）也可以写为：

$$\frac{w_1}{w_2} = \frac{\delta_1}{1 - \delta_1}\left(\frac{x_2}{x_1}\right)^{1-\rho} \quad (3-10)$$

其中，$\dfrac{\delta_1}{\delta_2}\left(\dfrac{x_2}{x_1}\right)^{1-\rho}$ 为等产量线的斜率，经济学上称为技术替代率（technical rate of substitution，TRS），如图 3 - 2 所示。

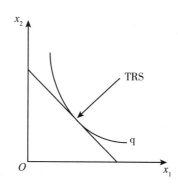

图 3 - 2　TRS 技术替代率

替代弹性是指在技术水平和投入价格不变的条件下，边际技术替代率的变动所引起的投入比率的相对变动，比如技术替代率 w_1/w_2 增加一个百分点，维持同样生产量的投入组成 x_1/x_2 的比例将增加 ε 个百分点，而这个 ε 就是替代弹性，它的数学表述如下：

$$\varepsilon = -\frac{\dfrac{\mathrm{d}(x_1/x_2)}{x_1/x_2}}{\dfrac{\mathrm{d}(w_1/w_2)}{w_1/w_2}} = \frac{\dfrac{\mathrm{d}(x_1/x_2)}{x_1/x_2}}{\dfrac{\mathrm{d}TRS}{TRS}} = -\frac{\mathrm{d}\ln\dfrac{x_1}{x_2}}{\mathrm{d}\ln TRS} \quad (3-11)$$

把 $TRS = \dfrac{\delta_1}{\delta_2}\left(\dfrac{x_2}{x_1}\right)^{1-\rho}$ 取对数再微分，得到：

$$\ln TRS = \ln\frac{\delta_1}{\delta_2} + (1-\rho)\ln\frac{x_2}{x_1} \quad (3-12)$$

$$\mathrm{d}\ln TRS = (1-\rho)\mathrm{d}\ln\frac{x_2}{x_1} = -(1-\rho)\ln\frac{x_1}{x_2} \quad (3-13)$$

把方程（3 - 12）和方程（3 - 13）代入方程（3 - 11）中，得到 CES 生产函数的替代弹性 ε 为：

$$\varepsilon = -\frac{\mathrm{d}\ln \dfrac{x_1}{x_2}}{\mathrm{d}\ln TRS} = \frac{1}{1-\rho} \tag{3-14}$$

CES 生产函数的优点在于在描述生产的过程中各投入的需求是总产出的一个固定份额，并通过各投入间的相对价格加以调整。因此，当一种投入的价格上升，对该投入的需求将会减少。而替代弹性决定需求减少的幅度，当替代弹性为 0 时，投入需求是产出的一个固定系数，与相对价格无关，此时的 CES 函数变为列昂惕夫函数，当替代弹性为 1 时，变为柯布 - 道格拉斯函数，如图 3 - 3 所示。

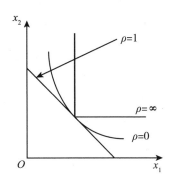

图 3 - 3　柯布 - 道格拉斯函数

第二，列昂惕夫生产函数。列昂惕夫生产函数是 CES 生产函数的特殊情况，是当 CES 生产函数替代弹性为 0，ρ 趋近于 $-\infty$ 时的情况。列昂惕夫生产函数又称固定投入比例生产函数，是指在每一个产量水平上任何一对要素投入量之间的比例都是固定的生产函数。函数通常表现形式是：

$$q = \min\{a_1 x_1, \cdots, a_n x_n\} = \min\{a \cdot x\} \tag{3-15}$$

生产优化要求各个要素投入按固定比例组合：$q = a_1 x_1 = a_2 x_2 = \cdots = a_n x_n$。当产量发生变化时，各要素的投入量以相同的比例发生变化，所以，各要素的投入量之间的比例维持不变。

第三，柯布 - 道格拉斯生产函数。柯布 - 道格拉斯生产函数也是 CES 生产函数的一个特例，当替代弹性为 1，CES 指数 $\rho = 0$ 时，CES 生产函数变为柯布 - 道格拉斯生产函数。函数的表现形式为：

$$q = A x_1^{\delta_1} x_2^{\delta_2} \tag{3-16}$$

第四，生产函数嵌套。以上三种函数都是假设只有两种投入的情况，但是生产函数也可以有三种或者三种以上的要素投入，以 CES 生产函数为例：

$$q = f(x_1, x_2, \cdots, x_n) = A(\delta_1 x_1^\rho + \delta_2 x_2^\rho + \cdots + \delta_n x_n^\rho)^{\frac{1}{\rho}} \quad\quad (3-17)$$

$$\sum_i^n \delta_i = 1 \quad\quad (3-18)$$

但是，由于所有要素投入之间的替代弹性系数都是 ρ，所以三个投入之间的替代弹性都一样，若其中两个要素投入的替代弹性为 0.5，则另外其他要素两两之间的替代要素也为 0.5，则加起来超过 1，不符合实际情况。因此，为了避免这个问题，一般采用嵌套函数的方法，如图 3 - 4 所示。

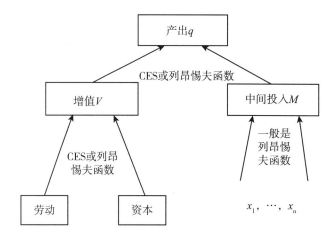

图 3 - 4　生产函数嵌套

$$q = A_q \left[\delta_q V^\rho + (1 - \delta_q) M^\rho \right]^{\frac{1}{\rho}} \quad\quad (3-19)$$

其中，V 为：

$$V = A_v \left[\delta_v L^{\rho_v} + (1 - \delta_v) K^{\rho_v} \right]^{\frac{1}{\rho_v}} \quad\quad (3-20)$$

合并在一个等式中为：

$$q = A_q \left\{ \delta_q \left[A_v (\delta_v L^{\rho_v} + (1 - \delta_v) K^{\rho_v})^{\frac{1}{\rho_v}} \right]^\rho + (1 - \delta_q) M^\rho \right\}^{\frac{1}{\rho}} \quad\quad (3-21)$$

（2）居民消费函数。

第一，效用函数。效用函数通常指消费者在消费过程中所获得的效用与所消费的商品组合之间的数量关系的函数，用以衡量消费者在商品组合中所获满足的程度。在 CGE 模型中，一个重要的环节就是居民从要素禀赋获得的收入转变为对商品的需求。这个需求是在预算约束条件下达到居民消费效用最大化的效果，线性规划方程为：

$$\max u(q_1, q_2)$$
$$\text{s. t.} \quad p_1 q_1 + p_2 q_2 = Y \tag{3-22}$$

或者直接记为：

$$\max \{ u(q_1, q_2) p_1 q_1 + p_2 q_2 = Y \} \tag{3-23}$$

第二，CES 效用函数。CES 效用函数也是效用函数中常用的一种形式，其具体形式如下：

$$u(q_1, q_2) = (\alpha q_1^\rho + (1-\alpha) q_2^\rho)^{\frac{1}{\rho}} \tag{3-24}$$

CES 效用函数与 CES 生产函数的数学表达形式类似，同理，CES 效用函数的替代弹性 $\varepsilon = \dfrac{1}{1-\rho}$。

用拉格朗日乘数求解：

$$\max_{q_1, q_2, \lambda} L = (\alpha q_1^\rho + (1-\alpha) q_2^\rho)^{\frac{1}{\rho}} - \lambda(p_1 q_1 + p_2 q_2 - Y) \tag{3-25}$$

因为，根据微观经济学理论，对效用函数的单调变换不会影响所求的普通需求函数，也叫马歇尔需求函数。因此，CES 效用函数可以简化为 $u = \alpha q_1^\rho + (1-\alpha) q_2^\rho$，再用拉格朗日乘数求解可得：

$$\max_{q_1, q_2, \lambda} L = \alpha q_1^\rho + (1-\alpha) q_2^\rho - \lambda(p_1 q_1 + p_2 q_2 - Y) \tag{3-26}$$

其最优一阶条件为：

$$\partial L / \partial q_1 = \alpha \rho q_1^{\rho-1} - \lambda p_1 = 0 \tag{3-27}$$

$$\partial L / \partial q_2 = \alpha \rho q_2^{\rho-1} - \lambda p_2 = 0 \tag{3-28}$$

$$p_1 q_1 + p_2 q_2 = Y \tag{3-29}$$

合并以上三个一阶条件，利用弹性系数 $\varepsilon = \dfrac{1}{1-\rho}$，得到普通需求函数为：

$$q_1 = \left(\frac{\alpha}{p_1}\right)^\varepsilon \frac{Y}{\alpha^\varepsilon p_1^{1-\varepsilon} + (1-\alpha)^\varepsilon p_2^{1-\varepsilon}} \tag{3-30}$$

$$q_2 = \left(\frac{1-\alpha}{p_2}\right)^\varepsilon \frac{Y}{\alpha^\varepsilon p_1^{1-\varepsilon} + (1-\alpha)^\varepsilon p_2^{1-\varepsilon}} \tag{3-31}$$

从而得到间接效用函数：

$$V(p_1, p_2, Y) = Y \left[\alpha^\varepsilon p_1^{1-\varepsilon} + (1-\alpha)^\varepsilon p_2^{1-\varepsilon} \right]^{\frac{1}{\varepsilon-1}} \tag{3-32}$$

第三，线性支出函数（linear expenditure system，LES）。线性支出函数是指一种商品的价格和其他相关商品价格呈线性函数关系。在 CGE 模型中，它常用于表达居民、政府或投资的消费需求。

LES 支出函数是由斯通 - 盖利效用函数导出的。模型假设居民的边际储蓄倾向不随居民收入的变化而变化，它被认为是居民可支配收入的一个固定份额加以储存，以满足未来生活的不时之需。斯通 - 盖利效用函数的形式为：

$$u = \sum_{i=1}^{n} b_i \ln(q_i - \gamma_i), \; b_i > 0, \; q_i - \gamma_i > 0 \qquad (3-33)$$

其中，商品 i 的价格为 p_i，q_i 为支出，b_i 是花费在商品 i 的边际预算份额，γ_i 为基本生存消费额。可以发现，斯通 - 盖利效用函数的形式与柯布 - 道格拉斯效用函数的形式类似。将柯布 - 道格拉斯效用函数经过自然对数单调变幻以后，可以变为 $u = \sum_{i=1}^{n} b_i \ln q_i$。与斯通 - 盖利效用函数相比，柯布 - 道格拉斯效用函数少了基本生存消费额 γ_i，而 γ_i 是外生给定的，可以理解成为生存所需水平和生活必需品。那么在 LES 函数中，$q_i - \gamma_i$ 可以理解为只有消费超过生活基本必需品的部分才能产生效用，这部分收入 - 商品支出的成长轨迹产生了一个正截距，如图 3 - 5 可以近似地体现出恩格尔支出变化的状态。在约束预算条件下，其追求效用最大化的结果如下：

$$\max u = \sum_{i=1}^{n} b_i \ln(q_i - \gamma_i)$$
$$\text{s. t.} \quad \sum_{i=1}^{n} p_i q_i = V \qquad (3-34)$$

用拉格朗日乘数求解，最终得出：

$$p_j q_j = p_j \gamma_j + b_j \left(V - \sum_i p_i \gamma_i \right) \qquad (3-35)$$

其中，V 为预算总支出。

第四，扩展的线性支出函数。LES 生产函数逻辑前提有一些缺陷，比如假定总支出是外生的，这与生活中由购买量决定总支出的实际情况相反；忽略了居民把基本消费支出后的余额用于储蓄或投资的情况。正是由于这些缺陷，LES 模型并没有在实证中得到广泛运用。

1973 年，英国经济学家 Luich 对 LES 模型做了两点修正，提出了扩展的线性支出模型（extend linear expenditure system，ELES）。该模型假定某一时期人们对各种商品（服务）的需求量取决于人们的收入和各种商品的价格，而且人们对各种商品的需求分为基

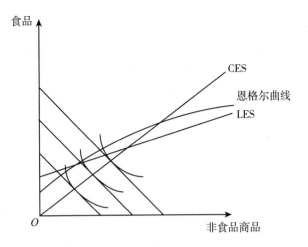

图 3 - 5　不同效用函数下消费支出份额随收入变化的特征

本需求和超过基本需求之外的需求两部分，同时认为基本需求与收入水平无关，居民在基本需求得到满足之后才将剩余收入按照某种边际消费倾向安排各种非基本消费支出。模型中用消费者收入水平 Y 代替预算总支出 V，用边际消费倾向 β_i 代替边际预算份额 b_i，修改后的模型为：

$$u = \sum_{i=1}^{n} \beta_i \ln(q_i - \gamma_i)\,,\ \beta_i > 0, q_i - \gamma_i > 0, \sum_{i=1}^{n} \beta_i = 1 \qquad (3-36)$$

居民消费者效用最大化的演算过程如下：

$$\max u = \sum_{i=1}^{n} \beta_i \ln(q_i - \gamma_i) \qquad (3-37)$$

$$\text{s. t.}\ \sum_{i=1}^{n} p_i q_i = Y \qquad (3-38)$$

用拉格朗日乘数求解，如下：

$$L = \sum_{i=1}^{n} \beta_i \ln(q_i - \gamma_i) - \lambda\left(\sum p_i q_i - Y\right) \qquad (3-39)$$

一阶优化条件为：

$$\begin{cases} \dfrac{\partial L}{\partial q_i} = \beta_i \dfrac{1}{q_i - \gamma_i} - \lambda p_i = 0 \\[2mm] \dfrac{\partial L}{\partial q_j} = \beta_j \dfrac{1}{q_j - \gamma_j} - \lambda p_j = 0 \\[2mm] \displaystyle\sum_{i=1}^{n} p_i q_i = Y \end{cases} \qquad (3-40)$$

合并方程（3 - 39）和方程（3 - 40），可得：

$$\frac{\beta_i q_j - \gamma_j}{\beta_j q_i - \gamma_i} = \frac{p_i}{p_j} \tag{3 - 41}$$

则：

$$q_i = \gamma_i + \frac{\beta_i}{\beta_j} \frac{p_j}{p_i}(q_j - \gamma_j) \tag{3 - 42}$$

两边等式都乘以 q_i，再分别对所有商品汇总：

$$\sum_{i=1}^{n} p_i q_i = \sum_{i=1}^{n} p_i \gamma_i + \sum_{i=1}^{n} \frac{\beta_i}{\beta_j} \frac{p_i p_j}{p_i}(q_j - \gamma_j) \tag{3 - 43}$$

可变形为：

$$\sum_{i=1}^{n} p_i q_i = \sum_{i=1}^{n} p_i \gamma_i + \frac{p_j}{\beta_j}(q_j - \gamma_j) \sum_{i=1}^{n} \beta_i \tag{3 - 44}$$

又 $\sum_{i=1}^{n} \beta_i = 1, \sum_{i=1}^{n} p_i q_i = Y$，从而有：

$$Y = \sum_{i=1}^{n} p_i \gamma_i + \frac{p_j}{\beta_j}(q_j - \gamma_j) \tag{3 - 45}$$

则解得：

$$p_j q_j = p_j \gamma_j + \beta_j(Y - \sum_i p_i \gamma_i) \tag{3 - 46}$$

该模型表明，在一定收入和价格水平下，消费者首先满足其对某种商品和劳务的基本需求 $p_i \gamma_i$，余下的收入 $Y - \sum_i p_i \gamma_i$，按照 β_j 的比例在商品储蓄之间进行分配。对 q_i 的普通需求函数，即马歇尔需求，如下：

$$q_j = \gamma_j + \frac{\beta_j}{p_j}(Y - \sum_i p_i \gamma_i) = \gamma_j - \frac{\beta_j}{p_j} \sum_i p_i \gamma_i + \frac{\beta_j}{p_j} Y \tag{3 - 47}$$

其实，ELES 函数是个恩格尔曲线 $p_j q_j = (p_j \gamma_j - \beta_j \sum_i p_i \gamma_i) + \beta_j Y$，其截距为 $p_j \gamma_j - \beta_j \sum_i p_i \gamma_i$，斜率为边际消费倾向 β_i。

3.1.2.3　金属资源动态 CGE 模型结构

为了纠偏代际外部性，让资源税更加真实地反映资源的使用者成本，政府需要对当前的金属资源税进行调整。重新征收金属资源税和整合税费体系会对经济社会各个方面产生不同的影响，选择一个既能合理补偿金属资源使用者成本又和我国宏观经济的发展实际相一致的税率十分重要。本节通过构建我国金属资源动态 CGE 模型，定量模拟在考虑金属的稀缺性价值后，显示资源税的改革对我国宏观经济的影响。

根据以上对金属资源－经济－环境系统内部三者之间相互关系的分析，本节所构建的模型结构如图 3－6 所示。基于多重均衡视角下的金属矿产开发补偿核算框架，主要从价值补偿角度解决了金属资源税从价计征改革的理论税率问题，但实际税率确定还要考虑宏观经济、产业结构调整、环境效益、资源代际配置等的影响。所以在理论税率核算的基础上，需要进行金属矿产开发补偿动态 CGE 模型的模拟研究，以便确定金属资源税改革的实际最优税率。

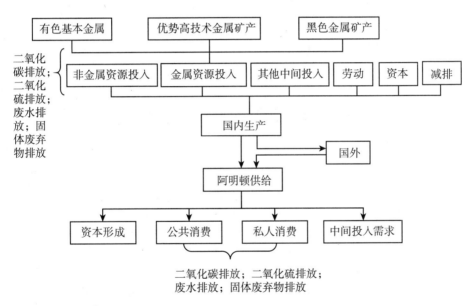

图 3－6　金属资源－环境－经济动态 CGE 模型结构

本节以 2010 年我国的投入产出表为基础，合并整理成农业、轻工业、重工业、建筑业、交通运输及仓储业、服务业等 13 个部门，具体的部门划分见表 3－1。根据研究的需要，把金属矿采选业、金属冶炼及压延加工业和金属制品业分解成铜矿采选业、铝矿采选业、铅矿采选业、锌矿采选业、锡矿采选业、镍矿采选业和其他金属矿产采选业，构建基期的中国有色基本金属社会核算矩阵（social accounting matrix，SAM）作为模型的数据基础，并用最小交叉熵法（minimum cross entropy，MCE）通过 GAMS 程序解决由于统计口径和资料来源不同造成的 SAM 表平衡问题。

表 3 - 1　　　　　　　　CGE 模型和 2010 年投入产出表中部门对应划分

序号	CGE 模型的部门划分	2010 年投入产出表的部门
1	农业	农林牧副渔业
2	轻工业	食品制造及烟草加工业、纺织业、纺织服装鞋帽皮革羽绒及其制品业、木材加工及家具制造业、造纸印刷及文教体育用品制造业
3	重工业	煤炭开采和洗选业、石油和天然气开采业、非金属矿及其他矿采选业、石油加工、炼焦及核燃料加工业、化学工业、非金属矿物制品业、通用、专用设备制造业、交通运输设备制造业、电气、机械及器材制造业、通信设备、计算机及其他电子设备制造业、仪器仪表及文化办公用机械制造业、工艺品及其他制造业（含废品废料）、电力、热力的生产和供应业、燃气生产和供应业
4	建筑业	建筑业
5	交通运输及仓储业	交通运输及仓储业
6	服务业	服务业
7	铜矿采选业	金属矿采选业、金属冶炼及压延加工业、金属制品业
8	铝矿采选业	金属矿采选业、金属冶炼及压延加工业、金属制品业
9	铅矿采选业	金属矿采选业、金属冶炼及压延加工业、金属制品业
10	锌矿采选业	金属矿采选业、金属冶炼及压延加工业、金属制品业
11	锡矿采选业	金属矿采选业、金属冶炼及压延加工业、金属制品业
12	镍矿采选业	金属矿采选业、金属冶炼及压延加工业、金属制品业
13	其他金属矿产采选业	金属矿采选业、金属冶炼及压延加工业、金属制品业

　　参数设定方面，以 SAM 表为基础求出中间投入成本和收入支出比例等转移参数和份额参数，对于指数参数的确定，通过文献估计法确定。

　　模型由生产模块、贸易模块、收入支出模块、金属资源补偿费模块、社会福利模块、均衡模块和动态机制模块构成。包括政府、企业和居民三类主体，经济主体均为理性的"经济人"，消费者以效用最大化为目标，生产者以成本最小化和利润最大化为目标，政府以社会福利最大化为目标。

　　动态模拟的 CGE 模型模拟分析路线如图 3 - 7 所示。

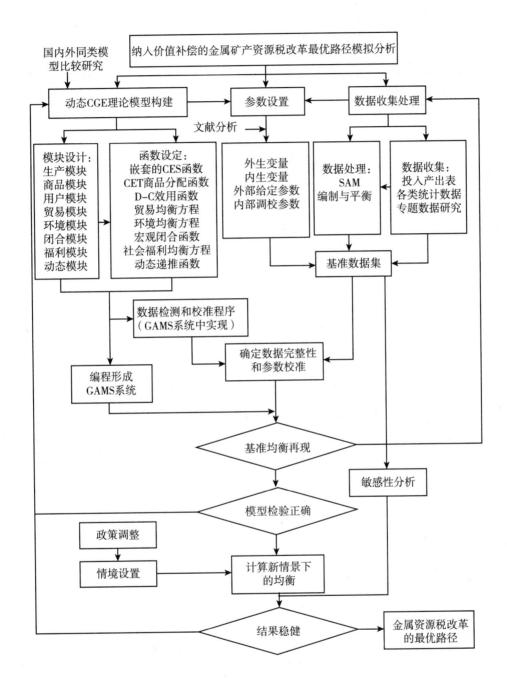

图 3 - 7　CGE 模型模拟分析技术路线

3.1.2.4　金属资源动态 CGE 模型的框架

（1）生产模块。生产模块分为五层次嵌套：第一层为金属矿产劳动和中间投入的合成；第二层为资本、金属资源和劳动的合成，即增加值的合成；第三层为资本和金属资源的合成；第四层为有色基本金属和非有色基本金属的合成；第五层为铜、铝、铅、锌、锡、镍六种金属资源的有色基本金属合成。

生产模块中各种生产要素的投入关系如图3-8所示，其中生产模块参变量说明如表3-2所示。

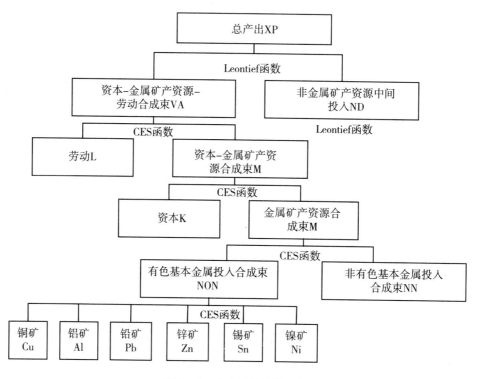

图3-8　生产函数结构示意

表3-2　　　　　　　　　　　　生产模块参变量说明

参变量名称	含义
A	所有生产部门的集合
QA_a	各部门的总产出
QVA_a	"资本－金属资源－劳动合成束"的投入
$QINTA_a$	各部门非金属资源的中间投入量
PVA_a	"资本－金属资源－劳动合成束"总价格
$PINTA_a$	非金属资源中间投入品总价格
$PINT_a$	a部门的中间投入，$PINT_a$由各部门的中间投入$PINT$汇总而成
$QINT_{c,a}$	各部门非金属资源中间投入矩阵
PA_a	生产活动的价格
QL_a	劳动投入

参变量名称	含义
QKM_a	"资本 – 金属资源合成束"的投入
WL	劳动价格
QK_a	资本投入
QMN_a	"金属资源合成束"的投入
PQ_c	国内市场商品 c 的价格
PMN	"金属资源合成束"的价格
WK	资本价格
PKM_a	"资本 – 金属资源合成束"的价格
QNN_a	"非有色基本金属合成束"的投入
$QNON_a$	"有色基本金属合成束"的投入
$QNONI_{a',a}$	六种有色基本金属的投入
$PNON_a$	"有色基本金属合成束"的价格
PNN_a	"非有色基本金属合成束"的价格
PQ_c	国内总产出品的价格
QX_c	生产活动产出的商品的数量
PX_c	生产活动产出的商品的价格
$mac_{a,c}$	对角线数值全部为 1 的单位矩阵,方便将 QA_a 转化成 QX_c
$tval$	企业的增值税税率
α_a^q	各部门产出的 CES 生产函数的转移参数
α_a^v	"资本 – 金属资源 – 劳动合成束"CES 生产函数的转移参数
α_a^{km}	"资本 – 金属资源合成束"CES 生产函数的转移参数
α_a^m	"金属资源合成束"CES 生产函数的转移参数
δ_a^q	各部门产出的 CES 生产函数的份额参数
δ_a^v	"资本 – 金属资源 – 劳动合成束"CES 生产函数的份额参数
δ_a^{km}	"资本 – 金属资源合成束"CES 生产函数的份额参数
δ_a^m	"金属资源合成束"CES 生产函数的份额参数
δ_a^e	各部门对不同有色基本金属需求的份额参数
ρ_a^p	各部门产出的 CES 生产函数的指数参数
ρ_a^v	"资本 – 金属资源 – 劳动合成束"CES 生产函数的指数参数
ρ_a^{km}	"资本 – 金属资源合成束"CES 生产函数的指数参数

参变量名称	含义
ρ_a^m	"金属资源合成束" CES 生产函数的指数参数
$ia_{c,a}$	生产每一个单位的总中间投入 a 所需要的 c 的投入量
λ_a^e	不同有色基本金属投入的效率因子
ε_a^e	不同有色基本金属间的替代弹性

第一，第一层嵌套，各部门产出的 CES 生产函数：

$$QA_a = \alpha_a^q \left[\delta_a^q \cdot QVA_a^{\rho_a^q} + (1 - \delta_a^q) QINTA_a^{\rho_a^q} \right]^{\frac{1}{\rho_a^q}}, \ a \in A \qquad (3-48)$$

生产活动总产出的最优要素投入：

$$\frac{PVA_a}{PINTA_a} = \frac{\delta_a^q}{1 - \delta_a^q} \cdot \left(\frac{QINTA_a}{QVA_a} \right)^{1 - \rho_a^q}, \ a \in A \qquad (3-49)$$

生产活动的产值：

$$PA_a \cdot QA_a = (1 + tbus_a)(PVA_a \cdot QVA_a + PINTA_a \cdot QINTA_a), \ a \in A \qquad (3-50)$$

利用 Leontife 函数表示出非金属资源中间投入量和中间投入价格分别为：

$$QINT_{c,a} = ia_{c,a} \cdot QINTA_a, \ a \in A, c \in C \qquad (3-51)$$

$$PINTA_a = \sum_{c \in C} ia_{c,a} \cdot PQ_c, \ a \in A \qquad (3-52)$$

第二，第二层嵌套，"资本 - 金属资源 - 劳动合成束"（增加值）的 CES 生产函数：

$$QVA_a = \alpha_a^v \left[\delta_a^v \cdot QL_a^{\rho_a^v} + (1 - \delta_a^v) QKM_a^{\rho_a^v} \right]^{\frac{1}{\rho_a^v}}, \ a \in A \qquad (3-53)$$

"资本 - 金属资源 - 劳动合成束"（增加值）的最优要素投入：

$$\frac{WL \cdot (1 + tval_a)}{PKM_a} = \frac{\delta_a^v}{1 - \delta_a^v} \cdot \left(\frac{QKM_a}{QL_a} \right)^{1 - \rho_a^v}, \ a \in A \qquad (3-54)$$

"资本 - 金属资源 - 劳动合成束"（增加值）投入的价格关系：

$$PVA_a \cdot QVA_a = (1 + tval_a) \cdot WL \cdot QL_a + PKM_a \cdot QKM_a, \ a \in A \qquad (3-55)$$

第三，第三层嵌套，"资本 - 金属资源合成束"的 CES 生产函数：

$$QKM_a = \alpha_a^{km} \left[\delta_a^{km} \cdot QK_a^{\rho_a^{km}} + (1 - \delta_a^{km}) QMN_a^{\rho_a^{km}} \right]^{\frac{1}{\rho_a^{km}}}, \ a \in A \qquad (3-56)$$

"资本 - 金属资源合成束"的最优要素投入：

$$\frac{PMN}{WK \cdot (1 + tvak_a)} = \frac{\delta_a^{km}}{1 - \delta_a^{km}} \cdot \left(\frac{QK_a}{QMN_a}\right)^{1 - \rho_a^{km}}, \ a \in A \qquad (3-57)$$

"资本 – 金属资源合成束"的价格关系：

$$PKM_a \cdot QKM_a = PMN \cdot QMN_a + WK \cdot (1 + tvak_a) \cdot QK_a, \ a \in A \qquad (3-58)$$

第四，第四层嵌套，"金属资源合成束"的 CES 生产函数：

$$QMN_a = \alpha_a^m \left[\delta_a^m \cdot QNN_a^{\rho_a^m} + (1 - \delta_a^m) QNON_a^{\rho_a^m} \right]^{\frac{1}{\rho_a^m}}, \ a \in A \qquad (3-59)$$

"金属资源合成束"的最优要素投入：

$$\frac{PNON_a}{PNN_a} = \frac{\delta_a^m}{1 - \delta_a^m} \cdot \left(\frac{QNN_a}{QNON_a}\right)^{1 - \rho_a^m}, \ a \in A \qquad (3-60)$$

"金属资源合成束"的价格关系：

$$PMN \cdot QMN_a = PNN_a \cdot QNN_a + PNON_a \cdot QNON_a, \ a \in A \qquad (3-61)$$

第五，第五层嵌套，铜矿、铝矿、铅矿、锌矿、锡矿和镍矿以 CES 生产函数合成为"有色基本金属投入合成束"：

$$QNON_a = (\lambda_a^e)^{\varepsilon_a^e - 1} \cdot \delta_a^e \cdot \left(\frac{PNON_a}{PQ_c}\right)^{\varepsilon_a^e} \cdot QNONI_{a',a}, \ a \in A \qquad (3-62)$$

各部门投入的金属资源合成束的价格方程为：

$$PNON_a = \left[\sum_e \sigma_a^e \cdot \left(\frac{PQ_c}{\lambda_a^e}\right)^{1 - \varepsilon_a^e} \right]^{\frac{1}{1 - \varepsilon_a^e}}, \ a \in A \qquad (3-63)$$

$$QNON_a \cdot PNON_a = \sum_e \sigma_a^e \cdot QNONI_{a',a}, \ a \in A \qquad (3-64)$$

第六，商品加总的情况，国内生产活动产出和商品的关系为：
生产活动的总产出：

$$QA_a = \sum_c QX_c \cdot mac_{a,c}, \ a \in A, c \in C \qquad (3-65)$$

生产活动的价格：

$$PX_c = \sum_a PA_a \cdot mac_{a,c}, \ a \in A, c \in C \qquad (3-66)$$

变量记号的第一个字母 Q 表示数量，变量记号的第一个字母 P 表示商品价格，变量记号的第一个字母 W 表示要素价格。

（2）贸易模块。在开放经济模型结构中，商品分为三个部分。一是国内生产出口部分，记为 QE；二是国内生产国内销售部分，记为 QD；三是市场上销售的进口商品，记为 QM。国内生产活动产出 QA 由 QE 和 QD 组成。国内销售的商品由 QM 和 QD 组成，具体关系见图 3 – 9，贸易模块参变量说明如表 3 – 3 所示。

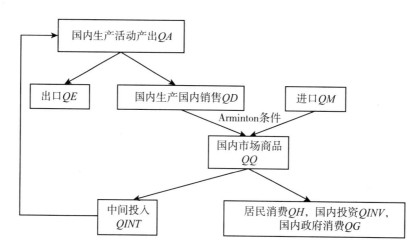

图 3 – 9　　国内贸易结构

表 3 – 3　　　　　　　　　　　　贸易模块参变量说明

参变量名称	含义
QA_c	国内总产出
QE_c	国内生产出口量
PA_c	国内总产出价格
PE_c	国内生产出口商品价格
QQ_c	国内总供应
QD_c	国内生产国内销售量
QM_c	进口产品销售量
PQ_c	国内市场商品销售价格
PD_c	国内生产国内销售价格
PM_c	进口产品国内销售价格
EXR	汇率
$IDENT_{a,c}$	单位矩阵元素
pwe_c	出口生产活动 c 商品的国际价格
pwm_c	进口商品 c 的国际价格

参变量名称	含义
I_{ac}	单位矩阵
α_a^t	国内总产出 CET 函数中的转移参数
δ_a^t	国内总产出 CET 函数中的份额参数
ρ_a^t	国内总产出 CET 函数中的指数参数
α_c^q	国内总供应 Armington 方程中的转移参数
δ_c^q	国内总供应 Armington 方程中的份额参数
ρ_c^q	国内总供应 Armington 方程中的指数参数

所有生产部门的集合为 A，所有商品部门的集合为 C。国内生产活动的产出商品 QA 分为国内销售 QD 和出口 QE 两部分，其替代关系用 CET 函数代表：

$$QX_c = \alpha_c^t \left[\delta_c^t \cdot QD_c^{\rho_c^t} + (1 - \delta_c^t) \cdot QE_c^{\rho_c^t} \right]^{\frac{1}{\rho_c^t}}, \rho_c^t > 1, \ c \in C \qquad (3-67)$$

国内生产国内销售的商品为 QD，其价格为 PD。出口商品价格记为 PE。国内和出口相对价格的变化影响国内销售和出口的相对数量，这是由优化的一阶条件所决定的：

$$\frac{PD_c}{PE_c} = \frac{\delta_c^t}{1 - \delta_c^t} \left(\frac{QE_c}{QD_c} \right)^{1 - \rho_c^t}, \ c \in C \qquad (3-68)$$

国内活动部门的生产价格关系由国内销售和出口两个价格加权平均合成：

$$PX_c \cdot QX_c = PD_c \cdot QD_c + PE_c \cdot QE_c, \ c \in C \qquad (3-69)$$

出口商品价格受国际市场价格和汇率影响：

$$PE_c = pwe_c \cdot (1 - te_c) \cdot EXR, \ c \in C \qquad (3-70)$$

国内市场上供应的商品 c 是 QQ_c。在开放经济中，QQ_c 包括国产内销的部分 QD_c，其价格为 PD_c，以及进口的部分 QM_c，其价格为 PM_c。国内市场上供应的商品，是国内各个主体机构包括消费者、企业、政府所需求的商品。除了这些最终需求外，还有生产活动的中间投入的需求。QQ_c 在国内生产供应和进口之间的替代关系由 Arminton 条件来描述：

$$QQ_c = \alpha_c^q \left[\delta_c^q \cdot QD_c^{\rho_c^q} + (1 - \delta_c^q) \cdot QM_c^{\rho_c^q} \right]^{1/\rho_c^q}, \ c \in C \qquad (3-71)$$

国内市场销售商品价格优化一阶条件：

$$\frac{PD_c}{PM_c} = \frac{\delta_c^q}{1 - \delta_c^q} \left(\frac{QM_c}{QD_c} \right)^{1 - \rho_c^q}, \ c \in C \qquad (3-72)$$

国内市场销售价格关系：

$$PQ_c \cdot QQ_c = PD_c \cdot QD_c + PM_c \cdot QM_c, \ c \in C \qquad (3-73)$$

式（3-71）、式（3-72）、式（3-73）三个等式形成了在 PQ、PD、PM 价格下决定 QQ、QD 和 QM 三者之间按照 Arminton 条件供应分配的优化条件。进口商品的价格 PM_c 由国际市场价格、汇率和关税决定：

$$PM_c = pwm_c \cdot (1 + tm_c) \cdot EXR, \ c \in C \qquad (3-74)$$

国内生产国内销售的活动和商品的价格与数量一致，有如下关系：

$$QD_c = \sum_a IDENT_{a,c} \cdot QD_a \qquad (3-75)$$

$$PD_c = \sum_a IDENT_{a,c} \cdot PD_a \qquad (3-76)$$

（3）收入支出模块。

第一，居民。居民税前收入包括从劳动、资本投入获取的收入，加上政府对居民的转移支付。居民的收入为：

$$YH = WL \cdot shif_{h,l} \cdot QLS + shif_{h,k} \cdot WK \cdot QKS + transfr_{h,gov} + transfr_{h,ent} + transfr_{h,row} \qquad (3-77)$$

居民消费总额：

$$EH = mpc \cdot (1 - ti_h) \cdot YH \qquad (3-78)$$

居民的效用函数用 stone-geary 函数表示，商品需求函数用 LES 函数表示，有：

$$PQ_c \cdot QH_c = shrh_c \cdot mpc \cdot (1 - ti_h) \cdot YH, c \in C \qquad (3-79)$$

第二，企业。企业税前收入包括从资本投入获取的收入，加上政府对企业的转移支付，企业的收入表示为：

$$YENT = shif_{ent,k} \cdot WK \cdot QKS + transfr_{ent,gov} \qquad (3-80)$$

用货币计算的社会总投资 $EINV$ 由各个部门的投资组成：

$$EINV = \sum_c PQ_c \cdot QINV_c, \ c \in C \qquad (3-81)$$

企业的储蓄定义为企业的收入减去所得税：

$$ENTSAV = YENT - YENT \cdot ti_{ENT} = (1 - ti_{ENT}) \cdot YENT \qquad (3-82)$$

第三，政府。政府的税收来源于增值税，从居民和企业征收的直接税（所得税）

以及进口关税，政府的收入表示为：

$$YG = \sum_a (tval_a \cdot WL \cdot QL_a + tvak_a \cdot WK \cdot QK_a) + \sum_a \frac{tbus_a}{1 + tbus_a} \cdot PA_a \cdot QA_a$$

$$+ \sum_h ti_h \cdot YH + ti_{ent} \cdot YENT + \sum_c tm_c \cdot pwm_c \cdot QM_c \cdot EXR$$

$$+ \sum_c te_c \cdot pwe_c \cdot QE_c \cdot EXR + tranfr_{g,row} \cdot EXR \tag{3-83}$$

政府的收入和支出之差为政府净储蓄，如果为正（负），表现为财政盈余（赤字）。政府的总支出表示为：

$$GSAV = YG - EG \tag{3-84}$$

$$EG = \sum_c PQ_c \cdot \overline{QG_c} + \sum_h transfr_{h,g} + transfr_{ent,g} \tag{3-85}$$

政府支出包括政府在商品上的消费以及对居民和企业的转移支付。政府在各商品上的消费为 QG_a，由柯布 - 道格拉斯效用函数决定：

$$PA_a \cdot QG_a = shrg_a \cdot (EG - transfr_{h,gov} - transfr_{ent,gov}) \tag{3-86}$$

其中，方程（3-37）到方程（3-86）的参变量解释如表 3-4 所示。

表 3-4   收入支出模块参变量说明

参变量名称	含义
WL	劳动力价格（工资）
QLS	劳动力供应量
WK	资本市场的资本价格
QKS	资本要素的供应量
YH	居民以货币单位计算的收入
EH	居民消费总额
PA_a	经济活动生产商品的价格以及相关部门 a 的商品价格
QH_c	居民对 c 部门商品的需求
$YENT$	企业以货币单位计算的收入
$EINV$	以货币单位计算的总投资（企业从自身、政府以及居民储蓄中获得的融资来进行的投资）
$QINVA$	企业投资
$ENTSAV$	企业储蓄
YG	政府以货币单位计算的收入

参变量名称	含义
EG	政府以货币单位计算的支出
$GSAV$	政府储蓄
QG_a	政府对商品 a 的需求
$shif_{h,l}$	劳动要素禀赋中居民的份额
$shif_{h,k}$	资本收入分配给居民的份额
$shrh_c$	居民收入对商品 c 的消费支出份额
$transfr_{h,gov}$	政府对居民的转移支付
$transfr_{h,ent}$	企业对居民的转移支付
$transfr_{h,row}$	国外对居民的转移支付
mpc	边际消费倾向
ti_h	居民的累进所得税税率
tm_c	进口税率
te_c	出口税率
$shif_{ent,k}$	资本收入分配给企业的份额
$tbus_a$	对生产活动 a 的增值税税率
$transfr_{ent,gov}$	政府对企业的转移支付
ti_{ENT}	企业所得税税率
$tranfr_{g,row}$	国外对政府的转移支付
$tval$	劳动投入增值税
$tvak$	资本投入增值税
$shrg_a$	政府占商品总额消费的比例

（4）有色基本金属资源税模块。对于有色基本金属的资源税征收总额为：

$$MINETAX = MINETAX_{ent} + MINETAX_h + MINETAXM \qquad (3-87)$$

$MINETAX$ 为针对企业产出品、居民消费品和进口品征收的金属资源补偿费总额。其中，$MINETAX_{ent}$ 为针对企业征收的金属资源补偿费，$MINETAX_h$ 为针对居民征收的补偿费，$MINETAXM$ 为针对进口产品征收的补偿费。

$$MINETAX_{ent} = \sum_c QA_c \cdot PA_c \cdot \tau_c^i \qquad (3-88)$$

$$MINETAX_h = \sum_c QH_c \cdot PQ_c \cdot \tau_c^i \tag{3-89}$$

$$MINETAXM = \sum_c QM_c \cdot PM_c \cdot \tau_c^i \tag{3-90}$$

其中，τ_c^i 为各部门产品应缴纳的资源税税率。考虑到资源补偿费的征收，需要对模型中的部分方程作出修改，以体现补偿费的影响。对于国内产出品的补偿费用，要对方程（3-50）进行修改，改成：

$$PA_a \cdot (1 - \tau_c^i) \cdot QA_a = (1 + tbus_a)(PVA_a \cdot QVA_a + PINTA_a \cdot QINTA_a), a \in A$$

对有色基本金属的价格产生影响：

$$PNON_a = (1 + \tau_c^i)\left[\sum_e \sigma_a^e \cdot \left(\frac{PQ_c}{\lambda_a^e}\right)^{1-\varepsilon_a^e}\right]^{\frac{1}{1-\varepsilon_a^e}}, a \in A$$

对于进口产品的补偿费，要对方程（3-74）进行修改，改成：

$$PM_c = pwm_c \cdot (1 + tm_c) \cdot (1 + \tau_c^i) \cdot EXR, c \in C$$

（5）社会福利模块。通过希克斯等价变动来检测外部政策冲击后对居民社会福利的影响。希克斯等价变动以政策实施前的商品价格为基础，测算居民在政策实施后的效用水平变化情况（以支出函数表示），计算公式为：

$$EV = E(U^s, PQ^b) - E(U^b, PQ^b) = \sum_c PQ_c^b \cdot HD_c^s - \sum_c PQ_c^b \cdot HD_c^b \tag{3-91}$$

其中，EV 代表居民福利的希克斯等价变动；$E(U^s, PQ^b)$ 代表政策实施后的效用水平，以政策变动前价格的支出函数计算；$E(U^b, PQ^b)$ 代表政策实施前的效用水平，以政策变动前价格的支出函数计算；PQ_c^b 代表第 c 种商品在政策实施前的消费价格；HD_c^s 代表第 c 种商品在政策实施后的居民消费数量；HD_c^b 代表第 c 种商品在政策实施前的居民消费数量。

根据以上公式计算希克斯等价变动 EV，当 EV 为正时，说明居民福利在政策实施后得到了改善。反之，如果 EV 变动为负，说明政策的实施会降低居民的福利水平。

（6）均衡模块。

第一，商品市场均衡。国内市场供应和需求的条件为，所有国内生产国内供应的等于所有国内需求的，有：

$$QQ_c = \sum_a QINT_{c,a} + \sum_h QH_{c,h} + \overline{QINV_c} + \overline{QG_c}, c \in C \tag{3-92}$$

第二，要素市场均衡。要素市场出清，要求要素需求等于供给，有：

$$\sum_a QL_a = QLS \tag{3-93}$$

$$\sum_a QK_a = QKS \tag{3-94}$$

新古典主义的宏观闭合条件：

$$QLS = \overline{QLS} \tag{3-95}$$

$$QKS = \overline{QKS} \tag{3-96}$$

第三，国际收支平衡。

$$\sum_c pwm_c \cdot QM_c = \sum_a pwe_c \cdot QE_c + transfr_{h,row} + transfr_{ent,row} + transfr_{g,row} + FSAV \tag{3-97}$$

$$EXR = \overline{EXR} \tag{3-98}$$

第四，投资储蓄均衡，如果模型正确，虚变量 VBIS 应该为零。

$$EINV = (1 - mpc) \cdot (1 - ti_h) \cdot YH + ENTSAV + GSAV + EXR \cdot FSAV + VBIS \tag{3-99}$$

第五，名义 GDP 和实际 GDP。

名义 GDP：

$$GDP = \sum_c (QH_c + \overline{QINV_c} + \overline{QG_c} + QE_c + QM_c) \tag{3-100}$$

实际 GDP：

$$PGDP \cdot GDP = \sum_{c \in C} PQ_c \cdot (QH_c + \overline{QINV_c} + \overline{QG_c}) + \sum_c PE_c \cdot QE_c$$
$$- \sum_c PM_c \cdot QM_c + \sum_c tm_c \cdot pwm_c \cdot EXR \cdot QM_c \tag{3-101}$$

其中，方程（3-92）到方程（3-101）的参变量解释如表3-5所示。

表3-5   均衡模块未定义的参变量说明

参变量名称	含义
$\overline{QINV_c}$	c 部门的投资，投资由外生决定
$\overline{QG_c}$	政府在商品 c 的消费，外生决定
$FSAV$	国外净储蓄
$\overline{EXR}$	外生决定的汇率

参变量名称	含义
$\overline{QLS}$	外生决定的劳动力供应量
$\overline{QKS}$	外生决定的资本要素供应量
$VBIS$	虚变量
$transfr_{ent,row}$	国外对企业的转移支付
$transfr_{g,row}$	国外对政府的转移支付

（7）动态机制模块。通过资本积累与劳动供给的增长驱动，构建的动态 CGE 模型采用递归动态机制，实现模型的动态化。假设各经济主体基于对价格和数量的静态预期进行决策，模型主要从劳动力人数增加的外生变化以及资本积累的变化入手实现模型的动态化。方程设定如下：

$$K_t = (1 - \sigma_t)K_{t-1} + I_t \qquad (3-102)$$

$$L_t = (1 + g')L_{t-1}, C_t = (1 + g')C_{t-1} \qquad (3-103)$$

其中，K_t 为本期资本存量，K_{t-1} 为上一期资本存量，σ_t 为折旧率，I_t 为本期新增投资，L_t 为本期劳动力的投入，L_{t-1} 为上一期劳动力的投入，g' 为劳动力增长率，C_t 为本期消费量，C_{t-1} 为上一期消费量。

这里递归的动态机制首先表现为资本的积累，下一期的资本存量等于当期资本存量折旧后的净值与当期投资之和；劳动供给的增长在方程（3-92）中表现为下一期社会劳动的总供给等于当期劳动供给乘以外生的人口增长率；同时存在随人口增长的消费增加。

本书是对 2015～2020 年这一时间段进行模拟，因此通过查询 2010～2014 年的《中国统计年鉴》，可以得到期间内我国 GDP 的增长率、投资和就业人口增长情况（见表 3-6），并且在模型中把这三者设为外生变量。2015～2020 年我国的 GDP 增长率和就业人口增长率的推算，参考国务院发展研究中心课题组（2005）关于中国未来经济发展预测的研究成果，具体如表 3-7 所示。

表 3-6　　　　2010～2014 年中国 GDP、投资和就业人口增长率　　　　单位：%

年份	GDP 增长率	固定资产投资增长率	就业人口增长率
2010	10.45	24.70	0.35
2011	9.30	25.02	0.37

年份	GDP 增长率	固定资产投资增长率	就业人口增长率
2012	7.65	20.56	0.41
2013	7.67	20.31	0.37
2014	7.40	16.86	0.37

表 3 - 7　　　　　　　2015 ~ 2020 年中国 GDP 和就业人口增长率设定　　　　单位：%

年份	GDP 增长率	就业人口增长率
2015	6.80	0.02
2016	6.80	0.02
2017	6.80	0.02
2018	6.80	0.01
2019	6.80	0.01
2020	6.80	0.01

在模型动态化过程中，劳动力增长率外生给定，2010 ~ 2014 年增长率为历史实际值，2015 ~ 2020 年劳动供给增长的计算方式为下一期社会劳动的总供给等于当期劳动供给乘以外生的人口增长率。资本的积累计算为，下一期的资本存量等于当期资本存量折旧后的净值与当期投资之和。关于基期（2010 年）的资本存量的设定，参考薛俊波和王铮（2007）对于行业资本存量的核算方法。首先估算行业的资本折旧率，然后利用投入产出表中已有的行业资本折旧量数据，用行业资本折旧量除以行业资本折旧率就可以得到各行业的基期资本存量。2010 ~ 2014 年的每期资本投入量可以通过国家统计年鉴数据获得。对于各行业的折旧率 δ_t，参考薛俊波和王铮（2007）、范巧（2012）以及梁伟（2013）对于已有相关文献的研究成果，最终设定如表 3 - 8 所示。

表 3 - 8　　　　　　　　　　　各行业折旧率

行业	折旧率均值
农林牧渔业	0.0842
食品制造及烟草加工业	0.1182
纺织服装业	0.1210
木材加工及家具制造业	0.1210
造纸印刷及文教体育用品制造业	0.1210

续表

行业	折旧率均值
化学工业	0.1061
金属矿产采选业	0.0980
非金属矿产采选业	0.0980
金属冶炼及制品制造业	0.1392
机械产品制造业	0.1267
其他制造业	0.1210
运输、邮电、IT 业	0.0542
批发零售餐饮业	0.0791
金融房地产业	0.1325
科教文卫社会服务业	0.0325
水利、环境、公共设施管理及其他服务业	0.0325
电力、热力的生产和供应业	0.0545
煤炭石油天然气开采业	0.125
炼焦煤气及石油加工业和供应业	0.125
水的生产和供应业	0.0545
建筑业	0.1390
废品废料	0.0545

3.1.3　金属资源社会核算矩阵的编制

社会核算矩阵（social accounting matrix，SAM）把投入产出表和国民经济核算表整合到一张表上，全面描述了整个宏观经济的图景，反映了经济系统一般均衡的特点，为 CGE 模型提供了必要而完备的数据基础。金属资源 CGE 模型的本质是包括金属资源账户的 CGE 模型，通过求解金属资源、经济有关的方程，实现对资源－经济系统的均衡分析。本节主要在传统社会核算矩阵的基础上，介绍金属资源 CGE 模型的数据基础——资源经济环境一体化社会核算矩阵（resource-economy-environment social accounting matrix，REESAM），包括其基本结构、编制方法及平衡方法。

3.1.3.1　社会核算矩阵

（1）社会核算矩阵的概念。社会核算矩阵是用矩阵形式表示的一个简化而完整的国民经济核算体系，它依据经济流量循环过程，通过对国民账户体系中经济运行各环节关键账户的有序整合显示，构成一个综合的宏观经济数据框架，可以对一定时期内一个国家（或区域）的经济状况进行整体性描述，同时为宏观经济总体模型的构建提供数据基础。

SAM 对现有的投入产出表进行了扩充，在投入产出表的基础上增加了机构账户，如居民、政府、国外（世界其他地区），表现生产活动、生产要素、机构收入、消费支出和投资储蓄之间的联系。进而使其不仅能表现生产部门之间及生产部门与非生产部门之间的投入产出、增加值形成和最终支出的关系，还能描述非生产部门之间的经济相互往来关系。SAM 不仅具有全面、综合、简洁的特点，还可以在遵循国民账户体系分类基本原则的基础上，根据侧重研究的问题对生产部门、商品部门、机构部门进行详尽地分解和集结。SAM 的基本原理就是会计学的基本原则——复式记账原则，即有借必有贷、借贷必相等，也就是每一笔收入对应一笔支出。矩阵的行表示账户的收入，列表示相应的支出，相同账户的行和与列和必须相等。

（2）社会核算矩阵的发展历程。第一个 SAM 是由 Richard Stone、Alan Brown 和剑桥增长项目（Cambridge growth project）的其他合作者于 20 世纪 60 年代构造的，旨在为剑桥增长模型（Cambridge growth model）提供数据基础。随后，在世界银行的大力推动下，已有 50 多个国家先后构建了 SAM，并将其广泛应用于投入产出分析、税收负担研究、收入分配分析、部门人力规划、自由贸易分析、气候变化和地区分配等方面的分析。

我国编制和应用 SAM 的工作起步较晚，但近年来取得了迅速发展。我国现有的大多 SAM 都是学者们编制用来为特定的 CGE 模型服务的，因此不同研究中运用的 SAM 的账户结构、编制方法等均有所不同，但基本都是在投入产出表的基础上扩展而来的。自 1987 年来，国家统计局先后正式发布了 1987 年、1992 年、1997 年、2002 年和 2007 年五张普查型投入产出表，并在逢 5 和 0 的年份发布投入产出延长表。中国的第一张 SAM 表是由李善同等学者在 1996 年以 1987 年的中国投入产出表为基础编制的。之后，国内不少学者的研究对于 SAM 在我国的发展和应用起到了一定的推动作用，例如，高颖、何建武（2005）的《从投入产出乘数到 SAM 乘数的扩展》，秦昌才（2007）的《社会核算矩阵及其平衡方法研究》，范金、万兴（2007）的《投入产出表和社会核算矩阵更新研究评述》，李宝瑜等（2011）的《中国社会核算矩阵编制方法研究》，范晓静（2014）的《中国二元社会核算矩阵的编制》，陈晋玲、李宝瑜（2015）的《基于 SAM 表下的国际收支核算矩阵的编制及应用研究》等。

（3）社会核算矩阵的基本结构。SAM 表的结构是一个方阵，行方向记录账户的收

入，列方向记录账户的支出，同一账户行和列的合计金额是相等的。通常开放经济体的
SAM 表账户包括以下几类，其基本结构见表 3 - 9 所示。

第一，生产活动账户，描述国内生产部门的生产活动。与生产活动对应的是投入产
出核算中的生产部门，反映中间投入的生产关系。账户的行方向表示生产活动的收入，
来自各种不同的商品销售，行的总和构成生产活动的总产出；账户的列方向表示生产活
动的投入，即向商品和要素账户支出以获得中间投入和要素投入，并且还需要向机构
（政府）支付生产税，列的总和构成生产活动的总投入。

第二，商品账户，描述国内市场上的商品供给与需求的关系。账户的行方向反映国
内各机构购买或使用各种商品的情况，核算的是对生产活动的中间投入、各经济主体的
最终使用，行的总和构成国内对各种商品的总需求；账户的列方向表示本国或国外各种
商品的来源，把国内生产活动的供给、进口加上进口环节税收就构成了国内市场的总
供给。

第三，生产要素账户，描述生产过程中投入的各种要素的收入和支出，包括劳动力
和资本两个子账户。账户的行方向反映各要素从生产活动中获得的要素报酬，反映初次
分配；账户的列方向则描述的是要素收入在生产要素提供者即机构间的分配，以劳动报
酬、资本收益、企业利润留存的形式分配给各机构部门。

第四，机构账户，描述各机构的收入来源和各项支出，包括居民、企业和政府三个
子账户。账户的行方向反映机构的收入来源与要素收入和机构间的转移支付，行的总和
反映机构的总收入；账户的列方向反映机构的收入使用情况，除了部分转移支付外以
及支付的所得税外，其余收入都在储蓄和消费之间分配，列的总和反映机构的总
支出。

第五，资本账户，即投资 - 储蓄账户，描述社会总资本的来源和去向。行方向表示
储蓄账户，分别来源于居民储蓄、企业储蓄、政府储蓄和国外的净资本流入。列方向表
示投资账户，代表该账户从储蓄得到资金后进行投资，形成对生产部门的投资需求。

第六，存货变动账户，主要描述存货的净变动情况，正值表示年度存货净增加，负
值表示年度存货净减少。

第七，国外账户，也称世界其他地区账户，主要描述国际收支平衡。账户的行方向
反映国外各种商品的进口和支付给国外要素的报酬；账户的列方向则反映商品的出口和
从国外得到的各项净收入。

（4）2010 年中国宏观 SAM 构建。本书依据 2010 年中国投入产出表、《中国统计年
鉴（2011）》以及《中国财政年鉴（2011）》等资料编制了 2010 年中国宏观社会核算矩
阵，如表 3 - 10 所示，具体项目的数据来源说明详见表 3 - 11。

表 3 - 9

SAM 的基本结构

账户		生产活动	商品	生产要素		机构			国外	投资 - 储蓄	存货变动	汇总
				资本	劳动力	企业	居民	政府				
生产活动			总销售						出口	固定资本	存货净变动	总产出
商品		中间投入					居民消费	政府消费				总需求
生产要素	资本	资本回报										资本收入
	劳动力	劳动力报酬										劳动力收入
机构	企业			资本收入								企业收入
	居民				劳动力报酬	转移支付		转移支付			居民收入
	政府	生产税	进口税	要素税		企业所得税	个人所得税		转移支付			政府收入
国外			进口									外汇支出
投资 - 储蓄						企业储蓄	居民储蓄	政府储蓄	国外净储蓄		存货变动	总储蓄
存货变动										总投资		存货变动
汇总		总投入	总供给	资本回报	劳动力回报	企业支出	居民支出	政府支出	外汇收入	总投资	存货变动	

表 3-10　中国 2010 年宏观社会核算矩阵（平衡表）

单位：亿元

账户		生产活动	商品	要素		居民	企业	政府	投资－储蓄		国外	收入合计
				劳动力	资本				固定资产投资	存货变动		
		1	2	3	4	5	6	7	8	9	10	
生产活动	1		1252644.87									1252644.87
商品	2	848995.90				144714.42		51972.06	183615.16	12951.64	111910.87	1354160.05
要素　劳动力	3	191008.92										191008.92
要素　资本	4	152729.20										152729.2
居民	5			191008.92	12956.7		27821.65	17202.82			2924.7	251914.79
企业	6				141004.48							141004.48
政府	7					4837.27	12843.54				-18.4	90091.73
投资－储蓄　固定资产投资	8					102363.1	100339.29	20759.91			-26895.5	196566.8
投资－储蓄　存货变动	9								12951.64			12951.64
国外	10		88996.71		-1231.98			156.94				87921.67
支出合计		1252644.87	1354160.05	191008.92	152729.2	251914.79	141004.48	90091.73	196566.8	12951.64	87921.67	

表 3 - 11　　　　　　　　2010 年宏观社会核算矩阵数据来源说明

行	列	数据来源及出处	具体账户	原始数据（亿元）
1. 生产活动	2. 商品	2010 年投入产出表	总产出	1252644. 87
2. 商品	1. 生产活动	2010 年投入产出表	中间投入合计	848995. 9
	5. 居民	2010 年投入产出表	居民消费支出合计	144714. 42
	7. 政府	2010 年投入产出表	政府消费支出	51972. 06
	8. 投资 - 储蓄	2010 年投入产出表	固定资本形成总额	183615. 16
	9. 存货净变动	2010 年投入产出表	存货增加 + 其他	12951. 64
3. 劳动力	1. 生产活动	2010 年投入产出表	劳动者报酬	191008. 93
4. 资本	1. 生产活动	2010 年投入产出表	固定资产折旧 + 营业盈余	152729. 2
5. 居民	3. 劳动力	2010 年投入产出表	劳动者报酬	191008. 93
	4. 资本	《中国统计年鉴（2011）》	资金流量表中"住户部门"的财产收入来源	12956. 7
	6. 企业		列余量	
	7. 政府		行余量	
	10. 国外	《中国统计年鉴（2011）》	国际收支平衡表中，"其他部门"差额为 4320411 万美元，依据汇率 1 美元 = 6. 7695 元（人民币），合计为 2924. 7 亿元	2924. 7
6. 企业	4. 资本		列余量	
7. 政府	1. 生产活动	2010 年投入产出表	生产税净额	59910. 85
	2. 商品	《中国财政年鉴（2011）》	进口货物的关税及消费税、增值税	12518. 47
	5. 居民	《中国财政年鉴（2011）》	个人所得税	4837. 27
	6. 企业	《中国财政年鉴（2011）》	决算中的"企业所得税"	12843. 54
	10. 国外	《中国统计年鉴（2011）》	国际收支平衡表中，"经常转移"中各级政府差额为 - 27176 万美元，折合人民币为 - 18. 4 亿元	- 18. 4
8. 投资 - 储蓄	5. 居民	2010 年资金流量表	居民储蓄	102363. 1
	6. 企业		行余量	
	7. 政府	2010 年资金流量表	"政府部门"总储蓄	20759. 91
	10. 国外		列余量	
9. 存货净变动	8. 投资 - 储蓄	2010 年投入产出表	存货增加 + 其他	12951. 64

续表

行	列	数据来源及出处	具体账户	原始数据（亿元）
10. 国外	2. 商品	2010 年投入产出表	投入产出表中的货物进口，减去关税及进口产品消费税、增值税	88996. 71
	4. 资本	《中国统计年鉴（2011）》	国际收支平衡表中经常项目的"投资收益差"为 － 1819895 万美元，折算人民币为 － 1231. 98 亿元	－ 1231. 98
	7. 政府	《中国财政年鉴（2011）》	政府对国外的"对外援助"与支付给国外的借款利息支出之和	156. 94

3.1.3.2　资源环境经济一体化社会核算矩阵

传统 SAM 的核算理论与模型均是建立在纯社会经济系统的基础上的，没有体现经济活动所造成的资源环境损耗，以及环保行为的积极效果。为了更加客观地评价经济发展状况，以及满足可持续发展理论的需要，构建一个涵盖资源、环境与经济的综合核算体系变得至关重要。

（1）REESAM 的主要特征与发展历程。REESAM 就是在传统 SAM 的基础上，加入与环境保护相关的生产活动账户、商品账户以及资源环境要素账户，如在生产活动中加入资源恢复活动账户、污染治理活动账户，在要素账户中增加自然禀赋账户等。通过对生产活动、要素主体进行分类核算，REESAM 将社会生产与污染治理紧密结合起来，全面阐述了环境经济系统中由生产带来消费、引致污染，由污染影响生产、阻碍消费，以及由生产与消费结构变动而影响经济发展水平与环境污染状况的经济－环境反馈过程。它描述了整个社会再生产的循环过程，把"生产过程—污染治理—收入分配—投资消费"有机地结合在一起，涵盖了环境－经济系统的生产过程、污染物的排放及治理需求、收入的形成与在各机构部门之间的分配和各部门的投资消费等内容。

早在 20 世纪 60 年代末，很多学者就开始关注资源、环境的计量与核算问题，并尝试将其纳入广义的经济系统之中；1970 年之后，一些发达国家和国际组织相继提出了各具特色的环境经济一体化核算体系。其中，具有代表性的为荷兰学者提出的《包含环境账户的国民经济核算矩阵（NAMEA）》（De Haan et al. , 1993）。在 NAMEA 提出后，欧盟结合自身特点及各成员国已有的理论与实践，将其列入环境经济核算欧盟统一模式，并相继在德国、奥地利、丹麦、挪威等开展了试点工作。2003 年，联合国将 NAMEA 纳入环境与经济综合核算体系（SEEA）第三版中，正式向所有会员国推出（United Nations，2003）。最早的环境经济一体化核算矩阵（ESAM）是由世界银行的 Xie（1996）在其建立的一个用于污染控制政策分析的环境 CGE 模型中提出的。[①] 中国关于资源环境经济一体化核算的相关研究工作起步相对较晚，在 20 世纪 90 年代开始陆续出现。其中，具有代表性的学者主要有雷明，他在 1996 年首次将资源因素纳入经济核算及分析中，对传统理论进行科学修正，构建了资源 - 经济投入产出模型；之后又在绿色投入产出核算构造技术的基础上，从 SAM 和绿色投入产出核算双重拓展的角度，对绿色社会核算矩阵的编制方法进行了深入研究。另外，高颖在 REESAM 的表式设计、编制方法上也做出了有益的尝试，例如其以中国 2000 年传统 SAM 为基准，实际编制了中国 2000 年的资源 - 环境 - 经济 SAM，并详细论述了综合 SAM 的编制过程，以及资源、环境相关账户的数值估计方法。其他学者也就各自研究的重点问题在 REESAM 方面进行了相关探究，为环境污染及资源耗竭对经济发展的影响提供了科学有效的数据。例如，杨珂玲等（2012）的《小区域资源环境社会核算矩阵的编制：以洱海流域为例》，徐晓亮（2012）的《资源税改革能调整区域差异和节能减排吗？——动态多区域 CGE 模型的分析》，周四军等（2015）的《地区能源 - 环境社会核算矩阵范式的设计与阐释》等。

（2）REESAM 的基本结构。REESAM 是在传统 SAM 账户基础上扩展而来的，因此其社会经济活动类账户的设置与传统的 SAM 一致，主要是对活动、商品和要素账户进行扩充。同时，本书建立的 REESAM 表式包括实物量核算和价值量核算两大类，以价值核算为主。

实物量核算包括三个账户：资源、污染物和大自然。其中大自然账户添加在列向量上，用以记录其负担的资源净消耗和对污染物的净吸收，从而实现实物核算的平衡。

在价值量核算中，生产活动和商品类账户除了传统的生产部门之外，为特别描述生产过程对资源的使用，将资源产业（比如煤炭采选业、石油和天然气采选业、金属矿采选业等）从传统的生产部门中分离出来，然后引入资源恢复和污染治理两类账户来进行环境方面的损益核算。要素类账户除传统的劳动力和资本外，从资本要素中分离出了一个虚拟的自然禀赋要素账户，从而将自然界提供的资源环境禀赋的贡献纳入社会经济系统之中。本书借鉴高颖的研究成果，给出 REESAM 的基本结构及主要账户介绍[②]，具体如表 3 - 12、表 3 - 13 所示。

---

① 秦昌波. 中国环境经济一般均衡分析系统及其应用［M］. 第 1 版. 北京：科学出版社，2014：46.
② 高颖. 中国资源—经济—环境 SAM 的编制方法［J］. 统计研究，2008，25（5）：84 - 88.

表 3-12　REESAM 的基本结构

序号	账户	1	2	3	4	5	6	7	8	9	10	11	12	13	14	15	16	17	A	B	大自然
1	资源恢复（活动）		X^e															资源恢复			
2	资源恢复（商品）																	资源恢复	R^r		
3	污染治理（活动）				X^w													治理支出			
4	污染治理（商品）	E^e		E^w		E^r		E^p					C^w			S^e		治理需求		W^r	
5	资源产业（活动）						X^r											资源产出			
6	资源产品（商品）	U^e		U^w		U^r		U^p					C^r			I^r	U^f	资源需求		W^p	
7	生产活动								X									一般支出			
8	商品	Q^e		Q^w		Q^r		Q^p					C		C^g	I^p	Q^f	一般需求			
9	要素—劳动力	L^e		L^w		L^r		L^p										劳动收入			
10	要素—资本	K^e		K^w		K^r		K^p										资本回报			

续表

序号	账户	1	2	3	4	5	6	7	8	9	10	11	12	13	14	15	16	17	A	B	大自然
11	要素—自然禀赋	N^r		N^w		N^r		N^p										自然红利			
12	居民									Y_h^l	Y_h^k			Y^c	Y_h^g			居民收入		W^h	
13	企业										Y_c^k	Y_c^m						企业收入			
14	政府	T^r		T^w		T^r	T_m^r	T^p	T^m				T^h	T^c			T^f	政府收入			
15	储蓄											S^m	S^h	S^c	S^g		S^f	总储蓄			
16	国外						X_m^r		X^m	Y_f^l	Y_f^k				Y_f^g			外汇支出			
17	合计	资源恢复投入	资源恢复供给	污染治理投入	污染治理成果	资源生产投入	资源供给	一般生产投入	一般产品供给	劳动收入分配	资本回报分配	自然红利分配	居民支出	企业支出	政府支出	总投资	外汇收入	外汇支出			
A	资源					R_r^c		R_p^c					R_h^c				R_f^c				R^d
B	污染物				W^w																W^u

表 3－13　　　　　　　　　REESAM 表中与资源环境相关的各元素的含义

元素	价值量核算部分的含义	元素	实物量核算部分的含义
X^r	资源恢复部门的产出	R_r^c	资源部门生产过程中对资源的消耗量
E^r	资源恢复过程中对污染治理部门的中间投入需求	R_p^c	一般部门生产过程中对资源的消耗量
U^r	资源恢复过程中对资源的中间投入需求	R_h^c	居民生活对资源的消费量
Q^r	资源恢复过程中对一般生产部门产品的中间投入需求	R_f^c	能源产品的净出口量
L^r	资源恢复部门支付的劳动者报酬	R^r	资源恢复量
K^r	资源恢复部门支付的资本报酬	R^d	自然界资源的真实消耗量
N^r	资源恢复部门支付的资源环境租	W^r	资源部门生产过程中的污染排放量
T^r	资源恢复部门缴纳的生产税或得到的政府补贴	W^p	一般部门生产过程中的污染排放量
S^r	资源恢复部门的投资	W^h	居民生活的污染排放量
X^w	污染治理部门的产出	W^n	污染物的治理量
E^w	污染治理过程中对污染治理部门的中间投入需求	W^e	自然环境对污染物的真实吸纳量
U^w	污染治理过程中对资源的中间投入需求		
Q^w	污染治理过程中对一般生产部门产品的中间投入需求		
L^w	污染治理部门支付的劳动者报酬		
K^w	污染治理部门支付的资本报酬		
N^w	污染治理部门支付的资源环境租		
T^w	污染治理部门缴纳的生产税或得到的政府补贴		
E^r	资源部门生产过程中对污染治理部门的中间投入需求		
E^p	一般生产部门生产过程中对污染治理部门的中间投入需求		
C^w	居民对生活类污染治理的支出		
N^r	资源生产部门支付的资源环境租		
N^p	一般生产部门支付的资源环境租		
Y_c^n	企业获得的大自然红利		
S^n	大自然储蓄		

实物量账户核算内容如下：一是资源账户。资源账户的行方向表示对资源的消耗

量，包括资源部门与一般生产部门生产过程中对资源的消耗量、居民生活对资源的消耗量、资源的净出口量；列方向表示资源的恢复量。二是污染物账户。污染物账户的行方向表示污染物的治理量；列方向表示污染物的排放量，包括资源部门与一般部门生产过程中的污染排放量、居民生活的污染物排放量。三是大自然账户。在列向量中添加大自然账户，用来记录自然界资源的真实消耗量以及自然界对污染物的真实吸纳量。

新增的价值量账户核算内容如下：

第一，资源恢复账户（分为资源恢复活动和资源恢复商品两个账户）。所谓资源恢复，就是通过资本和劳动的投入，使自然资源不断更新、积累的过程。对于矿产类不可再生资源而言，资源恢复主要是指资源的"异地"更新和积累的过程，即资源勘探部门不断发现新的资源储备的过程。

该账户主要用来描述对生产、消费过程中造成的资源损耗的积极补偿行为。为了保持同一般性生产部门账户设置的一致性以及便于区分部门的生产过程与部门产出，将每个生产部门都区分为活动和商品两个账户。资源恢复（活动）账户的行表示资源恢复部门的总产出，列表示资源恢复部门的中间投入需求及要素投入需求，具体包括对污染治理部门、资源产品以及一般生产部门产品的中间投入需求和该部门支付的要素报酬、支付的资源环境租以及缴纳的生产税或得到的政府补贴。资源恢复（商品）账户的行表示资源恢复部门的投资（相当于形成新的资源储备），列表示资源恢复部门的产出。

第二，污染治理账户（分为污染治理活动和污染治理产品两个账户）。污染治理部门在扩展核算体系中独立于其他的生产部门而存在，如污水处理、垃圾回收等环保部门，它们被视为具有独立经济利益的单位，因此在运作中也消耗一定的中间投入和要素投入。

该账户主要用来描述对生产、消费过程中造成的环境污染的积极补偿行为。污染治理（活动）账户的行表示污染治理部门的总产出；列表示污染治理部门的中间投入需求及要素投入需求，具体包括污染治理过程中对污染治理部门、资源产品以及一般生产部门产品的中间投入需求和该部门支付的要素报酬、支付的资源环境租以及缴纳的生产税或得到的政府补贴。污染治理（商品）账户的行方向表示各部门的污染治理需求，包括资源恢复活动、污染治理活动、资源生产活动及一般生产活动对污染治理产品的需求；列方向表示总的污染治理成果。

第三，自然禀赋账户。自然禀赋，即企业应当支付给大自然而实际并未支付的环境红利。大自然为生产活动提供了土地、矿藏等必要的资源基础，水、大气等环境资产，以及废水、废气和固体废弃物等的排放容量；另外，新探明的矿产储备也包含很大比例的自然界的贡献,污染治理部门无力处理的、由于经济活动造成的生态破坏及污染排放等环境方面的损失也必须由自然界来承担。

该账户主要用来描述自然界提供的资源和环境容量对生产活动的贡献,即生产部门的企业应当为之支付而实际并未付费的部分。其行方向表示大自然红利,具体包括资源恢复部门、污染治理部门、资源生产部门以及一般生产部门支付的资源环境租;列方向表示自然红利的分配,具体包括企业获得的大自然红利和大自然储蓄(资源恢复部门的红利)。

(3) REESAM 的编制方法。就 SAM 的实际编制而言,Erik Thorbecke (2003) 认为构造 SAM 有两种常用的方式:自上而下法(top-down)和自下而上法(bottom-up)。同样,构建 REESAM 也可以采用这两种方法。自上而下法是在对已知总量信息进行分解的基础上形成的 REESAM 构建方法。首先基于国家或地区的投入产出表和相关的国民经济核算信息,编制账户高度集结的宏观 SAM,然后根据相关的统计资料利用数据之间的比例关系对宏观 SAM 进行分解,就可以形成针对不同研究需要的 SAM。该方法强调数据的一致性,在详细的基础数据资料不完备的情况下被广泛应用,而且其编制工作量相对较小。自下而上法是充分利用现有的基础数据资料进行分类汇总得到 REESAM 的方法。自下而上法的编制起点是不同来源的各种详细数据,强调数据的准确性。该方法也在一定范围内被研究者实际利用,尤其是一些数据资料完备的国家和地区。

从我国的实际情况以及研究者的实践来看,REESAM 的编制一般采用以自上而下法为主、自下而上法为辅两种方法相结合的办法。[①] 对传统的核算账户采用自上而下的方法,对增设的资源、环境类账户采用自下而上的方法。自上而下法可理解为对环境系统与经济系统的相互作用关系的演绎,自下而上法实际上就是对收集的环境信息和经济统计信息进行归纳。根据我国现阶段的实际情况,受统计能力的限制,一些账户缺乏详细而准确的统计数据,完全采用自下而上的方法编制 REESAM 难度比较大。因此,以自上而下法为主,从已知的总量信息出发,首先编制宏观的传统 SAM,可以将不同来源的信息进行相互校对,然后根据各自的统计信息对各总量进行分解获得 REESAM,以便快速准确地编制 REESAM。同时,针对具体的研究问题,在已有的统计数据支持下,可将重要的信息按照自下而上的方法纳入 REESAM 的编制中。编制完成后的详细的 REE-SAM 可能由于数据来源不同导致会出现账户收支不平衡,此时可采用一定的处理技术,如 RAS 或 CE 等方法使其平衡。

在实际的 REESAM 编制过程中,一般 REESAM 中各账户对所研究问题的相对重要

性很大程度上决定了方法的选择。即，如果 REESAM 中的某类账户是研究所重点关注的对象，其数值应尽可能严格估算以尽量准确地反映社会现实，这些账户需要收集大量的基础数据或者设计专门的调查方案来进行估计，而不适合作为余项来处理。研究者们普遍的做法是将官方发布的宏观统计资料当作可靠的数据，如投入产出表、国民经济核算数据、国民收入储蓄核算数据、能源生产消费数据、资源环境数据等，直接作为 REESAM 中对应账户的取值。同时，一些缺乏官方数据支持的账户一般通过余项处理的方法来取值，以保证整个 REESAM 的平衡。

（4）2010 年中国基本有色金属微观 SAM 构建。根据对 CGE 模型的部门划分、2010 年的投入产出表和上一节编制的宏观社会核算矩阵，建立本书的中国基本有色金属社会核算矩阵。由于部分细分的有色金属环境及污染类账户的具体数据目前尚无法获取，因此本书仅将金属矿采选业、金属冶炼及压延加工业和金属制品业分解成铜矿采选业、铝矿采选业、铅矿采选业、锌矿采选业、锡矿采选业、镍矿采选业和其他金属矿产采选业，构建 2010 年的中国基本有色金属社会核算矩阵，具体如表 3 - 14、表 3 - 15 所示。

3.1.3.3　SAM 的更新与平衡方法

社会核算矩阵编制过程中所需数据来自不同的数据集，例如投入产出表、资金流量表、宏观核算数据等，有些甚至来源于不同的时期。另外有些情况下由于数据缺失，一些数据还需要推算，这样就会导致 SAM 的不平衡。而整个社会核算是一个收支平衡的完整系统，因此 SAM 的构建过程还要求一个适当的平衡过程。更为重要的是，SAM 的编制，尤其是其中的重要构成 IO 表的编制需要大量资源投入，并且耗时漫长，在目前条件下按照年度频率编表都十分困难，实际上也没有这种必要，因此，SAM 及其构成表的延长表的非调查推算技术也是国内外研究者 SAM 研究的重心之一。

传统上，SAM 的延长和平衡方法有 RAS 法（R 为行乘数，A 为初始矩阵系数，S 为列乘数）和交叉熵法（cross-entropy method，CE）两种处理办法或其变形（Sherman Robinson，2001）。国内学者秦昌才（2007）曾对 RAS 和 CE 这两种方法进行了比较研究，认为 RAS 法在保持价值流结构的一致性方面有一定的优势，而 CE 方法则尽量保持了成本结构的一致性，因而应该根据分析所关注的角度需要选择合适的平衡技术。

在对 RAS 和 CE 方法介绍之前，先对矩阵调整目标函数进行如下定义：设定 SAM 是一个 n 阶方阵 X，应用 RAS 或交叉熵（CE）方法的 SAM 平衡调整问题就可以表述为：在报告期与基期元素符号相同的前提假定下，对矩阵中非空元素进行调整，使矩阵满足目标函数：$\sum_i x_{ij} = \sum_j x_{ij} = y_i$（$y_i$ 为账户 i 的总支出和总收入）。定义矩阵的列系数

表 3-14　2010 年中国基本有色金属微观社会核算矩阵（平衡表 1）

单位：万元

		1-1 农业	1-2 轻工业	1-3 重工业	1-4 建筑业	1-5 交通运输及仓储业	1-6 服务业	1-7 铜矿采选业	1-8 铝矿采选业	1-9 铅矿采选业	1-10 锌矿采选业	1-11 锡矿采选业	1-12 镍矿采选业	1-13 其他金属矿产采选业
1 生产活动	1-1 农业													
	1-2 轻工业													
	1-3 重工业													
	1-4 建筑业													
	1-5 交通运输及仓储业													
	1-6 服务业													
	1-7 铜矿采选业													
	1-8 铝矿采选业													
	1-9 铅矿采选业													
	1-10 锌矿采选业													
	1-11 锡矿采选业													
	1-12 镍矿采选业													
	1-13 其他金属矿产采选业													
2 商品	2-1 农业	92202500	357139264	42697907	4491814	11463047	30867991	10	36	9	10	0	0	22433708
	2-2 轻工业	72928962	549127170	153576189	28688047	10465888	193851503	753	2646	672	761	23	25	19406633
	2-3 重工业	75408546	206831025	2669268203	376457377	156666788	318396102	20865	73287	18604	21064	628	706	269294191
	2-4 建筑	172744	30441896	1842417	10844130	2065168	18925824	2	6	1	2	0	0	7595311

续表

		1-1 农业	1-2 轻工业	1-3 重工业	1-4 建筑业	1-5 交通运输及仓储业	1-6 服务业	1-7 铜矿采选业	1-8 铝矿采选业	1-9 铅矿采选业	1-10 锌矿采选业	1-11 锡矿采选业	1-12 镍矿采选业	1-13 其他金属矿产采选业
2 商品	2-5 交通	12810332	41812435	127194023	95244035	40520059	85305989	1092	3835	973	1102	33	37	28123756
	2-6 服务	31975559	119180603	370017328	80404806	64303017	913135428	2558	8985	2281	2583	77	87	102497900
	2-7 铜矿	92	762	19364	6237	200	571	1	3	1	1	0	0	20869
	2-8 铝矿	322	2676	68014	21905	701	2007	3	10	3	3	0	0	29192272
	2-9 铅矿	82	679	17266	5561	178	510	1	3	1	1	0	0	18608
	2-10 锌矿	93	769	19548	6296	202	577	1	3	1	1	0	0	341419
	2-11 锡矿	3	23	583	188	6	17	0	0	0	0	0	0	4660
	2-12 镍矿	3	26	655	211	7	19	0	0	0	0	0	0	2126
	2-13 其他金属矿产	2362764	19635208	499030249	160652605	5142609	14727339	9957	34971	8878	10051	300	337	537815264
要素	3 劳动	385628326	94002356	339453300	151844891	77725375	670682843	3284	11535	2928	3315	99	111	84632993
	4 资本	18924174	120049077	484128255	72596373	96133118	630277465	4082	14338	3640	4121	123	138	105201823
	5 居民													
	6 企业													
	7 政府	783500	79625505	192118562	42168532	15616838	186790166	3183	11179	2838	3213	96	108	82019616
投资	8 固定资产投资													
储蓄	9 存货变动													
	10 国外													
	支出合计	693198000	1617849473	4879451862	1023433008	480103201	3062964353	45791	160836	40829	46227	1379	1549	1288601150

表 3－15 2010 年中国基本有色金属的微观社会核算矩阵（平衡表 2）

单位：万元

		3 劳动	4 资本	5 居民	6 企业	7 政府	8 固定资产投资	9 存货变动	10 国外	收入合计
1 生产活动	1－1 农业									693198000
	1－2 轻工业									1617849473
	1－3 重工业									4879451862
	1－4 建筑业									1023433008
	1－5 交通运输及仓储业									480103201
	1－6 服务业									3062964353
	1－7 铜矿采选业									45791
	1－8 铝矿采选业									160836
	1－9 铅矿采选业									40829
	1－10 锌矿采选业									46227
	1－11 锡矿采选业									1379
	1－12 镍矿采选业									1549
	1－13 其他金属矿产采选业									1288601150
2 商品	2－1 农业			121702382		4977112	33947967	3861074	8446627	734231460
	2－2 轻工业			390846156		0	12287181	23486017	219623493	1674292119
	2－3 重工业			221745171		0	602174821	54492759	637100522	5587970660
	2－4 建筑			12483648		0	932683064	0	9812178	1026866391

续表

		3 劳动	4 资本	5 居民	6 企业	7 政府	8 固定资产投资	9 存货变动	10 国外	收入合计
2 商品	2－5 交通			31404025		12031091	3423559	0	36963221	514839598
	2－6 服务			664098335		450854704	146008258	0	177112227	3119604736
	2－7 铜矿产			189		0	176	29621937	2789	29673190
	2－8 铝矿产			663		0	617	2460	9796	29301453
	2－9 铅矿产			168		0	157	625	2487	46324
	2－10 锌矿产			191		0	177	707	2816	372799
	2－11 锡矿产			6		0	5	21	84	5596
	2－12 镍矿产			6		0	6	24	94	3178
	2－13 其他金属矿产			4865332		0	3027994	18050776	71878142	1337252776
要素	3 劳动	1803991355								1803991355
	4 资本		1527336728							1527336728
5 居民		1803991355			278216500	172028200			29247000	2413050055
6 企业			1410044800			3502300				1413547100
7 政府				48372700	128435400					852561907
投资－储蓄	8 固定资产投资			917531084	207599100	129516400		-268955000	-184000	1863070384
	9 存货变动					1569400				129516400
10 国外			-12275072							921062476
支出合计		1803991355	1527336728	2413050055	1413547100	852561907. 3	1863070384	129516400	921062475. 7	46324

矩阵 $A = (a_{ij})_{n \times n}$，$a_{ij} = \dfrac{x_{ij}}{x_j}$，$\sum\limits_i a_{ij} = 1$，$Y = AY$。其中，$Y$ 为收入（支出）y_i 的列向量。

（1）RAS 法及其扩展。RAS 方法又被称为双边比例法，它是在行列和均为已知的情况下，利用矩阵现有总值和目标的比例，通过反复迭代使最后的矩阵行列总值达到目标值。RAS 方法一般可以做如下表述：在已知新的矩阵行列和的情况下通过行乘数 r 和列乘数 s 分别左乘和右乘初始矩阵 A^0 中的元素，产生一个相同维度 $n \times n$ 的新矩阵 A^1。这 $2n - 1$ 个未知的行乘数和列乘数可以在 $2n - 1$ 个独立的行向和列向的约束条件下，通过一系列的迭代调整过程获得。RAS 法的基本原理如下：新的列系数矩阵 A^* 是由 $A^* =$ RAS 得到的，其中，$R = diag(r_1, r_2, \cdots, r_n)$，$S = diag(s_1, s_2, \cdots, s_n)$，即 $a_{ij}^* = r_i a_{ij} s_j$。这里 R 和 S 都是 n 阶对角矩阵，并且元素不为 0。也就是说，A^* 是通过对 A 进行双边同比例的行列变换得到的，因子 r_i 的存在反映了同一账户在不同行账户支出上的变化，即成本结构的变化；而因子 s_j 的存在反映了同一行账户从不同列账户上所获得的收入的变化，即收入结构的变化。

该方法最大的优点在于算法简单、易于操作，适用于任何规格的矩阵。缺点是仅从数学的角度满足了一系列约束并迭代出最终结果，缺乏经济学理论基础，整合信息的能力有限；而且那些被认为是准确的矩阵元素值在迭代过程中无法固定。针对传统 RAS 法的缺陷，Stone（1977）和 Byron（1978）提出了为不同的矩阵元素赋予不同权重的思路，对那些数据来源可靠或更加重要的矩阵元素赋予更高的权重，并进一步给出了求解方法。此外，Gilchrist 和 Louis（2004）提出了两阶段 RAS（TRAS）方法。该方法除了能够满足行列和约束外，同时能够满足其他信息约束比如某些单元格之和或某些单元格的值。Junius 和 Oosterhaven（2003）提出了 GRAS（广义 RAS）方法可以更新既有负值又有正值的矩阵，从而使得传统意义上的 RAS 方法仅仅成为 GRAS 方法的一个特例。

（2）CE 法及其扩展。交叉熵方法最早基于 Shannon（1948）的信息理论而提出，Theil（1967）则将这一方法拓展应用于经济学的分析中。该方法的基本思想是，将 Kullback-Leibler（1951）交叉熵的测度值最小化，这一熵值刻画了新概率与初始估计概率之间的差距；也就是说，新的数据集 X^1 与初始数据集 X^0 相比会增加一些信息，CE 方法就是要将"额外"的信息集最小化。在 SAM 中，在满足所有约束条件下，通过最小化交叉熵差值的方法，找到一个与初始的社会核算矩阵 X^0 尽可能接近的新的社会核算矩阵 X^1。

在初始的 SAM 系数矩阵中，每一个元素 t_{ij}^0 表示 SAM 矩阵中各个元素除以其所在列的合计值，并且目标矩阵的各个列的合计值及其他相关信息是已知的。因此 CE 方法的数学表达式可以写成如下形式：

$$\min_{|t^1|} CE = \sum_i \sum_j t_{ij}^1 \ln\left(\frac{t_{ij}^1}{t_{ij}^0}\right) = \sum_i \sum_j t_{ij}^1 \ln t_{ij}^1 - \sum_i \sum_j t_{ij}^1 \ln t_{ij}^0$$

$$\text{s. t.} \quad \sum_j t_{ij}^1 X_j = X_i$$

$$\sum_i t_{ij}^1 = 1 \tag{3-104}$$

其中，t_{ij}^1 表示新的矩阵元素 (i, j) 的值，且 $0 \leqslant t_{ij}^1 \leqslant 1$；$X_i$ 和 X_j 分别为目标矩阵的行和、列和。通过构建拉格朗日函数即可以求得上述问题的解：

$$t_{ij}^1 = \frac{t_{ij}^0 \exp(\lambda_i X_j)}{\sum_{i,j} t_{ij}^0 \exp(\lambda_i X_j)} \tag{3-105}$$

其中，λ_i 为拉格朗日乘数，其中包括了同行和与列和有关的重要信息；分母则相当于一个标准化因子，它将相对概率转化为绝对概率。

定义 $x_{..} = \sum_i \sum_j x_{ij}$ 和 $x_{..}^0 = \sum_i \sum_j x_{ij}^0$，则目标函数 CE 就转化为：

$$CE = \sum_j \sum_i \frac{x_{ij}}{x_{..}} \ln\left[\frac{\left(\frac{x_{ij}}{x_{..}}\right)}{\left(\frac{x_{ij}^0}{x_{..}^0}\right)}\right] \Rightarrow$$

$$CE = \frac{1}{x_{..}} \sum_j \sum_i x_{ij}\left[\ln\left(\frac{x_{ij}}{x_{ij}^0}\right) - \ln\left(\frac{x_{..}}{x_{..}^0}\right)\right] \Rightarrow$$

$$CE = \frac{1}{x_{..}} \sum_j \sum_i x_{ij} \ln\left(\frac{x_{ij}}{x_{ij}^0}\right) - \frac{1}{x_{..}} \sum_j \sum_i x_{ij} \ln\left(\frac{x_{..}}{x_{..}^0}\right) \Rightarrow$$

$$CE = \frac{1}{x_{..}} \sum_j \sum_i x_{ij} \ln\left(\frac{x_{ij}}{x_{ij}^0}\right) - \ln\left(\frac{x_{..}}{x_{..}^0}\right) \tag{3-106}$$

为使最小化问题有解，CE 必须满足条件 $CE \geqslant 0$，即：

$$\sum_j \sum_i x_{ij} \ln\left(\frac{x_{ij}}{x_{ij}^0}\right) \geqslant x_{..} \ln\left(\frac{x_{..}}{x_{..}^0}\right) \tag{3-107}$$

一般情况下，式（3-107）左右两端为正，但是当 $x_{..} < x_{..}^0$ 时，该等式右边不一定为非负。

针对 RAS 方法和 CE 方法等在平衡社会核算矩阵中仅从技术层面机械地进行平衡化处理致使先验信息损失的问题，黄常锋（2013）提出了加权离差熵平方期望最小化方法。该方法得到的结果相对较精准并且能够有效利用先验信息，避免有效信息的无谓损失。本书均用交叉熵法通过 GAMS 程序对 SAM 表进行平衡。

（3）最小二乘法及其扩展。最小二乘法（LS）是通过最小化以实际值或百分比表示的初始值与目标值之差的平方和，得到最终的平衡 SAM 表（Almon，1968）。该方法能够实现平衡后 SAM 表中交易流量尽可能与初始未平衡 SAM 表接近。最小二乘法可以表述为：在满足一定的约束条件下，通过最小化目标矩阵 A^1 与初始矩阵 A^0 中元素之差绝对值的平方和的方法，来依据初始矩阵寻找目标矩阵。用函数形式表达为：$\min d = \sum_i \sum_j |a_{ij}^1 - a_{ij}^0|^2$，或 $\min d = \sum_i \sum_j \left| \dfrac{a_{ij}^1}{a_{ij}^0} - 1 \right|^2$，其中，$\sum_i a_{ij}^1 = \sum_j a_{ij}^1$，$a_{ij}^0$ 和 a_{ij}^1 分别为初始矩阵和目标矩阵中的元素。

由于 SAM 表平衡过程中往往需要保持目标矩阵与初始矩阵中元素的符号一致，有的学者进一步构建了最小二乘法的目标函数（Jackon et al.，2004）。具体目标函数为：$\min d = \sum_i \sum_j (q_{ij} a_{ij}^0 - a_{ij}^0)^2$，其中，$q_{ij} a_{ij}^0 = a_{ij}^1$，且 $q_{ij} > 0$。

采用 LS 方法的前提条件是预先已知初始未平衡 SAM 表的交易流量与真实 SAM 表更接近，而采用 CE 方法的前提是预先已知初始未平衡 SAM 表的系数矩阵与真实 SAM 表更接近，同时这也是这两种方法的局限性。针对该缺陷，国内学者涂涛涛等（2012）在初始不平衡 SAM 与真实 SAM 关系未知的情况下，提出了最小二乘交叉熵平衡法，该方法同时考虑了 SAM 表流量和系数矩阵信息，可以得到精度介于最小二乘法和交叉熵法间的平衡 SAM，从而保证了平衡后的 SAM 的相对精度。

3.1.4　金属资源、经济与环境 DCGE 模型参数的标定

CGE 模型中主要有四类参数：内生变量、外生变量、内部调校参数、外部给定参数。内生变量由模型运算得出；外生变量由模型以外的因素决定，为已知或者约束变量；内部调校参数主要包括 CES 函数和 CET 函数的规模参数、份额参数，生产税率、所得税率、进口税率，居民消费函数中对各类商品和要素的份额等；外部给定参数包括 CES 函数、CET 函数和 Armington 函数中的替代弹性系统、转化系数等。外部给定参数和内部调校参数需要在建模过程中设定。下面对主要参数的设定进行说明。

3.1.4.1　弹性参数的设定

CES 函数的替代弹性参数和 CET 函数的转移弹性系数一般通过两种方式确定：一是依靠计量的方法通过历史数据估计；二是根据其他研究者的结果或者经验估计进行预先的设定，然后在应用过程中对弹性系数做敏感性分析。如果计量的方法和数据选用不当，参数值的估算偏差将过大。本书采用文献调研的方法，在参考其他学者参数设定的

基础上确定本书的弹性参数值，结果见表3-16、表3-17、表3-18。

表3-16　　　　　　　　　　　　　生产函数替代弹性

	ε_a^q	ε_a^v	ε_a^{km}	ε_a^m	ε_a^e
农业	0.3	0.8	0.6	0.9	1.25
轻工业	0.3	0.8	0.6	0.9	1.25
重工业	0.3	0.8	0.6	0.9	1.25
建筑业	0.3	0.8	0.6	0.9	1.25
交通运输业	0.3	0.8	0.6	0.9	1.25
服务业	0.3	0.8	0.6	0.9	1.25
铜矿	0.3	0.8	0.6	0.9	1.25
铝矿	0.3	0.8	0.6	0.9	1.25
铅矿	0.3	0.8	0.6	0.9	1.25
锌矿	0.3	0.8	0.6	0.9	1.25
锡矿	0.3	0.8	0.6	0.9	1.25
镍矿	0.3	0.8	0.6	0.9	1.25
其他金属矿	0.3	0.8	0.6	0.9	1.25

表3-17　　　　　　　　　Armington 函数和 CET 函数的替代弹性

	ε_c^q	ε_c^t
农业	3	4
轻工业	3	4
重工业	3	4
建筑业	2	4
交通运输业	2	4
服务业	2	3
铜矿	3	4
铝矿	3	4
铅矿	3	4
锌矿	3	4
锡矿	3	4
镍矿	3	4
其他金属矿	3	4

表 3 - 18	参数说明
参数	含义
ε_a^q	部门 a 的"资本 – 金属资源 – 劳动合成束"和非金属资源中间投入之间的替代弹性
ε_a^v	部门 a 的"资本 – 金属资源合成束"和劳动投入之间的替代弹性
ε_a^{km}	部门 a 的资本投入和金属资源投入与之间的替代弹性
ε_a^m	部门 a 的有色基本金属投入和非有色基本金属投入之间的替代弹性
ε_a^e	部门 a 的有色金属投入之间的替代弹性
ε_c^q	Armington 方程产品 c 进口商品与国内商品的替代弹性
ε_c^t	CET 函数 c 商品国内供应与出口的转换弹性系数

3.1.4.2　份额参数和转移参数的设定

在 CGE 模型中，一般通过校准法来实现份额参数和转移参数。以调平的 SAM 表为数据基础，通过已经设定好的份额参数和转移参数的方程式，将份额参数和转移参数作为求解变量求出值。

由式（3 – 49）可以推出份额参数 δ_a^q 的计算公式为：

$$\delta_a^q = \frac{QVA_a^{1-\rho_a^q} \cdot PVA_a}{QVA_a^{1-\rho_a^q} \cdot PVA_a + QINTA_a^{1-\rho_a^q} \cdot PINTA_a}, \ a \in A \qquad (3-108)$$

假设基期的所有要素和商品的价格为 1，式（3 – 108）简化为：

$$\delta_a^q = \frac{QVA_a^{1-\rho_a^q}}{QVA_a^{1-\rho_a^q} + QINTA_a^{1-\rho_a^q}}, \ a \in A \qquad (3-109)$$

其中，

$$\varepsilon = \frac{1}{1-\rho} \qquad (3-110)$$

ε 为 CES 函数中的替代弹性，对于 CET 函数 ε 为转化弹性。只要确定了 ε 的值后，即可求得指数参数的值，变量 QA_a、$QVA_a^{\rho_a^q}$、$QINTA_a^{\rho_a^q}$ 由平衡后的 SAM 表可得到，继而求出份额参数 δ_a^q 的值。

对于转移参数 α_a^q，由式（3 – 48）可以推出：

$$\alpha_a^q = \frac{QA_a}{\left[\delta_a^q \cdot QVA_a^{\rho_a^q} + (1-\delta_a^q) \cdot QINTA_a^{\rho_a^q}\right]^{\frac{1}{\rho_a^q}}}, \ a \in A \qquad (3-111)$$

同理，可推出：

$$\delta_a^v = \frac{QL_a^{1-\rho_a^v} \cdot (1 + tval)}{QL_a^{1-\rho_a^v} \cdot (1 + tval) + QKM_a^{1-\rho_a^v} \cdot (1 + tval)}, \quad a \in A \tag{3-112}$$

$$\alpha_a^v = \frac{QVA_a}{\left[\delta_a^v \cdot QL_a^{\rho_a^v} + (1 - \delta_a^v) \cdot QKM_a^{\rho_a^v}\right]^{\frac{1}{\rho_a^v}}}, \quad a \in A \tag{3-113}$$

$$\delta_a^{km} = \frac{QK_a^{1-\rho_a^{km}}}{QK_a^{1-\rho_a^{km}} \cdot wfdt_{k,a} + QM_a^{1-\rho_a^{km}}}, \quad a \in A \tag{3-114}$$

$$\alpha_a^{km} = \frac{QKM_a}{\left[\delta_a^{km} \cdot QK_a^{\rho_a^{km}} + (1 - \delta_a^{km}) \cdot QM_a^{\rho_a^{km}}\right]^{\frac{1}{\rho_a^{km}}}}, \quad a \in A \tag{3-115}$$

$$\delta_a^m = \frac{QNN_a^{1-\rho_a^m}}{QNN_a^{1-\rho_a^m} + QNON_a^{1-\rho_a^m}}, \quad a \in A \tag{3-116}$$

$$\alpha_a^m = \frac{QM_a}{\left[\delta_a^m \cdot QNN_a^{\rho_a^m} + (1 - \delta_a^m) \cdot QNON_a^{\rho_a^m}\right]^{\frac{1}{\rho_a^m}}}, \quad a \in A \tag{3-117}$$

$$\delta_a^e = \frac{QNN_a}{QNN_a \cdot (\lambda_a^e)^{\varepsilon_a^e - 1} \cdot QNON_{a,a'}}, \quad a \in A \tag{3-118}$$

$$\delta_c^t = \frac{QDA_c^{1-\rho_c^t}}{QDA_c^{1-\rho_c^t} + QE_c^{1-\rho_c^t}}, \quad c \in C \tag{3-119}$$

$$\alpha_c^t = \frac{QA_c}{\left[\delta_c^t \cdot QDA_c^{\rho_c^t} + (1 - \delta_c^t) \cdot QE_c^{\rho_c^t}\right]^{\frac{1}{\rho_c^t}}}, \quad c \in C \tag{3-120}$$

$$\delta_c^q = \frac{QDC_c^{1-\rho_c^q}}{QDC_c^{1-\rho_c^q} + QM_c^{1-\rho_c^q}}, \quad c \in C \tag{3-121}$$

$$\alpha_c^q = \frac{QQ_c}{\left[\delta_c^q \cdot QDC_c^{\rho_c^q} + (1 - \delta_c^q) \cdot QM_c^{\rho_c^q}\right]^{\frac{1}{\rho_c^q}}}, \quad c \in C \tag{3-122}$$

基于平衡后的 SAM 表和上述计算公式，得到份额参数和转移参数，结果如表 3-19 所示。

表 3-19　　　　　　　　　　　　份额参数和转移参数

参数	农业	轻工业	重工业	建筑	交通	服务	铜矿	铝矿	铅矿	锌矿	锡矿	镍矿	其他金属矿产
δ_a^q	0.7635	0.0027	0.0357	0.1566	0.1501	0.2798	0.1605	0.1605	0.1605	0.1605	0.1605	0.1605	0.7651
α_a^q	1.9067	1.2482	1.5467	1.8248	1.8163	1.9372	1.8299	1.8299	1.8299	1.8299	1.8299	1.8299	1.9055
δ_a^v	0.9739	0.3787	0.2093	0.3689	0.4180	0.5122	0.1399	0.1399	0.1399	0.1399	0.1399	0.1399	0.0697
α_a^v	1.1771	1.9527	1.7224	1.9448	1.9785	1.9995	1.5652	1.5652	1.5652	1.5652	1.5652	1.5652	1.3546

续表

参数	农业	轻工业	重工业	建筑	交通	服务	铜矿	铝矿	铅矿	锌矿	锡矿	镍矿	其他金属矿产
δ_a^{km}	0.9697	0.9533	0.4873	0.2101	0.9925	0.9981	0.1844	0.1844	0.1844	0.1844	0.1844	0.1844	0.0569
α_a^{km}	1.2816	1.3595	1.9996	1.7828	1.1263	1.0564	1.7382	1.7382	1.7382	1.7382	1.7382	1.7382	1.4013
δ_a^m	0.9999	0.9999	0.9999	0.9999	0.9999	0.9999	0.9998	0.9998	0.9998	0.9998	0.9998	0.9998	0.9617
α_a^m	1.0016	1.0016	1.0016	1.0016	1.0016	1.0016	1.0032	1.0032	1.0032	1.0032	1.0032	1.0032	1.2017
$\delta_{a,a1}^m$	0.2042	0.2042	0.2042	0.2042	0.2042	0.2042	0.2042	0.2042	0.2042	0.2042	0.2042	0.2042	0.0030
$\lambda_{a,a1}^m$	1.6016	1.6016	1.6016	1.6016	1.6016	1.6016	1.6016	1.6016	1.6016	1.6016	1.6016	1.6016	1.0123
$\delta_{a,a2}^m$	0.5338	0.5338	0.5338	0.5338	0.5338	0.5338	0.5338	0.5338	0.5338	0.5338	0.5338	0.5338	0.9694
$\lambda_{a,a2}^m$	1.9943	1.9943	1.9943	1.9943	1.9943	1.9943	1.9943	1.9943	1.9943	1.9943	1.9943	1.9943	0.0000
$\delta_{a,a3}^m$	0.1873	0.1873	0.1873	0.1873	0.1873	0.1873	0.1873	0.1873	0.1873	0.1873	0.1873	0.1873	0.0027
$\lambda_{a,a3}^m$	1.5594	1.5594	1.5594	1.5594	1.5594	1.5594	1.5594	1.5594	1.5594	1.5594	1.5594	1.5594	1.0113
$\delta_{a,a4}^m$	0.2056	0.2056	0.2056	0.2056	0.2056	0.2056	0.2056	0.2056	0.2056	0.2056	0.2056	0.2056	0.0276
$\lambda_{a,a4}^m$	1.6052	1.6052	1.6052	1.6052	1.6052	1.6052	1.6052	1.6052	1.6052	1.6052	1.6052	1.6052	1.0983
$\delta_{a,a5}^m$	0.0135	0.0135	0.0135	0.0135	0.0135	0.0135	0.0135	0.0135	0.0135	0.0135	0.0135	0.0135	0.0009
$\lambda_{a,a5}^m$	1.0504	1.0504	1.0504	1.0504	1.0504	1.0504	1.0504	1.0504	1.0504	1.0504	1.0504	1.0504	1.0039
$\delta_{a,a6}^m$	0.0148	0.0148	0.0148	0.0148	0.0148	0.0148	0.0148	0.0148	0.0148	0.0148	0.0148	0.0148	0.0005
$\lambda_{a,a6}^m$	1.0550	1.0550	1.0550	1.0550	1.0550	1.0550	1.0550	1.0550	1.0550	1.0550	1.0550	1.0550	1.0021
δ_c^t	0.7503	0.6145	0.6170	0.6313	0.6543	0.7150	0.6710	0.8809	0.6710	0.7719	0.7398	0.7046	0.6710
α_c^t	1.4541	1.8013	1.7987	19.3415	1.6118	1.6522	1.4977	0.0065	1.4977	0.1751	0.3682	0.7770	1.6356
δ_c^q	0.7300	0.7514	0.6524	0.8371	0.7876	0.8805	0.1058	0.5011	0.6933	0.5109	0.5323	0.5701	0.7466
α_c^q	1.5890	1.7176	1.9992	16.1233	1.5201	1.3873	1.1999	1.0072	1.6455	1.0753	1.2082	1.4155	1.5728

3.1.5　金属资源、经济与环境 DCGE 模型的算法与编程语言

在求解 DCGE 模型时，由于模型方程的规模结构繁杂巨大，应用的数据量也相当庞大，因此必须借助计算机程序加以实现。其算法往往有两种：一种是将一般均衡模型表示成一个约束条件下的最优化问题，这种算法的优点是能够较为容易地描述约束条件，

但缺点则体现在不能保证均衡解的存在；另一种方法是直接针对过度需求方程组进行求解，常用的算法是 Scarf（1967，1973）的压缩不动点算法，这种算法的优点在于能够保证均衡解的存在性，并除了要求模型满足 Walras 原理外，不动点算法对模型没有其他限制。因此，不动点算法成为求解 DCGE 模型的常用算法之一。

在编程语言上，本书采用 GAMS/MPSGE 语言进行编程。GAMS（general algebraic modeling system）是 20 世纪 80 年代由世界银行开发的，用于解决线性、非线性和整数规划的程序语言。GAMS 程序语言简洁、自然、易学，且功能非常强大，能处理规模庞大的模型系统，因此，它被广泛地应用于大型经济模型和规划运筹研究上。MPSGE（mathematical programming system for general equllibrium）是专门用于解决阿罗－德布鲁一般经济均衡模型的程序语言。MPSGE 程序以嵌套式的常数替代弹性效用函数和生产函数为基础，能清晰且相对简单地书写和分析复杂的非线性不等式系统。它对模型的数据要求是模型中所有消费者和生产部门份额比例和弹性参数。

GAMS 的优点在于能轻易管理大型数据集和书写求解报告。然而，对于复杂的模型，GAMS 模型环境的缺点体现在非线性等式的表达式上，因为经济均衡模型中用到的嵌入式 CES 等复杂的函数形式能被抽象地理解，但却很难具体指定表达式。MPSGE 主要适用于特定经济模型的非线性不等式分析，它提供了经济均衡的一般框架，包含了较为专门的知识背景。它的优点在于书写一般均衡模型时较为简洁。但缺点体现在数据的输入和转化上，大型经济模型往往包含不同类型的部门、不同的经济参与主体，存在多种政策变量工具等，数据输入和转化的工作量相当庞大。将 MPSGE 融合到 GAMS 中形成一个子系统能兼顾两者的优点。该语言系统采用一个基于 GAMS 的 MPSGE 扩展句法写成的程序作为主体，使得经济均衡模型的设定非常简洁；同时，在其前端和后端采用 GAMS 语言进行数据处理和报告书写。这在很大程度上减少了 CGE 建模的工作量。

3.2　金属资源开发利用外部性内部化经济影响的实证结果

3.2.1　模拟情境设置

根据前面所计算出的有色基本金属资源税税率，选取 8%、13%、17% 三种税率，具体如表 3-20 所示。在动态 CGE 模型的有色基本金属部门设置不同税率的情景下，采用比较分析法分析资源税的变化对宏观经济的影响。

表 3 – 20　　　　　　　　　　　　模拟情景设计

编号	情景设计
FEE1	8%的资源税
FEE2	13%的资源税
FEE3	17%的资源税

主要关注对 GDP、就业、进出口、社会福利和主要行业的影响，将有色基本金属的动态 CGE 模型递推至 2020 年，模拟 2016 年、2018 年、2020 年的变化。

3.2.2　对经济影响效果的实证分析

3.2.2.1　对宏观经济的影响

根据有色基本金属动态 CGE 模型中模块方程的设置，资源税税率的提高通过生产模块、贸易模块、收入支出模块、社会福利模块等影响到各个部门的产出，企业、政府、居民的收入和支出，进而对社会总投资、总储蓄、GDP 产生不同程度的影响。对 GDP 的模拟结果如表 3 – 21 所示。

表 3 – 21　　　　有色基本金属资源补偿费对 GDP 的影响结果　　　单位：%

GDP	税率	2016 年	2018 年	2020 年
名义 GDP	8	– 0.5313	– 0.6124	– 0.5765
	13	– 0.8123	– 0.9124	– 0.8673
	17	– 1.4721	– 1.6384	– 1.5321
实际 GDP	8	– 0.5732	– 0.6321	– 0.5921
	13	– 0.8437	– 0.9347	– 0.9038
	17	– 1.5828	– 1.8364	– 1.6345

名义 GDP 由资本总收入、劳动总收入和间接税的总收入构成，资本总收入降低，劳动收入基本保持不变，由于总产量的下降，间接税比例下降，但间接税在名义 GDP 中所占幅度不大，总体而言，提高资源税税率后，名义 GDP 承受了不同程度的损失。实际 GDP 由消费、投资、净出口等构成，整体消费量由于占主要消费的居民消费减少而减少，储蓄方面，虽然政府储蓄和居民储蓄所有上升，但是受企业储蓄减少的影响整体储蓄量降低，导致整体的实际 GDP 下降。在最高税率 17%的情况下，实际 GDP 承受了 1.58% ~ 1.83%的损失，损失程度较大。在税率 13%和 8%的情况下，GDP 的损失程

度可以接受。但 2016～2020 年 GDP 受影响的程度逐渐减少。资源税税率的提高，会导致总投资和总储蓄的减少。

有色基本金属的资源补偿费通过影响消费倾向来间接影响储蓄，对于企业、政府和居民而言，提升资源税税率会增加对有色基本金属的使用成本，同时资源税税率会产生收入效用和替代效用。对于政府而言，有色基本金属的补偿费用会增加政府储蓄。当税率为 13% 时，对总储蓄影响达到最大，总投资发生相应的变化。2016～2020 年资源税税率的提升对总储蓄和总投资的影响逐渐减弱（见表 3－22）。

表 3－22　　　　　　有色基本金属资源补偿费对总储蓄和总投资的影响结果　　　单位：%

项目	税率	2016 年	2018 年	2020 年
总储蓄	8	－ 0.1543	－ 0.2235	－ 0.1953
	13	－ 0.2187	－ 0.3821	－ 0.3214
	17	－ 0.3764	－ 0.5121	－ 0.4234
总投资	8	－ 0.0421	－ 0.0621	－ 0.0537
	13	－ 0.0532	－ 0.0734	－ 0.0673
	17	－ 0.0874	－ 0.1284	－ 0.0933

3.2.2.2　对行业产出的影响

提高资源税税率，征收有色基本金属的资源补偿费，会对投入要素价格、部门总产出、部门产品价格造成不同程度的影响，进而通过生产模块影响到各个行业的产出。模拟结果如表 3－23 所示。

表 3－23　　　　　　有色基本金属资源补偿费对部门产出的影响结果　　　单位：%

年份	税率	农业	轻工业	重工业	建筑业	交通业	服务业
2016	8	－ 0.0078	－ 0.2143	－ 0.6432	－ 0.2089	－ 0.0453	－ 0.1453
	13	－ 0.0321	－ 0.4346	－ 0.9532	－ 0.3867	－ 0.0932	－ 0.3124
	17	－ 0.0783	－ 0.7943	－ 1.4321	－ 0.7034	－ 0.2187	－ 0.6132
2018	8	－ 0.0092	－ 0.3243	－ 0.7363	－ 0.2854	－ 0.0683	－ 0.1865
	13	－ 0.0389	－ 0.5053	－ 1.2397	－ 0.4682	－ 0.1284	－ 0.4216
	17	－ 0.0875	－ 0.8384	－ 1.8521	－ 0.9218	－ 0.2745	－ 0.7684
2020	8	－ 0.0081	－ 0.2546	－ 0.6893	－ 0.2321	－ 0.0482	－ 0.1548
	13	－ 0.0343	－ 0.4523	－ 1.1421	－ 0.4164	－ 0.1035	－ 0.3545
	17	－ 0.0812	－ 0.8123	－ 1.7322	－ 0.7934	－ 0.2423	－ 0.6587

有色基本金属的资源补偿费提高会导致总产出下降。资源补偿费提高会增加各行业有色基本金属的使用成本，成本提升会导致利润率下降、生产减少。另外，有色基本金属使用成本的提升一方面会抑制部分需求，降低消费需求；另一方面会降低产出。从资源补偿费对行业的产出影响可以发现，提升有色基本金属的资源税税率，对重工业的影响最大，其次是轻工业和建筑业，对农业的影响最小，这与各个行业对有色基本金属的中间投入量有关。重工业对有色基本金属的依赖性最强，需求最少的则是农业。从年份方面来看，2018 年产出影响的模拟结果值最大，但 2016～2020 年，有色基本金属资源税税率的提升对行业产出的影响逐渐降低。从税率影响程度上来看，资源税税率为17%时，对总产出影响最大，重工业达到了 1.43%～1.73%的影响。

3.2.2.3　对产品进口和出口的影响

有色基本金属补偿费用的增加，会提高出口产品的成本，削弱产品的国际市场竞争力，降低出口量。进口方面，基于 SAM 表，由于总产出和出口量的降低，使得补偿费用的降低对进口造成负面影响，结果如表 3－24 所示。

表 3－24　　　　　　有色基本金属资源税对进口和出口的影响结果　　　　　单位: %

项目	税率	2016 年	2018 年	2020 年
出口	8	－0.2485	－0.3272	－0.2876
	13	－0.4313	－0.5832	－0.5192
	17	－0.6867	－0.8103	－0.7437
进口	8	－0.0862	－0.1134	－0.0943
	13	－0.1437	－0.1632	－0.1545
	17	－0.3082	－0.3417	－0.3298

由于中国的进口存在着为出口而进口的情况，出口的下降在一定程度上会带来进口的降低。在税率为 17%的情况下，对进出口的负面影响最大。在税率为 8%和 13%的情景设计下，进出口的损失在经济可以承受的范围之内。2016～2020 年，税率提升对进出口的影响逐渐减弱。

3.2.2.4　对有色基本金属的消耗量影响

有色基本金属的补偿税率提升，通过作用于有色基本金属的价格影响各部门对有色基本金属的消耗量，结果如表 3－25 所示。

表 3 – 25　　　　　　　有色基本金属资源税对部门资源消耗的影响结果　　　　单位: %

年份	税率	农业	轻工业	重工业	建筑业	交通业	服务业
2016	8	− 0.8210	− 3.8721	− 6.8721	− 3.1097	− 0.6784	− 1.3921
	13	− 1.4902	− 5.7342	− 10.2311	− 5.0381	− 0.9312	− 2.8913
	17	− 2.1082	− 8.1723	− 17.3872	− 7.8632	− 2.1823	− 4.0985
2018	8	− 0.8732	− 4.1231	− 7.8290	− 3.9102	− 0.7930	− 1.5238
	13	− 2.0721	− 6.9732	− 12.7391	− 6.8327	− 1.1321	− 3.2086
	17	− 3.9811	− 10.1014	− 19.3218	− 9.2173	− 4.0721	− 5.8772
2020	8	− 0.8509	− 4.1192	− 7.1012	− 3.3378	− 0.7433	− 1.4309
	13	− 1.8788	− 6.0337	− 11.7459	− 6.2134	− 1.0109	− 3.3219
	17	− 3.0071	− 9.4728	− 18.3722	− 8.3340	− 2.8921	− 5.5122

　　从表 3 – 25 可以看出，受资源税税率提高的影响，所有部门对于有色基本金属的消费都大幅下降，且随着税率的不断提高，下降的幅度不断提高。随着资源税的改革，增加了有色基本金属的使用成本，部分的资源需求被抑制，减少了资源需求。

　　从图 3 – 10 可以看出，随着税率的提高，各部门对于有色基本金属的使用量逐渐降低。资源税税率的增加使得资源使用者更加节约资源，有利于社会生产方式和消费结构的调整，纠偏有色基本金属的代际外部性，降低有色基本金属的消耗量，促进资源的永续利用。17% 的税率在减少对有色基本金属需求的同时也抑制了资源的供给，难以降低资源赤字；13% 的税率能够最大限度地降低资源赤字。

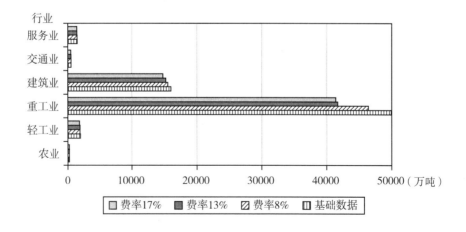

图 3 – 10　2016 年不同税率对各部门有色基本金属投入量的影响

3.2.2.5　对机构的收入和支出的影响

SAM 表中机构包括居民、企业和政府三类。居民的总收入由劳动和资本的收入、政府转移支付、企业转移支付共同构成，总支出由对各个部门商品的消费和对政府的税收构成。企业的收入包括资本收入和政府的转移支付，企业的支出主要包括对劳动力资源的支付和对政府的税收。政府的收入主要来源于对于各部门和各主体的税收，政府的支出主要包括对商品的购买和对居民和企业的转移支付。有色基本金属资源税税率的变化对各机构主体收入和支出的影响如表 3 - 26、表 3 - 27 所示。

表 3 - 26　　　　　有色基本金属资源税对机构收入的影响结果　　　　　单位：%

机构	税率	2016 年	2018 年	2020 年
居民	8	0.0543	0.0673	0.0783
	13	0.0732	0.0822	0.0912
	17	0.1022	0.1187	0.1428
企业	8	- 0.3328	- 0.4172	- 0.5212
	13	- 0.4291	- 0.5220	- 0.6033
	17	- 0.5701	- 0.6298	- 0.7385
政府	8	2.3544	3.2110	4.4013
	13	3.9731	4.6055	5.8732
	17	5.4301	6.8402	7.7011

表 3 - 27　　　　　有色基本金属资源税对机构支出的影响结果　　　　　单位：%

机构	税率	2016 年	2018 年	2020 年
居民	8	- 0.3001	- 0.4143	- 0.5019
	13	- 0.4338	- 0.4786	- 0.5232
	17	- 0.6214	- 0.6821	- 0.7112
企业	8	- 0.5823	- 0.6303	- 0.7743
	13	- 0.6902	- 0.8121	- 0.9080
	17	- 0.8220	- 0.9856	- 1.2187
政府	8	2.0828	3.3459	4.6022
	13	3.3348	4.2023	5.7840
	17	5.2130	6.1067	7.4098

表 3 - 26 和表 3 - 27 显示了机构主体的收入和支出受到的影响。对于居民而言，由于在 CGE 模型设置中将劳动价格作为基准价格，外生定义为 1，所以居民的劳动收入部

分不发生变化。在资本收入方面，由于资源税税率的提高，各部门产量下降，对应的资本需求量降低，居民的资本收入下降。但由于有色基本金属资源税税率的提高增加了政府的收入，居民的转移支付相应增加，提升了居民的总收入，且转移支付提高的比例大于资本收入降低的比例，转移支付占居民收入的比例大于资本收入占居民收入的比例，因此，有色基本金属资源税税率的提高使得居民的收入呈现整体上升的趋势。2016 ~ 2020 年，居民收入呈现持续上升趋势。在居民的支出方面，受收入增长影响，居民需求相应增加，但由于资源税税率的提升导致产品价格的上涨，又降低了居民的消费需求，最终导致居民的支出下降，且随着税率的不断提高居民支出的下降幅度不断增加。

企业的收入主要来源于资本的收入，受资本价格降低影响，企业收入随之下降，而且随着税率的不断提高，企业收入下降幅度不断增加。有色基本金属资源税税率的提高降低了企业的总支出。

政府的收入主要来源于各部门和各主体的税收，虽然居民的所得税降低，但是企业的所得税提高，且由于资源税税率的提高政府所获得的税费收入大幅度增加，导致政府的收入整体增加，增加幅度随着税率的不断提高而提高。政府的支出也呈现不断增加的趋势。

3.2.2.6　对社会福利的影响

对于社会福利的考察主要通过各机构主体收入支出比例的变化和社会福利模块 EV 的变化，结果如表 3 - 28 所示。

表 3 - 28　　　　　　　　　　　收入支出比例的变化情况　　　　　　　　单位：%

机构	税率	2016 年	2018 年	2020 年
居民	8	0.0873	0.1921	0.2212
	13	0.1283	0.2101	0.2387
	17	0.3011	0.3491	0.4011
企业	8	- 0.3932	- 0.4110	- 0.4261
	13	- 0.5233	- 0.5398	- 0.5890
	17	- 0.7880	- 0.7901	- 0.8102
政府	8	- 0.1012	- 0.1109	- 0.1245
	13	- 0.2129	- 0.2411	- 0.2782
	17	- 0.4012	- 0.4311	- 0.4619

如表 3 - 28 所示，提高资源税税率会使居民的收入支出比例上升，降低企业和政府的收入支出比例。这表明有色基本金属资源税税率的提高增加了企业使用有色基本金属的成本，使企业承担了有色基本金属的补偿成本，增加了企业的负担。8% 和 13% 的资源税税率对居民和政府的收入支出比例影响不大，作为主要的有色基本金属的使用者和消费者，企业成为承担资源补偿成本的主要主体。

在 CGE 模型中把社会福利的变化设置成了居民对于产品消费量的变化程度。社会福利 EV 的变化情况模拟结果如表 3 - 29 所示。

表 3 - 29 社会福利变化情况 单位: %

税率	2016 年	2018 年	2020 年
8	- 0. 2322	- 0. 3210	- 0. 3011
13	- 0. 4788	- 0. 4801	- 0. 4621
17	- 0. 7212	- 0. 8211	- 0. 7322

有色基本金属资源税税率的提高，不同程度地降低了各个部门对有色基本金属的需求，减少了产出，相应地抑制了居民的消费，因此以居民消费量衡量社会福利遭到损失。损失程度随着税率的不断提高而增加，2016 ~ 2020 年税率的提高对福利的负面影响程度逐渐减弱。

3. 2. 3 有色金属矿产开发资源税实际税率的启示

根据上一章测算的经过修正的通货膨胀因素、资源损耗和折现率的铜、铝、铅、锌、锡、镍六种有色基本金属 1990 ~ 2013 年的使用者成本，以及资源税的理论税率值，以此为基础构建有色基本金属动态 CGE 模型分析有色基本金属资源税税率的提高对于宏观经济的整体影响，从理论税率值中评估出既能反映有色基本金属开发的代际补偿价值又符合我国经济发展的实际资源税税率。本章的动态 CGE 模型是以 2010 年投入产出表为依据构建的社会核算矩阵作为数据基础，并用 GAMS 软件对不同税率政策进行模拟，分析了不同的有色基本金属资源税税率政策对 GDP、总储蓄和总投资、各部门产出、进出口总量、有色基本金属的资源消耗量、各个机构的收入和支出、社会福利等方面的影响。通过上述分析，可以得出以下结论：

（1）我国有色基本金属的耗减成本被低估，存在严重的代际外部性，现行的有色基本金属的资源税税率不足以弥补资源的耗减成本。有色基本金属资源税的理论资源税税率从 2000 年起保持上涨的趋势，波动范围主要在 5% ~20% 。由于通货膨胀和产量增长的原因，我国有色基本金属的使用者成本在 2012 年达到最大值。从趋势上看，自 2000 年以后有色基本金属的使用者成本呈现上升趋势，表明随着有色基本金属开采量的大幅增加，可利用的有色基本金属会不断减少，导致开采的使用者成本越来越大。现行的资源税税率与理论资源税税率相距甚远，不足以弥补有色基本金属的资源耗损，造成代际外部性越来越大。为了实现资源的可持续利用，消除代际外部性，有色基本金属资源税改革十分迫切。

（2）提高有色基本金属的资源税税率，会不同程度地降低 GDP、进出口量、各部门产出，促进产业结构的调整。根据本书测算的有色基本金属资源税税率的波动频率，选择 8% 、13% 、17% 三种资源税税率模拟评价其影响，不同税率水平对宏观经济造成的影响程度不同。税率在 17% 时，GDP 的损失达到了 1.8% ；税率在 8% 和 13% 时，GDP 的损失在经济可承受范围之内。对行业的影响结果表明，增收资源税税率对工业的影响较大，对重工业和轻工业的负影响达到了 1.7% 和 0.8% ，但对有色基本金属依赖较小的农业和服务业影响较小，表明增收资源税税率会促进产业结构的调整。增收资源税税率会削弱对有色基本金属依赖性较大的产品的国际市场竞争力，降低出口量。

（3）提高有色基本金属的资源税税率，将增加居民和政府的收入、降低企业和居民的支出，有利于整合有色行业，降低大型国有垄断企业的垄断租金和超额利润。有色基本金属的资源税税率提高后，将会大幅度增加政府的税费收入，政府对企业和居民的转移支付也相应增加，提高了居民的收入。受有色基本金属使用成本上升影响，居民的一部分消费需求被抑制，降低居民的总体支出。结果表明，有色基本金属的税率提升增加了企业使用资源的成本，使企业成为资源补偿的主体。我国的有色基本金属大部分被大型国有企业垄断，增收资源税税率有利于降低有色企业的垄断租金和超额利润，加速国企改革和转型。

（4）有色基本金属动态 CGE 的多期影响结果表明，资源税税率的提高对宏观经济的负面影响会随着时间递推而逐渐减弱。为考虑政策的长期影响，本书利用递归动态模型对政策影响进行多期模拟，选择 2016 年、2018 年和 2020 年的结果进行分析。提高税率对于 GDP、总储蓄、总投资、进出口量的负影响在 2018 年分别达到最大，2020 年的负影响低于 2018 年，说明政策对宏观经济的影响会随着时间的递推而减弱，有利于政策的持续实施。

（5）提高有色基本金属的资源税税率有助于提升代际公平。模拟结果显示，有色基本金属资源税税率的提高降低了各部门的有色基本金属的消耗量，提高了资源的可持续利用；居民会降低对有色基本金属产品的消费，虽然会降低以居民消费为标准衡量的社会福利水平，但从跨期配置的意义来看，提高有色基本金属资源税税率，会减少当代人对有色金属这一非再生资源的使用，增加了后代人对有色金属的拥有量，体现了代际公平的意义。提高资源税税率后，有色基本金属的消耗量大幅度降低，不同税率水平下社会总体的有色基本金属消耗量降低了 8% ~ 12%，有利于有色金属的永续利用，达到本书为了提高有色基本金属代际使用的目的。

3.3　金属资源开发利用外部性内部化实现形式的政策建议

目前，国内对金属矿产耗减成本、金属矿产开发的外部性成本的研究都缺乏深入讨论。改革开放以来，我国工业化和城市化的快速发展具有高能耗、高投入和低附加值的特点，对金属资源要素需求的迅速增长，日益严峻的环境问题，都要求加快金属资源税的改革。修订后的资源税暂行条例于 2011 年 11 月 1 日正式施行，改革的重点是将原油和天然气的资源税改为从价计征，并将税率设置为按销售额的 5% 计征。但是，金属资源税仍从量计征，且维持比较低的税率。经过测算，我国 2000 ~ 2011 年金属资源补偿费大约占销售收入的 1.18%，远低于国外权利金 2% ~ 8% 的水平。

金属矿产是国家重要的战略资源，广泛应用于国防、航空航天、交通运输、石油化工、能源工业等领域。我国金属资源总量比较丰富，但主要固体金属资源储量占世界总储量的比例明显偏低，如铁矿石不足 9%，锰矿石约 18%，铬矿石只有 0.1%，铜矿石不足 5%，铝土矿不足 2%，钾盐矿小于 1%。人均有色金属资源储量仅为世界人均储量的 1/3。特别是我国金属矿床总量的 70% 都是低品位矿和多金属复杂矿，按目前的技术水平无法经济利用，并且在 30% 可利用的资源中，目前的利用率也仅为 35%。我国金属消费量以年增长率超过 19% 的速度跃居世界第一，已是金属资源需求大国。据测算，我国多数基本金属矿产需求将在 2020 年后陆续达到峰值。如铝需求量在 2020 年前后达到 2000 万吨的峰值，铜的需求量将在 2025 年之前达到 900 万吨的峰值，镍需求量将在 2025 年前后达到 115 万吨左右的峰值，铅、锌的需求也将在 2025 年前后分别达到 600 万吨、850 万吨峰值。[①] 而且未来 20 年，我国将陆续实施若干重大工程，如大飞机、核电工程、高速交通工程等，产业结构调整将朝着信息化、智能化的方向发展，对高技术矿产的需求将迅速增长。发达国家利用其经济和科技优势，不断通过跨国矿业公司收

---

① 中国有色金属工业协会. 中国有色金属工业年鉴 2014［M］. 北京：《中国有色金属工业年鉴》社，2015.

购、兼并、重组掌控世界范围内的优势金属资源，对国际金属资源价格形成有很大的话语权。其结果是世界范围内优质金属资源的可获得性越来越小，留给发展中国家参与全球资源配置的机会越来越少。在这样的背景下，我们要积极反思我们的资源战略和政策，加速推进包括资源税在内的各项改革，确保国家金属资源安全。

3.3.1　国外金属资源税的现状分析

资源税费制度是一套由税法、金属资源法及附属法律法规组成的复杂体系，是规范金属资源开发活动的法律基础。国外资源税费体系以权利金为核心，包括了税收、收益（红利）和管理服务性收费三大类。按照地租理论，金属资源所有者获得的是矿山超额利润，金属资源使用者需要向所有者付费，即矿山租金税或红利。图 3 – 11 是国外资源开发补偿税费科目图谱。

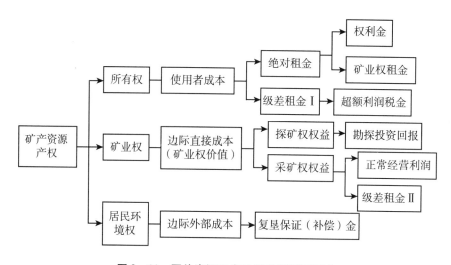

图 3 – 11　国外资源开发补偿税费科目图谱

3.3.1.1　权利金

权利金是矿业权人向金属资源所有权人支付的补偿。它是一种财产性收益，是资源所有者收益权的体现。按其计征收方式的不同，主要分为单位权利金、从价权利金和利润型权利金三种。基于产量征收的，一般被称为单位权利金；基于销售收入征收的，一般被称为从价权利金；基于利润一定比例征收的则称为利润型权利金。权利金的税基是每年的产量或销售收入、利润，清晰可见；权利金可以保证政府在整个矿山服务年限内获得稳定的收入，且容易计算、征收和监控，管理成本较低。

在《全球矿业税收比较研究》中，研究者对比了全球典型的 23 个矿业国家（地区）的权利金制度，其中有 9 个国家（地区）不向采矿人征收权利金，其余 14 个国家（地区）征收权利金。在征收权利金的国家（地区）中，或者采用单位权利金制度，或者采用从价权利金制度。

3.3.1.2　超额利润税金

超额利润税金又称资源税、附加利润税、与矿山利润有关的权利金、资源租金权利金、消费税、超权利金、附加权利金、特别权益金等。不同矿床的禀赋条件不同，可能产生超额利润。由于不同矿床的性质差别很大，其品位、吨位、开采条件等的不同，导致金属资源公司在相同的资本成本、技术与经营成本前提下，获得的收益高低不同；再加上金属资源价格的周期性波动，就有可能产生相当大的超额利润。对这种超额利润，有的国家采用征收超额利润税的办法进行调节。不过超额利润税金开征并不普遍，多数国家只对石油资源开征暴利税。随着美国次贷危机引发的世界性经济低迷，一些国家开始取消超额利润税金，如赞比亚在 2009 年取消了对铜征收的矿业暴利税。各个国家或地区不同金属种类的权利金与超额利润税金收取情况如表 3 - 30 所示。

3.3.1.3　矿业权租金

有的国家也称之为矿业权租费、租金、年度租金、矿地租金、土地租金、权利使用费等，体现的是一种矿地租金的概念，所有各主要矿业国家均征收这种矿业权租金。矿业权租金是对于国家未进行勘查投资的矿产地，矿业权人取得探矿权或采矿权后，按年度、面积向国家缴纳探矿权租金或采矿权租金。矿业权租金的费率由各国矿业法、金属资源法规定。

矿业权租金虽然是按照所占土地面积征收的，但它不是土地租金，是对排他性的地下空间资源占用的"支付"。矿业权租金一般根据矿业活动的类型（勘查、采矿）按面积收费。初级阶段（前期勘查）收费较低，高级阶段（采矿）收费较高。一般情况下，探矿权租金按勘查区块面积分年支付，采矿权租金则按采区面积分年支付，以限制矿业权人的矿地面积。其中，矿业权租金又分为申请费和年度费，申请费是矿山企业获取矿业权时向政府一次性缴纳的费用，年度费是按采区面积分年支付的费用。一般来说，申请费的收费很低，费用过高可能会挫伤投资者的积极性。各国采矿权费与探矿权费收取情况如表 3 - 31 所示。

表 3 - 30　　权利金与超额利润税金收取情况

种类	税目	征收依据		定额	利益分成	税基	制定部门	计价方式
黑色金属原矿	权利金	几内亚	矿产精矿	3%～5%				
			矿石	7%				
		美国	铁	5%			联邦层次不征收权利金	
		巴西	锰矿	3%	地方政府65%;州政府23%;联邦政府12%,其中9.8%分配给巴西国家科学技术发展基金会(FNDCT),0.2%分配给巴西环保机构(IBAMA)			
			铁矿	2%				
		博茨瓦纳	黑色金属	3%				
		布基纳法索	普通矿产	4%				
		伊朗	黑色金属	4%				
		菲律宾	黑色金属	2%		总产量的市场价值		
		澳大利亚(西)	铁、锰	精矿5%;粉矿5.625%;块矿7.5%				
			其他	5%				
		澳大利亚(南)	铁	3.5%				

续表

种类	税目	征收依据	定额	利益分成	税基	制定部门	计价方式
黑色金属原矿	权利金	澳大利亚（维多利亚）	铁	2.75%				
		澳大利亚（新南威尔士）	铁	4%				
		澳大利亚（昆士兰）	铁	2.7%				
		阿根廷	铁	3%				
		玻利维亚	铁	1%		总销量		
		布基纳法索	铁	n/a		n/a		
		加纳	铁	n/a				
		印度尼西亚	铁	产量<100000 吨，2.7 美元/吨；产量>100000 吨，2.9 美元/吨				从量
		科特迪瓦	铁	2.5%		收入减去运输成本和加工成本		
		哈萨克斯坦	铁	谈判				
		巴布亚新几内亚	铁	n/a		n/a		
		波兰	铁	n/a		n/a		
		南非	铁	谈判				
		坦桑尼亚	铁	3%		以价值为基础		
		乌兹别克斯坦	铁	3%		总销量		

续表

种类	税目	征收依据		定额	利益分成	税基	制定部门	计价方式
黑色金属原矿	权利金	秘鲁		无				
	超额利润税金	澳大利亚	资源开采企业（资源暴利税）、铁	40%				
有色金属原矿（贵金属除外）	权利金	几内亚	氧化铝	5%				
			其他矿产精矿	3%～5%				
			铝土矿	10%				
			其他矿石	7%				
		美国	有色金属	5%			联邦层次不征收权利金	
		巴西	铝土矿、钾盐	3%	地方政府65%；州政府23%；联邦政府12%，其中9.8%分配给矿产生产局，2%分给巴西国家科学技术发展基金会（FNDCT），0.2%分配给巴西环保机构（IBAMA）			
		印度尼西亚	铜	产量<80000吨，45美元/吨；产量>80000吨，55美元/吨				

续表

种类	税目	征收依据		定额	利益分成	税基	制定部门	计价方式
有色金属原矿（贵金属除外）	权利金	博茨瓦纳	有色金属	3%				
		伊朗	有色金属	4%				
		菲律宾	有色金属	2%				
		澳大利亚（西）	铝土矿	7.5%				从价/从量计征
			铜	精矿 5%；金属 2.5%				
		澳大利亚（南）	铝土矿	3.5%				
			铜	3.5%				
		澳大利亚（维多利亚）	铝土矿	2.75%				按从价和从量中最高者计征
			铜	2.75%				
		澳大利亚（新南威尔士）	铝土矿	0.35 美元/吨				
			铜	4%				
		澳大利亚（昆士兰）	铝土矿	出口：10% 或 2 美元/吨；国内：出口费率的 75% 或 1.5 美元/吨				
		加拿大	铜	2.7%				
			铜、铝土矿等	西北地区 5%～14%；安大略省 10%				
		阿根廷	铜	3%				

续表

种类	税目	征收依据		定额	利益分成	税基	制定部门	计价方式
有色金属原矿（贵金属除外）	权利金	玻利维亚	铜	1%		总销量		
		布基纳法索	铜	4%		离岸价值		
		科特迪瓦	铜	2.5%		收入减去运输成本和加工成本		
		哈萨克斯坦	铜	谈判				
		巴布亚新几内亚	铜	2%				
		波兰	铜	n/a		以伦敦金属交易所价格为基础的矿石价格		
		南非	铜	谈判				
		坦桑尼亚	铜	3%		以价值为基础		
		乌兹别克斯坦	铜	7.9%		精铜的销售价格		
		秘鲁	铜	无				
	超额利润税金	蒙古国	铜	铜价超过2600美元/吨时政府征收68%的税				
黑色金属原矿		澳大利亚	资源开采企业（资源暴利税）	40%				

续表

种类	税目	征收依据		定额	利益分成	税基	制定部门	计价方式
稀有金属	权利金	博茨瓦纳	稀有金属	3%				
		伊朗	稀有金属	4%				
		菲律宾	稀有金属	5%				
		澳大利亚（西）	稀有金属	2.5%~7.5%				
	超额利润税金	澳大利亚	资源开采企业（资源暴利税）	40%				
贵金属资源	权利金	南非	金、银	3%				
			铂族金属	4%				
		美国	贵金属	10%			联邦层次不征收权利金	
		巴西	金	1%	地方政府65%；州政府23%；联邦政府12%，其中9.8%分配给矿产生产局，2%分给巴西国家科学技术发展基金会（FNDCT），0.2%分配给巴西环保机构（IBAMA）			
		博茨瓦纳	贵金属	2%				
		伊朗	贵金属	4%				
		菲律宾	贵金属	5%		总产量的市场价值		

续表

种类	税目	征收依据		定额	利益分成	税基	制定部门	计价方式
贵金属资源	权利金	澳大利亚（西）	金、银及其他	2.5%				
			贵金属	1.2%				
		印度尼西亚	金	产量<2000千克，225美元/千克；产量>2000千克，235美元/千克				
		加拿大	金	西北地区 5%~14%；安大略省 不征收		总销量		
		阿根廷	金	金价>700美元/盎司，7%；700美元>金价>400美元/盎司，1%；金价>400美元/盎司，4%		金属量的伦敦技术交易所价值		
		玻利维亚	金	4%~7%		总销量		
		布基纳法索	金	3%		离岸价值		
		加纳	金	3%~12%，以边际利益为基础		总价值		
		智利	金	无				
		格陵兰（丹麦）	金	无				

续表

种类	税目	征收依据		定额	利益分成	税基	制定部门	计价方式
贵金属资源	权利金	科特迪瓦	金	3%		收入减去运输成本和加工成本		
		哈萨克斯坦	金	谈判				
		墨西哥	金	无				
		巴布亚新几内亚	金	2%		实际离岸价格		
		波兰	金	10%		金属量的价值		
		非南	金	谈判				
		坦桑尼亚	金	3%		以价值为基础		
		瑞典	金	无				
		乌兹别克斯坦	金	4%		总销售额		
		秘鲁	金	无				
		津巴布韦	金	无				
	超额利润税金	蒙古国	金	超过500美元/盎司时政府征收68%的税				
		澳大利亚	资源开采企业（资源暴利税）	40%				

续表

种类	税目	征收依据		定额	利益分成	税基	制定部门	计价方式
非金属类	权利金	南非	金刚石	8%				
		布基纳法索	金刚石	7%				
		美国	金刚石	5%			联邦层次不征收权利金	
			硫	12.5%				
			磷	5%				
			其他非金属	从量				
		博茨瓦纳	金刚石	5%				
			其他非金属	3%				
		伊朗	金刚石及化工矿产	4%				
		菲律宾	建材类	5%				
		澳大利亚（西）	非金属矿产	5%				
		澳大利亚	金刚石	8.5%				
			其他非金属	5%				
	超额利润税金	澳大利亚	资源开采企业（资源暴利税）	40%				

表 3 – 31   部分国家采矿权费与探矿权费收取情况

国家（地区）	探矿权费	采矿权费
美国联邦公共土地	第1~5年2.5美元/英亩·年，第6~25年5美元/英亩·年	第1~5年2.5美元/英亩·年，第6~25年5美元/英亩·年
美国加拉斯加州	第0~5年0.5美元/英亩·年，第6~10年1美元/英亩·年，第11年后2.5美元/英亩·年；煤炭5美元/英亩·年	
澳大利亚（西）	实行区块制度的，80澳元/区块·年，不执行区块制度的，30.6澳元/平方公里·年；采矿租约，4.65澳元/公顷·年；小矿普查权，1.5澳元/公顷·年，最低15澳元	9.3澳元/公顷·年
泰国	非排他性探矿权免征，排他性及专门探矿权，6泰铢/泰亩·年	临时采矿执照或采矿执照，20泰铢/泰亩·年
巴基斯坦	250卢比/公顷，逐年增加，到第9年为3000卢比/公顷	3000卢比/公顷
加拿大不列颠哥伦比亚省	40加元/公顷·年	10加元/公顷·年
墨西哥	第1年0.12美元/公顷，第2~4年0.4美元/公顷·年，第5~6年0.8美元/公顷·年	第1~2年1.61美元/公顷·年，第3~4年3.22美元/公顷·年，第5年后5.63美元/公顷·年
智利	75美元/平方公里·年	375美元/平方公里·年

3.3.2 国内金属资源税的现状分析

3.3.2.1 国内金属资源开发税费种类

国内金属矿产开发补偿税费科目如图 3 – 12 所示。

3.3.2.2 每种金属资源开发补偿税费改革现状

国内不同省份金属资源开发补偿税费改革现状，包括税目类别、计价方式、计算方式、征收依据、征收定额及利益分成，如表 3 – 32 所示。

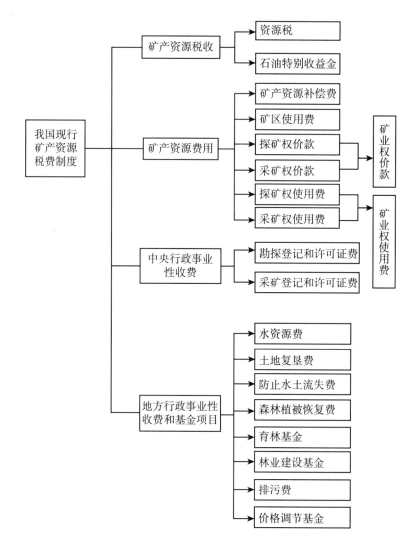

图 3 - 12　国内金属矿产开发补偿税费科目

3.3.3　金属资源税费市场化改革的政策建议

3.3.3.1　实现资源税计征方式的变革

人类经济社会发展仍依赖不可再生的化石矿产，随着不可再生金属资源的日益稀缺以及环境的不断恶化，资源税日益成为保护金属矿产与生态环境、实现代际公平的重要手段。根据霍特林的"时间倾斜"理论，资源税税收政策能够有效控制金属矿产的开采速度，实现资源的跨期优化配置和有效保护环境。资源税的关键在于设定适当的计征

表 3 - 32　国内不同省份金属矿产资源开发补偿税费现状

种类	税目	会计科目	制定部门	计价方式	计算方式	征收依据		定额	利益分成
黑色金属原矿	资源税	销售: 营业税金及附加; 自用: 生产成本、制造费用	国务院制定, 财政部、国家税务总局修订	从量计价	依据矿产等级分开征收	铁矿石	入选露天矿(重点矿山)		归收地方
							一等	16.50 元/吨	
							二等	16.00 元/吨	
							三等	15.50 元/吨	
							四等	15.00 元/吨	
							五等	14.50 元/吨	
							六等	14.00 元/吨	
							入选地下矿(重点矿山)		
							二等	15.00 元/吨	
							三等	14.50 元/吨	
							四等	14.00 元/吨	
							五等	13.50 元/吨	
							六等	13.00 元/吨	
							入炉露天矿(重点矿山)		
							一等	25.00 元/吨	
							二等	24.00 元/吨	
							三等	23.00 元/吨	
							四等	22.00 元/吨	

续表

种类	税目	会计科目	制定部门	计价方式	计算方式	征收依据		定额	利益分成
黑色金属原矿	资源税	销售：营业税金及附加；自用：生产成本、制造费用	国务院制定，财政部、国家税务总局修订	从量计价	依据矿产等级分开征收	铁矿石	入炉地下矿（重点矿山）		归收地方
							二等	23.00 元/吨	
							三等	22.00 元/吨	
							四等	21.00 元/吨	
							入选露天矿（非重点矿山）		
							二等	16.00 元/吨	
							四等	15.00 元/吨	
							五等	14.50 元/吨	
							六等	14.00 元/吨	
							入选地下矿（非重点矿山）		
							三等	11.50 元/吨	
							四等	11.00 元/吨	
							五等	10.50 元/吨	
							六等	10.00 元/吨	
							入炉露天矿（非重点矿山）		
							二等	23.00 元/吨	
							三等	22.00 元/吨	
							四等	21.00 元/吨	

续表

种类	税目	会计科目	制定部门	计价方式	计算方式	征收依据			定额	利益分成
黑色金属原矿	资源税	销售:营业税金及附加;自用:生产成本、制造费用	国务院制定,财政部、国家税务总局修订	从量计价	依据矿产等级分开征收	铁矿石	入炉地下矿(非重点矿山)	三等	21.00元/吨	归收地方
								四等	20.00元/吨	
						锰矿石			6.00元/吨	
						铬矿石			3.00元/吨	
						钒矿石			12.00元/吨	
	金属矿产资源补偿费	管理费用	国务院	从价征收	金属矿产资源补偿费=矿产品销售收入×资源补偿费率×开采回采系数 开采回采系数=核定开采回采率/实际开采回采率	金属矿产资源销售收入			2%	中央与省、直辖市金属矿产资源补偿费的分成比例为5:5;中央与广西、西藏、新疆、内蒙古、宁夏和青海的分成比例为4:6
	采矿权价款	无形资产——采矿权 分期摊销至"管理费用——无形资产摊销"科目	国土资源部		贵州国资厅:采矿权价款=资源储量×价款缴纳标准	国务院地质矿产主管部门确认的评估价格为依据				国家出资形成的探矿权、采矿权,价款收入20%归中央所有,80%归地方所有

续表

种类	税目	会计科目	制定部门	计价方式	计算方式	征收依据	定额	利益分成
黑色金属原矿	探矿权价款	应交纳的探矿权价款直接计入"勘探开发成本——×× 项目"科目，勘探结束形成地质成果的，转入"地质成果"，反之计入当期损益	国土资源部		贵州国资厅：探矿权价款＝采矿权价款×调整系数	国务院地质矿产主管部门确认的评估价格为依据		国家出资形成的探矿权、采矿权价款收入 20% 归中央所有，80% 归地方所有
	探矿权使用费	企业：应交纳的探矿权使用费直接计入"勘探开发成本——×× 项目"科目；地质勘查单位："地质勘产——×× 项目"科目。勘探结束形成地质成果的，转入"地质成果"，反之计入当期损益	国土资源部		勘察年度、区块面积	1～3 勘察年度	100 元/平方公里·年	
						第 4 个勘察年度起	每年增加 100 元/平方公里，最高不超过 500 元/平方公里·年	

续表

种类	税目	会计科目	制定部门	计价方式	计算方式	征收依据		定额	利益分成
黑色金属原矿	采矿权使用费	企业：管理费用——采矿权使用费；地质勘查单位：直接计入当期管理费用	国土资源部			区块面积		1000 元/平方公里·年	
有色金属原矿（贵金属除外）	资源税	销售：营业税金及附加；自用：生产成本、制造费用	国土资源部制定，财政部、国家税务总局修订	从量计价	依据矿产等级分别征收	稀土矿	轻稀土矿（包括氟碳铈矿、独居石矿）	30 元/吨	归收地方
							中重稀土矿（包括磷钇矿、离子型稀土矿）	60 元/吨	
						铜矿石	一等	7 元/吨	
							二等	6.5 元/吨	
							三等	6 元/吨	
							四等	5.5 元/吨	
							五等	5 元/吨	
						铅锌矿石	一等	20 元/吨	
							二等	18 元/吨	
							三等	16 元/吨	
							四等	13 元/吨	
							五等	10 元/吨	

续表

种类	税目	会计科目	制定部门	计价方式	计算方式	征收依据（矿种）	征收依据（等级）	定额	利益分成
有色金属原矿（贵金属除外）	资源税	销售：营业税金及附加；自用：生产成本、制造费用	国土资源部制定，财政部、国家税务总局修订	从量计价	依据矿产等级分开征收	铝土矿	三等	20元/吨	归收地方
						钨矿石	三等	9元/吨	
							四等	8元/吨	
							五等	7元/吨	
						锡矿石	一等	1元/吨	
							二等	0.9元/吨	
							三等	0.8元/吨	
							四等	0.7元/吨	
							五等	0.6元/吨	
						锑矿石	一等	1元/吨	
							二等	0.9元/吨	
							三等	0.8元/吨	
							四等	0.7元/吨	
							五等	0.6元/吨	
						钼矿石	一等	8元/吨	
							二等	7元/吨	
							三等	6元/吨	
							四等	5元/吨	
							五等	4元/吨	
						镍矿石	二等	12元/吨	
							三等	11元/吨	
							四等	10元/吨	
							五等	9元/吨	

续表

种类	税目	会计科目	制定部门	计价方式	计算方式	征收依据		定额	利益分成
有色金属原矿（贵州金属除外）	金属矿产资源补偿费	管理费用	国务院	从价征收	金属矿产资源补偿费＝矿产品销售收入×资源补偿费率×开采回采率系数　开采回采率系数＝核定开采回采率/实际开采回采率	离子型稀土	金属矿产资源销售收入	2%	中央与省、直辖市金属矿产资源补偿费的分成比例为5：5；中央与广西、西藏、新疆、内蒙古、宁夏和青海的分成比例为4：6
						除离子型稀土以上稀土外及有色金属原矿	金属矿产资源销售收入	4%	
	采矿权价款	无形资产——采矿权 分期摊销至"管理费用——无形资产摊销"科目	国土资源部		贵州国资厅：采矿权价款＝资源储量×价款缴纳标准	国务院地质矿产主管部门确认的评估价格为依据			国家出资形成的采矿权，采矿权价款收入20%归中央所有，80%归地方所有
	探矿权价款	应交纳的探矿权价款直接计入"勘探开发成本——××项目"科目，勘探结束形成地质成果的，转入"地质成果"项目，反之计入当期损益	国土资源部		贵州国资厅：探矿权价款＝采矿权价款×调整系数	国务院地质矿产主管部门确认的评估价格为依据			

续表

种类	税目	会计科目	制定部门	计价方式	计算方式	征收依据	定额	利益分成
有色金属原矿（贵金属除外）	探矿权使用费	企业：应交纳的探矿权使用费直接计入"勘探开发成本——××项目"科目；地质勘查单位："地勘生产——××项目"科目。勘探结束形成地质成果的，转入"地质成果"，反之计入当期损益	国土资源部		勘察年度、区块面积	第1～3个勘察年度	100元/平方公里·年	
						第4个勘察年度起	每年增加100元/平方公里，最高不超过500元/平方公里·年	
	采矿权使用费	企业：管理费用——采矿权使用费；地质勘查单位：地质勘查管理计入当期费用	国土资源部			区块面积	1000元/平方公里·年	

续表

种类	税目	会计科目	制定部门	计价方式	计算方式	征收依据		定额	利益分成
贵金属资源	资源税	销售: 营业税金及附加;自用: 生产成本、制造费用	国务院制定,财政部、国家税务总局修订	从量计价	依据矿产等级分开征收	岩金矿石	一等	7元/吨	归收地方
							二等	6元/吨	
							三等	5元/吨	
							四等	4元/吨	
							五等	3元/吨	
							六等	2元/吨	
							七等	1.5元/吨	
						砂金矿	一等	2元/50立方米挖出量	
							二等	1.8元/50立方米挖出量	
							三等	1.6元/50立方米挖出量	
							四等	1.4元/50立方米挖出量	
							五等	1.2元/50立方米挖出量	

续表

种类	税目	会计科目	制定部门	计价方式	计算方式	征收依据	定额	利益分成
	金属矿产资源补偿费	管理费用	国务院	从价征收	金属矿产资源补偿费＝矿产品销售收入×资源补偿费率×开采回采率系数 开采回采率系数＝核定开采回采率/实际开采回采率	金属矿产资源销售收入	4%	中央与省、直辖市金属矿产资源补偿费的分成比例为5：5；中央与广西、西藏、新疆、内蒙古、宁夏和青海的分成比例为4：6
贵金属资源	采矿权价款	无形资产——采矿权 分期摊销至"管理费用——无形资产摊销"科目	国土资源部		贵州国资厅：采矿权价款＝资源储量×价款缴纳标准	国务院地质矿产主管部门确认的评估价格为依据		
	探矿权价款	应交纳的探矿权价款直接计入"勘探开发成本——××项目"科目，勘探结束形成地质成果的，转入"地质成果"，反之计入当期损益	国土资源部		贵州国资厅：探矿权价款＝采矿权价款×调整系数	国务院地质矿产主管部门确认的评估价格为依据		国家出资形成的探矿权、采矿权收入20%归中央所有，80%归地方所有

续表

种类	税目	会计科目	制定部门	计价方式	计算方式	征收依据	定额	利益分成
贵金属资源	探矿权使用费	企业：应交纳的探矿权使用费直接计入"勘探开发成本——××项目"科目；地质勘查单位："地勘生产——××项目"科目。勘探结束形成的地质成果，转入"地质成果"，反之计入当期损益	国土资源部		勘察年度、区块面积	第 1～3 个勘察年度	100 元/平方公里·年	
						第 4 个勘察年度起	每年增加 100 元/平方公里，最高不超过 500 元/平方公里·年	
	采矿权使用费	企业：管理费用——采矿权使用费；地质勘查单位：直接计入当期管理费用	国土资源部			区块面积	1000 元/平方公里·年	

方式及税率，从而合理弥补金属矿产开发利用的使用者成本和生态服务系统价值。资源税的计征方式主要有两种：从量税和从价税。我国分别于 1993 年和 1994 年开征了资源税和资源补偿费，于 1999 年开始征收探矿权价款、采矿权价款、探矿权使用费和采矿权使用费等。按销售量计征的金属资源税自 1994 年起实施，之后屡次调整从量征收的定额，在促进金属资源的合理开采方面取得一定成效。但随着经济与社会的发展，资源与环境的压力日益增大，从量计征资源税的弊端日益显现。首先，以销售量或自用量为计税依据，对那些开采后暂未销售或未使用的矿产品不征税，造成资源利用上的逆向调节，企业在开采矿产时"采富弃贫"，浪费资源。其次，在金属矿产价格大幅度上涨的情况下，从量征税无法从税收上反映价格变动，进一步削弱了资源税对金属资源利用效率的影响。当资源价格大幅度上涨时，资源税具有累退性质，资源地政府无法分享资源价格上涨所带来的收益。最后，不同品质的金属矿产销售价格有高低之分，从量征税无法通过价格体现金属矿产自身的价值高低，有悖于资源稀缺性的原则。

相比之下，从价税可以弥补从量税存在的问题。第一，从价税伴随价格波动的特性，能够使金属矿产价格更灵敏地反映金属矿产市场供需信号，促进金属资源的优化配置。第二，税额随价格波动而变化，保证了与金属矿产价格上涨相对应的税收收入。第三，税额随商品价格（同时可以作为金属矿产品质的体现）而变动，能够合理反映不同金属矿产的质量差异，体现税收的公平性原则。从价税形式的资源税弹性更大、更灵活、更符合经济学原则。因此，我国金属资源税的改革应当尽快向从价税过渡。根据实证的研究结果，提出以下政策建议：

（1）研究结果表明，将金属资源税和资源费整合为资源税，从价计征金属资源税，对于金属资源行业乃至其他行业的产业结构调整、资源的可持续利用有积极的影响。通过合理设定税率，对宏观经济的影响也是可控的。财政部、国家税务总局全面推进资源税改革，并提出了金属资源税从价计征改革的税率，具体见表 3 – 33，为了确保《财政部、国家税务总局关于全面推进资源税改革的通知》有效实施，从 2016 年 7 月以来各省推出了金属资源从价计征改革的税率，具体结果见表 3 – 34。

表 3 – 33　　　　　　财政部、国家税务总局规定的金属资源税率区间

序号	征税对象		税率幅度
1	铁矿	精矿	1% ~6%
2	金矿	金锭	1% ~4%
3	铜矿	精矿	2% ~8%
4	铝土矿	原矿	3% ~9%

序号	征税对象		税率幅度
5	铅锌矿	精矿	2% ~ 6%
6	镍矿	精矿	2% ~ 6%
7	锡矿	精矿	2% ~ 6%
8	未列举名称的其他金属矿产品	原矿或精矿	税率不超过 20%

表 3 − 34　　　　　　　　　各省具体金属资源税率区间税率

省份	征税对象		适用税率（%）
北京	铁矿	精矿	3.5
河北	铁矿	精矿	3
	金矿	金锭	2
	铜矿	精矿	7
	铅锌矿	精矿	5
	菱镁矿	精矿	9
	银	精矿	0.50
山西	铁矿	精矿	3
	金矿	金锭	3
	铜矿	精矿	3
	铝土矿	原矿	9
	铅锌矿	精矿	5
	锰矿	原矿	3.5
	银矿	精矿	4.5
	石墨	精矿	3
内蒙古	锰矿	原矿	5
	铬矿	原矿	6
	铂矿	原矿	10
	银矿	精矿	5
	铀矿	原矿	10
	其他金属矿	原矿	4
黑龙江	铁矿	精矿	4
	金矿	金锭	3.5
	铜矿	精矿	5
	铅锌矿	精矿	3.5

省份	征税对象		适用税率（%）
浙江	铁矿	精矿	2
	金矿	金锭	2
	铜矿	精矿	3
	铅锌矿	精矿	2
	锡矿	精矿	2
安徽	铁矿	精矿	2.5
	金矿	金锭	3
	铜矿	精矿	4
	铅锌矿	精矿	3
	其他金属矿	原矿或精矿	2
江西	铁矿	精矿	3.0
	金矿	金锭	3.5
	铜矿	精矿	6.5
	铅锌矿	精矿	3.5
	锡矿	精矿	3.5
	钽铌矿	精矿	10
湖南	铁矿	精矿	4
	金矿	金锭	2
	铜矿	精矿	2
	铅锌矿	精矿	3.5
	镍矿	精矿	2
	锡矿	精矿	2
	锑矿	精矿	1
	锰矿	精矿	5
广东	铁矿	精矿	1.5
	金矿	金锭	3
	铜矿	精矿	2
	铅锌矿	精矿	3
	锡矿	精矿	2
	锰矿	原矿	2.5
海南	铁矿	精矿	4
	金矿	金锭	3
	钛锆矿	精矿（包括钛精矿、金红石、锆英砂等加工产品）	3

续表

省份	征税对象		适用税率（%）
四川	铁矿	精矿	4
	金矿	金锭	3
	铜矿	精矿	4
	铝土矿	原矿	9
	铅锌矿	精矿	3.5
	镍矿	精矿	3
	锡矿	精矿	4
	锰矿石	原矿	3.5
	银矿	原矿	3.5
	锂矿石	精矿	4.5
	其他未列名的金属矿产品	原矿或精矿	2
贵州	铁矿	精矿	3
	金矿	金锭	4
	铝土矿	原矿	8
	铅锌矿	精矿	3
	锰矿	原矿	3.5
	锑矿	精矿	2
	其他金属矿	原矿	2
陕西	铁矿	精矿	4
	金矿	金锭	3.5
	铜矿	精矿	4
	铅锌矿	精矿	3.5
	镍矿	精矿	4
	锰矿	原矿	2
	汞锑矿	精矿	2
	钒矿	精矿	5
	银矿	精矿	2
	锑矿	精矿	2

续表

省份	征税对象		适用税率（%）
甘肃	铁矿	精矿	3
	金矿	金锭	2.5
	铜矿	精矿	3
	铅锌矿	精矿	3
	镍矿	精矿	4
	钒矿	精矿	2
	高岭土	原矿	6
青海	铁矿	精矿	4
	金矿	金锭	4
	铜矿	精矿	4
	铅锌矿	精矿	4
	镍矿	精矿	4
	锰矿	原矿	4
	锑矿	原矿	2
	锶矿（天青石）	原矿	2
	其他未列举名称的金属矿	原矿	4
		精矿	3

（2）合理设定有色金属资源税税率。税率过低不利于提高有色金属资源的利用率，过高也会对相关产业产生不利影响。根据前面对有色基本金属的动态 CGE 模型模拟结果，根据供给侧结构性改革的要求，将有色金属资源税税率定在2%～10%的范围内比较合理，以后根据实际运行情况再逐步调整。根据国际经验，经济发展阶段不同，可以设定不同水平的有色金属资源税税率，以应对税率改革所带来的经济冲击。考虑本章前面的模拟结果，在经济发展比较稳定的时期可以选择8%～10%的税率；在经济发展水平比较高的情况下可以选择10%～15%的税率水平；在经济发展水平较低或者波动性比较大的时候可以选择较低的税率，比如2%～8%。

（3）通过有色金属资源税费的改革推进有色行业大型国企的改革和转型。从价征收有色金属资源税，能够增加税负的弹性，降低由于资源垄断形成的超额利润，从而促使企业强化创新驱动，加强企业管理，降低成本，提高资源的开采和利用效率。

（4）有色金属税费改革有利于资源的可持续利用，但也会对产业的发展带来一些问题，如开发成本提高，影响行业就业率等。因此，需要有一系列的配套政策来保障改革的实施效果。同时税收的收益要合理分配，要兼顾包括企业在内的各方利益，也要充分考虑对资源地居民的补偿和生态环境的修复。

3.3.3.2　编制金属资源资产负债表

金属资源资产负债表是用资产负债表的方法，将全国或一个地区的所有金属资源资产进行分类加总形成报表，显示某一时点上金属资源资产的家底，反映一定时间内金属资源资产存量的变化。为了准确核算金属资源的外部性成本，需要推进金属资源资产负债表的理论研究，加紧颁布金属资源实物量统计和价值量核算准则，建立和完善金属资源台账系统，加大对金属资源统计手段与测量技术的投入力度。具体包括：

（1）建立金属资源统计核算体系。金属资源资产核算非常复杂，涉及如何估算金属资源资产的价值问题，具体方法有两种：一是从金属资源资产存量进行核算。在记录期内，核算金属资源资产数量的增减和质量的变化。在资产实物量核算的基础上，利用价值评估对金属资源资产的实物存量进行货币价值评估，确定金属资源资本总值。二是从金属资源资产提供的生态产品来核算。生态产品价值核算同样以生态产品实物量核算为基础，对有形生态产品和无形生态产品进行货币价值核算。最后把两个结果加总可得到金属资源资产的总价值。

（2）编制金属资源的 LCSA 清单分析。在 LCSA 技术框架下，金属资源 LCSA 清单分析是对金属资源生命周期各系统单元内各种活动中物质和能量的输入输出、环境排放、财务收支以及社会影响等方面进行客观量化的过程。清单分析的核心是编制分析清单，目的在于建立以系统单元为基准的整个生命周期的输入与输出，包括生命周期内的物质流和价值流的变动以及可能产生的社会影响。

（3）构建金属生命周期可持续发展评价。生命周期影响评价是传统的生命周期评价的第三个步骤，是对清单分析中所提供的资源耗竭以及污染物排放对环境所造成的压力进行定性和定量评价的过程。在 LCSA 集成框架下，可持续发展评价除了传统的环境 LCA，也包含对经济性和社会性影响的定量评价过程。

第一，金属资源开发利用环境 LCA 评价。本部分以物质流核算为基础，对金属资源生命周期内不同系统单元的环境排放和环境影响大小进行评估，寻找减少物质损失和促进节能减排的技术突破点。具体步骤包括：一是环境排放测算。以环境 LCA 清单数据为基础，对金属从开采到最终回收处理的全生命周期内等各系统单元内的物质流变化和物质代谢的数量特征进行物质核算，从而实现对金属生命周期内环境排放量的测算。二是环境影响大小测度。将物质流分析的物质投入和输出指标作为测度环境影响指标的基础。通过物质流核算指标对某阶段我国金属生命周期内的生态足迹和生态包袱系数进行计算，分析金属工业生命周期内不同阶段的碳足迹和生态包袱在时间趋势上的变化和规律，从输入端全面地揭示金属资源生命周期过程中的自然资源和能源的消耗对生态环境的冲击，实现对环境影响大小的测度。

第二，金属资源开发利用经济 LCA 评价。通过对金属资源生命周期中的以原材料、能源、人力为主的内部财务成本和以环境成本为主的外部成本进行测算，实现金属资源生命周期的经济成本的评价。根据生命周期成本理论和某阶段金属工业经济 LCA 清单数据，分析生命周期内各阶段相关财务成本和环境成本等指标的变化趋势和概率分布，实现对我国金属工业成本的评价和分析，包括金属矿业开采所造成的土地成本以及由于金属的数量损失和质量损失造成的能源成本和价值损失。构建金属工业生命周期成本估算模型，为进行经济成本决策和优化以及仿真分析提供支持。

第三，金属资源开发利用社会 LCA 评价。作为 LCSA 技术框架的一个方面，S-LCA 是传统的 LCA 评价理论的重要补充，目的在于对评价对象在生命周期内对人和社会方面造成的显著的或潜在的正向或负向的影响进行评价（Benoît，2010）。本部分以社会 LCA 清单数据为基础，通过统计分析和量化处理，对某阶段我国金属工业生命周期各阶段活动对人类和社会影响大小进行测度。

3.3.3.3　创新金属资源价格与税收体制改革的思路

金属资源价格和税收体制改革是推进国家治理体系和治理能力现代化的内在要求，也是提高金属资源生产力的迫切需要。深化金属资源价格和税收体制改革要有新思路，应按照"价税分开、市场定价、税收绿化、机制联动、保障权益"原则，理顺金属资源产品价格比价关系和形成机制，构建有利于优化金属资源配置的税收制度，使市场在金属资源配置中起决定性作用。

价税分开就是金属资源性产品的价格和税收分离，价税关系由现在的价内税模式改为价外税模式，使价税各归其位、各司其职，分别发挥价格的市场引导和税收的调控功能。价格主要履行市场角色的功能，引导各类市场主体作出理性选择，促使自然金属资源要素不断优化配置；税收主要承担政府角色的职责，政府主要通过税收手段调控金属资源性产品的生产与消费，并对自然金属资源市场的失灵和外部性进行必要的纠正。能不能真正实现价税分开，关系到市场"看不见的手"和政府"看得见的手"的作用边界，是我国金属资源价格与税收体制改革成功与否的重要标志。

市场定价就是实施价税分离后，金属资源性产品要建立主要由市场决定价格的机制，凡是能由市场形成价格的都交给市场，政府不进行干预。金属资源作为竞争性商品，其价格都应放开市场准入并在市场竞争中形成，建立符合市场导向的价格动态管理调整机制。这其中的关键，是要掌握真实合理成本，以社会平均资金利润率为基础确定合理的利润水平，形成协调完善的市场价格体系。具体来说，使价格能够反映金属资源性产品的稀缺性、内外部成本以及供求关系，对企业和居民节约使用金属资源形成内在激励机制。加快形成企业自主经营、公平竞争，消费者自由选择、自主消费，商品和要素自由流动、平等交换的现代金属资源市场体系，促进市场竞争，提高配置效率。

税收绿化就是要理顺税收与生态文明的关系，兼顾污染者负担、使用者负担和受益者负担，寻求税制结构与生态文明建设的最佳结合点，用生态文明的发展理念"绿化"税制。完善税目税率设计，健全税收激励机制，强化税收约束手段，建立反映市场供求和金属资源稀缺程度、体现生态价值和代际补偿的金属资源税制。

机制联动就是考虑到金属资源价格改革和税制改革都是改革攻坚阶段的"硬骨头"，且两者相互影响，为此必须建立联动机制，做到取长补短、相得益彰。任何金属资源性产品有税必有价、有价必涉税，这是因为价格和税收联动是市场经济运行的必然规律。价格是税收运行的载体和基础，而税收必须借助于价格来体现。为减少改革成本，取得最大改革效益，价格改革不能"就价格论价格"、税制改革不能"就税收论税收"，而必须将价税改革"打包"，在改革时机的把握、制度的衔接、政策的协调以及工作的推动等方面联合攻关、"捆绑"实施，这样才能做到取长补短、相得益彰，使稀缺的金属资源得到最节约的使用。

保障权益就是通过金属资源价格的市场分配和税收的再分配功能，全面构建金属资源有偿使用制度和生态补偿制度。通过改革重塑政府与企业之间、上下游企业之间、生产者与消费者之间的合理利益分配关系，依法科学合理保障自然金属资源利益相关者的合法权益。

第4章

金属资源优化配置

4.1 金属资源配置的经济学分析

4.1.1 资源配置理论

4.1.1.1 资源配置的经济学含义与特征

在社会经济发展的一定阶段，相对于人们无止境的需求而言，资源具有相对稀缺性。经济学理论认为，资源的相对稀缺性导致能够生产各种商品的资源的有限性，使得人们必须在各种相对稀缺的商品中进行选择，这种选择就是资源配置。因此，资源配置是指在资源相对稀缺的情况下，在一定的范围内，按照一定的规则或机制把有限的资源合理分配到社会的各个领域和不同用途中去，以实现资源的最佳利用。

经济学上决定资源配置状态的三个基本特征为时间、空间和数量。

第一，资源配置的时间特征。资源配置的时间特征主要表现在两个方面：一方面，它把作为不可再生的稀缺资源参与到了资源配置之中；另一方面，它赋予了其他资源时间的属性，使其具有时间价值。资源配置在时间上分为过去、现在和将来，根据这一特征，在不同的时间段内使用等量的资源，其最后得到的收益是不同的。在资源有效配置过程中，要充分考虑资源的时间价值，在比较成本及收益时，要根据时间价值进行修正。

第二，资源配置的空间特征。资源配置的空间特征主要表现在两个方面：一方面是同种资源在不同的产业及地区间的配置，所关心的是稀缺资源的走向以利于对资源进行有效的控制与配置，主要用于对不可再生资源的监控；另一方面是不同资源为达到同一目的在相同的产业和地区间的配置，所关心的是为达到生产目的所需的各种资源的分配比重，其重心在于如何合理地组织和调配多种资源来达到社会生产产出的最大化。

第三，资源配置的数量特征。资源的配置与分配不仅取决于资源的平均成本和经济效益，还取决于资源使用的增量要求，即经济学中的边际效益。在资源的配置过程中，必须研究总量、增量和社会产出三者之间的关系，才能达到有效地配置资源的目的。

这三方面的基本特征在进行资源配置的过程中是相辅相成的，例如在不同的时期，会导致某种资源在相关产业的投入量与社会产出的差异，或者在相同的时期，由于不同的资源在同种产业的投入比例的不同会导致同种资源的增量与社会产出之间的变化等，所以资源配置过程中要综合考虑这三方面的基本特征。

4.1.1.2　金属资源配置的定义

金属资源配置是指根据一定原则合理分配各种金属资源到各个用户单位的过程。金属资源配置的内容有两个方面：一是由于金属资源地域分布上的不均衡性及其物理、化学性质和用途的多样性，客观上存在着金属资源在空间或不同部门间的配置问题，包括区域内、区域整体和多区域配置；二是金属资源的开发利用在不同时段上的最优分布，根据金属资源开发利用的动态特征，研究如何实现金属资源开发利用的最佳时段、最佳时限的控制和决策。

可将金属资源优化配置定义为：将金属资源与其他经济社会要素之间的组合关系在时间结构、空间结构和产业结构等方面进行合理分配和调控，实现金属资源开发利用的最优化和可持续利用。金属资源的稀缺性决定了其存量固定且有限，增加目前的开发利用就意味着减少未来的开发利用，当前消耗资源储量越多，可开发利用年限就越短。因此，金属资源优化配置是关系到金属资源开发利用的社会效益最大化与可持续发展的重要手段。在金属资源优化配置过程中，既要考虑金属资源的自然属性，又要考虑其经济特性，还要考虑金属资源开发利用过程中经济效益、社会效益、环境效益的协调性以及在具体实践中机制和政策措施的有效性等问题。

4.1.2　金属资源优化配置的评价标准

4.1.2.1　效率标准

（1）静态效率。传统微观经济理论从比较静态的角度出发，认为完全竞争市场是最能促进资源利用效率提高和最能增加社会福利的市场结构，而垄断则会带来效率的损失和资源的浪费。为此，微观经济理论给出了一个判断资源利用静态效率的标准，那就是"帕累托最优"。在技术、消费者偏好、收入分配等既定条件下，如果金属资源配置方案实现了社会经济福利最大化，就可以说该金属资源配置满足了静态效率标准，也即"帕累托最优"。当时间不是一个重要因素时，静态效率标准是我们判断同一时间点上不同金属资源配置方案的主要标准，对于我们比较金属资源配置方案是非常有效的。

（2）动态效率。动态效率是指在较长的时期里实现的效率的总和，它是涉及时间时用来发现最优配置方案的传统标准，是静态效率的扩展。对于资源的跨期配置问题通常以动态效率为评价标准。资源配置跨越了 n 个时期，如果所有可能的配置方式中存在净效益现值最大化的方案，那么这项资源配置方案就满足了动态效率标准。

霍特林法则认为，可耗竭资源在时间序列上有效率地开采，其资源影子价格增长率是一个恒量，等于社会效用贴现率，即可耗竭资源有效率地开采利用，应在时间序列上满足其价格按一定比例持续上升。霍特林法则即是在一定假设条件下的满足动态有效的资源配置条件。

（3）代际帕累托效率。在传统的考虑动态效率的资源跨期配置问题中，利率因素是一个起决定性作用的变量。然而，当时间足够长时，市场利率并不能合理地反映社会贴现率。因为这一因素是由当代人决定的，由此确定的资源开采的高效率条件完全反映了当代人的意志，而不能反映出资源配置的"代际公平"。

目前，对金属资源配置的代际决策进行估价的一个简单标准是代际帕累托最优。这是可持续发展观念下对传统的帕累托效率的改进。代际帕累托效率是指这样一种状态，在该状态下如果不减少其他时期人们的效用，就无法增加某些特定时期人们的效用。在这种状态中的资源利用模式就是代际帕累托效率的利用模式。然而，在此观念下的自然资源配置模式是一种"代际决策"。在此决策过程中，要涉及价值的代际比较、对未来人们偏好的预测等，因此在社会贴现率中必须注入当代人对未来人们利益的关心。因此，如何通过某种制度安排以体现未来人们的利益，从而在全社会获得尽可能大的经济效率，实现金属资源的有效配置，仍需要进一步分析和研究。

4.1.2.2　公平标准

（1）代际公平。

第一，代际公平的含义。1988 年，佩基（Page）在其发表的《代际公平与社会贴现率》一文中阐述了"代际公平"的概念，认为"代际公平"可描述为：假定当前决策的后果将影响好几代人的利益，那么代际公平即为有关的各代人之间就上述后果进行的公平分配。

代际公平原则要求每一代人不要为自己的发展与需求而损害后代人满足需求的条件，要给后代以公平利用资源和环境的权利。因为用人造资本代替矿产资源的程度相当有限，要使后代人拥有同当代人一样多的发展机会，就必须保证他们至少拥有和当代人一样多的矿产资源财富。按照这个原则，金属资源代际公平配置的概念可描述为：既能满足当代社会对金属产品的需要，又不会对后代社会满足其对金属产品需要的能力构成危害的金属资源代际配置方式，其与基于效率的资源配置标准是不同的，代际公平更强调每代人对资源价值的同等享用。

第二，代际公平配置的实现条件。资源代际公平配置的实现依赖于两个条件：上代人对下代人的关心程度，如果上代人对下代人的生存漠不关心，则代际公平配置是无法实现的；资源的公平拥有程度。为此，金属资源代际公平配置可以从以下三个方面来实现：一是每代人对金属资源的消费都是适度的，即每代人对金属资源的消费活动都没有对后代人的发展基础造成破坏；二是每代人对金属资源的补偿都是与他们所消耗的金属资源量相匹配的，从而保证每代人享有同等的资源价值；三是每代人对后代人的资源基础的补偿行为都能得以实现。

第三，金属资源配置的代际公平的特征。金属资源配置的代际公平性与过去研究的收入分配的公平性相比，有以下几个方面的差异：首先，收入分配的公平性是针对同一时期的不同个体而言的，而金属资源配置的代际公平性关注的是不同代人之间的比较，在时间上以代为单位进行研究；其次，收入分配公平性所比较的是社会上的不同个体、不同集团之间的利益关系，而金属资源配置的代际公平性研究的是一定时期内全社会消耗的金属资源总量与后代能获得的金属资源总量相比是否合理，不仅研究的时间跨度更长，研究所覆盖的空间范围也更广；最后，收入分配公平性研究的是货币财富的分配，而金属资源配置的代际公平性研究的是总量有限且可耗竭的资源财富的分配。由于金属资源在不同的技术条件下会转化成不同的物质财富，金属资源配置的代际公平性也涉及物质财富、货币财富等其他财富形式。

（2）金属资源代际公平配置的形式。金属资源的代际公平配置是人类社会均衡、平等发展的基础。每代人既是资源的继承者，也是资源的积累者、使用者和遗传者。佩基认为，代际公平最重要的就是应该"保持资源基础的完整无损"。具体而言，金属资源代际公平配置主要有以下三种形式：

第一，资源数量公平配置。从字面上看，就是各代人拥有的金属资源在数量上完全相等。这种配置方式不仅要求当代人在开发利用金属资源时，尽量节约，并且在耗用的同时积极寻找新的矿源，以保持遗留给后代人的金属资源在数量上不少于当代人。如果当代人采用高资源消耗式的发展模式，而且没有采取有效的方式促进金属资源可用存量的增加，则可用金属资源存量必然锐减，下代人拥有的金属资源总存量将小于当代人。这就意味着当代人把本应属于后代人的金属资源消耗掉了。如此代代相传，将使金属资源代际数量配置陷入越来越不公平的恶性循环，人类社会的可持续发展将不可能实现。

第二，资源效用公平配置。从可持续发展的角度来看，金属资源在数量上不必完全实现代际公平配置。对可耗竭的金属资源而言，不存在也制造不出某种机制，解决好金属资源在人类社会世世代代之间数量上的完全公平配置问题。金属资源代际公平配置的实质是建立一种可持续的金属资源效用结构。从本质上来说，人类利用资源是利用其效用（或有用性）。人类实际上并不太关心某种金属资源数量的多少，而真正关心的是该种金属资源具有的效用能否满足自己生产与生活的需要。如果某种金属资源在数量上不能实现代际公平配置，只要能提高科技水平，使金属资源的使用价值和利用率提高，并且能及时开发出与该种金属资源具有相同效用的低成本替代品，则可认为该种金属资源实现了效用上的代际公平配置。比如，人们需要铜和铝等金属，是因为它具有作为建筑和工业材料的效用。铜和铝产品本身是难以永远满足社会需要的，也就是说，在数量公平配置的意义下，铜和铝资源是不能实现代际公平配置的。但如果能开发出一种或几种在总效用上完全替代铜和铝的其他可再生廉价资源，而且这些替代资源能永远满足人类社会需要，则我们就可认为实现了金属资源的永续利用和代际公平配置。我们称代际金属资源数量公平配置为绝对公平配置，而称代际金属资源效用公平配置为相对公平配置。

第三，资源价值公平配置。与金属资源效用公平配置类似，价值公平配置也是一种相对公平配置，其区别在于效用公平配置强调对资源效用的替代，而价值公平配置则反映了每一代人对资源价值的同等享有。当人们消耗了某种金属资源，应通过价值评估的方式对后一代予以价值补偿。

4.1.2.3　最低安全标准

对于资源的优化配置，除了以上以效率和公平为目标的标准之外，还有其他一些标准，如最低安全标准的概念。

1952 年，美国经济学家西里阿西·旺特卢普在其经典著作《资源保护：经济学家和政策》中，提出了"自然保护的最低安全标准"这一概念，作为资源和环境政策的一个依据。最低安全标准是以临界区来体现的。当自然资源和环境的利用使自然资源系统的物质状态低于该临界区时，整个系统将趋于毁灭。因此，最低安全标准就是避免进入该临界区所必须采用的最低标准。经济学家赫尔曼·戴利将可耗竭资源的最低安全标准具体规定为：使用可耗竭资源的速度，不得超过作为其替代品的、可持续利用的可再生资源的开发速度。

4.1.3　金属资源优化配置中需要关注的问题

金属资源优化配置的定义和特征决定了时间和空间上的资源配置是金属资源优化配置的两个重要特征。一方面，要根据资源动态特征，研究如何实现资源开发利用的最佳时段、最佳时限的控制和决策；另一方面，要研究资源在空间或不同部门间的最优配置，包括区域内、区域整体和多区域配置。而在资源优化配置过程中，既要考虑金属资源的自然属性，又要考虑其经济特性，还要考虑金属资源开发利用过程中经济效益、社会效益、环境效益的协调性以及在具体实践中机制和措施的有效性等问题。因此，基于经济学和管理学的基础理论，金属资源的优化配置将着重研究以下几个问题：（1）金属资源的最优耗竭；（2）金属资源的代际配置，包括代际公平和代际补偿问题；（3）金属资源的空间配置，包括金属资源的全球化配置以及地上资源与地下资源的配置；（4）金属资源利用和经济增长、社会发展之间的关系，如资源利用与经济增长规律以及资源诅咒、产能过剩等资源利用中的现实经济问题。

4.2　金属资源的最优耗竭

4.2.1　最优耗竭是资源优化配置的根本问题

金属资源作为重要的可耗竭资源，其优化配置的核心在于如何在各个阶段分配好资源的储藏量以及满足最终向可再生资源的转换，即明确资源的最优开采路径和最佳开采量。从霍特林开始，经济学家一直致力于可耗竭资源消耗路径的研究，希望从经济学的角度寻找资源开采在数量和时间两个维度的最优开采路径，解释为什么有些资源耗竭得快而有些资源耗竭得慢，找出不同资源间的替代关系和开采顺序。大量的分析表明，只有在最优消耗路径上讨论租金变化轨迹、价格变化轨迹和资源的稀缺性，研究技术进步和资本积累是否可以克服有限资源的边际收益递减，才能有效分析有限的资源基础是否可以支持社会经济的可持续发展。因此，可耗竭资源最优消耗路径的研究是反映可耗竭自然资源经济学特色的最重要方面。如何在既有资源存量与固定投入的约束下，寻找金属资源这类重要又稀缺资源的最优耗竭路径，是实现资源优化配置必须解决的根本问题，是保障金属资源可持续利用和经济社会可持续发展的重要条件。

4.2.2　最优耗竭的实现条件

4.2.2.1　"可耗竭性"的定义

可耗竭资源的再生速度是极其缓慢的，因此从我们的角度来看，它们只能从自然中摄取一次。对于这种资源，我们可在一定的时间范围内耗竭性使用。然而，一旦这种资源被消耗殆尽，它们就不再存在，或者说，即使它们最后能够重新生成，但这一再生过程需要漫长的时间，以至于这种再生并不存在任何显著的经济意义。特别是，资源的初始储量是固定的，当资源逐渐被开发，其存量就会减少。资源消耗得越多，剩余的资源存量下降速度也就越快。如果资源存量一旦降至为零，再进一步开发已是不可能；即使存在着一定的存量资源，进一步开发也是不经济的。在定义可耗竭资源时，这些特征都应当被考虑在内。

可耗竭资源的定义[①]：（1）只要资源正在被使用，其存量就会不断减少；（2）在一定时间内，其存量不会增加；（3）资源存量的减少速度是资源使用速度的单调递增函数；（4）只有存在一定的存量，资源才可能被使用。

我们用 S_t 表示时期 t 结束时某一特定矿床的资源存量，E_t 表示 t 时期内从该矿床开采的资源数量。E_t 一般是指开采率，但其单位是物理数量，例如吨，而不是时间单位的数量。这样，可耗竭资源的定义可用下面这个离散时间模型来表示：

$$S_t = S_{t-1} - h(E_t) \qquad (4-1)$$

$$h(E_t) \geqslant 0 \text{ 和 } E_t > 0 \Rightarrow h(E_t) > 0 \qquad (4-2)$$

$$E'_t > E_t \Rightarrow h(E'_t) > h(E_t) \qquad (4-3)$$

$$S_t \geqslant 0 \qquad (4-4)$$

其中，S_t、E_t 和 $h(E_t)$ 分别表示 t 时刻资源的剩余储量、开采量和开采函数。E'_t 和 E_t 对应于 t 时刻两个不同的开采量。

对于大多数分析，并不需要严格遵循式（4-2）和式（4-3）所具有的普遍性。特别是，可以假定每开采一单位的资源，将导致资源存量相应减少一单位。我们将这种假定称为"存量动态线性关系"。虽然存量动态线性关系的假定并不总是有效，但是绝

---

① 尼斯，斯威尼. 自然资源与能源经济学手册（第三卷）[M]. 北京：经济科学出版社，2010：5.

大部分可耗竭理论观点的提出，并不需要严格遵循式（4-2）和式（4-3）中所具有的普遍性。

存量动态线性关系：每开采一单位的资源，会相应减少一单位的资源存量，这种减少同资源开采率和剩余的资源存量无关，即：

$$h(E_t) = E_t \qquad (4-5)$$

在存量动态线性关系假定的条件下，式（4-1）至式（4-3）可转化为：

$$S_t = S_{t-1} - E_t \qquad (4-6)$$

式（4-1）至式（4-4）表述了可耗竭资源理论中最基本的约束条件。另外，我们假定存量动态线性关系成立，这样，式（4-6）可看作式（4-1）至式（4-3）所表示关系的一种更为具体的形式。因此，式（4-4）和式（4-6）是可耗竭资源理论的最基本的数学约束条件。

在存量动态线性关系的条件下，可将式（4-4）和式（4-6）联合起来表示可耗竭性条件的简单形式。下面的式（4-7）总是成立的，但它所包含的信息量不及式（4-4）和式（4-6）：

$$\sum_{t=\tau+1}^{\infty} E_t \geqslant S_\tau \qquad (4-7)$$

式（4-7）表示整个时期内所开采的资源总量不会超过其初始存量，或更一般地说，从任意指定时间开始开采的资源总量，肯定不会超过开始时间的资源存量。

上述关于可耗竭性的数学定义均假定时间是离散的。离散时间模型使分析者避免连续时间市场模型所要求的多维空间计算。当离散模型中每一时间段的间隔长度趋近于零时，离散时间公式可被看作连续时间公式，而本节所提到的所有式子都可在不同程度上转化为对应的连续时间下的式子。

4.2.2.2 最优耗竭的基本条件

（1）基本假设。

假设1：无资源存货，即在资源被开采出来以后，立即就投入市场。因此，在每个时期中资源的开采量等于销售量，也就是，所有企业提供的资源量等于市场需求量，即：

$$Q_t = X_t \qquad (4-8)$$

其中，Q_t 表示 t 时刻资源的需求量。

　　由于金属等矿产资源是经济发展的必需品，所以该假设在经济快速发展，尤其是当需求大于供给时，是合适的。但它在某些情形下并不成立，如因运输能力的制约而不能及时将生产的资源运到消费地；因生产连续性或应对需求波动而持有一定库存量等。

　　假设2：成本 $C_t(X_t, S_{t-1})$，它与时间 t、开采量 X_t 和剩余储量 S_{t-1} 有关，且具有弱凸性。即：$\dfrac{\partial C_t}{\partial X_t} > 0, \dfrac{\partial C_t}{\partial S_{t-1}} < 0, \dfrac{\partial^2 C_t}{\partial X_t^2} \geqslant 0, \dfrac{\partial^2 C_t}{\partial S_{t-1}^2} \geqslant 0, \dfrac{\partial^2 C_t}{\partial X_t^2} \dfrac{\partial^2 C_t}{\partial S_{t-1}^2} - \left(\dfrac{\partial^2 C_t}{\partial X_t \partial S_{t-1}} \right)^2 \geqslant 0$。

　　成本函数是外生的，且不考虑技术进步情况。可耗竭资源一般为地下资源，资源开采随其开采进程的发展而难度不断增加，从而提高了开采成本，如深层矿石比地表矿石开采成本高。此外，资源品位会随开采而降低，提高了单位开采成本。成本函数为判断资源矿藏优劣提供了一种估计，高成本对应于低品位的资源。

　　假设3：贴现率 r 为固定不变的常量。

　　（2）资源所有者的目标：效用最大化。目标函数：

$$\max \int_0^T \left[P_t X_t - C_t(X_t, S_{t-1}) \right] e^{-rt} \mathrm{d}t \tag{4-9}$$

$$\text{s. t. } S_t' = -X_t$$

$$S_t \geqslant 0, \ S_0 = A, \ S_T = 0 \tag{4-10}$$

其中，P_t 表示资源价格，C_t 表示开采成本，X_t 表示 t 时刻的开采量，S_t 表示资源存量，A 表示全部资源存量。

　　（3）确定最优耗竭的两个基本条件。19世纪末西方国家的自然保护运动把可耗竭资源快速、过度消耗的问题纳入主要关注目标。经济学家开始研究自然资源有效配置和利用的问题，并逐渐形成了关于矿产资源最优耗竭速度和条件的理论，即矿产资源最优耗竭理论，对此贡献最大的是美国数理经济学家霍特林。

　　1931年，霍特林对如何以有限的矿产资源确保未来持续性消费问题做了探讨，第一个提出在完全竞争、开采成本不变的条件下随时间推移的资源租金（市场价格－开采成本）变化方程，从理论上探讨了可耗竭资源的最优消耗问题，提出了最优耗竭的基本条件，后人称之为"霍特林法则"。

　　霍特林法则指出可耗竭资源的市场价格由两部分组成：一部分是开采成本；另一部分是资源租金。在开采成本为零的完全竞争市场条件下，资源开发的收益全部为资源租金，后人称之为"霍特林租金"。霍特林的研究结论表明，要做到不同时期（t）资源利用净效益的现值最大化，资源租金必须以相当于实际利率（r）的速率增长，即资源影子价格的增长率等于社会效用折现率；也即最优条件下，可耗竭资源的价格减去开采成本之差，将按照与其他资产盈利率相同的速率增长，甚至当开采成本下降、租金上涨时，市场价格也会不可避免地上升，需求的数量将开始下降。在最优耗竭率下，资源将被耗尽，需求将持续降低，直至为零，并且生产将完全停止。

在此以多期固定边际开采成本模型为例，简单分析霍特林法则的推导。

假设一种可耗竭资源的需求曲线随着时间呈线性平稳变化，则第 t 年的逆需求曲线可写为：

$$P_t = a - b\,q_t \tag{4-11}$$

那么，第 t 年开采 q_t 数量的总效益是这一函数的积分，即：

$$（总效益）_t = \int_0^{q_t} (a - bq)\,\mathrm{d}q = aq_t - \frac{b}{2}q_t^{\,2} \tag{4-12}$$

$$（总成本）_t = c\,q_t \tag{4-13}$$

如果该资源的总可用数量是 $\overline{Q}$，则资源的动态配置目标函数为：

$$\max \int_0^T \Big[\int_0^q (aq_i - bq_i^2/2 - cq_i)\,\mathrm{d}q \Big] e^{-rt}\,\mathrm{d}t \tag{4-14}$$

建立拉格朗日表达式：

$$L = \sum_{i=1}^T \frac{aq_i - bq_i^2/2 - cq_i}{(1+r)^{i-1}} + \lambda\Big(\overline{Q} - \sum_{i=1}^T q_i\Big) \tag{4-15}$$

那么资源有效配置必须满足：

$$\frac{a - bq_i - c}{(1+r)^{i-1}} = \lambda \tag{4-16}$$

其中，λ 为拉格朗日乘数。

$$\overline{Q} - \sum_{i=1}^T q_i = 0 \tag{4-17}$$

有：

$$a - bq_i - c = p_i - c = \lambda\,(1+r)^{i-1} \tag{4-18}$$

即：

$$p_i = c + \lambda\,(1+r)^{i-1} \tag{4-19}$$

根据式（4-19）有基本条件一：价格 = 边际开采成本 + 边际使用成本。边际使用成本表示在边际上失去的机会成本的现值，即由于现在使用而放弃将来使用的边际机会成本（净现值）。

假设 $R_i = p_i - c$，可推出：

$$\frac{R_{i+1} - R_i}{R_i} = \frac{\Delta R_i}{R_i} = r \qquad (4-20)$$

根据式（4-20）有基本条件二：资源净价格的增长率始终为贴现率。

在需求、成本等变量确定的情况下，根据以上基本条件，即可求得资源的最优耗竭率 q。

（4）可耗竭资源的最优耗竭与霍特林法则。霍特林最早研究了可耗竭资源的最优耗竭问题，并提出"霍特林法则"，这一法则为人们理解和把握矿产资源的优化配置问题提供了启示，而霍特林于1931年在《政治经济学杂志》上发表的论文《可耗竭资源经济学》则奠定了资源经济学的基础。

霍特林法则是时间序列上的任何有效率的可耗竭资源开采过程必须满足的效率条件。对于可耗竭资源的开采利用，系统优化条件有如下两个：一是关于资源的优化价格。资源的市场价格应该等于其边际开采成本加上资源的影子价格（资源租金或者矿山使用费）；二是关于资源影子价格的变化率。假定资源存量的品位相对均质，也就是资源存量的边际变化不影响开采成本，则影子价格的变化率与市场利率相等。在竞争性市场条件下，影子价格与市场价格趋于一致，由此得出，资源价格的变化率与市场利率相等。这一结论成为资源定价的霍特林规则或可耗竭资源经济学的基本原理。

在这样的一个优化过程中，给定量的矿产资源被看作是一笔资产。如果开采利用，其所有者便将这笔资产在市场上转化为资本资产。资本用以投资，在资本市场上按市场利率增值。如果资产放在地下不开采，只要资源的市场价格的变化率与市场利率相同，那么该资产的市场增值量与开发转化为资本以后的增值量一样。对于资源的所有者来说，并不介意是让资产在地下增值还是开采以后变为资本增值。霍特林法则的政策含义在于，资源存量本身的变化或者说耗竭与否无关紧要，关键是要看矿产资源开发是否有效率。但要真正实现效率配置，不仅要存在现实的竞争性市场条件，而且要有竞争的未来市场条件，即未来市场关于该资源的供给与需求情况，而后者往往面临很大的不确定性。因此，可耗竭资源的优化定价和效率配置仍然存在许多操作上的困难。

霍特林法则将静态效率的概念扩展为动态效率的概念，即不仅要考虑成本和收益的关系，而且还要考虑时间对成本和效益的影响，这推动了对可耗竭资源最佳配置地深入研究。但霍特林法则作为资源最优耗竭的一般性原则，对解决资源开采利用问题仍具有一定的局限性。张云（2007）指出霍特林法则并没有回答使用者成本补偿模式的问题，认为霍特林法则的讨论都假定关于未来市场的信息是完备的，存在一个理性的社会计划者，通过精确地计算来致力于社会福利最大化，没有讨论什么样的经济机制可以实现社会最优选择。此外，霍特林法则是从所有者和开采者合一的假设出发，侧重从理论上探讨"租"和价格的变化规律，这一假设使其无法解释在所有权与矿业权相分离的制度下，所有者权益与矿业权价值各自的补偿渠道。Reynolds（2013）认为霍特林法则在可耗竭资源经济学中的应用面临以下问题：成本、收益以及使用霍特林法则的边界条件是高度非线性的，霍特林法则包含了不可逆的沉没成本以及长期时间不可确定的折现率，这些问题使得霍特林法则很难被应用于市场。

20 世纪 60 年代以后，Heal、Clark、Hason 等人通过建立可耗竭资源跨期开发、定价和地租的数学模型，对霍特林的最优耗竭模型做了进一步阐述和发展，丰富和推动了对资源最优耗竭问题的研究。1976 年 Heal 指出霍特林法则在单位开采成本可变时是不成立的。1976 年，Clark 在《数学生物经济学》一书中，对资源的最优耗竭模型做了更加详尽的说明。1979 年，Hason 发展了霍特林的结论，将假设条件中开采成本拓宽到可变的情况，指出随着单位开采成本的上升，价格增长将放慢，意味着租的绝对量将下降；当成本与价格相等时，租为零，价格增长也将为零。1991 年，汪丁丁将使用者成本的概念引入到国内学术界，此后，一批学者（潘家华，1998；魏晓平等，2002；王小马，2007；周德群和葛世龙，2009）运用数理模型给出了不同情况下资源最优耗竭的路径以及最优解的必要条件和边界条件。

4.2.3　最优耗竭问题的不确定性

在假设资源有固定的存量，且成本没有存量效应的情况下，霍特林模型成为典型的动态最优化问题，才能得到净价格随社会贴现率增长的结论。然而在考察金属资源的最优耗竭问题时，还存在着许多影响资源耗竭的不确定因素，如需求、利率、资源替代、技术进步、勘探、市场结构等。

4.2.3.1　不确定性的来源

对于资源最优耗竭的不确定性研究，一开始主要关注资源储量不确定，随后逐渐对资源价格变化趋势的验证、替代技术不确定的讨论，Devarajan 和 Fisher（1981）在综述霍特林的经典文献时，把不确定性问题归为供给和需求不确定两类。在以后的研究中，不确定性问题还拓展到政策不确定、信息不确定等。每一种类型的不确定性对研究资源最优开采方面的有关策略和政策都有其特殊的意义。周德群（2008）认为由于不确定性问题种类繁多，若要综合考虑所有不确定性问题，则需制定一个合理的分类标准，可把不确定性划分为客观性（如储量不确定）和主观性（如政策不确定）两类，其中客观性是相对的，若能找到客观性不确定问题的一般处理规律，并结合主观性不确定问题的特殊性，就能找到解决多种不确定性的综合处理方法，且不会增加研究难度。现有研究往往只针对单资源、单需求，未来研究需转向多资源、多需求、多品位问题。尽管最优控制理论是目前经济学研究中比较完善、有效的工具，但是它也有其自身的局限性，因而需结合问题特征，发掘其他有效的工具，如动态规划及多种方法的集成等。葛世龙（2009）将影响资源最优利用的不确定性总结为资源供给、资源需求、资源价格、资源政策、市场结构五个方面。考虑到金属资源所具有的显著垄断特征，更多地影响着资源供给，在此将不确定性归纳为资源供给、资源需求、资源价格、资源政策四个方面，如图 4 - 1 所示。

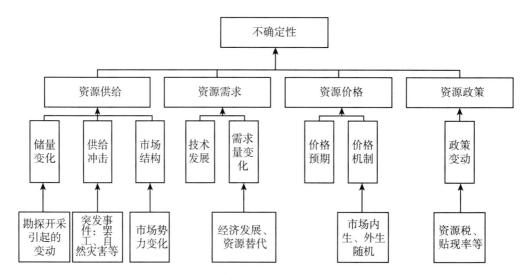

图 4 - 1　资源最优耗竭的不确定性

4.2.3.2　不确定性的影响

20 世纪 70 年代以来，众多学者逐渐开始关注不确定条件下的资源最优耗竭问题，通过对严格的假设条件逐步放松，或改变某些约束条件，使得理论研究更贴近现实，而相关研究范围主要涉及储量不确定、后备技术、环境外部性、市场结构、税收政策等因素的影响。如葛世龙（2009）、魏晓平（2012）、闫晓霞等（2015）分别探讨了市场结构、技术变化以及环境污染对资源最优耗竭的影响。

（1）市场结构的不确定。在经济分析中，根据不同的市场结构特征，将市场划分为完全竞争市场、垄断竞争市场、寡头市场和垄断市场四种类型。在现实中，并不存在真正的完全竞争市场，往往存在一定的市场势力，市场结构不同主要体现在企业数目及其参与市场的战略行为的不同。由前面讨论可知，当考虑剩余储量对成本函数的影响时，资源的价格趋势是不明朗的，资源的开采行为也是难以确定的。许多学者研究了垄断市场中资源的最优开采利用问题。葛世龙（2009）在不考虑剩余储量的影响，且以企业利润最大化为目标分析了垄断对资源最优开采的影响。

当资源市场中只有一个资源生产者时，他可以影响和控制资源价格，他的产品几乎没有相近的替代品，而且其他生产者很难进入该行业，这样的市场就具备了垄断势力。在许多情况下，垄断的产生是因为政府给予一个人或一个企业排他性地出售某种资源的权利，或者当一个企业能以低于两个或更多企业的成本为整个市场供给某种资源。

实际上，当市场不是完全竞争时，只要生产者面临的需求曲线不是一条水平线，企业利润最大化原则就是边际收益等于边际成本，而不是价格等于边际成本，当价格大于边际成本时，就出现了低效率的资源配置状态。

在垄断市场中，资源价格是由垄断者决定，取决于资源的开采量。因此，企业的利润函数可以改写为：

$$\pi_t = P_t(X_t)X_t - C_t(X_t) \tag{4-21}$$

其中，$P_t(X_t)$是垄断市场中t时刻的资源价格。

因此，整个开采过程中的企业的目标函数可表示为：

$$\max \int_0^T [P_t(X_t)X_t - C_t(X_t)]e^{-rt}dt \tag{4-22}$$

再结合可耗竭资源的基本限制条件，得到垄断市场下资源的最优开采模型为：

$$\max \int_0^T [P_t(X_t)X_t - C_t(X_t)]e^{-rt}dt \tag{4-23}$$

$$\text{s. t. } S_t' = -X_t$$

$$S_t \geq 0, \quad S_0 = A, \quad S_T = 0 \tag{4-24}$$

根据最优控制理论，非常容易得到优化问题的现值哈密尔顿函数为：

$$H_c = P_t(X_t)X_t - C_t(X_t) - \lambda_t X_t \tag{4-25}$$

求解此优化问题的一阶条件：

$$\frac{\partial H_c}{\partial X_t} = P_t'(X_t)X_t + P_t(X_t) - C_t'(X_t) - \lambda_t = 0 \tag{4-26}$$

其中，$P_t'(X_t)X_t + P_t(X_t)$表示存在垄断势力时企业的边际收益，通过变形可知该充分条件表示使用者成本是边际收益与边际成本的净值，这符合一般的投资规则。

若需求弹性和边际成本不变，在市场达到均衡时，可得资源的最优价格路径为：

$$\frac{P_t'}{P_t} = r\left[1 - \frac{C_t'(X_t)}{P_t(X_t)\left(1 + \frac{1}{\varepsilon}\right)}\right] \tag{4-27}$$

其中，ε 是需求弹性系数，假定为不变，且 $\varepsilon = \frac{P_t(X_t)}{X_t P_t'(X_t)} < 0$。

可以发现，此时资源价格增长比完全竞争时慢，因此资源开采会比完全竞争市场少。当规划时期一定时，在开采前期企业倾向于少开采，通过控制产量实现其垄断利润；在开采后期则会加快资源开采。

如果给出具体的需求函数及成本函数可以求得资源的最优开采路径。

（2）技术发展的不确定。魏晓平（2012）基于第4.2.2节中的可耗竭模型，分析了技术进步对可耗竭资源开采的影响。

第一，技术进步通过调整资源可采储量影响资源开采。假设由于技术进步的作用，使得原来不具备开采条件的资源可以开采了，即：

$$Q_0^1 = (1 + \lambda)Q_0 \tag{4-28}$$

通常 $\lambda > 0$，通过跨期开采模型可以得到：

$$\begin{cases} q_0^1 = Q_0^1 - \dfrac{c\rho - a\rho + b(1+\rho)Q_0^1}{b(2+\rho)} = q_0 + \dfrac{\lambda Q_0}{2+\rho} > q_0 \\ q_1^1 = q_1 + \dfrac{1+\rho}{2+\rho}\lambda Q_1 > q_1 \end{cases} \tag{4-29}$$

其中，资源初始可采储量为 Q_0，ρ 为效用贴现率。

由于技术进步而使得资源可采储量增加的部分会在当期和未来分配，在其他条件都未发生变化的情况下，技术进步无疑增加了社会的福利。然而这种分配在代际间可能并不是公平的，近1/2的增加可采储量会被当代人优先开采使用，而且假如考虑技术进步的成本发生在当期，为了回收成本，则更会增加当期资源的开采，加速资源耗竭。但换一个角度来说，如果由于技术进步而增加的资源可采储量不在规划期内使用，而是留到更远的未来使用，则有利于实现资源的长期可持续利用。

第二，技术进步通过提高资源利用效率影响资源开采。假设技术进步作用下，资源利用效率提高，则资源的边际效用增加，消费者边际支付意愿增加，资源价格会有提高的趋势。利用效率的提高会增加当期资源的开采量，减少未来资源的开采量。由于单位资源利用效率的提高，全部资源带来的社会福利无疑会增加，但利用效率的提高并不表明会有利于资源的可持续利用，反而会加快资源的开采速度，比如汽车节油技术提高了，但因新增汽车带来的石油需求增量完全可能抵消或超过节油技术减少的石油需求量。

第三，技术进步通过新资源的替代影响资源开采。技术进步会导致新的替代资源出现，影响被替代资源需求价格弹性。替代作用使得当期消耗的资源减少了，未来消耗的资源增加了。假设资源存在可以延续到规划期以后使用，在满足各期效用的情况下，当期资源的消耗会减少，从资源可持续利用的角度考虑，这样的结果更有利于社会经济的可持续发展。

第四，技术进步通过改变开采成本影响资源开采。技术进步会不断降低资源的开采成本，原因在于开采成本的下降会使得原来不具备经济开采价值的资源具有开采价值，这类情况对于开采路径的影响相当于增加了资源可采储量。即在技术进步条件下，开采成本的下降使得当期开采更多的资源，更少的资源留在未来开采。这也就是说，为了满足当期的需要，技术进步加大了资源在当期的开采，加快了资源消耗的速度，这是以减少后期资源开采量为代价的，不利于资源的可持续利用。

对于技术进步而言，除了不断增加可采资源储量之外，不存在某类的技术进步可以既增加社会福利又有利于资源的可持续利用。技术进步通过各种途径对资源开采路径的影响强弱及方向都不相同，甚至相互抵消，最终的影响是各类技术进步混合的共同作用的结果。提高资源利用效率是提升资源带来的社会总福利的重要途径，而资源替代既有利于长期资源可持续利用，又是缓解当前经济发展资源"瓶颈"、减少环境污染的有效途径。

然而，技术进步是把"双刃剑"，任何技术进步都需要相应的政策措施引导其有利方面抑制其不利方面。技术进步本身没有价值偏好，盲目地促进资源替代则是以牺牲该资源社会福利为代价的，而逐利的单纯技术进步客观上却不利于资源的可持续利用。比如技术进步降低资源开采成本，在获取更大利润的引诱下，资源价格下降，技术进步客观上起到了一种鼓励资源消费的行为，加快可耗竭资源的消耗速度。

（3）不确定性问题的拓展。尽管众多学者对不确定条件下的资源最优耗竭问题展开了研究，并得出了一些具有指导和借鉴意义的结论，但现有研究由于受到模型假设、参数设置以及现实条件的约束，仍具有一定的局限性和不足，如寡头垄断对资源开采的影响问题的研究，多采用 Cournot 和 Stackelberg 两种模型。然而在现实中，信息的不对称使得这些模型的讨论更复杂，所需要的决策模型假设条件也更复杂。同时，当研究动态均衡时，要研究开采行为，首先需要根据成本函数是否相同分为两类：当成本相同时，领导者企业先按霍特林法则开采，跟随者企业在领导者企业耗竭以后才进行开采，并按霍特林法则开采直至耗竭，这需要签订合同，否则难以确保动态一致性；当成本不同时，问题更为复杂，需要解决动态一致性与动态不一致性问题，需结合更为深入的博弈论知识展开分析。而对于技术变化的不确定性的分析，一方面技术进步是一个难以量化的潜在变量，不能得到实证有力支持；另一方面技术进步形式多样，作用途径广泛，增加了问题的复杂性，其影响途径与作用机理还有待进一步的研究。

周德群和葛世龙（2009）认为对可耗竭资源最优开采的不确定性问题的研究，应逐渐考虑资源开采时机选择、环境生态问题以及社会最优问题，具体可在如下几个方面进行拓展研究：

第一，不确定性问题的分类与特征研究。对问题的深入认识和剖析是研究深入的基础，不同的分类标准会有不同的处理方法，这也说明不确定性问题本身就具有不确定性。不确定性问题的分类标准及特征到底是什么，这是一个看似简单而实际上很复杂的问题。分类及特征越清晰，问题概括也越确定，越便于建立一套规范的研究理论与方法；分类及特征越模糊，问题的解决只能根据研究需要而进行单独解决，只能做特殊研究。

第二，市场结构和研究对象的拓展。现有研究大多假定市场结构为完全竞争市场，这类研究相对缺乏弹性。需针对具体资源市场的情况，分析各类市场结构下资源的开采行为。实际上，资源往往具有多品位，不同资源可能具有相同的作用，同种资源也可以具有多种用途，因此研究对象需要进一步拓展。

第三，成本函数与需求函数形式及参数的估计与计算。成本函数和需求函数是研究所需的基本函数，在诸多理论研究中为了理论分析方便，都作了特殊的处理。实际上，不同资源行业、不同资源企业往往具有不同的成本函数及需求函数，需要对这些函数的形式及参数进行估计，从而使得到的最优开采路径对企业决策更具有指导意义。

第四，政策工具的研究。理论研究的落脚点就是应用，可耗竭资源的可持续开采利用问题已成为社会性难题。因此，只有在理论研究中挖掘出理论的政策含义所在，且不仅仅局限于现有政策的评价，还应为未来政策制定提供分析框架和建议。对这一问题迫切需要进一步思考现有政策，并抽象出科学问题，进而从理论上探讨研究，并将取得的结果应用于政策实践。

4.2.4　环境成本的讨论

4.2.4.1　考虑环境成本的资源最优耗竭目标函数

新古典经济学利用福利贴现后最大化来讨论金属等耗竭资源的最优利用，其标准是

"帕累托最优"。然而，帕累托最优理论在耗竭资源配置中是有局限性的。耗竭资源的使用造成了严重的环境污染、生态退化，甚至造成长期气候变化，进而危及人类健康。随着人类对生态环境认识的不断提高，要求市场配置资源时必须达到必要的生态环境标准。对自然生态资源利用时，使资源存量水平满足可持续利用的标准，且避免或减少资源开采利用时产生的外部不经济（环境污染），而这些并非帕累托最优。从经济学角度来说，清洁的环境开始具有经济稀缺性而成为经济物品时，人们为了获得清洁的环境就需要付出代价——经济学意义上的成本。赵鹏大（2007）指出矿业生产中的环境问题除了通常的污染外，最大特点是造成环境破坏的不确定性和环境破坏的不可逆性。可耗竭资源的开采肯定会对周围环境（如土壤、生活用水、大气等）产生影响，进而对周围的人群产生影响，使资源的正效应下降，然而在现有的可耗竭资源最优消耗问题的研究中，环境成本以及环境的外部性问题还没有通过对利润的影响来得到更好的彰显。在以往的可耗竭资源研究论文中，数学模型中的开采成本函数并不包括资源开采中对环境的破坏和使用中对环境造成破坏所带来的环境修复成本。

为此，在考虑环境价值的条件下，确保金属资源的社会最优利用的基本条件为，自然资源产品的价格必须与失去的环境价值、边际开采成本、边际使用者成本三者之和相等。

此时，最优耗竭模型的目标函数为：

$$\max \int_0^T \left[P_t X_t + A(S_t) - C_t(X_t, S_{t-1}) \right] e^{-rt} dt \qquad (4-30)$$

其中，$A(S_t)$ 表示尚未动用的自然资源所提供的环境价值。

在对金属资源的最优耗竭问题的具体分析上，需要将资源开发使用产生的正负效应一并考虑进模型，在消费产生效用最大化同时也应达到污染的最小化。只有把环境保护与补偿现价适度加入金属成本之中，才会促使经济主体采用保护自然环境的措施，从而实现金属耗竭速度与环境消耗速度的优化，从而起到促进金属资源优化配置和保护环境的作用。

4.2.4.2　资源优化配置与环境保护适度内生化理论[①]

传统理论认为，矿产资源开发利用过程是一个闭合环路内的矿产品生产过程、消费过程与废弃物处理过程的有机结合，环境要素被视为外生变量而排除在外。在矿产资源

---

①　纪玉山，李通，刘静暖. 中国矿产资源优化配置中的环境保护问题研究［J］. 当代经济研究，2012（5）：28 - 31.

的生产、消费与废弃物处理的实践过程中存在着环境保护缺位问题，从而不能实现矿产资源开发利用与环境保护良性互动，也就不能真正实现矿产资源最优消耗和优化配置。在技术一定的条件下，人类过度扰动自然环境系统，超过其承载阈值就会引发环境服务功能的衰退。从可持续发展视角看，只有把环境保护作为矿产资源配置系统的内生变量，链接在生产、消费及废弃物处理每个子链条上，形成良性互动，才能真正减少环境的破坏，实现矿产资源开发利用的可持续发展。

把环境保护作为矿产资源配置系统的内生变量，必须确立环境要素财富分配权，对环境服务定价。只有这样才能有助于矿产资源配置中环境问题的内部化，并在保护自然环境的同时，促使矿产资源产业集约化经营、科学化运作，实现良性互动。然而，让矿产资源配置中的经济主体实施全面的环境保护与补偿，承担全部补偿保护费用，对技术资金匮乏、矿产资源供不应求的发展中国家并不现实。在我国可行的是将环境适度内生化。国家或经济主体，根据相关法律、法规及国民经济发展与环境保护并重等总体规划，对实施矿产资源开发开采、加工处理、运输储备、消耗消费及废弃物处理活动的经济主体，按照不同等级、不同标准、不同时限、不同方式适当收取环境服务费用，使环境保护成为矿产资源优化配置的必要环节，激励矿产资源配置主体采取有利于集约、高效和低耗的生产方式，使环境外部问题内部化，实现矿产资源优化配置和环境保护。

环境因素从外生变量向内生变量转变，既拓展了政府保护环境的经济手段，又改变了企业生产函数的投入产出关系，能有效调动经济主体挖掘其内部潜力，提高矿藏复采率、废弃物资源化率，从而起到优化配置矿产资源的作用。适度内生化不是过度内生化。环境要素既不能无价滥用，也不能漫天要价无人敢用。对不同环境品种、不同矿产种类确定不同贴现率，根据经济发展和环境保护的要求，应采用渐进式的、有计划、有区别、有重点、松紧结合的环境要素内生化模式。

4.3 金属资源的代际配置

4.3.1 问题的提出

金属资源是自然资源中典型的非再生资源，开采一点就少一点，从理论上讲是达不到持续利用的。前代人对非再生资源的过度消耗，就意味着后代人对非再生资源较少的占有。此外，当代人对金属资源的无约束开采，会直接损害人类赖以生存的生物圈，破坏生态平衡，造成人居环境的侵蚀和污染，从而直接损害后代人的切身利益。由此可见，金属资源的代际配置，不仅是一个经济问题，更是一个社会伦理问题。要实现资源的代际优化配置，一方面要超越时间的局限，以代际公平的视角来审视金属资源的配置问题，防止和限制对金属资源等可耗竭资源的过度、过快消耗，克服对资源利用的短期行为；另一方面要遵循代际补偿的理念，即对金属资源等非再生资源的损耗要给予等量补偿，使资源耗减量与可更新资源的补偿量达到动态平衡，确保在某种金属资源耗竭之前，人类有足够的时间有序地过渡到其他具有经济价值的可替代资源，使金属资源在功能上达到持续利用。

4.3.2　金属资源的代际公平

对于金属资源这类非再生资源，其突出特征是可耗竭性。一方面，金属资源的总量是有限的；另一方面，金属资源使用后即被消耗掉，可耗竭。如果从时间的维度加以拓展，考虑金属资源消费在代际间进行分配的问题，这就意味着当代人多消费一些金属资源，后代人就要少消费一些。这种当代人对后代人福利的直接影响，不仅仅体现在后代人可能消费的金属资源的数量上，也会影响经济发展的质量。事实上，当代人对金属资源的开采总是先开发容易开采的、优质的、高附加值的资源，这就增加了后代人对该种资源的开发和生产成本。此外，由于受当代人既有技术水平、知识水平的限制，又难免会造成对资源的浪费和对自然环境的破坏，这些都会给后代人带来负面效应。因此，金属资源的开采利用应该要符合代际公平配置原则。

4.3.2.1　实现金属资源代际公平配置的关键问题

对于金属资源来讲，其总储量是有限的，金属资源将随着持续的开采利用而逐渐耗竭，这是不以人的意志为转移的。然而资源储量的逐渐耗竭是以物理量而论的，如果以金属资源的功能而论，其功能可以部分或全部由可更新资源所替代。因此，只要金属资源储量的耗减速度小于可更新资源的替代速度，那么金属资源本身储量的减少完全由可更新资源的增加给予了足够的补偿；结果使资源账户上的实际数额，后一代高于前一代，从而抵消了这些折扣的影响，使得后代人与当代人在资源的利用上获得公平的福利水平。因此对金属资源代际公平的具体要求而言，其关键在于如何确定合理的资源储蓄率及资源利用贴现率。[①]

---

①　魏晓平.矿产资源代际配置的若干问题研究［J］.中国矿业大学学报（社会科学版），2002（2）：74-79.

（1）资源储蓄率。储蓄率是每一代人所面临的本代人所要消耗的社会财富的数量与本代人应为后代人积累的社会财富的数量之间的比例。金属等矿产资源储蓄的特点是有限且稀缺，随着开采利用会逐渐耗竭，在人类有意义的时空尺度下不会再生，子孙后代的占有量会一代比一代少。为此，合理的资源储蓄率可以通过公正储蓄率以及真实储蓄的概念得以实现。

第一，公正储蓄率。如果金属等矿产资源的消耗转化为资本储存起来，如教育、科学研究等方面的人力、智力资本，用以提高资源利用效率的机器设备等方面的人造资本以及用以替代可耗竭的矿产资源的再生资源（如水能、风能、太阳能、核能）的开发等。如果把对矿产资源功能替代方面的投入，理解为对其开采所导致的环境损害及储量减少的补偿，尽管金属资源等非再生资源储量减少了，但后代人从资源利用中所获得的福利并未减少，而随着科技的进步有所增加，那么这部分储蓄是公正的。如何确定公正的储蓄率？一般说来，社会财富的合理支出顺序应当是在满足当代人基本的生存和必要的发展所需之后，再来考虑为后代人的储存。储存的多少取决于支出之后"剩余"的数量。

第二，真实储蓄。1995年，世界银行在其报告《环境进展的监测》中提出真实储蓄的概念，即考虑一个国家在自然资源损耗和环境污染损害之后的储蓄。可见，真实储蓄是从净储蓄中减去资源损耗和环境退化的价值，消除了处理自然资本和人造资本折旧时的不对称。因此，真实储蓄代表了一个国家真正有能力对外借出和对生产性资本进行投资的总量。当真实储蓄持续为负值时，最终必将导致社会福利下降。为此，确定合理的资源储蓄率，必须满足以下两个条件。

其一，对资源的损失给予等量补偿。计算真实储蓄的一个决定因素就是估算资源储量损耗的价值，并给予等量补偿。对资源进行合理的开发和管理，就会使一个国家所获得的可持续收入流能够永久地增长下去。所以这里的政策问题就是如何进行"合理开发与管理"，从而有效率地开采资源。众所周知，对于固定资产的补偿是通过折旧方式进行的，它是一个连续的价值转移过程，到了一定的年限，其价值全部转移到产品中。而对金属等矿产资源的补偿，则应是对其储量的耗减，及其开采利用对环境造成的破坏的补偿。一般来讲，其折旧率不应高于可更新资源在持续条件下对资源的替代率，为使其能够永续利用，应将从资源开采所获取的利润中的一部分，重新投入到资源（包括一些新能源，如太阳能、风能、地热能、生物能等）的开发中，使其取之于资源，用之于资源。如果将从可耗竭资源的开采和销售中获取的利润分成两部分：一是资本要素，即用户成本，二是增加值要素，即真正的收入，那么用户成本代表了所得利润中必须重新进行投资的部分，以便对资源储量的损耗加以补偿。

其二，保护矿产资源基础，防范资源空心现象。如果伴随经济增长而资源基础不断削弱（如非再生资源耗竭、环境污染、水土流失），称之为经济发展中的资源空心化现象，可以用资源经济指数的持续降低更形象地加以说明。这里，设 $\eta_{R(t)}$ 为资源指数，$\eta_{G(t)}$ 为国民生产总值指数，$\eta_{E(t)}$ 为资源经济指数。

$$\eta_{E(t)} = \eta_{R(t)} / \eta_{G(t)} \qquad (4-31)$$

如果资源储量的耗减速度超过新探明储量的增长速度，则资源储量的变化量 $\Delta R(t)$ 是一个负值。

若某一基准年的资源储量用 $R(0)$ 表示，则在没有新增资源储量情况下，资源指数：

$$\eta_{R(t)} = [R(t) + \Delta R(t)] / R(t) < 1 \quad (t=0,1,2,\cdots) \qquad (4-32)$$

若资源储量逐年递减，则在坐标中 $\eta_{R(t)}$ （ $t = 1, 2, \cdots$ ）是一条向右下方倾斜的曲线。同时，若某一基准年的国民生产总值用 $G(0)$ 表示，根据我国实际情况，国民生产总值逐年递增其变化量，所以国民生产总值指数：

$$\eta_{G(t)} = [G(t) + \Delta G(t)] / G(t) > 1 \quad (t=0,1,2,\cdots) \qquad (4-33)$$

而资源经济指数 $\eta_{E(t)} = \eta_{R(t)} / \eta_{G(t)}$ 不仅小于 1，而且比 $\eta_{R(t)}$ 下降得更快。

当然，资源经济指数 $\eta_{E(t)}$ 可能有三种情况：若 $\eta_{E(t)} = 1$，表明资源储量与国民生产总值同步增长，资源与经济协调发展；若 $\eta_{E(t)} > 1$，表明资源储量的增长快于国民生产总值的增长，发展的基础越来越雄厚，后劲越来越大；若 $\eta_{E(t)} < 1$，表明经济发展出现了资源空心化现象，国民生产总值虚幻增加，而资源基础不断削弱，若长期发展下去，则资源耗竭无法支持经济社会持续发展。要防止这种经济发展中的资源空心现象，必须重视保护资源基础，确定合理储蓄率，并确保真实储蓄大于零，走资源可持续发展道路。

（2）贴现率。确定合适的贴现率对金属等矿产资源的可持续利用，特别是代际公平配置资源十分重要。因此，研究影响贴现率的因素及其对自然资源折旧的作用机制，对制定出符合代际公平和可持续利用宗旨的政策和法规有着重要的意义。

贴现率相对水平的高低会直接影响资源的利用强度、开采速度，从而影响资源的代际间配置。现实经济活动中各种贴现率是在不完备市场条件下形成的，是对现实经济状况的反映，而并非完全是对资源持续利用的价值体现。导致资源利用贴现率脱离社会贴现率的可能有以下两个原因：一是在各种经济活动中人们始终追求利益最大化，但是由于职务任期、生命周期、代际关系等方面的因素，个人从某项经济活动中获利的时空是有限的，而贴现率大小与这种时空长度呈负相关，高贴现率可加速资源耗竭；反之，可减缓资源耗竭。而政府在制定经济政策时通常考虑的是如何解决任期内的社会经济问题。由于社会经济问题的复杂性，各目标之间可能相互矛盾、相互制约，某些政策可能影响非再生资源的持续利用，使得资源利用的贴现率高于他们的最大可持续利用贴现率，从而加速资源的耗竭。二是人们对替代资源出现预期的不确定性。金属资源的开采利用在客观上有一定的限度，它不以人的意志为转移。若对资源的开采利用强度超过了这一客观尺度，来不及寻找替代资源，人类的生存环境将受到威胁。随着科学技术的进步，新能源将不断出现，以替代传统资源。但是科学技术的进步是难以准确预测的。如果预期新能源的替代速度小于传统能源的耗竭速度，矿权人将选择较小的贴现率，减缓资源的开采利用强度；反之，如果预期新能源的替代速度大于传统能源的耗竭速度，矿权人将选择较大的贴现率，加速资源的耗竭。然而，不论是选择较小的贴现率，还是选择较大的贴现率，都存在系统风险。

4.3.2.2 金属资源代际公平配置的数理分析

金属资源代际公平配置问题，对人们赖以生存的自然资源进行公平合理的代际管理和分配，属于矿产资源合理开发利用与节约和可持续发展理论研究的重要范畴，是实现经济社会可持续发展的必由之路。因此，部分学者逐渐对矿产资源代际公平配置的模型、实现条件及路径进行了探讨，霍华思（R. C. Howarth，1991）引入了财产转移变量，认为任何两代人之间都有一个共同的生活时期，因而可以用来进行资源财产转移，从而提出了"代际财产转移模型"；我国学者舒基元（1996，1997）、魏晓平（2001）、彭秀平（2004）、王保忠（2012）等逐步对资源的代际公平问题展开定量研究。表 4 - 1 是目前对代际公平问题分析的模型和解决思路。

表 4 - 1　　　　　　　　　矿产资源代际公平配置的数理模型

模型	特征及思路
自然资源代际转移模型	（1）将自然资源的耗损或增加以价值量形式反映在国民生产总值账户中，使其正确地反映出自然资源状况对经济社会发展的影响 （2）对于自然资源利用带来的资源功能失衡，通过主动的财富转移来弥补
Schaefer 模型	（1）通过对资源的耗用予以同等价值的资源补偿，维持资源效用恒定，使得在代际公平标准下为各代人提供最大的耗用量 （2）主要反映出人类应该在多大程度上进行代际补偿
综合效率持续模型	（1）在净收益最大化的效率目标下，引入实物资本和货币收益的函数关系，衡量有多少资源在不影响资源可持续的条件下可以转化为货币收益 （2）该模型表明在成熟的市场经济条件下，只要高利率带来的资源高消耗能够获得等量的补偿，贴现率大于零甚至很高并不必然加速资源枯竭

以上模型均对代际公平问题展开了定量分析，并得出了一些有用的结论，如自然资

源代际转移模型认为，将矿产资源以财富的形式在代际间进行转移，是实现代际财富的公平分配、恢复代际资源财富平衡的手段之一。该模型认为代际资源财富的失衡包括数量失衡和功能存量失衡。其中数量失衡是指在经济发展过程中，速率跟不上消耗速度，不可再生资源的存量下降，使下代人拥有的自然资源总量小于当代人，而功能存量失衡是指资源的有效使用价值下降。舒基元等（1996，1997）认为，代际资源财富不均衡是表现在代际资源功能存量失衡上，可表述为 $F_S(t + \Delta t) < F_S(t)$。其中 $F_S(t)$ 用来表示第 t 代人寿命期内资源的功能存量，它是与技术水平相关的变量；Δt 一般表示为一个代际期。为此，可构造一个代际财富转移模型通过主动的财富转移来弥补功能存量失衡，从而分析资源的代际公平问题。该模型的研究结论表明，代际资源财富均衡实现的客观条件是增加对资源产业的投资，进行资源保护，增加资源存量。从政府的宏观管理来讲，实现代际财富转移必须建立转移专项基金制度，如开征资源代际补偿税，对企业依据其资源消耗量征收，这样一方面保证专项基金的来源，另一方面还可起到内化一部分环境成本，减少资源浪费，迫使企业寻求资源节约型生产方法。

　　尽管以上模型在一定程度上对资源的代际公平问题进行了分析，并得出了一些结论，为我们研究代际公平问题提供了思路和借鉴，但囿于模型的假设条件及资源开发的诸多不确定性，相关模型均具有一定的局限性。车卉淳等（2013）认为，首先，霍华思的自然资源代际转移模型没有具体区分出自然资本、物质资本和人力资本，因此也无法明确代际间所转移财产的形式，如果认为自然资本和人力资本之间是可以相互替代的，在实践中将可能导致对环境资源掠夺性的开发使用，从而违背了该模型的初衷。其次，按照霍华思的自然资源代际转移模型，资源价格仅仅等于传统意义上的霍特林租金，但是从可持续发展的价值观出发，还应该包括由正值贴现率而带来的边际使用者成本。最后，对于综合效率持续模型，其分析是以市场经济比较成熟的发达国家作为基础的。在这些理想的市场状态下，主要依靠市场手段就可以保证资源的持续性利用，市场机制有能力维护环境的可持续性。但是，对于市场发育不成熟，经济、技术发展水平低下的发展中国家来说，环境资源的市场价格很难反映因正值贴现率所带来的边际使用者成本；资源改善投资和资源的再生替代以及高效利用也将面临技术和经济上的障碍。因此，对于金属等矿产资源的代际公平问题，还需要在理论上和实践中更为深入和细致的研究。

4.3.3　金属资源的代际补偿

　　在代际公平的理念下，人类在对金属等矿产资源效用进行消耗的同时，必须通过一定的方式和更大的力度对其进行补偿以促进其可用存量的增长，这样才能实现资源效用的代际公平配置。众多学者在讨论代际公平的实现路径问题上，如何确定合理的代际补偿程度及其实现模式仍需要进一步探讨和分析。金属资源具有耗竭性和不可再生性，在开发的过程中还伴有负的外部性，该性质表明矿产资源的开发补偿既要体现其经济价值，还要体现环境价值，而在代际公平理念下，其补偿同样要体现代际公平价值。为此，本节以期权价值修正矿产资源开发补偿的基准值，并以 Levine（1998）的利他主义函数来修正当代人的行为偏好和心理效用，考虑了后代人利益的公平性均衡能够体现资源的外部性价值。[①]

4.3.3.1　期权价值和代际效用对矿产资源开发价值和效用函数的修正

（1）期权价值对矿产资源开发价值的修正及作用机制。考虑到由于资源开发的不确定性和风险性带来的期权价值，将矿业权的价值表示为：

$$V = S + \omega F (0 < \omega \leqslant 1) \tag{4-34}$$

其中，V 表示矿业权的价值，S 表示用 DCF 法评估的矿业权价值，F 表示公司在前期对矿产资源进行勘察和投入所产生的期权价值，ω 为期权价值损耗系数，表示由于矿业公司间前期的竞争对期权价值的损耗。根据离散期权定价模型，得到矿产资源开发的期权博弈价值为：

$$F = \frac{p f_u + (1 + p) f_d}{e^r} \tag{4-35}$$

其中，f_u 表示后一阶段利好时的价值，f_d 表示后一阶段利差时的价值，F 为本阶段期权价值，p 为风险中性概率，r 为代际公平下的无风险利率。

该期权价值通过代际公平下的无风险利率来体现代际补偿价值。传统的成本效益分析法在分析矿产开发时损害了代际公平，没有将开发造成的资源耗竭和环境破坏纳入整体的价值评估。将代际因素考虑进来，这时 r 应介于传统折现率和零之间，矿产开发的影响时间越长，r 取值越小。除了时间因素以外，还需考虑后期的矿区修复和资源环境的替代难度，因为资源环境的很多自有功能如环境调节、资源基础等很难被替代。如图 4-2 所示，在区域 1，边际替代率较高，矿区修复能力好，r 可以使用传统折现率表示；在区域 2，r 用低环境折现率代替；在区域 3，矿区修复很难到以前的生态环境水平

---

① Levine D. K. Modeling altruism and spitefulness in experiments ［J］. Review of Economic Dynamics，1998，1（3）：593 - 622.

时，r 采用零折现率表示。

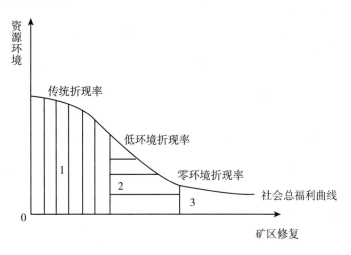

图 4 - 2　矿区修复与资源环境间不同替代程度折现率的选择

在 Smit 和 Ankum（1993）实物期权博弈分析框架的基础上，考虑投资成本收益不同的两个矿业公司同时竞争一个矿业权的决策模型。决策分为前期勘察和后期决策两个阶段。I_1 和 I_2 分别代表公司 1 和公司 2 的投资成本，V_{g1} 和 V_{g2} 分别代表单独投资时利好情况下两个公司的收益，V_{b1} 和 V_{b2} 分别代表单独投资时利差的情况下两公司的收益，f_{u1} 和 f_{u2} 分别代表有竞争对手时后一阶段利好情况下公司 1 和公司 2 的总收益，f_{d1} 和 f_{d2} 分别代表有竞争对手时后一阶段利差情况下公司 1 和公司 2 的总收益。α 和 β 为竞标中公司间的影响系数。α 代表如果有另外的矿业公司加入竞标后，原有公司的收益变化情况，$0 \leq \alpha \leq 1$。当 $\alpha = 0$ 时代表不存在相互影响，当 $\alpha = 1$ 时代表矿产资源最终只能由一家公司获得矿业权，一旦有另一家公司加入竞标，双方都没有收益产生。β 表示如果一家公司最终决定投资，而竞争公司不决定投资，投资矿业公司对不投资公司损失的影响，$0 \leq \beta \leq 1$。在利好的情况下，矿业公司的纯策略纳什均衡为（竞标，竞标），对应的得益为（$V_{g1} - \alpha V_{g2} - I_1$，$V_{g2} - \alpha V_{g1} - I_2$）。利差情况下，两个公司均选择不投资。所以，$f_{u1} = V_{g1} - \alpha V_{g2} - I_1$，$f_{d1} = 0$，$f_{u2} = V_{g2} - \alpha V_{g1} - I_2$，$f_{d2} = 0$。

根据二叉树期权定价公式，用 F_1 和 F_2 分别代表公司 1 和公司 2 本阶段的期权价值：

$$F_1 = \frac{p(V_{g1} - \alpha V_{g2} - I_1)}{e^{\gamma}} \tag{4-36}$$

$$F_2 = \frac{p(V_{g2} - \alpha V_{g1} - I_2)}{e^{\gamma}} \tag{4-37}$$

通过理性分析可知：$\dfrac{\partial F_1}{\partial V_{g1}} > 0$，$\dfrac{\partial F_1}{\partial V_{g2}} < 0$，$\dfrac{\partial F_1}{\partial I_1} < 0$，$\dfrac{\partial F_1}{\partial \alpha} < 0$，$\dfrac{\partial F_1}{\partial r} < 0$。即利好情况下自身的投资收益越大，期权价值就越大；利好情况下竞争对手的投资收益越大、自己投资的成本越大、竞标时公司间竞争越激烈、代际因素的无风险利率越大，期权价值就越小。这说明当矿产开发对后代的影响时间越长，资源环境的恢复难度越大时，矿产开发的期权价值也就越大。

（2）利他效用对博弈主体效用函数的修正。符合可持续利用的矿产开发补偿，应该是所有者、矿业公司、后代人三方利益的均衡。采用期权价值修正，能够反映出矿产资源开发的经济价值。但要达到可持续开发，还需满足各主体心理上对矿业权价格的认同，所以利用公平性均衡修正矿业权基准值有现实意义。用 DCF 法进行评价时，矿产资源的当前收益被突出，而未将远期的价值和下一代需要承担的费用考虑进去。通过修正当代人的偏好和心理效用来弱化个人利益最大化的主体信念，当代主体效用不仅仅包括对矿产资源的拥有和使用量，而且包括后代人矿产资源使用量的增加，即对后代人利他的行为能增进当代人的效用。在矿业权定价的博弈模型中，如果矿产资源所有者和矿产公司秉承可持续发展理念，将资源的稀缺性纳入矿产资源整体价值的评估体系中，以实现资源在当代和后代人之间合理分配为目标，具有利他的心理偏好，就能够获得正的代际效用。以 Levine（1998）的利他主义模型为基础进行分析：

$$U_i = x_i + \sum_{i \neq j} \frac{a_i + \lambda a_j}{1 + \lambda} x_j \quad (-1 < a_i < 1) \qquad (4-38)$$

其中，U_i 代表博弈主体 i 的效用，a_i 代表利他系数，λ 代表博弈主体对竞争对手的尊敬程度，即博弈主体对具有利他偏好的对手比对具有嫉妒偏好的对手更友善。$0 \leq \lambda \leq 1$。x_i 代表主体 i 在博弈中的货币收入，x_j 代表主体 j 在博弈中的货币收入。将此模型应用到矿业权的定价博弈中，令 $a_i > 0$，即博弈主体为利他类型。U_1 代表矿业公司的效用，U_2 代表矿产所有者的效用。x_1 代表矿产资源所有者能够开发利用的矿产资源价值的货币收入，x_2 代表在开采中矿业公司获得的矿产资源价值的货币收入，x_3 代表后代人拥有矿产价值的货币收入。当 $\lambda = 0$ 时，模型为纯利他主义模型，简化为 $U_i = x_i + \sum_{i \neq j} a_i x_j$，代表当代人的效用是自身和后代人以货币收入表示的矿产资源价值的线性函数。a_i 即利他系数越大，主体的效用就越大。

4.3.3.2　基于贝叶斯法则的矿业权定价博弈模型

（1）模型假设。在矿权竞标的过程中，矿产资源所有者和竞标的矿业公司为了达到定价博弈的均衡，假设主体以代际利益最大化为决策原则，即不仅包括代内人自身的利益，还包括后代人的利益。基于主体理性的基础，对主体的策略类型、效用函数和博弈规则进行描述：

第一，在矿产所有者和竞标矿业公司的定价博弈中，公司为了低价获得矿业权，有可能隐藏前期勘探中发现的优质矿藏信息，同时，为了避免遭受处罚，也可能隐藏自身不合规的信息，比如开采设备的不达标、清洁技术不合格等。第一阶段矿业公司有隐藏信息和不隐藏信息两种类型，用 N 表示隐藏信息的类型，Y 表示不隐藏信息的类型。$p(N) = t$，$p(Y) = 1 - t$。在第二阶段矿业公司有以高价或低价竞标的选择，S_l 和 S_h 分别表示报低价和报高价，假定 $\frac{1}{2}S < S_l < S < S_h < 2S$，即低价和高价不能过于偏离矿产资源的评估价格。出高价的条件概率分别为 $p(S_h \mid Y) = \eta_1$ 和 $p(S_h \mid N) = 1 - \eta_1$；出低价的条件概率分别为 $p(S_l \mid Y) = \eta_2$ 和 $p(S_l \mid N) = 1 - \eta_2$。矿产资源所有者在考虑矿业公司的决策和自身效用后，有出售和不出售矿业权的选择。

第二，以 C 表示矿业公司隐藏违规信息需要付出的成本，B 表示矿区修复费用。矿业公司不隐藏信息时，所有者若卖出了矿业权，由于价格真实反映了矿产资源的价值，所有者和矿业公司在这样合理的标准下会得到心理和物质上的满足，分别会获得 U_1 和 U_2 的效用，$U_i = x_i + \sum_{i \neq j} a_i x_j$。$x_1$、$x_2$ 和上文一样，分别代表所有者和矿业公司能够开采的矿产资源价值的货币收入，$x_1 \geq S$，即当代人能够开采的矿产资源的价值表现不低于评估价格。

第三，所有者用贝叶斯法则修正先验概率，得到矿业公司是否违规的后验概率，再决定是否卖出矿业权。公司以高价和低价竞标的边缘概率为：

$$p(S_h) = p(S_h \mid N) \times p(N) + p(S_h \mid Y) \times p(Y) = (1 - \eta_1)t + \eta_1(1 - t) \quad (4-39)$$

$$p(S_l) = p(S_l \mid N) \times p(N) + p(S_l \mid Y) \times p(Y) = (1 - \eta_2)t + \eta_2(1 - t) \quad (4-40)$$

那么得到报高价与报低价的后验条件概率分别为：

$$p(N \mid S_h) = \frac{p(S_h \mid N) \times p(N)}{p(S_h)} = \frac{(1 - \eta_1)t}{(1 - \eta_1)t + \eta_1(1 - t)} = \gamma \quad (4-41)$$

$$p(Y \mid S_h) = \frac{p(S_h \mid Y) \times p(Y)}{p(S_h)} = \frac{\eta_1(1 - t)}{(1 - \eta_1)t + \eta_1(1 - t)} = 1 - \gamma \quad (4-42)$$

$$p(N \mid S_l) = \frac{p(S_l \mid N) \times p(N)}{p(S_l)} = \frac{(1 - \eta_2)t}{(1 - \eta_2)t + \eta_2(1 - t)} = \sigma \quad (4-43)$$

$$p(Y \mid S_l) = \frac{p(S_l \mid Y) \times p(Y)}{p(S_l)} = \frac{\eta_2(1 - t)}{(1 - \eta_2)t + \eta_2(1 - t)} = 1 - \sigma \quad (4-44)$$

第四，根据动态博弈规则，所有者和矿业公司的效用函数如下：

矿业公司选择隐藏违规信息且出高价、所有者选择出售时两者的效用函数分别为：

$$U_{企} = V - S_h - \omega F - C \qquad (4-45)$$

$$U_{所} = S_h - V - B \qquad (4-46)$$

矿业公司选择隐藏违规信息且出高价、所有者选择不出售时两者的效用函数分别为：

$$U_{企} = -C \qquad (4-47)$$

$$U_{所} = 0 \qquad (4-48)$$

矿业公司选择隐藏违规信息且出低价、所有者选择出售时两者的效用函数分别为：

$$U_{企} = V - S_l - \omega F - C \qquad (4-49)$$

$$U_{所} = S_l - V - B \qquad (4-50)$$

矿业公司选择隐藏违规信息且出低价、所有者选择不出售时两者的效用函数分别为：

$$U_{企} = -C \qquad (4-51)$$

$$U_{所} = 0 \qquad (4-52)$$

矿业公司选择不隐藏违规信息且出高价、所有者选择出售时两者的效用函数分别为：

$$U_{企} = V - S_h - \omega F + U_1 \qquad (4-53)$$

$$U_{所} = S_h + \omega F - V + U_2 \qquad (4-54)$$

矿业公司选择不隐藏违规信息且出高价、所有者选择不出售时两者的效用函数分别为：

$$U_{企} = 0 \qquad (4-55)$$

$$U_{所} = 0 \qquad (4-56)$$

矿业公司选择不隐藏违规信息且出低价、所有者选择出售时两者的效用函数分别为：

$$U_{企} = V - S_l - \omega F + U_1 \qquad (4-57)$$

$$U_{所} = S_l + \omega F - V + U_2 \qquad (4-58)$$

矿业公司选择不隐藏违规信息且出低价时、所有者选择不出售时两者的效用函数分

别为:

$$U_{企} = 0 \tag{4-59}$$

$$U_{所} = 0 \tag{4-60}$$

不完全信息条件下所有者与矿业公司的矿业权定价模型如图4-3所示。

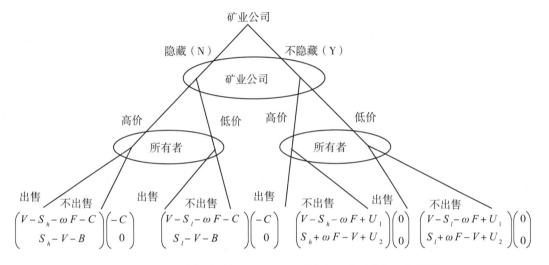

图4-3　不完全信息条件下所有者与矿业公司的矿业权定价模型

图4-3中括号中的第一个公式用来表示矿业公司的得益,第二个公式用来表示矿产所有者的得益。

(2)定价博弈的均衡分析。

第一,所有者的得益分析。当矿业公司出高价 S_h 时,用 E_{hs} 和 E'_{hs} 分别表示所有者选择出售和不出售矿业权的期望收益,其大小为:

$$E_{hs} = \gamma(S_h - V - B) + (1-\gamma)(S_h + \omega F - V + U_2) \tag{4-61}$$

$$E'_{hs} = \gamma \times 0 + (1-\gamma) \times 0 = 0 \tag{4-62}$$

矿业公司出高价时所有者选择出售的贝叶斯混合策略的条件是: $E_{hs} > E'_{hs}$,即:

$$\gamma < \frac{S_h - S + U_2}{B + \omega F + U_2} \tag{4-63}$$

矿业公司出低价 S_l 时,用 E_{ls} 和 E'_{ls} 分别表示所有者选择出售和不出售矿业权的期望收益,其大小为:

$$E_{ls} = \sigma(S_l - V - B) + (1-\sigma)(S_l + \omega F - V + U_2) \tag{4-64}$$

$$E'_{ls} = \sigma \times 0 + (1-\sigma) \times 0 = 0 \tag{4-65}$$

矿业公司出低价时所有者选择出售的贝叶斯混合策略的条件是：$E_{ls} > E'_{ls}$，即：

$$\sigma < \frac{S_l - S + U_2}{B + \omega F + U_2} \qquad (4-66)$$

用 θ 表示所有者出售矿业权的概率。用 θ_1 表示公司出高价时所有者选择出售矿业权的概率，$\theta_1 = p\left(\gamma < \frac{S_h - S + U_2}{B + \omega F + U_2}\right)$；公司出高价时所有者选择不出售矿业权的概率为 $(1 - \theta_1) = p\left(\gamma > \frac{S_h - S + U_2}{B + \omega F + U_2}\right)$。用 θ_2 表示公司出低价时所有者选择出售的概率，$\theta_2 = p\left(\sigma < \frac{S_l - S + U_2}{B + \omega F + U_2}\right)$；公司出低价时所有者选择不出售的概率为 $(1 - \theta_2) = p\left(\sigma > \frac{S_l - S + U_2}{B + \omega F + U_2}\right)$。

第二，矿业公司的得益分析。当公司选择隐藏信息时，用 E_{Nh} 和 E_{Nl} 分别表示其出高价和低价的期望收益，其分别为：

$$E_{Nh} = \theta_1(V - S_h - \omega F - C) + (1 - \theta_1)(-C) \qquad (4-67)$$

$$E_{Nl} = \theta_2(V - S_l - \omega F - C) + (1 - \theta_2)(-C) \qquad (4-68)$$

当公司选择不隐藏信息时，用 E_{Yh} 和 E_{Yl} 分别表示其出高价和低价的期望收益，其分别为：

$$E_{Yh} = \theta_1(V - S_h - \omega F + U_1) \qquad (4-69)$$

$$E_{Yl} = \theta_2(V - S_l - \omega F + U_1) \qquad (4-70)$$

公司在隐藏信息和不隐藏信息时，出高价和低价的期望收益差分别为：

$$E_{Nh} - E_{Nl} = \theta_1(S - S_h) - \theta_2(S - S_l) + 2C \qquad (4-71)$$

$$E_{Yh} - E_{Yl} = (\theta_1 - \theta_2)(S + U_1) - \theta_1 S_h - \theta_2 S_l \qquad (4-72)$$

公司在出高价和出低价时，隐藏信息和不隐藏信息的期望收益差分别为：

$$E_{Nh} - E_{YH} = -U_1 \theta_1 - C \qquad (4-73)$$

$$E_{Nl} - E_{Yl} = -U_1 \theta_2 - C \qquad (4-74)$$

由式（4-71）、式（4-72）可见，矿业公司竞标时出高价或低价主要取决于隐藏成本的高低、矿业公司的代际效用大小和所有者出售的概率。

通过以上的分析可以发现，在传统的 DCF 评价方法下，矿业权的定价博弈具有唯一的纳什均衡（隐藏违规信息，出售矿业权），这个均衡会降低矿业市场的门槛。但在组合性均衡评价模型的分析框架下，博弈的均衡变成了混合策略纳什均衡，即在不同的概率条件下，会产生不同的均衡解，改变了在传统评价方法下得到的使社会整体福利较低的纳什均衡。

（3）博弈均衡的经济意义分析。θ_1 和 θ_2 的大小均与 S、U_2、B、ω、F 有关，分别对这五个参数求偏导，得到：

$$\frac{\partial \theta_1}{\partial S} < 0, \frac{\partial \theta_1}{\partial \omega} < 0, \frac{\partial \theta_1}{\partial F} < 0, \frac{\partial \theta_1}{\partial B} < 0, \frac{\partial \theta_1}{\partial U_2} < 0, \frac{\partial \theta_2}{\partial S} < 0, \frac{\partial \theta_2}{\partial \omega} < 0, \frac{\partial \theta_2}{\partial F} < 0, \frac{\partial \theta_2}{\partial B} < 0, \frac{\partial \theta_2}{\partial U_2} < 0$$

通过偏导分析可知：S 即采用 DCF 评估法评估矿产资源的价格越高、ω 即前期竞争所引起的期权损耗系数越大、F 即期权的价值越大、B 即后期矿区修复费用越大，所有者选择出售矿业权的概率越小；U_2 即矿产资源所有者的效用越大，所有者选择出售矿业权的概率越大。用代际效用修正了所有者效用后，在矿业买卖决策时，所有者考虑到矿产开发对后代福利的影响，在合理评估了矿产资源价值的基础上，所有者会增加出售矿业权的概率。

由式（4-73）和式（4-74）可看出，无论公司出高价或者低价，其隐藏与不隐藏信息的收益差主要取决于 θ_1、θ_2、U_1、C 的大小。令 $y = -U_1\theta - C$，则 $\frac{\partial y}{\partial \theta} < 0$，$\frac{\partial y}{\partial U_1} < 0$，$\frac{\partial y}{\partial C} < 0$，即所有者选择出售矿业权的概率越大、矿业公司的效用越大、隐藏信息的成本越大，矿业公司隐藏信息的收益越小。这说明矿业公司的可持续发展观念越强，对后代的利他效用越大，选择隐藏信息的收益就越小，因此隐藏信息的动力也就越低。

在我国矿业权市场价格长期低于实际价值，逐渐陷入产量高、消耗快、获利薄、环境资源代价巨大的窘境，威胁社会经济可持续发展的背景下，为了使矿产资源的配置在代际间达到帕累托最优，其价值补偿体系不仅仅包括对使用者成本的补偿，还必须考虑到矿业市场的不确定性和主体间的策略互动带来的期权价值、代际间的互动公平对主体心理效用的影响。以上模型的分析，可以得到以下结论：第一，引入利他效用对所有者和矿业公司的效用函数进行修正，将矿产资源的耗竭性纳入评价体系，增加了所有者进行矿区修复时的成本，降低了公司在违规开采的情况下所有者选择卖出矿业权的可能性，一定程度上会改善矿业市场进入门槛低和滥开采的现象。第二，增加矿业公司代际效用会降低其隐藏不合规信息的概率。而且，所有者和矿业公司的利他系数 a_i 越大，即利他倾向越明显，所获得的效用值就越大，进行合理开发和保护的动力就越强。第三，采用期权价值修正矿产资源的价值后，所有者的决策会受竞标时矿业公司的数量、相互之间的竞争系数以及对矿产勘察进行前期投入的影响，当前期竞争激烈造成期权损耗系数较大或者期权价值越小时，会降低既定价格水平下矿产资源的价值，提高所有者决策的准确性。考虑了代际因素的折现率越低，即矿产开发对后代的影响时间越长，资源环境的恢复难度越大时，矿产开发的期权价值也就越大，所有者低价出售的可能性就越低。组合性均衡评价模型可以用来分析矿产开发中影响主体决策的关键因素，为矿产资源开发补偿体系的改革提供依据。

4.4　金属资源的空间配置

金属资源的稀缺性和空间分布的地域性差异决定了任何一个国家的金属资源都不可能应有尽有或完全满足自身需要，在全球范围内通过广泛的国际合作和贸易等多种方式实现金属资源的优化配置与互补，既是世界经济与社会发展的需要，也是各个国家无法回避的一种客观选择。为此，金属资源的空间配置实质上是资源的稀缺性和空间性特征的综合反映，是指稀缺性资源在空间上的合理分配和利用：一是资源在经济系统中不同部门之间的分配；二是在区域系统中地域上的分配。金属资源在空间上配置的失误，不仅会导致经济建设中的有增长无效率或有效率无效果，而且会引起生态环境的破坏。在具体研究中，对于金属资源的空间配置，主要关注的是金属资源的区域配置与经济增长的关系，以及全球化视角下的金属资源配置问题，即国内资源的最优配置和境外资源的开发利用问题。此外，随着资源循环意识以及城市矿产开发的不断推进，地下资源与地上资源的配置问题成为资源空间配置中的又一重要问题。

4.4.1　新常态下的资源全球配置

尽管与过去几十年间全球资源需求，尤其是过去十几年我国对金属资源需求的爆发式增长相比，全球金属资源总体需求有所放缓。但不可否认的是，资源短缺、资源依赖仍是我国未来面临的最大风险之一，而资源的全球化配置依然是化解资源供给风险的有效途径，当前全球经济的新常态也为资源的全球化配置问题提供了新的内容和视角。

4.4.1.1　资源全球化配置的战略导向出现调整

我国金属资源的紧缺性和不安全性，要求我国不得不寻求更广阔的世界资源。21世纪以来，我国开始从以往的"自给自足"资源安全战略转变为立足国内、面向国际化经营的新策略，遵循着"充分利用'两种资源、两个市场'"的战略。然而，为满足国内金属资源需求，我国国内金属资源长期高强度开发利用，导致我国金属资源储产比普遍下降，优势金属国际地位不断降低，资源可持续供应能力及资源代际安全面临威胁。一味扩大国内资源开发力度，不仅加速了我国金属资源的耗竭，同时也导致环境问题不断涌现，直接威胁经济社会的可持续发展。2003～2013 年，煤炭、铬铁矿、磷、锑、锡等 9 种矿产资源基础储量下降了 20% 以上，锑、锗、铟、锡等下降幅度超过了 1/3，铁、锰、铜、铝、铅等 10 种矿产资源储产比不足 20%。[①]

为此，中国地质科学院矿产资源研究所（2015）提出，我国矿产资源战略观应实现由 "充分利用 '两种资源、两个市场'" 向 "最大限度利用境外资源，合理保护国内资源" 的战略转变，实现矿业 "走出去" 由单纯的获取或占有海外资源，向 "经略全球资源" 的战略转变。一方面，全面建立保护性矿产名录，增加保护性矿种，加强稀散稀有金属矿产，以及短缺战略性矿产资源的保护力度，分类施治，限制矿产品和初级原材料出口，适当管控矿产资源及初级工业产品的出口，对国内资源实施全面保护的矿产资源战略；另一方面，将 "矿产资源全球战略" 提升为 "国家全球战略" 的有机组成部分，统筹 "经略全球资源"，即通过对全球资源、产业、经济、政治等的总体筹划和布局，增强我国对世界资源的掌控能力，从全球资源和相关产业发展中获益，全面提升国际经济政治影响力，为我国实现从地区大国转变为世界大国提供抓手。因此，如何合理保护国内资源，最大限度利用境外资源，也将是金属资源全球化配置需要考虑的重要前提条件。

4.4.1.2　金属资源的消费结构逐渐升级换代

历史经验表明，学习效应和后发优势使后起工业化国家可以实现压缩式发展。目前，我国花了 30 年走过了全球主要工业化国家经过了二三百年的工业化历程，逐步进入工业化中后期。在工业化快速发展阶段，集中高强度消耗矿产资源是近年来我国压缩式工业化进程中的重要特点。国家统计局关于中国城市化率的数据统计表明，我国城市化率从 1995 年的 29% 迅速上升到了 2013 年的 54%[②]，居民消费结构已经完成了从 "衣、食" 转向 "住、行"，这意味着城市的扩张和汽车的普及，也带来了石油、基本金属等矿产资源需求的迅猛上涨。然而按照目前中国城市化率每年以 1% 左右增长，到 2020 年，我国的城市化率将达 60% 左右，进入后工业化阶段，这也意味着我国矿产资源需求结构将逐渐出现重大调整。

---

① 于汶加，陈其慎，张艳飞，高天明. 世界新格局与中国新矿产资源战略观 [J]. 资源科学，2015（5）：860－870.

② 国家统计局. 中国城市化率（1949～2013 年）统计数据.

目前，我国铁、锰、磷等矿产需求已达峰值并将缓慢下降，铜、铝等矿产需求总量虽然仍保持较高水平，但需求顶点在未来 10 年将陆续到来。以美欧为代表的发达国家正在启动"再工业化"周期，新能源、环保、高附加值制造业、生产服务性制造业等为代表的低碳经济将成为新一轮产业结构调整的主要推动力，这也使得基本金属等初级矿产资源需求趋于减少，去库存和去产能是未来几年基本金属产业的主要任务。与基本金属资源需求逐渐减弱的趋势相对应的是，未来 10 年铍、锶、锗、镓、铟等战略性新兴产业及国防军工产业所需的稀有金属需求将持续增长。随着"再工业化"、工业 4.0 计划以及我国"中国制造 2025"计划的逐步实施，稀有金属因其特殊性能，将被广泛应用于新能源、新材料、航空航天等国防军工和战略性新兴产业，是现代工业以及未来伴随着新技术革命所形成的新型工业所必需的战略资源。未来 10 年，中国交通和化工行业仍将快速发展，主要用于交通行业的铅、镁、铂、铑、钯、锂以及主要用于化工行业的钛、锑等金属需求将会持续增长。铍、锶、锗、镓、铟等金属主要用于计算机、电子等行业，未来随着这些行业的持续发展，相关金属资源的需求亦将稳定增长。工业化后期将是稀有金属"集中作用期"，金属资源消耗将逐步产生大规模的消费的升级换代。

4.4.1.3　全球经济增长放缓及"一带一路"倡议的实施为重构全球资源贸易秩序带来机遇

国际金融危机后，世界各国都在寻找重振经济的新的增长动力。但总体看，新一轮工业革命尚处孕育阶段，大范围的、新的领先产业仍处于寻求阶段，关键技术和商业模式创新缺乏实质性突破，短期内还难以形成强有力的新经济增长点。主要发达国家的结构性问题远未解决，在技术进步缺乏突破的情况下，发达国家难以形成新的市场热点，居民消费中低速增长，企业投资意愿不强，经济内生增长动力不足。这些使得世界经济的增长动力不够强劲，世界经济低速增长将成为常态。经济增长放缓也使得金属资源需求降低，金属资源价格下跌。而中国、印度、巴西等新兴发展大国，对全球经济和金属资源的消费增长将起到显著的推动作用。新兴大国需求的增长将带来可观的贸易规模，这会大大提高新兴大国的资源议价能力，也会成为重构全球金属资源贸易秩序的重要因素和"筹码"。

我国正在实施的"一带一路"倡议为重构世界资源贸易秩序提供了重大机遇。一方面，"一带一路"沿线国家拥有丰富的矿产资源。"一带一路"沿线大多是新兴经济体和发展中国家，尤其中亚、东南亚、东欧等地区是部分金属资源主要分布地，具备开展互利合作的广阔前景。通过"一带一路"倡议，开辟新的资源需求市场既促进当地金属资源行业发展，又有利于拓展我国进口资源的渠道。"一带一路"倡议新增了大量有效的陆海资源进入通道，将有效缓解我国海路资源安全问题，为我国金属资源供给提供有效保障。另一方面，"一带一路"沿线国家具有广阔的市场空间。"一带一路"沿线大多数国家尚处在工业化初期阶段，经济高度依赖能源、金属等资源型行业，这为我国转移过剩产能、推动产业升级带来广阔的市场。其中，钢材净进口国占 70% 以上，是我国钢材出口的重要目标市场。我国有能力向这些国家提供各种机械和交通运输设备等，促进我国金属资源行业向产业链的高端发展，同时为金属资源过剩产能在沿线各国进行转移提供机会。做好国内产能与国外市场的对接，更好地契合不同地区尤其是"一带一路"沿线国家的需求，这不仅会有效实现我国过剩产能的向外投放，也为我国重构世界金属资源贸易秩序提供了重大机遇。

4.4.1.4　资源全球化配置的风险问题日益突出

全球资源空间分布不均衡和我国金属资源需求持续增长，推动了我国金属资源全球化配置步伐。然而中国企业海外矿产资源投资虽然总量增长迅速，但是在实施的过程中却遇到了大量的困难。据矿业联合会统计，中国海外矿业投资的成功率不到 20%。[①] 这些海外矿山投资项目不仅没有为企业带来利润，反而成为拖累企业业绩的包袱。当前，对企业而言，走出去所面临的风险不仅包括汇率风险、价格波动风险以及企业竞争等市场性风险和资源勘探等风险，还将更多地面临全球化经营所带来的包括政治风险、法律风险在内的多种风险。从宏观层面看，国际关系的变化、所在国的社会和政治动荡、重大的自然灾害等，都将对资源型企业的生产经营活动产生重大影响，甚至无法进行。从微观层面看，由于社会环境不同、生活习惯差异、思维方式区别、语言交流障碍等，很容易导致沟通障碍，成为投资、经营与管理中的潜在风险。除此以外，还存在合作者之间的道德风险。由于信息的不对称，被并购企业为增加获利，往往倾向于隐瞒对自身不利的信息，甚至提供虚假信息。总体而言，跨国矿业巨头早年圈地的先发优势、全球矿业保护主义抬头以及不断发生的矿业工人罢工事件是我国矿业企业海外投资受阻的直接原因，而国内监管和审批制度烦琐、文化冲突、缺乏收购和管理技巧以及政策驱动性过强、盲目要求控股等则是海外矿业投资失败的深层次原因。因此，如何控制和规避资源全球化配置过程中的风险，是一直以来亟须解决但却未能解决的重大现实问题。

总体而言，金属资源的全球化配置问题一直是理论界、实务界以及各国政府十分关注的问题。在当前世界经济和我国经济呈现新常态的背景下，金属资源的全球化问题被

① 中国矿业联合会. 中国企业 2013 年前三季度境外矿业投资情况分析 [R]. 2013.

赋予了新的内容和意义。全球化配置的风险问题悬而未决，新的资源战略导向和消费结构的升级换代也必然要求我们重新审视我国的金属资源的全球化配置战略，明确我国在资源全球化配置中的地位、优势及障碍，同时在经济新常态和国际贸易新规则背景下，紧紧围绕国家"一带一路"倡议的实施需求，设计我国金属资源全球化配置的政策体系和战略路线图，这将有助于化解我国国民经济发展中的金属资源供给不足、结构失衡、过度依赖进口、中低端产能严重过剩等一系列国家金属资源"瓶颈"问题。

4.4.2　地上资源与地下资源的配置

4.4.2.1　金属资源社会蓄积量大规模增加催生我国城市矿产加快开发利用

"城市矿产"是指工业化和城镇化过程产生和蕴藏在废旧机电设备、电线电缆、通信工具、汽车、家电、电子产品、金属和塑料包装物以及废料中，可循环利用的钢铁、有色金属、稀贵金属、塑料、橡胶等资源。经过工业革命以来300多年的开采和利用，全球80%可工业化利用的矿产资源已经从地下转移到地上，总量已达数千亿吨，并以每年100亿吨以上的速度增长。① 城市实际上已经成为大型的矿床，电子废弃物中的金属含量往往超过原生矿山的品位。为了应对原生资源逐渐枯竭的危机，从20世纪中下叶开始，欧美和日本等发达国家和地区就采取法律、税收、金融等多种手段促进对"城市矿产"的开发利用。目前，发达国家从城市矿产中获取原材料占总原材料供给的80%，产业规模超过3万亿美元。②

我国正处于工业化、城镇化加速发展阶段，城市矿产的产生量和蓄积量日益增加。随着工业化、城镇化和消费的持续升级，废钢、废有色金属、废弃电子产品、报废汽车和机电设备等各种废弃物每年以10%的平均速度增长，年产生量超过40亿吨，城市矿产资源可谓极大丰富。③ 左铁镛院士指出，在自然资源逐渐枯竭的今天，城市矿产社会存量却以废弃物形态在不断增加，城市将是未来最大的资源集中地。

4.4.2.2　资源开发由原生矿为主转向与开发利用城市矿产并重

一直以来，"两种资源，两个市场"的战略举措，虽然一定程度上缓解了我国矿产资源供给短缺"瓶颈"，但并没有从根本上改善我国资源供给的经济性、稳定性和持续

---

① 曲永祥. 解读"城市矿产"[J]. 中国有色金属, 2010 (24): 30 – 31.

② 王昶, 黄健柏. 中国金属资源战略形势变化及其产业政策调整研究 [J]. 中国人口·资源与环境, 2014, 24 (S3): 391 – 394.

③ 王昶. "城市矿产"产业将向自我循环方向转化 [N]. 中国有色金属报, 2015 – 08 – 13.

性，以及避免资源开发利用带来的大量的环境问题。而"城市矿产"是一种可持续发展的战略模式，是将垃圾分类后变废为宝的产业化模式，打破了传统经济发展理论把经济和环境系统人为割裂的弊端，要求把经济发展建立在自然生态规律的基础上，促使传统工业经济体系向物质的合理使用和循环利用的经济体系转变。发展城市矿产已经成为发达国家的一股潮流，发展城市矿产有助于解决当前日益严峻的环境污染和资源短缺问题，为传统经济转型和经济的可持续发展提供了新的模式。一方面，城市矿产可以为工业生产提供替代原生金属资源的再生原料，也可以通过循环再造为社会生活直接提供再生产品。这些城镇固体废弃物蕴含着丰富可回收资源，其中金属是主要有价物，与自然矿山相比是高品位城市富矿。如我国金矿品位一般 3 ~ 6 克/吨，经选矿得到的金精矿约 70 克/吨，而废弃电脑主板金含量达 250 克/吨。[1] 清华大学研究预测，再生铜、铁对原生资源替代比例可新增 25% 以上，资源对外依存度可下降约 30%，并于 2050 年替代进口资源成为我国主要供应渠道，并最终能将铜和钢铁的对外依存度降低到 10% 以下。[2] 另一方面，城市矿产作为一种载能性、循环性、战略性的二次资源，具有显著的资源节约与环境友好特性，其开发利用对节能减排目标有显著的支撑作用。2020 年仅铜、铁、铝和铅再生可以实现源头节能 1.35 亿吨标准煤，减少二氧化硫排放 185 万吨（相当于对全国二氧化硫减排目标贡献 13.4%）。每开发利用 1 万吨城市矿产资源，便可节约 4.12 万吨自然资源，减少 6 万 ~ 10 万吨垃圾处理量。[3] 习近平总书记在视察格林美公司时指出，城市矿产变废为宝、循环利用是朝阳产业。[4] 而从国家资源安全的角度出发，严峻的矿产资源安全形势表明，如果不重构节约型和高效率的循环经济体系，实现全面建设小康社会所需的资源就只能过分依赖国际市场，国家经济安全无法得到保障。"两种资源，两个市场"的战略路线需要重新诠释，其核心是从国内国外两个市场、两种资源的空间统筹，要转向兼顾原生矿与城市矿产两种资源的结构统筹转型（王昶，2014）。

4.4.2.3　如何有效促进城市矿产与原生矿统筹开发是矿产资源空间配置需要解决的又一重大现实问题

城市矿产变废为宝，有效替代原生矿，减少能源消耗，是未来支撑经济发展的重要战略资源，这也引发了越来越多的学者关注。城市矿产的开发利用问题无论在理论上还

---

① 王昶．"城市矿产"产业将向自我循环方向转化［N］．中国有色金属报，2015 – 08 – 13.

② 温宗国．再生资源产业发展的战略思考与对策建议［J］．再生资源与循环经济，2014（11）：15 – 20.

③ 王昶．"城市矿产"产业将向自我循环方向转化［N］．中国有色金属报，2015 – 08 – 13.

④ 贾贤良．垃圾资源化，腐朽化神奇——（湖北荆门）格林美"城市矿产"开发案例分析［EB/OL］．ht-tp：//theory．people．com．cn/n1/2016/0804/c401815 – 28611732．html.

是在实践中都得到了快速的发展。然而，如何有效促进城市矿产与原生矿统筹开发，依然有许多需要进一步研究和探讨的问题。

一是在理论上，城市矿产内涵的界定有待进一步厘清，城市矿产的成矿规律和开发利用的机理仍需要进一步明晰。尽管国家建立了多个"城市矿产示范基地"，并进行相关领域立法，但有关"城市矿产"的概念目前尚未形成统一的认识，各种相近的术语充斥在官方文件、媒体宣传、学术文献中；对城市矿产成矿的条件、关键影响因素、成矿模式以及成矿规律与分布特征缺乏系统研究，尚未构建起城市矿产成矿的理论体系。二是在实践操作层面上，需要从优化城市矿产开发利用模式入手，探索"两种资源"统筹使用的方式、途径。受不同区域工业化和城市化进程以及居民消费水平等多种因素影响，不同区域的城市矿产在富集程度、构成成分以及分布上都存在较大的差异。对现状缺乏合理分析，导致我国相关的城市矿产园区缺乏合理规划，回收渠道和商业模式缺失；相关企业技术水平并不高，多数企业技术装备水平落后，初级再生产品比重高，高科技含量和高附加值产品开发严重不足。三是在制度保障层面上，需要从优化促进城市矿产开发利用的政策机制落脚，完善"两种资源"统筹使用的制度保障体系。近年相关政策出台了不少，但部分政策缺乏统筹规划与衔接。以废钢铁的使用为例，由于近年部分财税政策的调整等因素影响，废钢铁作为钢铁企业原料的比重由2008年的20%降到现在的10%，废钢铁的应用量出现历史性的负增长。如果钢铁企业利用废钢铁作为原料的比重提高到20%左右，每年能减少1.6亿吨铁矿石进口，减少标准煤消耗5600万吨，减少碳排放2.24亿吨，减少二氧化硫排放量约35万吨，节水7亿吨。①

因此，如何在理论研究和实践总结的基础上，设计中国城市矿产开发利用的模式、总体战略和政策体系，统筹开发原生矿与城市矿产两种资源，还需要大量深入、具体和细致的研究。

4.5　资源利用与经济增长

金属等矿产资源是工业化的物质基础，也是经济增长必备的生产要素。研究证明，矿产资源利用与经济增长之间存在一些普遍的规律，但也存在因资源区域分布不均、资源禀赋不同、政策环境等因素影响而产生的差异。在经济发展的过程中，矿产资源的消耗在社会经济发展的不同阶段呈现出规律性的变化、矿产资源的分布及其开发利用对经

---

① 管爱国，任俊华. 开发再生资源，圆梦美丽中国［N］. 学习时报，2014 - 10 - 13.

济增长产生重大影响，导致"资源诅咒"、产能过剩等现实问题，引发了学者对于矿产资源利用与经济增长的研究兴趣。

4.5.1 资源消耗与经济发展规律

4.5.1.1 金属资源需求生命周期

矿产资源需求生命周期理论认为矿产资源的消耗量与经济发展阶段之间存在重要关联作用，工业化发展的不同阶段对矿产资源的需求特征不同，在经济发展的过程中呈现出周期性的规律。矿产资源需求生命周期理论认为在社会经济发展的过程中矿产资源消费呈现出"初始→增长→成熟→衰落"轨迹，消费量构成一个倒 U 形曲线，如图 4 - 4 所示。[①] 其基本含义是：工业发展初期，矿产资源的人均消耗量随 GDP 的增长而快速增长；之后工业化不断推进，人均 GDP 亦不断增长，而矿产资源人均消费量先增长后逐渐趋缓，当人均 GDP 达到某一较大值时（基本完成工业化），矿产资源消费停止增长或有下降趋势。

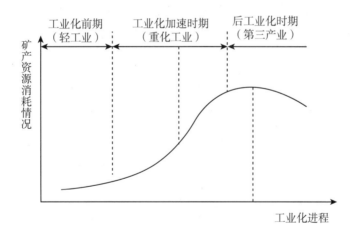

图 4 - 4 工业化进程中矿产资源消费的倒 U 形模式

因各国的经济结构、资源禀赋、国家资源政策等存在差异，不同国家，不同矿产资源，特别是金属资源消费的倒 U 形曲线起点、波长与峰值不同，长远来看形成了波浪式的倒 U 形曲线。例如，早期工业化过程是以机械化为主，所以钢铁等传统资源的消费投入量最先达到高峰，之后叠加电气化改造，铜、铝等其他主要金属相继在不同的时间段上达到峰值，呈现出不同种类的主要金属矿产单位 GDP 消耗在不同时间到达峰值的波

---

① 成金华. 工业化与矿产资源消耗：国际经验与中国政策调整 [J]. 中国地质大学学报, 2011 (3)：23 - 27.

浪式峰值特征，如图 4 - 5 所示。①

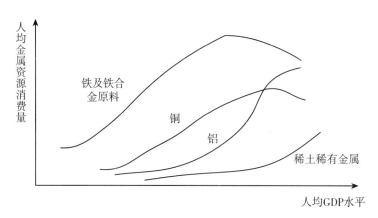

图 4 - 5　多金属人均消费量波浪式"峰值"模型

4.5.1.2　资源利用与经济可持续增长

经济可持续增长是指在资源与环境承载力约束下实现长期稳定的经济增长，经济可持续增长是经济可持续发展的重要基础，是增进一个国家或地区经济持续发展能力的主要途径。金属等矿产资源具有不可再生性和稀缺性的特点，这些资源的形成需要长达数百万年的地质演变过程，其储量可视为一定的，而且具有"一朝开采，无法再生；只要开采，终将耗尽"的特性，由此引发了人们对于可耗竭资源能否支持经济可持续发展的担忧。这种担忧可追溯至近两个世纪之前的马尔萨斯以及其他古典经济学家，他们提出了资源（主要是土地资源）消耗可能威胁下一代福利的悲观观点。20 世纪 70 年代的石油危机进一步引发了人们对资源约束的关注，掀起了研究可耗竭资源的热潮。这一时期，可耗竭资源引入了新古典经济学框架，并与最优经济增长联系起来，出现了众多的研究成果。从研究范式上来看，关于资源约束对经济增长影响的争论形成了两个对立的派别（Tilton，1996），在研究上表现为基于固定储量和基于机会成本的两种主要研究范式。

（1）两个研究范式。

第一，固定储量范式：霍特林模型。固定储量学派认为人类可以利用的资源储量是固定的，地球不能长期承受人类对自然资源的需求水平，主要代表作有 Meadows（1972）等人组成的罗马俱乐部向联合国提交的《增长的极限》。

1931 年，霍特林在《可耗竭资源的经济学》一文中探讨了可耗竭资源对于经济增

---

①　成金华，李世祥，汪小英. 工业化与矿产资源消耗的理论与国际比较研究［C］. 中国地质矿产经济学会资源管理专业委员会 2010 年学术年会论文集. 厦门，2010.

长的影响，他将社会总资本储量划分成人工资本和自然资本，认为可耗竭资源是自然资本的一部分，其开采导致自然资本的储量随着时间而下降，从而导致经济发展受到刚性约束，霍特林模型成为固定储量范式的研究基础。

戴利认为，可持续经济增长如同建造永动机一样是"一个不可能的假说"。在物质意义上来说，经济只是地球生态系统的一个开放性系统，而地球生态系统是限定的，是内部构成封闭的，不会增长。当经济的系统增长时，它在整个生态系统所占的比例会越来越大，但最终会到达一个极限，因此，它的增长是不可持续的。戴利基于自己的稳态经济思想，提出应在宏观及微观领域建立相对于生态系统的最优经济规模概念，主张通过"无增长的发展"减轻贫困。

第二，机会成本范式：Harwtick 准则。机会成本学派主要是以经济学家为主，采取机会成本范式，认为自然资源的约束并不必然导致经济发展不可持续。即使可耗竭资源是生产过程的必要投入品，可持续发展也是可以实现的。因为在生产过程中，用人工资本替代自然资本是可能的，尽管人工资本所需要的每单位自然资本的数量可能随着自然资本储量的下降而上升。他们坚定地宣称，在市场激励、合适的政策以及新技术的帮助下，地球能够为未来的社会需求提供充足的资源。

Bohi 和 Toman（1983）放松了霍特林的假设，不再关注个体厂商的最优行为，而是关注社会最优行为，并引入资源储量的新发现、技术进步、异质性的矿藏、不确定性、不完全知识、寡头垄断和其他非竞争市场条件等因素，且假定厂商的目标是净现值最大化，即矿产资源与经济增长研究中的机会成本范式。

（2）成本约束下的经济可持续增长理论。成本约束下的经济可持续增长理论从最小发展成本的角度考虑经济的可持续增长，认为虽然可持续增长的主体是经济增长，但在经济发展的过程中要确保对生态环境损害和自然资源利用所形成的经济发展成本达到最小状态。

第一，可持续增长就是实现经济发展成本的最小化。广义的经济发展成本可以定义为一个国家或地区谋求发展和进步而支付的全部成本费用。经济发展成本是社会、经济、人口、资源和环境之间的协调发展和良性循环的一个有机整体，主要包括微观生产活动中的物化劳动和活劳动消耗；因生产和消费所造成的环境污染成本和环境质量退化成本；自然资源消耗成本以及因人类活动造成的生态成本；人类健康损失成本及由于体制原因而形成的寻租成本，[①] 即：

---

① 任保平，钞小静. 经济发展成本分析视角的可持续发展模型研究 [J]. 中国人口·资源与环境，2008，18（1）：45-50.

$$经济发展成本 = 生态成本 + 环境成本 + 资源成本 \qquad (4-75)$$

为了方便计量，对生态成本、环境成本和资源成本一般采用出现生态破坏、环境污染和资源耗竭时需要支付的治理费用来代替经济发展成本的计量，因此有：

$$C_d = C_s + C_e + C_r \qquad (4-76)$$

其中，C_d 表示经济发展成本，C_s 表示生态成本，C_e 表示环境成本，C_r 表示资源成本。经济发展成本的最小化即 C_d 值的最小化，这就要求 C_s、C_e、C_r 都实现最小化，其实质是生态环境和资源利用折现率的最小化，在一定的折现率基础上，使生态环境与自然资源的分配使用在代际之间维持均衡状态。折现率由市场决定，折现率高，意味着当代人使用生态环境和自然资源多，留给未来人的存量和机会少；折现率低，意味着当代人使用的生态环境和自然资源存量少，留给未来人的存量和机会多。因此，可持续增长就是要实现发展成本的最小化。

第二，经济成本分析视角下的经济可持续发展模型。可持续发展的研究模型有梁言顺以柯布 – 道格拉斯生产函数构建的包含经济增长代价的增长模型。

$$Y = AK^{\alpha}(t)L^{\beta}(t) \cdot P(-1)^{-\gamma}(t)e^{\lambda t} \qquad (4-77)$$

$$GY = \alpha GK + \beta GL + \gamma GP + \lambda \qquad (4-78)$$

焦必方从环境成本的角度建立的环保经济增长模型：

$$U(Y \cdot \alpha) = AK^{\alpha}H^{\beta}(UL)^{1-\alpha-\beta} - C(\alpha) \qquad (4-79)$$

模型主要采用消费的效益函数来说明环境成本。

任保平（2008）采用经济发展的净收益函数，在考虑资源浪费、生态破坏与环境污染的基础上，将资源成本、生态成本与环境成本纳入模型分析，构建了经济发展成本视角的可持续发展模型。[①]

$$NR_d = AK^{\alpha}L^{\beta}E^{1-\alpha-\beta} - C_d \qquad (4-80)$$

模型式中 NR_d 表示经济发展的净收益，A 为技术进步，K^{α} 为资本投入，E 为资源约束，L 为人力资本投入，且 $0 < \alpha < 1$，$0 < \beta < 1$，$1 - \alpha - \beta > 0$。C_d 表示经济发展成本，且 $C_d = C_s + C_e + C_r$，其中，C_s 表示生态成本，C_e 表示环境成本，C_r 表示资源成本。要使得 NR_d 最大，则 C_d 须最小。

（3）资源约束下的经济可持续增长。资源约束下的经济可持续增长研究的理论基

① 任保平，钞小静. 经济发展成本分析视角的可持续发展模型研究 [J]. 中国人口·资源与环境，2008，18（1）：45 – 50.

础是内生增长理论，具有代表性的研究模型有：阿罗（Arrow）的"干中学"模型、卢卡斯（Lucas）的人力资本内生经济增长模型和罗默（Romer）的 R&D 内生经济增长模型，后来资源约束下的经济可持续增长模型基本上都是以这三个经典模型为基础进行拓展的。

第一，考虑资源可耗竭性和人力资本积累的可持续增长模型。王海建（2000）利用卢卡斯的人力资本积累内生经济增长模型，将耗竭性资源纳入生产函数，研究了社会在消耗其耗竭性资源存量的时间长河中要维持可持续的消费，应该以多快的速度对人力资源进行投资的问题，并建立了考虑耗竭性资源利用及人力资本积累的内生经济增长模型。结论指出：当人力资本增长率与生产过程中的耗竭性资源的绝对投入增长率之比大于生产过程中耗竭性资源与人力资本产出弹性之比时可以实现经济的可持续增长。

第二，考虑资源可耗竭性和知识积累的可持续增长模型。刘凤良和郭杰（2002）在罗默的 R&D 内生增长理论的基础上，引入可耗竭资源和知识积累进行扩展分析，发现当知识积累的溢出效应足够大时，可以抵消资本的边际产量递减和可耗竭资源的折耗，从而实现资源可耗竭条件下的持续增长。其研究同时发现，自主决策会产生低效率，而政府干预可以促进知识积累，抵消资源耗竭对经济增长的影响。王桂明（2006）的研究也验证了这一结论。

第三，考虑资源可耗竭性、技术进步和人力资本的可持续增长模型。吴晖琴和姚洪兴（2007）将一个封闭的经济体分为四个部门：最终产品生产部门、R&D 部门、人力资本生产部门、资源开采部门。假设经济长期增长过程具有稳态的特征，即长期增长过程中所有人均变量都是常数，得到经济持续增长必须满足不等式条件：耗竭性资源绝对投入增长率比上技术进步的增长率与人力资本的增长率的和必须小于人力资本以及耗竭性资源在生产函数中的弹性之比。该模型认为，要减缓对耗竭性资源的依赖，必须减少物质资本的投入，改变经济增长方式，提高技术进步的增长率和人力资本的增长率。

第四，可耗竭资源有限期限约束下的可持续增长模型。大部分资源约束下的可持续增长模型将可耗竭资源约束和效用函数的时间期限设定为 $0 \sim \infty$，这与可耗竭资源将在某一时点出现耗竭矛盾。陈珊（2009）认为可耗竭资源约束和效用函数的时间期限不应该是无穷大，因而将时间期限设定为 $0 \sim T$，其中 T 为可耗竭资源耗竭时点。该模型的稳态解结论为：在可耗竭资源有限期限的约束条件下，经济的持续增长的两个必要条件是技术进步和适度人口增长速度，其实证研究证明了技术落后和人口规模过于庞大是中国高耗能经济增长模式的主要原因，并已经影响到经济的可持续发展。

（4）环境约束下的经济可持续增长。

第一，考虑资源消耗、污染控制下经济可持续最优增长路径模型。许士春等（2010）将耗竭性资源和环境污染问题纳入内生人力资本积累和内生技术进步的经济增长模型中，运用最优控制方法寻找稳态的经济可持续最优增长路径，得到了模型的平衡增长解。结论表明：当产品消费的跨期替代弹性处于（0，1）区间，自然资源消费的跨期替代弹性大于1，以及人力资本积累充分有效时，经济可实现持续增长，此时的发展路径也是稳态经济增长中的最优增长路径。

第二，考虑污染强度、开采流量的最优增长模型。Aghion和Howitt（2004）借助熊彼特模型，通过将非再生资源开采流量和污染强度引入总生产函数，将环境偏好放在消费者效用中，从而得到最优增长路径，即通过对环境、污染和资源开采的成本和收益赋予价格，且当前与未来福利之间进行平衡，增长的可持续问题就转化为是否寻找净国民生产总值无限增长的最优增长路径问题。Ayong（2001）假设污染是与产出成比例的，通过建立包含可再生资源的经济增长模型，考虑了经济可持续增长、可再生资源和污染之间的关系，得出了Ramsey均衡的最优经济增长路径。Grimaud和Rouge（2005）将环境污染和不可再生资源引入基于"创造性破坏"的新熊彼特模型中，考察了环境外部性对经济平衡增长路径的影响。

第三，基于生态环境补偿机制的可持续增长模型。Krutilla指出实现资源可持续利用，不仅需要考虑技术进步的因素，而且还需考虑政策及制度体系的完善。景普秋等（2010）认为应该从矿产资源的收益分配机制的角度来考虑可持续增长。他认为矿产资源的开发与利用中要考虑其对生态环境的影响，要建立矿产资源开发的生态环境补偿机制。

第四，基于生态足迹的经济可持续增长模型。刘慧媛和杨忠直（2013）在关于能源、环境与经济增长的研究中，将加拿大著名生态经济学家Rees（1992）提出的生态足迹（ecological footprint，也称生态占用）引入研究模型中，认为可持续发展的实质是社会的生产和消费活动应该在生态环境的承载能力以内，生产和消费活动不能过多地伤害生态环境，保证资源和环境可以让人类可持续地生存下去。生态足迹被定义为以生态生产性土地（或水域）面积来表示的特定数量人群所消费的自然生态系统提供的各种商品、服务功能和消费过程中所产生的需要环境吸纳的废弃物数量，以生态生产性土地（ecological production area）为度量标准。其计算以两个基本事实依据为基础：一是人们能够自己估算出消费的绝大多数的资源、环境以及消费过程中所产生的需要环境吸纳的废弃物数量；二是前一步估算出的资源流能换算成相应的生态生产性土地面积。

第五，生态经济系统发展能力模型。樊华和孙保平（2010）认为，生态足迹、万元 GDP 生态足迹、万元 GDP 生态赤字是经济可持续发展的重要指标，提出了生态经济系统发展能力模型。模型假设生态系统的供给能力在一定程度上是无限的且能够迅速满足需求，在此条件下，需求的增长能够有力地拉动整个系统的发展。在生态盈余较大时，适度增加有效需求能够提高生态系统的利用率并增强其发展能力。其研究认为，第三产业占 GDP 比重和非农业人口比重对生态足迹大小有重要影响，非农业人口比重是影响生态足迹大小的主要影响因子，由于非农业人口数量的不断增加，使得人们的消费需求和消费方式发生较大的变化，拉动了第三产业的发展，带动了整个区域系统经济的发展，从而增加了区域对自然资源的生态需求，因此占用了更多的资源与能源。

4.5.1.3　资源消耗与经济增长的脱钩

经济发展进入后工业时期，第三产业的发展、技术进步和国际产业转移促使工业结构向高端升级使得资源消耗下降，经济增长有可能摆脱对于资源消耗的依赖，即实现资源消耗与经济增长的脱钩。

资源消耗与经济增长脱钩有利于对资源和环境的保护，并实现可持续增长。为此，德国 Wuppertal 研究所对全球提出了资源消耗与经济增长的脱钩目标——"四倍数革命"，即要在 2050 年前用当前一半的资源消耗创造出双倍的财富，这意味着资源生产率要提高 4 倍；Schmidt-Bleek 则针对西方发达国家提出"十倍数革命"目标，提出发达国家应在 2050 年前将资源生产率提高 10 倍，以大幅降低资源消耗量，实现资源消耗与经济增长的脱钩。

国内外学者对于资源消耗与经济增长脱钩问题展开了大量实证研究：Kovanda（2007）等分析了欧盟主要国家 1990～2002 年的资源消耗与经济增长 GDP 的脱钩情况，Tachibana（2008）等对日本爱知县 1981～2002 年的资源消耗与 GDP 的脱钩情况进行了分析。国内学者对于资源消耗与经济增长的脱钩研究主要从国家层面和地方层面展开。在国家层面，主要包括经济增长与耕地占用、能源消费、二氧化碳排放和二氧化硫排放的脱钩分析；在地方层面的脱钩分析主要包括省级层面的耕地占用、工业用水量、工业废水排放量、资源直接投入量和废物排放量与经济增长间脱钩分析。赵一平和孙启宏（2006）对 1998～2008 年中国经济发展与能源消费响应关系进行了实证分析。王鹤鸣和岳强等（2011）的实证研究表明：1998～2008 年，中国只在 2000 年实现了资源消耗总量与 GDP 的绝对脱钩，在 2003 年和 2006 年未能实现二者的脱钩，在其他 7 个年份则实现了二者的相对脱钩。在生物质、金属矿物质、非金属矿物质和化石燃料资源四类资源中，生物质资源的脱钩指数一直处于较高水平，而金属矿物质、非金属矿物质和化石燃料资源的脱钩指数则处于较低水平，这些研究为国家制定经济和环境规划提供借鉴。

4.5.2　资源祈福与资源诅咒

金属等矿产资源是经济增长的物质基础，是社会经济发展必备的生产要素。社会经济的发展离不开矿产资源的消耗。关于矿产资源的消耗与经济增长之间的规律，主要有三种观点：一种观点认为丰裕的矿产资源赋予国家（区域）经济以先天的比较优势，是一种"自然红利"，能够促进工业的发展，是国家（区域）经济增长的福音，也就是资源祈福；另一种观点则基于"一大批资源丰裕度较高的国家和地区在长期经济增长中表现乏力甚至衰退"的现象，认为矿产资源的丰裕并不能促进国家（区域）经济的增长，相反，对经济增长起到了阻碍作用，是一种资源诅咒；还有一种观点认为矿产资源对国家（区域）经济增长没有显著影响。研究与争议最多的是矿产资源禀赋是资源祈福还是资源诅咒的问题。

4.5.2.1　资源祈福

资源祈福是指丰裕的自然资源是大自然对一个国家或地区的一种赐予和祈福，资源的开发和利用将有利于该国家或地区的经济增长。传统经济增长理论认为，一个国家或地区的资源禀赋状况会极大影响其经济增长水平，总体来说，有限的矿产资源会制约一国经济的增长，而丰裕的矿产资源赋予当地经济发展以先天的基础优势。因此，矿产资源富足的国家比资源贫瘠国家更容易从石油、金属等矿产资源的开采中迅速积累资本来弥补经济发展中资本不足的约束，从而推动经济发展越过"贫困陷阱"，实现经济高速增长。这种观点被研究者称为资源祈福。他们认为丰裕的自然资源是大自然赐予的一种"自然红利"，也是一国经济增长的源泉和动力所在，优势自然资源禀赋不仅为国家（地区）提供更大的经济发展资源承载力，也更有利于国家（地区）的经济增长，如美国19世纪的经济腾飞与其丰裕的煤、铜、石油、铁矿石等资源储量是分不开的。

发展经济学派继承并发展了古典经济学中关于自然资源禀赋制约一国财富增长的观点。Hechscher（2000）在李嘉图比较优势理论基础上建立了资源禀赋模型。该模型认为每个国家所拥有的生产要素丰富程度和不同的产品生产时所需要的生产要素各不相同，一国在生产某种产品时，若其密集使用了国内较为丰富的生产要素，便可以在产品生产上具有比较优势。发展中国家人力资本、资本积累水平以及技术水平相对落后，若能利用自然资源储量优势，发展资源导向型产业，就可以利用比较优势，获得经济的快速增长。North（1955）对太平洋西北岸的实证研究分析得出：自然资源出口需求的旺盛，通过对资源输出地的收入水平、当地自然资源出口关联产业特征、人口分布、城市化模式、劳动力特征和收入的波动范围等的影响，导致资源出口的增加对输出地的区域经济产生乘数效应，不仅促进了当地资源产业投资的增加和产业繁荣，也促进了对其他产业的投资增加。美国和加拿大的矿产资源产业发展历史证明资源产品的开采和生产促进了这些国家工业的发展和经济增长。

4.5.2.2　资源诅咒

20 世纪中后期一批资源导向型经济增长模式走向失败，而另外一些资源匮乏的国家经济却获得了高速增长。例如，日本、韩国、新加坡、瑞士等自然资源较缺乏的国家一直保持高经济增长，而许多自然资源丰富的地区，如尼日利亚、安哥拉和委内瑞拉等却维持很低的发展速度。这一现象引发了经济学家对矿产资源禀赋与地区经济增长之间关系的深入研究。

（1）资源诅咒的内涵。资源诅咒假说于 1993 年由 Auty 提出，该理论认为丰裕的资源禀赋并不总是对经济增长产生促进作用，在很多情况下，丰裕的资源禀赋也会对经济增长产生显著的反向阻碍作用。这一理论思想最早可以追溯到 20 世纪 50 年代的普雷维什 – 辛格假说（Prebisch-Singer Hypothesis）。该假说认为，在以比较优势为基础的自由贸易模式下，生产和出口初级产品的发展中国家往往面临贸易条件不断恶化的境况，即必须靠不断出口更多的初级产品方能换回一定量的工业品，这种贸易方式将使资源富集国家的利益受损，从而使更多贫困现象在资源富集国家出现，其实质是资源丰裕度与经济增长之间的负相关问题。

资源诅咒现象在许多资源禀赋优良的国家和地区表现明显。Sachs 和 Warner（2001）对 1970 ~ 1989 年发展中国家的资源丰裕度和经济增长进行实证研究。其测算结果显示，仅有两个资源丰裕型国家年 GDP 的年增长率超过 2%，自然资源禀赋与经济增长之间有着显著的负相关性，在将如制度安排、区域效果、价格波动性等解释变量引入方程后，负相关性依然存在。1965 ~ 1998 年全世界低中收入国家人均国民生产总值（GNP）以年均 2.2% 的速度递增，而石油资源丰富的 OPEC（石油输出国组织）国家同期却下降了 1.3%。Papyrakis 和 Gerlagh（2007）采用美国各州的横截面数据也证实，美国各州的经济增长也与资源丰裕度负相关。国内学者在中国资源消耗与经济发展实践的基础上开展了大量的研究。吴文亮（2009）、高永祥（2011）以我国省级层面的面板数据为基础，以资源开发力度、经济对资源的依赖度和资源丰裕度为考察指标，验证了资源丰裕度与经济增长之间的负相关关系，胡援成和肖德勇（2007）从人力资本投入水平的角度，赵伟伟和白永秀（2010）从资源与居民收入关系的角度，验证了资源诅咒现象的存在。谢波和陈仲常（2012）从体制双轨制的角度验证了资源诅咒的存在并解释其存在的体制原因。国内外研究结论基本支持资源诅咒在跨国层面和一国内部区域层面普遍存在的观点。

（2）资源诅咒的测度与修正。

第一，资源丰裕度测度。在早期关于资源诅咒的研究中，资源丰裕度的测量主要借助于一些替代变量，如 Sachs 和 Warner（1995）采用初级产品的出口与 GDP 的比值，还有一些研究者采用初级产品部门的就业比例（Glyfason，1999）、人均耕地数量（Wood and Berger，1997）、能源储量（Stijns，2000）、资源租占 GDP 的比值（Hamilton，2003）等指标。

此后的研究者在资源诅咒的定量研究中，对资源丰裕度的测算主要运用资源充裕度指数（RAI）、资源诅咒贫困指数和资源诅咒系数等模型。资源充裕度指数模型以能源为主要考察对象，选取了各地区煤炭、石油、天然气的基础储量占全国的相对比重值来衡量各省市的资源禀赋差异。该模型根据能源生产和消费总量的比重情况对三种矿产资源赋予了相对权重，其中煤炭 75%、石油 17%、天然气 2%（徐康宁和韩剑，2005）。资源诅咒贫困指数模型在资源充裕度指数模型的基础上，研究资源贫困现象的原因及其补偿机制。该模型将资源诅咒贫困指数定义为地区矿业产值占全国矿业产值的比例与地区生产总值占全国生产总值的比例之比，以 1 为分界线，指数数值大于 1，说明该地区存在资源诅咒现象；数值越高，诅咒越严重（苏迅，2007）。资源诅咒系数模型对资源贫困指数进行了因子改动，选用地区资源禀赋与第二产业产值的比值来描述资源诅咒系数，即各地区一次能源生产量占所有地区一次能源生产量的比重与各地区第二产业产值占所有地区第二产业产值的比重的比值，该模型主要考虑到第一产业和第三产业与我国能源消费存在负相关关系，第二产业作为能源消费的主要参与者更具有代表意义（姚予龙和周洪等，2011）。

第二，经济增长与绿色 GDP 核算。GDP 作为一个国家或地区在一定时间内生产活动的最终成果，可以反映一个国家或地区的经济实力。因此，早期关于资源诅咒的研究中，一般采用 GDP 增速测度一个国家或地区的经济增长。

随着经济与社会的不断发展，资源与环境问题日益凸显，人们开始关注到 GDP 增长中大量能源的消耗与环境破坏问题，研究者认为 GDP 不能够真实反映国家或地区经济增长情况，因为单纯的 GDP 增量并没有体现资源消耗与环境污染成本对经济发展造成的阻碍。为此，许多研究者提出了"绿色增长"的概念，采用绿色 GDP 的增长来测度国家或地区经济增长水平的研究方法也开始得到学界的肯定。

关于绿色 GDP 核算的研究较多，较新的研究有安锦和王建伟（2015）提出的基于资源消耗和环境成本的绿色 GDP 核算模型[①]：

$$绿色 GDP = GDP - RC - EC = GDP - IPCI - GDPI - EII - GDL - ERC \quad (4-81)$$

其中，RC 是资源消耗，EC 是环境成本，IPCI 为工业污染治理投资，GDPI 为地质灾害防治投资，EII 为能源工业投资，GDL 为地质灾害直接经济损失，ERC 为能源资源消耗，通过能源年消费量与当年能源平均价格的乘积获得。在资源与环境越来越受到重视的背景下，越来越多的研究者在研究资源诅咒问题的时候开始采用绿色 GDP 的增长率来测度经济的增长，这一方式较传统的 GDP 核算能够更好地考虑资源对环境的影响。

第三，资源诅咒指数修正模型。一国或地区的资源诅咒指数可以采用地区资源丰裕程度与资源对地区绿色贡献程度的比值来进行量化（安锦和王建伟，2015），其中资源的丰裕程度用煤炭、石油、天然气三种资源的地区人均储量来衡量，三种资源权值分别为：煤炭 75%，石油 17%，天然气 2%。地区绿色 GDP 用人均占有量作为测算指标以衡量地区人均资源禀赋对绿色 GDP 的贡献，得出资源诅咒修正指数模型如下[②]：

$$ES_i = \frac{RAI_i / RAI}{GGDP_i / GGDP} \quad (4-82)$$

$$RAI_i = (coal_i \times 75\% + oil_i \times 17\% + gas_i \times 2\%) / population \quad (4-83)$$

$$RAI = (coal \times 75\% + oil \times 17\% + gas \times 2\%) / population \quad (4-84)$$

其中，ES_i 表示 i 地区的资源诅咒指数，RAI_i 为 i 地区的人均资源丰裕度，RAI 为全国的人均资源丰裕度，$GGDP_i$ 为 i 地区的人均绿色 GDP，$GGDP$ 为全国的人均绿色 GDP。人均绿色 GDP 采用绿色 GDP 核算方式。

该模型利用我国 30 个省（区、市）2004～2011 年的省级面板数据进行实证验证和修正，提出资源诅咒指数值在 1 以下，说明不存在资源诅咒现象；资源诅咒指数值在 1～2，属于向资源诅咒过渡阶段；资源诅咒指数值在 2～10，属于资源诅咒阶段；资源诅咒指数值超过 10，属于严重资源诅咒状态。

（3）资源诅咒的传导机制。资源诅咒的传导机制主要研究资源诅咒形成的原因和

---

①② 　 安锦，王建伟. 资源诅咒：测度修正与政策改进［J］. 中国人口·资源与环境，2015（3）：91-98.

作用机理，主要分析自然资源对经济发展影响机理和作用过程。丰富的自然资源通过贸易给国家或地区带来收益，对一国或地区的经济结构、政治制度和生态环境等产生影响，并通过这些因素最终影响到一国或地区的经济发展和经济增长水平。

资源诅咒的形成，主要有三个方面的原因：经济结构诅咒、政治制度诅咒和生态环境诅咒。经济结构诅咒主要是指丰裕的资源容易使经济体陷入经济结构单一的境地，当资源丰裕优势不在时，经济便会陷入困境，产生资源诅咒；政治制度诅咒主要是指资源丰裕容易产生寻租、腐败等行为，弱化了制度作用，从而阻碍经济发展，或者资源丰裕容易引发战争或者政党冲突，从而给经济发展造成阻碍；生态环境诅咒主要是指资源富集地区的生态环境恶化速度往往更快，从而给当地社会、经济发展的可持续性带来较大破坏，并引致资源诅咒。

第一，经济结构诅咒。形成经济结构诅咒的主要原因有两个方面：一是当一国拥有某种丰富的自然资源时，容易陷入依赖某种资源贸易所得的发展路径，而一旦该种资源被消耗完毕，其经济困境便会随之而来；二是由于过度依赖某种资源，尤其是通过相对简单的出口贸易方式获得经济增长时，容易使其他工业或产业的发展受到冷落或排挤，其"挤出效应"将为未来经济发展带来灾难性打击。此两种结果，可能单独产生，也可能同时产生。与此相关的主要有贸易条件恶化论、"荷兰病"和挤出效应。

首先是贸易条件恶化论。丰裕的自然资源使得一国（地区）经济依赖于资源类初级产品的出口，由于初级部门产品相对于工业制成品而言缺乏收入弹性和需求价格弹性，其价格与制造业相比呈下降趋势，其实质是市场的竞争通过价格将成本降低的结果传导给消费者；而制造业由于占有市场优势，其成本下降往往通过提高工资将超额利润转移给工人，通过增加股息转移给股东，工业成品价格得以维持；这导致依赖出口资源和进口工业制成品的国家在国际贸易中的地位和条件恶化，从而拉大发展中国家与发达国家的经济差距。

此外，资源价格波动剧烈是导致资源丰裕国家国际贸易条件恶化的另一个原因。初级产品部门的价格剧烈波动会导致利率和汇率的大幅度波动，导致资源出口国的财政收入骤升骤降，并进一步影响国家的宏观经济政策制定。资源产品的价格和供给弹性都比较低，但其价格的波动程度较大。因此，对于资源出口国而言，出口资源的收入会随着世界经济周期变动表现出高度的不稳定，这使得资源出口国的经济波动性较大，政府难以对经济发展做出有效地长期规划。Lutz（1994）、Davis（1995）和 Tilton（2009）等的跨国实证研究表明初级部门产品的出口不稳定确实与经济增长存在负相关关系。

对贸易条件恶化论的质疑。虽然贸易条件恶化在理论上从跨国贸易角度能够解释资源诅咒现象，但这一观点并未得到普遍的认同，主要表现在两个方面：一是关于资源价格下降是否阻碍经济增长的问题。有学者提出质疑：价格的相对降低可能仅仅反映了制造品品质的提高；进出口产品价格比率的下降和经济增长的关系并不是确定的，其正确性有待进一步验证；资源的稀缺性可以使其价格趋势不同于一般初级产品（赵伟伟、白永秀，2010）。二是关于资源市场价格波动与经济增长的关系，学界也未达成统一的认识。一些专家实证结果表明，出口波动和经济增长的关系方向不确定，也有人认为出口波动推动了经济高增长（Knudsen，2002）。Lutz（1994）认为出口波动和产出增长负相关，但是如果仅考虑初级产品出口波动，则测量不到任何影响。当然也有大量研究发现，出口波动阻滞了经济增长（Ramey，1995）。

其次是"荷兰病"模型的提出。"荷兰病"是指一国特别是中小国家经济的某一初级产品部门异常繁荣而导致其他部门衰落的现象。20世纪60年代，已是制成品出口主要国家的荷兰发现大量天然气，荷兰政府大力发展天然气产业，出口剧增，国际收支出现顺差，经济显现繁荣景象。可是，蓬勃发展的天然气产业却严重打击了荷兰的农业和其他工业部门，削弱了出口行业的国际竞争力，到20世纪70年代，荷兰遭受到通货膨胀上升、制成品出口下降、收入增长率降低、失业率增加的困扰，这种资源产业在"繁荣"时期价格膨胀是以牺牲其他行业为代价的现象，国际上称之为"荷兰病"。

"荷兰病"模型的原理。"荷兰病"经典模型（Corden and Neary，1982）将一国的经济分为三个部门，即可贸易的制造业部门、可贸易的资源出口部门和不可贸易部门（主要是一国内部的建筑业零售贸易和服务业部门）。假设该国经济起初处于充分就业状态，如果某种自然资源价格上涨将导致两种可能：一是劳动力和资本转向资源出口部门，将导致制造业劳动力成本上升而影响制造业的竞争力，此外出口自然资源带来外汇收入的增加使得本币升值，再次打击了制造业的出口竞争力，这将导致制造业和服务业的同时衰落，即资源转移效应。二是自然资源出口带来的收入增加会增加对制造业和非贸易部门的产品的需求，这种需求更多的是通过进口国外同类价格相对更便宜的制成品来得到满足，这将抑制本国制造业的发展。不过，对非贸易部门产品的需求将促进本国服务业的重新繁荣，这被称为支出效应。"荷兰病"模型实质是丰富的自然资源导致发展中国家制造业衰落、服务业繁荣。从产业沿革历史来看，由于制造业承担着技术创新、组织变革和培养企业家的使命，其衰落将使一个国家失去长足发展的动力而阻碍经济增长。

对"荷兰病"机制的质疑。对"荷兰病"机制的质疑主要表现在四个方面：其一，"荷兰病"模型的核心假设是否成立。Corden（1982）认为，没有证据表明资源部门不具有"干中学"特征或者技术进步更慢，世界银行指出一些工业化国家因为发展与资源相关的技术和资本产品变得更富有。① 而卡尔多（Kaldor）发现，最近几十年在农业和服务业也出现了生产率的大幅提高，因此，即使资源丰裕对制造业造成挤压效应也可能促进经济增长。其二，如果对"荷兰病"逻辑进行反推，则可以得出"资源部门萧条有利于资源丰裕国家经济增长"，但是事实并不成立。其三，"荷兰病"假设资本和劳动力供给固定不变，在充分就业的条件下，资源部门挤出其他部门的资本和劳动力，并提高生产成本。但是如果发展中国家劳动力充足，或者资源部门的繁荣得以吸引国外资本和劳动力进入，则可以对冲国内生产要素的稀缺。其四，如果放松"荷兰病"模型中"国内外产品完全替代"的假设，即假设发展中国家制造业经常进口中间品，而不是最终消费品，那么，一旦货币升值，这些中间品进口价格会更低，则"荷兰病"并不会破坏制造业的竞争力。

最后是挤出效应。从长期来看，丰裕自然资源对经济增长的驱动因素会产生"挤出效应"（林毅夫，2006）。主要是指丰裕的自然资源，往往会使对人力资本提升、资本积累、技术创新及制度创新等产生忽略，从而削弱了促进经济长期增长的动力。

人力资本的挤出。丰裕的自然资源提高了初级产品生产与加工行业的工资水平，在这些行业，劳动力可以不需要较高的技能便能获得丰厚的报酬，因而忽略了对教育投资。Gylfason（2001）发现，政府教育公共支出、女孩预期上学年限以及中学入学率等均与自然资源占国民财富比重成负相关关系。Papyrakis 和 Gerlagh（2007）在美国州级数据实证分析的基础上发现，教育挤出是资源诅咒传导机制最重要的传导途径，占到资源负面影响的 25%。

投资的挤出。Gylfason 和 Zoega（2002）认为，自然资源开发会挤出物质资本投入和人力资本投资，也可能会延缓金融系统的发展而间接损害储蓄和投资。Papyrakis 和 Gerlagh（2006）通过建立迭代模型，论述了资源诅咒的机理，即资源意外收益增加了未来收入，造成对物质投资的挤出，当产出的降低超过资源收入的增加时，资源诅咒便会产生。

技术创新的挤出。丰裕的资源会挤出创新从而阻碍经济增长，创新包括技术创新和制度创新等。一方面，资源丰裕能够导致更少的人从事科学技术创新研究；另一方面，资源丰裕国家为了摆脱落后的经济，资源开发倾斜性的政策无形中为企业家的创新活动设置了障碍，造成管理、技术等创新活动急剧下降。Sachs 和 Warner（2001）研究发现，如果资源部门的工资提高到足以吸引到潜在创新者和企业家的话，丰富自然资源便

---

① W. M. Corden, J. P. Neary. Booming Sector and De-industrialisation in a Small Open Economy [J]. The Economic-Journal, 1982, 92 (368): 825–848.

会对创新者和企业家的创新活动产生挤出效应。Papyrakis 和 Gerlagh（2005）利用美国 49 个州级数据，对资源诅咒的传导机制进行了分析，发现丰裕的资源确实会对创新产生挤出效应。邵帅（2008）针对我国西部地区的现实情况，分析了资源开发、技术创新和地区经济增长之间的关系，发现西部的自然资源开发挤出了区域技术创新。

第二，政治制度诅咒。政治制度诅咒主要表现在，丰裕的自然资源容易诱发更多的寻租、腐败行为，导致制度弱化。丰裕的自然资源会对一个国家或地区的良性制度产生破坏作用，通过侵蚀制度应有的规范作用，间接地影响经济增长。主要因素有两个：一是资源丰裕容易产生权力寻租和腐败等行为，弱化了制度的积极作用，从而阻碍经济发展。由于丰裕的自然资源蕴含了大量的经济租，这样就会导致在资源产业内或围绕着产业形成相关的寻租利益集团。这些寻租集团会千方百计地去寻求对资源的控制权，通常的做法就是对执政机构提供资金支持或直接对关键部门和人员行贿。在占有自然资源后，这些利益集团往往又会通过各种手段，甚至以牺牲公共利益为代价来阻碍竞争以维护其利益。Isham（2005）等人证明资源对腐败的影响效应在石油、矿产等资源丰富的国家更为明显。主要原因在于：丰裕的自然资源会诱使更多企业家从事寻租活动，降低对生产活动和技术改进的关注，从而导致经济增长缓慢（Torvik，2002）；寻租行为的存在使众多资源丰裕的国家与腐败、官僚化、市场残缺等现象不可避免地联系在了一起，通过影响制度进而影响到经济的发展。二是资源丰裕容易引发战争或者政党冲突，导致政治不稳定，从而给经济发展带来阻碍。丰裕的自然资源因为蕴含着巨大的利益，通常是武装团体的争夺对象，一般而言，资源丰富国家爆发战争的概率会高于资源贫乏的国家，丰富的资源容易导致政治的不稳定从而阻碍经济的发展。

政治制度诅咒的验证。Atkinson 和 Hamilton（2003）、Martin 和 Subramanian（2003）实证研究显示制度弱化效应是资源诅咒发生的根源。能源、矿产等自然资源的丰富将会诱发经济人贪婪的寻租行为而不致力于经济的发展，弱化了一国内部相应制度的质量，进而对该国的经济增长施加负面影响。Mehlum、Moene 和 Torvik（2002）首次提出制度质量的门槛效应，证明了制度对资源诅咒现象有显著的影响，并说明当制度质量的衡量指标低于 0.93 门槛值时，就会出现资源诅咒的现象。Bhattacharyya 和 Hodle（2008）建立了基于自然资源与腐败形成的互动机制的动态博弈模型，他认为只有当民主制度质量低于某一阈值时该互动机制才会发生。Jorgen 和 Silje 从制度质量角度研究了资源诅咒的传导机制。其研究表明，资源诅咒效应多发生在民主总统制而不是民主国会制国家，自然资源降低经济增长率更容易发生在比例选举体制下而不是多数选举体制下，可以认为，越是民主的国家越不容易出现资源诅咒。

国内学者张景华（2008）在实证模型中也引入了制度因素，使用了非公有经济固定资产投资占全社会固定资产投资比重指标来表示制度变迁，结果表明制度质量对经济增长的影响很显著。徐康宁和王剑（2006）也验证了制度质量的提高对区域经济增长有明显的促进作用，制度质量的指标越高，自然资源诅咒效应就越小。李志龙和陈仲常（2009）提出"中国式资源诅咒"假说，认为中国资源产权全民所有制、资源型国企在资源产业中的垄断地位以及"资源租"的缺失，是中国省际层面出现资源诅咒现象的重要原因，也是其区别其他类型资源诅咒的重要特性。陈仲常（2012）的实证研究证明中国的资源诅咒现象确实存在，中国经济转型中形成的体制双轨制（即产权双轨制和价格双轨制），是导致地区自然资源富集程度与经济发展负相关，即资源诅咒的重要原因。由于资源的国有产权与资源价格由国家调控，资源租耗散为国有企业的垄断利润或下游产品的利润，使具有要素禀赋优势的地区无法分享资源租，中西部一些资源相对富集的地区难以把资源优势转为经济发展优势，在某个特定阶段形成的既得利益集团，成为妨碍改革进一步推进的阻力，还会产生包括腐败、寻租、社会不公等弊端，这将延续并强化资源诅咒。

第三，生态环境诅咒。资源的开发利用在促进经济增长的同时会给生态环境造成破坏，随着时间的推进，环境的压力将会给经济增长带来阻力，并有可能在特定时间内成为社会经济发展的关键障碍。在资源开发生命周期结束和环境破坏的双重压力下，容易引发大量的失业和社会不稳定问题，甚至可能使资源型城市沦为无人区。金属、石油等矿产资源的开发带来的经济社会、生态环境等问题已经开始凸显，并对资源的可持续性带来了严峻的挑战。杜凯等（2009）利用我国省级数据，对资源丰裕度与环境生态效应之间的关系进行了检验，发现资源富集对环境生态的负效应较为显著，自然资源禀赋的差异容易导致政府对环境管制的两极分化，制造业发展较快的地区政府决策机制更加透明，而在结构单一的资源丰富地区政府的环境管制容易失效。王高辉（2008）也证实环境问题是引发资源诅咒的重要诱因，环境生态问题已经成为资源型富集地区的重要问题之一，要实现当地经济的可持续发展，应该在制定新经济规划时，将生态修复及环境治理因素考虑在内，促进当地经济结构的调整，防止矿产资源的大量开发对环境生态的深度破坏，避免资源储量枯竭时，当地经济发展也走到尽头、人口也随之迅速下降的局面。在国外，美国的皮茨堡、德国的鲁尔工业区等曾经的资源型城市均遭遇了生态环境问题。

资源利用效率也是导致资源诅咒的重要影响因素。黄建欢（2015）以2001~2011年我国省域生态效率数据为基础，从生态效率的视角研究资源开发型和资源利用型区域的生态效率差异问题。研究发现，基于经济增长维度的资源诅咒现象不明显，而基于经济、资源和环境等多维视角的资源诅咒现象显著。其结论表明：资源利用型区域的生态效率平均为资源开发型区域的1.6倍以上；资源开发型区域生态效率有60%以上来源于规模效应，其资源利用部门的效率对总体生态效率的贡献低于 40%。他认为，资源诅咒现象和生态效率偏低的主要原因不是资源开发，而是资源浪费行为，要解决资源诅咒问题需要提高资源利用效率。[①]

4.5.2.3 资源诅咒研究应关注的几个问题

（1）资源诅咒的区域性差异及传导机制。资源诅咒影响因素的区域性特点问题。在资源诅咒的存在性问题研究中，早期研究在空间上基本以跨国层面的研究为主，验证国家层面资源诅咒存在性问题。资源诅咒在区域经济（省际层面）的范畴内是否存在，其传导机制有何区域特点等问题值得进一步研究。

虽然资源诅咒的传导机制主要集中在经济因素、政治因素和生态环境因素三个方面，但是区域经济中资源条件、政策环境、文化以及经济发展水平等区域性因素在资源诅咒的形成过程中的作用问题尚需要深入研究。如陈仲常（2012）认为体制双轨制（即产权双轨制和价格双轨制）是中国的资源诅咒形成的机理中特有的体制因素，是"中国式资源诅咒"形成的重要因素。中国的经济发展环境与西方发达国家有较大的差异，"中国式资源诅咒"的形成还有哪些重要影响因素、作用机理以及如何破解等问题还需要进一步研究来解决，这些研究不仅能丰富资源诅咒相关理论的知识体系，也将为提出指导区域经济发展的实践措施提供借鉴。刘改芳和高翠翠（2015）从文化资本的视角对资源诅咒地区经济发展问题展开研究，认为文化资本确实可以推迟资源依赖对经济发展抑制作用的到来，国家或地区应在重视物质资本对资源诅咒规避的同时，还应加强培育文化资本，实现经济转型的快速推进。

（2）有条件资源诅咒假说。

第一，有条件资源诅咒假说的基本思想。资源诅咒理论自提出以来一直备受争议，在得到广泛支持和研究的同时，也受到很多质疑，关于资源诅咒是否存在问题的研究直到现在都没有停止。许多学者以资源丰富且经济发展较好的国家和地区为例，通过对不同地区的实证研究证明资源诅咒不具有普适性（Maloney，2002；Larsen，2006；Iimi，2007；张贡生，2009；靖学青，2012），他们认为，资源祈福仍然存在。在对"资源诅咒论"与"资源祈福论"争执无果的情况下，一些学者开始研究资源诅咒的存在条件，并提出了"有条件资源诅咒论"观点。

有条件资源诅咒假说认为，资源丰裕度和经济增长是正相关关系还是负相关关系，

[①] 黄建欢，杨晓光，成刚等. 生态效率视角下的资源诅咒：资源开发型和资源利用型区域的对比 [J]. 中国管理科学，2015（1）：34 – 42.

与当地的制度、经济条件和环境等多种因素相关，影响程度大小决定相关关系的正负方向，即决定良好的资源禀赋是资源诅咒还是资源祈福。

第二，资源诅咒的存在条件研究。有条件资源诅咒假说的主要研究工具为门限分析，采用门限回归方法来验证资源诅咒的条件存在性。现有研究中被作为门限变量的因素有：

一是制度。丰裕的自然资源带来的大量资金收入，容易滋生腐败、导致制度弱化，从而对经济发展产生不良影响。有条件资源诅咒假说认为，在地域、文化、发展阶段等多因素的制约下，丰裕的自然资源对制度质量的影响程度是不一致的。因此，资源诅咒是否存在取决于制度质量的高低，应该存在一个制度质量的阈值，当制度质量低于这个阈值时，良好的资源禀赋对经济发展起反向作用，即资源诅咒存在；相反如果高于这个阈值，则资源诅咒不存在。Moene 和 Torvik（2002）等运用门限分析制约资源诅咒的影响因素，他们的研究表明当制度质量的衡量指标高于 0.93 这一门槛值时，自然资源与经济发展成正相关关系，反之负相关。此外，Lay 和 Mahmoud（2004）、Mehrara（2009）和 Tamat（2012）等也通过实证研究证明了对于资源诅咒的制度因素存在门槛值。

二是人力资本、教育发展、对外开放程度、金融支持、知识溢出、制造业发展等因素。胡援成和肖德勇（2007）、邵帅和范美婷等（2013）、李伟军和李智（2013）等分别以人力资本、金融支持、知识溢出、制造业发展、对外开放等要素为门限条件变量实证研究了资源诅咒的条件存在性。邓伟和王高望（2014）基于我国 1990～2010 年的省际面板数据，结合各地区对国内的经济开放条件考察了自然资源对经济增长的影响。

资源诅咒的实质是丰裕的自然资源与经济增长的负相关性问题，关于其存在性学者展开了大量的研究，存在和不存在的证据都有。这说明丰裕的自然资源与经济增长之间可能不是简单的线性关系，如果在不同的条件下进行分析和研究，得出的结论可能更加适合一个国家或地区的经济发展实质。有条件资源诅咒理论相对传统的资源诅咒假说而言，对社会经济的发展具有更好的解释力，因此，对资源诅咒存在条件、资源诅咒在不同条件下的形成机理、破解方法和路径等问题值得进行进一步的研究。

（3）资源诅咒问题的破解。世界经济进入 21 世纪以后，资源诅咒问题依然存在。在早期的资源诅咒研究中，一般认为智利、俄罗斯、加拿大、澳大利亚等资源丰富的国家通过资源采掘业的发展，推动了工业化的进程（Wright，2001，2003），并且没有出现资源诅咒。然而，2012 年 10 月，澳大利亚社会服务委员会发布了题为"澳大利亚贫困状况"的报告，报告指出澳大利亚正面临贫富差距加剧的问题，而政府大力发展矿业经济是主要的原因。2012 年 6 月，英国《金融时报》发表的《澳大利亚遭遇"资源诅咒"？》一文，指出澳大利亚资源行业将澳元推高，致使很多制造商缺少竞争力，提供逾 300 万就业岗位的旅游业、零售业和教育行业也步履维艰。同时，资源行业薪资飙升，导致其他一些行业无法留住或吸引员工，这些问题可能说明在新的经济环境下，澳大利亚的经济发展出现了变化，开始出现资源诅咒问题。马来西亚一直被标志为少数摆脱资源诅咒的资源丰富的发展中国家的代表，但 Doraisami（2015）的最新研究发现，丰裕的资源驱动了马来西亚政府的一些无效率的政府行为、推动缺乏生产效率的项目，以及投资一些大额的"面子工程"等一系列问题，政府为了自己的选举花更多的时间精力来获取选民的支持，而不是经济的增长，从制度的角度上看，马来西亚是否逃出中等收入陷阱、是否摆脱了资源诅咒还值得探讨。而在我国，包括山西、鄂尔多斯等在内的多个资源型省份或地区，在过去几十年里为全国的经济社会发展提供了强有力的支持和保障。但是，伴随着资源开发而生的各种问题也一直在困扰着这些资源型地区的经济社会发展。

显而易见，资源本身并不是问题，自然资源也并不必然会导致资源诅咒。解决这个问题的关键，在于围绕资源的相关制度设计及其管理。世界银行"可持续增长和包容性发展战略"报告认为，现实中那些被称为"荷兰病"或资源诅咒的自然资源丰富的国家，主要存在着管理漏洞等问题。如资源开采合同的不完备、资源矿业权出售价格太低、对资源所得征税太少以及对资源所得的挥霍浪费等。为此，如何通过合理的制度设计规避资源诅咒是现实中亟须破解的现实问题。

（4）资源诅咒与资源型城市转型。《全国资源型城市可持续发展规划（2013 - 2020年)》显示，我国目前有 262 个资源型城市，涉及 28 个省（市、区），涵盖国土面积391 万平方公里，占全国国土面积的 40.71%；涉及城乡人口 4.99 亿，占全国人口的36.8%；其中成长型城市和再生型城市 54 个，成熟型和衰退型城市 208 个，成熟和衰退城市占资源型城市总数的 79.77%。这说明，我国资源型城市正普遍面临资源日益枯竭的困境，产业结构单一、经济增长乏力、居民收入水平下降、城市失业率上升、生态环境恶化等问题日益凸显，资源型城市转型与可持续发展问题对资源型城市的长期发展有至关重要的意义。

我国一直重视资源型城市转型与可持续发展。2001 年，全国人大批准的《国民经济和社会发展第十个五年计划纲要》提出："积极稳妥地关闭资源枯竭的矿山，因地制宜地促进以资源开采为主的城市和大矿区发展接续产业和替代产业，研究探索矿山开发的新模式。"并于同年 12 月，将阜新市确定为全国第一个资源枯竭城市经济转型试点城市。2007 年 12 月，国务院下发了《关于促进资源型城市可持续发展的若干意见》，提出 2010 年前基本解决资源枯竭城市存在的突出矛盾和问题，2015 年前在全国范围内普遍建立健全资源开发补偿机制和衰退产业援助机制。2012 年国务院发布《全国资源型城市可持续发展规划（2013 - 2020 年)》，更加强调资源型城市的可持续发展。这些政策的颁布对与资源型城市的转型发展起到了重要引导和扶持作用，但在新的经济形势和发展背景下，资源型城市的转型与可持续发展还需要更进一步的深入研究。

一是国外成功经验的借鉴。西方发达国家的发展比我们更早，我们从一定程度上正在重复他们的资源开发历史，研究国外资源型城市转型与可持续发展经验在现阶段对我国资源型城市发展依然具有指导和借鉴价值。二是政府在资源型城市转型与可持续发展过程中的引导和扶持作用。2001 年以来，我国推行的资源型城市经济转型试点工作取得了巨大的成就，但政府在新的经济形势下如何引导和扶持资源型城市的转型与可持续发展？资源型城市如何根据自身特色进行产业结构的转型和升级？在这个过程中政府可以做哪些工作？国家在制定资源发展战略时还需要大量的研究来进行决策。

4.5.3　金属资源行业的产能过剩治理

4.5.3.1　金属行业产能过剩的现状

（1）钢铁行业。在 4 万亿元投资的拉动下，我国固定资产投资由 2007 年的 13.7 万亿迅速增加到 2014 年的 51.2 万亿元，投资规模增长了 273.7%，且投资项目多集中于用钢量较大的"铁公基"领域，直接带动中国钢铁产能大幅增长。其中，2012 年黑色金属冶炼及压延加工业完成投资超过 4556 亿元，同比增长 2.7%，这形成了 1853.44 万吨左右的产能，全国钢铁产能达 10.06 亿吨。产能增加带来的直接后果是产能利用率的大幅下降，据国家统计局数据显示，2014 年中国全年粗钢产量为 8.23 亿吨，较 2008 年的 4.89 亿吨增加了 68.3%，产能利用率则由 2008 年的 86.5% 下降至 2014 年的 79.1%。2015 年我国生产粗钢 8.04 万吨，虽然是 1981 年以来首次出现年度同比下降。然而，产能过剩矛盾仍然非常突出。按照 2015 年产量测算，我国产能利用率不足 67%。

当前钢铁行业呈现产能总量过剩与部分产品结构性过剩的特征。从产品结构上看，2013 年我国棒材、钢筋等低端产品产能利用率高于 80%，达到合理水平；中厚板、热轧宽钢带、冷轧电工钢等高端产品产能利用率不足 70%。近年来产能投资"淘汰低端上高端"的趋势尤为显著。2015 年长材产量下降 3.60%，管材产量增长 10.98%，板带材产量增长 2.50%，其中冷轧薄板增长 6.49%，镀层板增长 2.67%。粗钢产量下降，部分高端产品产量增长，中国钢铁工业产品结构虽然有所优化，但高端产品方面临日趋严峻的产能过剩形势。① 2016 年 2 月，中国政府发布了《关于钢铁行业化解过剩产能实现脱困发展的意见》，计划在未来五年再压减 1 亿～1.5 亿吨钢铁产能，并提出了一系列具体措施。化解产能过剩依然是钢铁行业脱困、调整、转型升级的首要任务。当前，我国已进入增长阶段转换期，钢铁需求的峰值即将到来，届时钢铁产能将出现总量绝对过剩。总体而言，钢铁工业缺乏公平竞争的市场环境，市场内生的化解和调整过剩产能的机制难以发挥作用，是现阶段面临的突出问题。

（2）电解铝行业。目前，国内大部分冶炼行业均存在产能过剩问题，其中电解铝过剩的问题尤为突出。2002 年以来，我国电解铝市场便进入了持续过剩阶段。2005 年我国开始对电解铝产能进行控制，国家发改委明确表示要控制电解铝新增产能，尽管政策频出但效果并不明显。数据显示，2003 年我国电解铝产能 554 万吨，到 2007 年增长到 1250 万吨。2009 年国家再度重申 3 年内原则上不再核准新建、改扩建电解铝项目，然而 2009 年产能依然出现 25% 以上的增长，2010 年底产能达到了 2300 万吨。2011 年，国家发改委、工业和信息化部等 9 部门发出遏制电解铝产能过剩的紧急通知，并叫停了全国总规模 774 万吨、总投资 770 亿元的拟建电解铝项目。2012 年我国电解铝产能已超过 2700 万吨，产量只有 2000 万吨。②

尽管国家限制电解铝产能政策不断，但 2012 年地方政府对于电解铝的投资力度依然不减，电解铝产能加速向西部转移。新增电解铝产能集中在煤炭资源丰富的西部地区，其电价远低于中、东部地区，具有很强的成本优势。西部地区在能源价格优势的基础上，还以配套煤矿资源、廉价土地等优惠政策，西部地区企业具有较大的盈利空间，而中、东部地区部分企业亏损相对严重，表现出区域结构性过剩的特征。2012 年 1～11 月，国内最大生产省份河南的电解铝产量同比下降 4.62%，而甘肃、青海、宁夏、新疆分别同比增长 59%、16.78%、29.73% 和 183.32%，这几个地区的生产总量占全国 30.9%，已经成为国内电解铝生产的主力地区。③ 由于电解铝产能向西部转移缺乏规划和管理，中东部地区的产能退出机制又不健全，全行业产能过剩的势头难以遏制。这使得电解铝行业具有区域结构过剩特征，并呈现出向总量绝对过剩发展的趋势。2013 年年末，电解铝产能利用率下降至 69%，全行业亏损 23.1 亿元，产能过剩矛盾突出。

① 李扬，李平，李雪松，张平. 2014 年中国经济前景分析［M］. 北京：社会科学文献出版社，2014.
② 根治电解铝过剩顽疾需打破利益链条［EB/OL］. 中营网，2013 – 03 – 15.
③ 杨国民，常理. 改革打破利益链条拔除产能过剩病根［N］. 经济日报，2013 – 02 – 07.

2015 年，工业和信息化部指出，我国现有的 3500 万吨电解铝产能中应淘汰的落后产能已不多，缺乏竞争力企业，关停过程中涉及地方税收、人员安置、债务化解、上下游产业等一系列问题，产能退出渠道不畅，电解铝产能过剩压力仍较大。① 而 2016 年 G20 峰会上，电解铝产能过剩进入高层视野，并已成为全球性问题。中美双方在 G20 峰会期间达成共识，将共同应对全球电解铝产能过剩问题。

4.5.3.2　我国产能过剩治理政策的演变

当前，我国已经历了 1994～2001 年、2002～2008 年以及 2009～2015 年的三次产能过剩时期，伴随着产能过剩的治理，是我国治理政策的不断演变。1996 年我国面对第一次产能过剩问题，要求严格执行"八五"和"九五"计划，严格控制新开工项目，2 亿元以上的投资项目须经国务院批准；1999 年 1 月和 8 月颁布《关于做好钢铁工业总量控制工作的通知》《工商投资领域制止重复建设目录（第一批）》等政策，严格控制新增产能投资。2001～2002 年，国家尽管继续对钢铁工业实行"总量控制，结构调整"的政策，但投资控制有所松动，在需求的拉动下固定资产投资开始快速增长。2003 年国家没有继续对钢铁工业实行"总量控制，结构调整"的政策，投资控制进一步松动，各企业在需求的强烈拉动下同步进行大量固定资产投资，导致全年固定资产投资额几乎倍增。为此，2003 年相继下发了《国务院办公厅转发发展改革委等部门关于制止钢铁电解铝水泥行业盲目投资若干意见的通知》《关于制止钢铁行业盲目投资的若干意见》；2004 年又相继出台了《国务院关于调整部分行业固定资产投资项目资本金比例的通知》《国务院办公厅关于清理固定资产投资项目的通知》《国务院关于投资体制改革的决定》《政府核准的投资项目目录（2004 年本）》《国务院关于加快推进产能过剩行业结构调整的通知》，采取严格的项目审批、供地审批、贷款核准和强化市场准入与环保要求，以及目录指导等措施，进一步严格控制盲目投资、过度投资和低水平扩张，推动产能过剩行业的结构调整。2009～2015 年，面对我国的第三次产能过剩问题，国务院再次相继发布《关于抑制部分行业产能过剩与重复建设引导产业健康发展的若干意见》《关于进一步加强淘汰落后产能工作的通知》《国务院关于化解产能严重过剩矛盾的指导意见》《贯彻落实国务院关于化解产能严重过剩矛盾的指导意见》《部分产能严重过剩行业产能置换实施办法》《关于推进国际产能和装备制造合作的指导意见》等文件，推动治理我国产能过剩问题。具体治理政策如表 4 - 2 所示。

---

① 工业和信息化部. 2014 年我国有色金属工业运行情况分析和 2015 年形势展望及重点工作［R］. 2015.

表 4 - 2　1999 ~ 2015 年我国的产能过剩治理政策

时期	产业政策脉络		部门
	时间	政策	
1999 ~ 2005 年	1999 年	《关于做好钢铁工业总量控制工作的通知》 《工商投资领域制止重复建设目录（第一批）》	国家经贸委
	2000 年	《关于做好 2000 年总量控制工作的通知》 《关于下达 2000 年钢铁生产总量控制目标的通知》	国家经贸委
	2002 年	《关于制止电解铝行业重复建设势头的意见》	国家计委、国家经贸委
	2003 年	《关于制止钢铁行业盲目投资的若干意见》 《关于制止电解铝行业违规建设盲目投资的若干意见》 《关于防止水泥行业盲目投资加快结构调整的若干意见》 《国务院办公厅转发发展改革委等部门关于制止钢铁电解铝水泥行业盲目投资若干意见的通知》	国家发改委、国土资源部、商务部、环保总局和银监会、国务院办公厅
	2004 年	《国务院办公厅关于清理固定资产投资项目的通知》 《关于印发国家发展改革委核报国务院核准或审批的固定资产投资项目目录（试行）的通知》 《政府核准的投资项目目录（2004 年本）》 《国务院关于投资体制改革的决定》 《国务院关于调整部分行业固定资产投资项目资本金比例的通知》 《中华人民共和国国家发展和改革委员会公告 2004 年第 76 号》	国务院
	2005 年	《中国钢铁产业发展政策》 《国务院关于发布实施〈促进产业结构调整暂行规定〉的决定》	国家发改委、国务院
2006 ~ 2008 年	2006 年	《国务院关于加快推进产能过剩行业结构调整的通知》 《国务院办公厅转发发展改革委等部门关于加强固定资产投资调控从严控制新开工项目意见的通知》	国务院
2009 ~ 2015 年	2009 年	《关于抑制部分行业产能过剩和重复建设引导产业健康发展的若干意见》	国家发改委、工业和信息化部、监察部、财政部、国土资源部、环境保护部、中国人民银行、质检总局、银监会、证监会
	2010 年	《关于进一步加强淘汰落后产能工作的通知》 《部分工业行业淘汰落后生产工艺装备和产品指导目录》	国务院、工业和信息化部

时期	产业政策脉络		部门
	时间	政策	
2009 ~ 2015 年	2011 年	《淘汰落后产能中央财政奖励资金管理办法》《关于做好淘汰落后产能和兼并重组企业职工安置工作的意见》	财政部、工业和信息化部、国家能源局、人力资源和社会保障部
	2013 年	《国务院关于化解产能严重过剩矛盾的指导意见》《贯彻落实国务院关于化解产能严重过剩矛盾的指导意见》	国务院、国家发改委、工业和信息化部
	2014 年	《水泥单位产品能源消耗限额》《部分产能严重过剩行业产能置换实施办法》	国家发改委、工业和信息化部
	2015 年	《关于严格治理煤矿超能力生产的通知》《做好 2015 年煤炭行业淘汰落后产能工作的通知》《关于推进国际产能和装备制造合作的指导意见》	国务院、国家能源局、国家煤矿安监局

4.5.3.3　当前我国产能过剩治理中存在的问题

（1）治理政策的有效性值得商榷。近年来，我国政府为治理部分产能过剩行业出台政策之频密、政策手段之多样、具体参与的相关管理部门之多、涉及的行业之广泛，无一不体现我国政府对产能过剩可能造成严重后果的担心，治理产能过剩俨然成为我国政府经济工作的重要任务之一。然而，历届政府的产能过剩治理政策和建议虽然在加强环保、要素价格管理、政府部门的信息服务等政策上有比较大的改进，也强调要发挥市场的基础性作用。但是，从具体政策措施来看，基本延续了主要以行政规制手段治理产能过剩和重复建设的传统。

从实施效果来看，长期以来以行政规制手段为核心的治理政策，无法从根本上治理重复建设与产能过剩，并带来了一系列不良的政策效应（江飞涛，2008）。1994 ~ 2002年，相关部门为预防和治理钢铁工业的"重复建设"问题，一直对钢铁工业的固定资产投资进行严格的行政控制。2003 年，钢材需求强劲，供需矛盾越来越突出，相关部门放松了对钢铁工业固定资产投资的控制，钢铁工业固定资产投资在这一年出现了爆发性的增长，增长率高达88.71%，引起各方的高度关注。[①] 2003 年底，相关部门认为钢

---

① 江飞涛，陈伟刚，黄健柏，焦国华. 投资规制政策的缺陷与不良效应——基于中国钢铁工业的考察 ［J］. 中国工业经济，2007（6）：53 – 61.

铁工业还存在盲目投资、重复建设问题，认为"在建项目生产能力大大超过了市场预期，必将导致生产能力过剩"，并制定一系列政策对钢铁工业固定资产投资进行严格控制以防止未来出现严重的"产能过剩"。2005 年底，国家发改委认为我国钢铁产业"产能过剩问题突出"，2006 年 3 月，国务院颁布《国务院关于加快推进产能过剩行业结构调整的通知》，6 月国务院颁布《国务院办公厅转发发展改革委等部门关于加强固定资产投资调控从严控制新开工项目意见的通知》，进一步强化了对钢铁工业固定资产投资的控制，以治理突出的"产能过剩"问题。

我们注意到：从 1994 年开始，除 2003 年 1 月至 11 月期间，政府部门一直对钢铁工业固定资产投资进行严格控制，但是这种严格的投资规制政策好像并不能很好地防治所谓"重复建设"或"产能过剩"问题，反而使得钢铁工业固定资产投资在"过冷"和"过热"之间剧烈波动，似乎又回到了所谓的"一卡就死，一放就乱"的怪圈。2006 年 3 月，国务院颁布《国务院关于加快推进产能过剩行业结构调整的通知》，虽然在原则上强调充分发挥市场配置资源的基础性作用，但在具体手段和措施上依旧依赖行政手段，这些手段包括严格的市场准入、严格的项目审批、严格的供地审批、贷款的行政核准与强制清理不符合要求的项目等，其核心思想依然是"关停并转"。其手段和原则在很大程度上是相违背的，因为在这一系列政策的严密控制下，企业和银行按照市场原则进行决策的空间非常小。这些政策实际上是一种规制性的、相机调控性的、以直接干预为主的产业政策。这些政策的制定依旧遵循着 20 世纪 80 年代以来治理所谓"重复建设""过度竞争"问题的相关政策制定中"预测、规划、制定具体实施措施"的固有模式。在这种模式下，政策制定者以对市场需求规模、产品需求结构及其变化的预测作为政策制定的主要依据，根据预测制定相应的非常具体的发展规划和实施措施，对投资规模与投资流向进行管制和调控。这种规划的合理性与政策的合意性很大程度上取决于预测的准确性。但是，相关部门在是否有能力进行准确的市场预测这一点上是非常令人怀疑的，相关部门如果不能进行准确的市场预测，那么据此制定的政策可能会出现系统性偏差，并导致不良的政策结果。

2012 年出现至今的行业产能过剩问题再次表明我国产能过剩的治理政策实施效果并不如预期般理想。随着世界经济结构深度调整和我国发展阶段转换，我国工业领域产能过剩的问题还没有得到有效抑制。2012 年后部分行业产能过剩的程度越发严重，涉及的行业和领域更广泛，呈现出全方位产能过剩的新特点。当前的产能过剩无论在表象还是成因方面都不同于以往，是全面性、中长期过剩，而不是结构性、短期性过剩；是周期性因素和体制性因素综合作用的过剩，而不是单纯的市场或制度因素导致的过剩。因此，我国产能过剩的治理政策的有效性和合意性值得商榷。

（2）治理政策的理论依据需要更为深入的研究。正确认识产能过剩或者重复建设的形成机理，对于制定合意的治理政策是至关重要的。一直以来，对于重复建设、产能过剩形成机理的研究，一直存在两种截然不同的研究传统：一种传统是以市场失灵来解释重复建设的形成机理；另一种则是以转轨经济中体制缺陷对经济主体行为的扭曲来解释。

我国相关部门一直以行政管制和调控来治理产能过剩，实际上是认为产能过剩是一种市场失灵，因而需要通过政府的直接干预来治理。这种观点得到了一部分研究者的支持，其中曹建海、杨蕙馨、张军和罗云辉的研究具有一定的影响力，也比较具有代表性。曹建海（2000，2001）、杨蕙馨（1999）等认为由于某些产业自身的特征——进入壁垒低和退出壁垒高，导致了这些产业存在系统性的过度进入并进而导致产能过剩，这一观点实际上认为产能过剩是一种市场失灵。将不合理重复建设和过度竞争的形成，解释成为一种市场失灵，最具代表性的有四种理论观点：第一，低集中度的市场结构导致重复建设。第二，杨蕙馨（2000，2004）、牛桂敏（2001）等人认为，行业低进入壁垒和高退出壁垒的结构性特征导致重复建设。第三，以自由进入的企业数目可能会大于社会福利最大化情况下的企业数目（即过度进入定理）解释过度竞争或重复建设（Suzumura and Kiyono，1987；张军，1998；曹建海，2001；罗云辉，2004）。第四，以保有过剩生产能力促进企业间的价格合谋来解释重复建设或过度竞争（植草益，2000；罗云辉，2004）。近年来，在延续市场失灵传统的研究中，林毅夫（2007）把产能过剩归结为是一种"潮涌"现象，是近年来颇具影响的支持市场失灵的又一理论观点。

以转轨经济体制缺陷解释重复建设、产能过剩的研究，可以追溯到科尔奈（1986）"投资饥渴症"的论述。国内一些学者延续了这一研究传统，从中国经济转轨过程中的体制缺陷来解析重复建设的形成，其研究更多地结合了中国经济转轨过程中实际情况，在一定程度上发展和补充了科尔奈的研究，如张维迎和马捷（1999）、杨培鸿（2006）、皮建才（2008）等。自20世纪90年代末以来，许多学者关注到了现阶段转轨过程中发生的显著变化，并将地区竞争中地方政府对于投资的不当干预作为重复建设的根本性原因，如郭庆旺和贾俊雪（2006）、周黎安（2004，2007）、李军杰和钟君（2004）、李军杰（2005）、王晓姝（2012）、沈坤荣和钦晓双（2012）、江飞涛（2009，2012）等指出中国的财政分权体制和以考核GDP增长为核心的政府官员政治晋升体制，使得地方政府具有强烈的动机干预企业投资和利用各种优惠政策招商引资；土地的模糊产权、环境保护体制上的严重缺陷和金融机构的软约束问题，使得低价出让工业土地、牺牲环境和帮助企业获取金融资源成为地方政府竞争资本流入的重要手段。江飞涛（2012）进一步建立模型详细说明：地方政府低价供地等所导致的补贴效应，地方政府低价供地以及协调配套贷款行为下企业自有投资过低所导致严重的风险外部化效应，扭曲了企业的投资行为，导致企业过度的产能投资、行业内重复建设和产能过剩。从本书的研究结论来看，解决重复建设、产能过剩问题需要在土地产权、环境保护体制、金融体制、财政体制等方面进一步推进改革。

除了以上两种截然不同的研究传统来解释我国产能过剩与重复建设之外，"不当产业政策导致重复建设与产能过剩"这一理论观点被认为是忽略了的研究，并逐步引起学者关注。在我国，每当出现产能过剩时，政府就会出台一系列的政策进行调整和救济，在中国的产业政策中有很强扶持大规模企业限制小规模企业的倾向，在淘汰落后政策中也往往以小规模设备与小规模企业为主要淘汰对象，这些政策与日本治理"过度竞争"的政策非常相似。有迹象表明，这些政策在较大程度上扭曲了企业产能投资行为，是造成产能过剩的重要原因之一。李平等（2009）指出淘汰落后产能以设备规模作为主要标准，这可能会导致小企业避免被淘汰而投资相对大规模的设备，使产能过剩问题加重。江飞涛（2008）指出：在"扶大限小"的产业政策下，许多中小型钢铁企业为了避免未来成为规制政策限制和淘汰对象，纷纷在地方政府的支持下快速扩充产能，许多钢铁企业为了能在规制政策收紧后获取更多的市场份额，并在今后的运行中得到更多的政策倾斜，往往同时在政策相对宽松时期尽可能高速度大规模进行产能投资，反而加重了产能过剩的严重程度。李平等（2010）指出"扶大限小"的产业政策，对于战略性新兴产业产能投资的大量补贴，会导致较为严重的产能过剩问题。

然而，从现有研究来看，无论是截然不同的两种研究传统，还是被忽略的"不当的产业政策"这一理论观点，都还存在着一定的理论缺陷，对形成机理的理论分析以及实证检验都还需要进一步的梳理和研究，相关治理政策以及政策合意性和可操作性还需要进一步探讨和分析。

（3）本轮产能过剩治理必须清楚回答两大问题。面对当前产能过剩性质的变化，并将在较长一段时期内存在的现象，要想实现根本上治理，必须清楚回答以下两大基本问题：

第一，如何正确认识当前的产能过剩矛盾突出行业的发展趋势及其形成演化规律？当前的产能过剩已经出现全面性、中长期过剩的特征，如果不加以有效调控和引导，将可能导致企业倒闭或开工不足、人员下岗失业、银行不良资产大量增加等一系列问题。那么，这些产能过剩矛盾突出行业的发展趋势究竟是什么？又是哪些关键因素综合影响的结果？不同行业的产能过剩成因和形成演化过程是否存在差异？这些问题的回答，将有助于确定未来政策调整的基调。从世情看，世界经济已由危机前的快速发展期进入深度转型调整期，低速增长态势仍将延续，国际市场需求将长期低迷；后发国家和地区对中国低成本优势的挑战将日益严峻，新技术革命与第三次工业革命的发展以及发达国家的再工业化将可能进一步削弱中国制造业的国际竞争力。从国情看，传统重工业产品需求峰值已经或接近到来，以往过度依赖投资拉动和粗放式规模扩张的增长方式将难以持续，经济增长速度将会放缓，钢铁、有色金属等产品需求增速将显著放缓，工业消费结构将逐步升级换代。然而，现有研究对中国和世界经济深度调整的重要影响以及不同行业的行业特征在产能过剩形成中的影响并没有给予充分考虑。因此，现有研究应该将产业结构演变一般规律的理论分析与当前中国增长阶段转换、世界经济深度调整等现实紧密结合起来，将中国与世界经济进入深度调整期的大背景与具体行业发展趋势的研究紧密联系起来，这能更为全面、准确地把握产能过剩矛盾突出行业的发展趋势。

第二，如何根据产能过剩矛盾突出行业的发展趋势制定调整化解的对策？长期以来，政府部门以市场失灵说作为广泛干预微观经济的最为重要的依据之一；而以体制扭曲来解释产能过剩的形成，则意味着政府应该通过完善相应市场制度来治理产能过剩。相关部门更倾向于认为产能过剩、重复建设是市场失灵的结果。然而事实表明，这种以行政规制手段为核心的治理政策，并没有取得预期的效果，甚至出现强烈直接干预市场、限制市场竞争和以政府选择代替市场机制的管制性特征和浓厚的计划经济色彩（江飞涛和李晓萍，2010），反而出现了一系列不良的政策效应。大量研究表明，这种限制市场、干预市场与替代市场的产业政策模式，无论是理论依据还是具体实施效果都面临严峻的挑战和质疑。国内相关部门及一些学者试图为中国式直接干预微观经济的治理政策寻求理论支持，但这些理论依据并不充分且存在较大的缺陷。产业政策微观机制方面的研究也相对缺乏。静态且过于简单地理解市场机制，是中国特色产业政策及其理论基础存在根本缺陷的一个最为重要的原因，它导致相关部门在制定和实施产业政策过程中行为边界和行为方式上的错乱。此外，我国中央与地方分灶吃饭、西部大开发特殊的宽松投资政策、地方政府片面追求 GDP 的政绩观等国情，也造成政策在执行过程中走样，甚至扭曲。因此，针对近年来产能过剩调整化解政策制定和实施过程中政府越位与缺位问题突出，有必要对调整化解政策的取向进行重大调整，重构调整化解政策框架，制定政策实施方案，化减政策实施阻力。

4.5.3.4 产能过剩治理的对策和建议

（1）依托长效机制精准发力化解产能过剩。当前，产能过剩矛盾依然突出，且经济增长下行压力较大。这就需要我们抓住当前化解产能过剩工作中面临的突出问题与关键环节，协调好化解过剩产能和稳增长的关系，通过建立长效机制精准发力有效化解过剩产能。

第一，微刺激适度拉动需求，消化部分过剩产能。当前，实际投资与消费需求增速进一步下行，严重产能过剩行业正面临企业经营状况进一步恶化、部分企业资金链断裂风险不断加大的局面，并可能影响到金融稳定，亟须微刺激适度拉动需求。微刺激意味着政策发力方向与力度精准。具体而言，微刺激政策的力度应以避免产能过剩行业整体陷入生存危机与避免系统性金融风险为宜，政策着力点可放在以下几个方面：重点加大小城镇及农村基础设施建设、民生工程投入力度，加快城镇一体化建设与推动公共服务的均等化；加大财税政策的支持力度和支持的范围，鼓励企业技术改造、节能降耗、绿色生产方面的投资；切实放开民营资本投资领域，降低中小企业投资门槛；加快智能电网与分布式电网建设，加快第四代移动通信网络建设；对于分布式光伏发电项目投资进行适当贴息，加大政策性银行贷款支持力度，积极支持企业探索分布式光伏项目新融资模式和新商业模式。

第二，切实落实有保有压的金融政策，提高政策精准度。当前许多商业银行对于企业的经营、财务及风险缺乏清楚地了解，缺乏足够的风险识别能力与控制能力，为回避产能过剩行业调整所带来的风险，银行采取"一刀切"方式紧缩产能过剩行业信贷。因而，中国人民银行牵头会同主要商业银行，做好产能过剩行业及行业内企业信贷规模、结构与风险摸底工作。并以此为基础，严控新增产能投资贷款的同时，在风险可控和商业可持续的原则上，适度增加产能过剩行业的贷款额度，支持有市场、有技术、节能环保合规的企业在技术改造、产品结构调整以及流动性等方面的资金需求，适度降低其融资成本，为行业内企业的正常经营和转型发展提供必要条件。

第三，加快建立公平竞争的市场环境。重点推进不同所有制、不同所在地企业在税收负担、劳动者权益保护、环境成本承担等方面的均等化，严格规范地方政府为本地企业提供财政补贴、廉价资源能源等行为，以公平竞争加快低效率的企业的退出。还应完善破产制度，疏通退出渠道。重点强化破产程序的司法属性，避免地方政府对企业破产程序的直接介入；加快培育破产管理人队伍，完善破产管理人相关规定，由中介组织、中介人任管理人，实行竞争性选任管理人，强化管理人的专业技能；强化出资人的破产清算责任，当市场主体出现破产原因时，出资人在法定期限内负有破产清算义务。

第四，切实为兼并重组创造良好的外部环境。一是严格执行环保政策、清理不公平的优惠政策，增加低效率企业接受兼并重组的压力和意愿。二是调整税收政策，对兼并重组其他企业可以给予扩大税收抵扣或税收减免的措施，特别是对于兼并重组过程中涉及的土地增值税，应缓征、减征或免征。三是切实落实促进兼并重组的金融政策，引导金融企业加强对兼并重组的融资支持。四是加快建立跨区域兼并重组的利益协调和共享机制。规范区域之间横向税收分配，降低地方政府由于担心企业被兼并导致税源流失而产生的阻力。五是适当放松管制，鼓励金融资本多渠道参与产能过剩行业的兼并重组，支持金融资本探索直接参与产能过剩行业整合的新形式。

第五，加快建立援助退出与辅助调整升级机制。在援助退出方面，重点做好过剩产能调整中的失业人员的社会保障工作，并对失业人员再就业提供培训、信息服务甚至必要的资助，减少过剩产能调整所带来的社会成本。对于产能过剩行业集中的地区，中央政府还应给予一定财政支持，对于落后地区还可以提供特别的税收优惠政策，支持这些地区发展经济。在辅助升级方面，积极支持产能过剩行业企业对职员进行职业培训提高劳动者技能，并支持企业组成联合技术创新与管理创新联盟，对于企业联盟在新产品开发、关键共性技术的突破、工艺流程与管理流程的改造与创新等方面的活动，予以资金支持以及税收优惠政策。

（2）紧密结合不同行业的具体特征和发展趋势。

第一，钢铁行业。首先，构建公平竞争的市场环境。加强环境与生产安全监管的同时，取消钢铁行业不必要的审批、核准与准入；让不同所有制钢铁企业在税收负担、劳动者权益保护、环境成本承担等方面得到同等对待；建立健全相应政策法规，严禁地方政府为本地钢铁企业提供损害公平竞争的各类优惠政策。其次，强化对钢铁企业环境监管。通过建立污染物排放在线监测与遥感监测网络，实时监控钢铁企业污染物排放，对于违规企业按照相应法规予以严惩。最后，还应促进钢铁企业技术吸收能力和新产品开发能力的提升，将高端产品设备生产能力充分转化为高端产品制造能力。重点推进不同所有制钢铁企业在税收负担、劳动者权益保护、环境成本承担等方面的均等化，促进钢铁企业技术吸收能力和新产品开发能力的提升，将高端产品设备生产能力充分转化为高端产品制造能力。

第二，电解铝行业。一是各级政府应做好产能过剩调整过程中失业人员的社会保障和再就业工作；对于受影响比较大、经济欠发达的中部市、县，中央财政应予以一定的支持。二是严禁地方政府以廉价配套煤矿资源、优惠地价、违规优惠电价等方式吸引电解铝产能投资或承接产能转移，以防造成新一轮产能过剩。三是应规范和统一自备电厂过网费、基金及政府附加费的征收。当前，这些费用实际征收标准上的差异，人为造成企业间的不公平竞争。重点是加快电力体制改革，均衡区域电价，以消除政策原因造成的电价不平等，严禁地方政府以廉价配套煤矿资源、优惠地价、违规优惠电价等方式吸引电解铝产能投资，抑制西部地区的产能投资冲动。

第三，水泥行业。政策重点是加快污染物排放在线监控体系建设，严格监控各水泥生产企业的粉尘、氮氧化物、二氧化硫等污染物的排放；加快修订水泥产品标准和相关设计规范，推广使用高标号水泥和高性能混凝土。

（3）通过新一轮技术革命和产业革命化解产能过剩。当前，产能过剩主要从两方面制约我国制造业转型升级：一是抑制传统产业转型升级的动力；二是危害部分战略性新兴产业的健康成长。纵观现有化解路径，大多局限于给定的技术经济范式，而对新一轮技术革命和产业变革鲜有关注。实际上，新一轮技术革命和产业变革正在重塑制造业生产体系，为我国从根本上打破"产能扩张—产能过剩—化解产能过剩—产能再扩张"的恶性循环带来重要机遇。

第一，产能过剩是第二次产业革命的必然产物。19 世纪末至 20 世纪上半叶，电气化和化工引发了第二次产业革命，涌现出以原材料、机械加工、装备制造为主导的新兴产业，推动全球进入重化工业阶段，形成以流水线为代表的生产组织方式，极大促进了经济社会发展和人类生活水平提高。但是，第二次产业革命的技术经济特征也从根本上决定了产能过剩的必然性。首先，这一轮产业革命中涌现的新兴产业具有明显的规模经济特质，企业追求规模经济必然造成产能投资增加，在产业层面表现为产能扩张冲动，这是产能过剩形成的微观基础。其次，规模经济要求企业突破"最低有效规模"，必须进行专用性固定资产投资，这就使企业面临高昂退出成本，难以灵活调整生产。再次，流水线生产方式必须以配件和产品的标准化为前提，即"少品种、高产量"，这又限制了企业通过调整产品结构化解产能过剩的能力。最后，大规模生产方式培育了大规模消费主义，消费者被动消费标准化产品，限制了市场的拓展深化，不利于产能有效利用。

发达国家在其工业化过程中周期性出现的产能过剩现象印证了上述规律。其化解产能过剩的基本经验是，在产业升级和产业结构调整过程中，向发展中国家输出第二次产业革命的工业化模式，在产业转移过程中转移过剩产能，进而导致发展中国家承接了产能过剩。我国的工业化还处于重化工业阶段，仍服从第二次产业革命的基本规律。其中，产能出现严重过剩的产业，如钢铁、电解铝、水泥、玻璃、造船等都是第二次产业革命的产物；而风电设备、光伏等虽是新兴产业，但产能过剩多集中于铸造、装备制造等环节，仍具有明显的第二次产业革命的技术经济特征。

因此，必须明确，解决传统工业化过程中出现的产能过剩问题，根本思路不是放缓工业化进程，也不能重蹈部分发达国家"去工业化"的覆辙，而是要继续推进工业化，在更高阶段工业化进程中加以解决。初现端倪的新一轮技术革命和产业变革正是全球工业化的新阶段，其智能化、个性化和社会化特质将从生产体系、生产组织方式和需求模式等方面扬弃第二次产业革命的技术经济范式，为有效化解产能过剩提供长效机制。

第二，新型生产系统化解产能过剩的优势。一是刚性生产系统转向可重构生产系统，将大幅削减企业的调整成本。可重构生产系统以重排、重复利用和更新系统组态或子系统的方式，能根据市场需求变化实现快速调试及制造，具有突出的兼容性、灵活性及生产能力，可以实现生产制造与市场需求的动态匹配，有利于化解产能过剩。例如，德国大众汽车正在制定的"模块化横向矩阵"，可实现在同一生产线上生产所有型号汽车，并及时根据市场需求灵活调整车型和产能。

二是大规模生产转向大规模定制，降低企业对规模经济的依赖。可重构生产系统使大规模定制具备经济可行性，产品种类大幅增加，产量得以有效控制，企业依靠规模经济降低产品成本的竞争策略将进行调整，满足消费者个性化需求将取代规模经济成为企业的主流竞争策略。这有助于在微观层面阻止产能过剩的形成。

三是自动化转向智能化，有助于全生命周期化解产能过剩。在新一轮产业革命中，"智能工厂—智能产品—智能数据"闭环将驱动生产系统智能化。例如，德国"工业4.0"计划在制造装备、原材料、零部件及生产设施上广泛植入智能终端，借助物联网和服务互联网实现终端间的实时信息交换、实时行动触发和实时智能控制，达到对制造设备、零部件和供应链的全生命周期、个性化、人性化管理。智能制造体系有助于在生产过程中对产能形成和利用情况进行实时监控、优化和治理。

四是工厂制造转向社会化制造，产能呈现分散化趋势。信息技术飞跃发展将大量物质流数字化为信息流，除必要的实物生产资料和产品外，生产组织中的各环节可被无限细分，企业主导生产和创新的传统模式面临转型，从而使生产方式呈现出碎片化和社会化制造趋势。目前，发达国家已出现专门为网络设计者及用户提供制造和产销服务的社区工厂，有效降低产业进入门槛；社交网络上出现了由个体组成的"虚拟工厂"，个人能够通过在线交流进行产品研发、设计、筛选和完善，"社会制造"这一新型产业组织正逐渐形成。这有利于向全社会疏散产能，有效防范产能集中和过剩风险。

第5章

金属资源定价机制与定价权

由于我国企业在国际市场价格形成过程中缺乏合理的影响力，在金属资源国际市场经常陷入"一买就涨、一卖就跌"的尴尬局面，给我国资源安全和经济平稳增长带来严重的负面影响。一方面，在出口贸易过程中廉价出售优质矿产品，资源价值没有得到充分体现；另一方面，中国需求的快速增长在国际市场上被广泛认为是金属资源价格上涨的主要支撑因素，中国需求成了市场势力提价和炒作投机的题材，铁矿石、铜、铝等我国紧缺金属资源价格在震荡中攀升。李克强总理 2011 年 11 月 7 日在北京会见澳大利亚、加拿大等 18 个国家的资源能源部长时提出的"推动形成长期、稳定、可预期的大宗商品供求关系和合理的价格机制"成为我国政商各界的共同呼声，说明了定价权问题的严重性和重要性。

5.1 矿产资源定价权概述

5.1.1 定价权的含义

5.1.1.1 国内外学者的定义

关于商品国际贸易定价权的研究，国内外至今尚未形成较完整的理论体系，但多数学者普遍认同在不完全竞争市场上，不管一个国家是某种产品的生产国还是消费国，都不会被动接受他国的定价，这些相互竞争的国家或者具有某种商品定价的能力，或者具有影响其他参与国商品定价的能力，就称为定价权。国外学者 Brndow（1969）、Fattouh（2007）认为市场定价权就是厂商直接影响其他市场参与者或者诸如价格、推广促销等市场变量的能力，因而市场定价权就是一种价格加成能力。Kaufmann 等（2004）则认为定价权主要指其技术实力，公司可以靠自己特有的技术或发明在市场上获得垄断定价权，并通过垄断定价权获得超额利润，并且在维持既有垄断优势的情况下，它们有意愿不断加大对技术发明的投入。

国内的学者也从各自的研究领域出发，对定价权含义进行了不同的界定和诠释。白明（2006）从市场均衡的角度出发衡量定价权，他认为，一国在进口过程中应当以消费者剩余最大化为目标，而符合这一目标的定价就是理想价格。而国际定价权则是指一国究竟在多大程度上有能力可以使进口资源性商品的价格接近上述理想价格。唐衍伟（2006）从期货市场的角度对定价权的含义做了界定，认为在目前的国际贸易中，期货市场对整个市场起着主导作用，期货价格是商品价格构成的核心，国际定价权无非是各国期货市场在国际市场中主导全球石油、金属、农产品等大宗原材料的能力。何新貌（2007）从供求的角度入手，认为在既定的交易规则以及买卖双方都有一定的市场垄断能力的条件下，与传统市场上价格完全由供求决定的情况相比，定价权是指供求双方能够有多大能力获得或者制定更有利于自己的交易价格。张燕生（2010）指出大宗商品的国际定价权是时间（即参与国际交换和投资的经验积累）和综合实力（即运作国际规则和高端市场的能力及全球影响力）的函数。没有足够的时间和经验积累，没有与时间相对应的综合实力，即使是世界上的最大买家，也很难真正取得国际话语权和定价权。一国在国际贸易体系的大宗商品定价权体现在其在贸易中的市场主导权、规则制定权、政治责任承担力。

5.1.1.2　本书的定义

我们的研究认为：国际贸易中的定价权可定义为相关市场主体凭借国际贸易市场势力影响市场均衡价格朝自身有利的方向偏离国际贸易公平价格的能力，主要涵盖三个要素，即市场势力、市场均衡、国际贸易公平价格。

（1）市场势力。虽然学术界对市场势力的定义各不相同，但普遍都认为市场势力是指在非完全竞争市场中，企业将产品价格提高到完全竞争水平之上的提价能力。市场势力是定价权得以实施的凭据，而定价权是实施市场势力的结果。

（2）市场均衡。从市场均衡角度来看，我国在进口过程中应当选择消费者剩余最大化作为目标，而符合这一目标的定价则为理想价格。所谓国际定价权，就是指我国究竟在多大程度上有能力可以使进口重要资源性商品的价格接近上述理想价格。

（3）国际贸易公平价格。以完全竞争市场均衡价格理论为基础，国际贸易公平价格机制的形成，是在国际交易平台制度公平的基础上由产品内在价值补偿公平、产业组织交易势力公平以及国家政策交易势力公平等方面共同决定的。具体来说，在完全竞争条件下，国际贸易公平价格是马歇尔均衡的时点价格；在现实的不完全竞争条件下，公平价格是位于产业组织交易势力以及国家政策交易势力作用下的，公平反映交易标的内在价值补偿情况的供给与需求均衡波动的区间。

5.1.2　定价权的新特征

5.1.2.1　发达期货市场的价格成为全球贸易定价的基础

目前，国际上几乎所有重要的大宗商品贸易定价都需要参考发达期货市场的价格来确定。由于诸多新兴市场的价格在很大程度上都是发达期货市场的影子价格，因此企业的微观定价实际上受发达期货市场的影响和掌控。从主权角度看，新兴经济国家的企业在国际贸易定价中缺乏本国期货市场的指引，实际上也就是产业缺乏定价权的最新表现。完全可以认为定价中心论是定价权理论在新时期的新发展。

5.1.2.2　金融资本逐渐向商品定价领域渗透

这不仅体现在各类产业基金和对冲基金日渐成为商品期货市场的战略投资者，而且体现在国际金融机构向商品股权领域、衍生品领域的渗透。其一，西方国家更加注重通过金融寡头直接投资与并购获取海外资源；其二，金融资本不断加大对期货市场的影响和控制；其三，衍生品交易成为国家大宗商品定价体系的一个环节。银行等传统金融机构也日渐参与到商品价格形成和商品衍生品的设计和交易过程中。

5.1.2.3　跨国公司对价格的掌控日益多样化

跨国公司通过超越国界的资源配置方式，整合全球产业链，以控制终端零售为突破口，主导大宗商品市场价格走势。首先，跨国公司通过对全球产业链和贸易的掌控，既掌握了粮食主产国市场，同时还控制了东道国进口市场，使东道国市场沦落成为其全球战略的一部分。其次，跨国公司价格制定方式出现进一步垄断化。例如，尽管国际粮商存在竞争，但是其掌控大豆价格的方式大致相同。总体来看，跨国粮商已经掌控了"巴西种大豆、中国用大豆、美国决定价格和转手利润"的国际贸易与定价格局。最后，跨国公司通过冲击东道国价格调控巩固价格控制能力。比如，2007 年，中国储备粮总公司抛售 20 万吨食用油储备调节价格，结果 70% 让跨国粮商买走囤积起来，不投放市场，致使当年价格调控效果甚微。

5.1.2.4　政府在定价权争夺中发挥的作用日渐增加

无论是具有资源垄断性质的发达国家（如澳大利亚），还是拥有强大的市场定价中心和跨国经营资本的发达国家（如美国），表面崇尚自由市场，但是在事关重大的价格问题时，政府往往会在背后进行直接或间接的干预。总体上来看，就产业发展和经济安全而言，政府价格调控能力和产业管理能力在定价权争夺中的地位和作用已经越来越重要。尽管这一属于大宗商品国际定价权范畴的内容不被理论界所重视或者不被发达国家所提及，但是却至关重要，应予以深入研究和关注。

5.1.3　定价权缺失的界定

对于定价权缺失与否的判定方法主要包括定性分析和定量分析两种。

定价权的定性分析是以一国在该种商品国际贸易中所占的份额、地位，与该国在国际商品议价中对价格的决定能力为评判标准。当一国在国际商品定价中处于强势地位，交易对方往往被迫接受该国的定价，则说明该国具有较强的定价能力；反之，如果一国在某商品的国际贸易中占据很大的份额，但却总是被动接收交易对方制定的价格，则说明该国在这种商品上不具备定价能力，丧失了这种商品的定价权。定价权缺失的另一个现象是"一国买什么、什么就涨"，以及一国在初级产品的进口中存在"在低价位时不买、在高价位时买进"的问题，这一无奈折射出由于缺乏定价能力，一国需求反被卖方或国际炒家利用的现实。

定价权的定量分析主要有两种方法。一种是以该国商品的国际市场占有率与买卖双方集中程度的对比来判断一国在该商品定价权上的大小。这种方法认为，一国实际定价权的大小，不仅要看一国的进口（或出口）商品在国际市场上的占有率，而且也要考虑到国际市场上买卖双方集中程度的对比，即买卖双方赫芬达尔 - 赫希曼指数的对比。同时，随着产业内贸易的发展，一国许多商品既有进口又有出口，因此需要从买方和卖方对国际定价权进行双侧考察，也就是说要算总账。一国的国际定价权的权商 V 设计如下：

$$V = (C_X \cdot H_X + C_M \cdot H_M)/(H_X + H_M) \tag{5-1}$$

其中，C_X、C_M 分别为一国出口和进口某种商品的国际市场占有率，H_X、H_M 分别为整个国际市场买方和卖方的赫芬达尔 - 赫希曼指数。一国商品的国际定价权的权商 V 在理论上应介于 0~1，V 值越大，说明一国对于国际市场定价的影响力也就越大；而 V 值越小，则说明一国对于国际市场定价的影响力也就越小。

定价权定量判断的第二种方式是将定价权分为优质定价权和劣质定价权。该理论认为，如果将国际市场上的权威价格作为参照系，优质的国际定价权应当是相对于国际市场价格来说一国在贸易中贱买贵卖，而劣质的国际定价权则是相对于国际市场价格来说一国在贸易中贱卖贵买。具体方法是以一国进口商品的价格涨幅与对应的国际市场价格的上涨幅度加以比较，按照以下公式求得动态比价：

$$R = (PM_t / PM_{t-1}) / (PW_t + PW_{t-1}) \qquad (5-2)$$

其中，PM_t 表示某种商品当年的平均进口价格，PM_{t-1} 表示该种商品上一年度的平均进口价格，PW_t 表示该种商品当年的国际市场权威价格，PW_{t-1} 表示该种商品上一年度的国际市场权威价格。进口价格与国际市场权威价格的计量单位可能不同，但由于动态比价 R 值是 PM_t / PM_{t-1} 和 PW_t / PW_{t-1} 这两个年度相对数字的比较结果，所以在量纲上没有差异。

若动态比价 R 值大于 1，则表明一国进口商品在定价权上呈现出劣权化趋势，动态比价 R 值越大，劣权化趋势就越明显；若动态比价 R 值小于 1，则表明一国进口商品在定价权上呈现出优权化趋势，动态比价 R 值越小，优权化趋势就越明显。

5.2　金属资源定价格局与价格形成机制

5.2.1　现货定价基本格局

现货指可供出货、储存和制造业使用的实物商品。现货交易是现钱现货的实物交易。具体交易方式包括以下三种。

5.2.1.1　以长期合同价格为基准的定价方式

一些具有寡头垄断特征的国际大宗原材料市场，合约的最终价格与本期远期价格的确定是由市场上的主要买方和卖方每年谈判达成。铁矿石长期合同矿（协议矿）即由三大供方与三大需方以"交叉捉对"的形式展开谈判，确定一个财政年度内的铁矿石价格。虽然是"三对三"多边谈判，但首先达成一致的谈判价格将被其余各场谈判的谈判方接受，成为全年的定价标准，并且买方不会在以后的谈判中确定以更高的价格向其他卖方采购，卖方也不会在以后的谈判中确定以更低的价格向其他买方出售。

5.2.1.2　点对点的交易方式

金属资源供应商与消费商根据市场当时的供需状况一对一商定单笔交易的成交价格。市场规模较小的矿种大多采用本交易方式，如钨、稀土等。在铁矿石市场中，拒绝接受基准价格的矿山企业和钢铁企业只能在现货市场出售或购买矿石。

5.2.1.3　平台集中竞价与期货化定价趋势

近年来，我国开始重视完善金属资源价格形成机制及交易平台建设，金属资源逐渐进入电子交易时代。通过计算机网络可完成同货异地、集中竞价、统一撮合、统一结算，这一方式无疑对交易双方提供了巨大的便利。同时，生产商、批发商和交易商在现货电子交易系统中共同撮合竞价的定价机制使得交易信息更加透明，价格更加合理，价格发现功能更强。

目前，我国主要的现货交易市场有渤海商品交易所、泛亚有色金属交易所、上海黄金交易所等，其主要交易品种见表5－1。

表5－1　　　　　　　　　　国内金属交易现货市场基本情况

交易所	主要交易品种
泛亚有色金属交易所	铟、锗、钨、铋、镓、钴、白银、钒、锑等
渤海商品交易所	黑色金属包括铁、锰、铬及其合金；有色金属包括铝、铜、锌、镍、白银等
上海黄金交易所	黄金、白银
广西南宁大宗商品交易所	白银、铜
天津铁合金交易所	铁合金、镁

此外，铁矿石也出现了多个有影响力的现货交易平台，如中国铁矿石现货交易平台、新加坡环球铁矿石现货交易平台。铁矿石定价还呈现出金融化趋势。由于具有价格发现和风险规避功能，铁矿石掉期和期货交易蓬勃发展。目前，提供铁矿石掉期清算服务的有新加坡交易所、伦敦清算所、美国洲际交易所、上海清算所4家，推出铁矿石期货合约的有印度2家、新加坡2家、美国纽约1家以及我国大连商品交易所共6家。其中从大连商品交易所铁矿石期货的成交量看来，其价格发现功能得到了市场认可，这反过来进一步推动了期货市场的发展，从长远看来铁矿石定价有朝期货定价发展的趋势。

5.2.2　期货定价基本格局

期货是与现货相对的概念，期货是现在进行买卖，但是在将来进行交收或交割的标的物。期货交易是期货合约的交易。买卖期货的场所叫作期货市场，是多种期货交易关系的总和，是在现货市场基础上发展起来的高度组织化和高度规范化的市场形式。

5.2.2.1　主要的期货市场及交易矿种

当今世界上较有影响的金属期货交易的交易所有伦敦金属交易所（LME）、纽约商业交易所（NYMEX）的 COMEX 分支和上海期货交易所（SHFE）。其中 LME 价格被广泛作为世界金属贸易的基准价格，其主要交易品种见表 5 - 2。

表 5 - 2　　　　　　　　　　　　主要金属期货交易所基本情况

交易所	主要交易品种
伦敦金属交易所（LME）	铜、铝、铅、锌、锡、镍、钴、钼等
纽约商业交易所（NYMEX）COMEX 分支	黄金、白银、铜、铝、铂等
上海期货交易所（SHFE）	铜、铝、锌、铅、锡、镍、黄金、白银等
大连商品交易所	铁矿石

5.2.2.2　成熟期货矿种的现货定价方式

期货交易是人们在贸易过程中不断追求交易效率、降低交易成本与风险的结果。期货交易以现货交易为基础，现货交易是期货交易的根基，期货交易是现货交易规避价格波动风险的措施，两者相互促进、共同发展。由于能提前反映供求变化、引领现货价格，具有较强的预期性，在很多金属资源的国际贸易中，对于有成熟的期货品种的商品，期货价格都被作为现货贸易的定价依据。其现货价格通常采用如下公式进行计算：

$$P = A + D \tag{5 - 3}$$

其中，P 为现货结算价格，A 为参照基准价格，D 为升贴水。

参照基准价格 A 大多是根据该商品主要期货合约的价格来定。通常期货价格并不是在购买时确定的，而是在运输期间内，买卖双方根据该期货合约在交易中出现的某一价格来确定的（即点价）。升贴水 D 综合考虑了运距、运力、支付方式和贸易商利润等因素，D 的大小根据买卖双方的地理位置、贸易惯例和市场力量对比决定，通常变化不大。

2010 年，LME 推出钴钼期货，2013 年大连商品交易所推出铁矿石期货，2015 年上海期货交易所推出锡、镍期货。这些品种交易规模还相对较小，尚未得到广泛认可，市场定价仍然以现货市场价格为主。

5.2.3　金属资源价格的影响因素

金属作为经济发展的重要原材料，是航空、航天、汽车、机械、电力、通信、建筑、家电等行业的物质基础。金属价格的定价权缺失对企业和行业影响深远，给经济和社会运行带来很大的不确定性，甚至威胁到国家安全。研究定价权问题必须先分析金属资源价格的影响因素和定价机制。

5.2.3.1　供需结构

在完全竞争市场中，供需变化导致价格迅速调整，需求增加引起价格上涨，而这种上涨的反馈又减少了需求、增加了供给，直到新价格上的供需再平衡。不过，国际金属资源市场并非完全竞争市场，大多数交易都依赖于拥有垄断地位的少数矿业巨头，而金属行业具有天然的产能调整延迟性，即供需变化和产品价格之间的作用和反作用并不及时，有时候滞后还很严重。但分析长时间跨度和行业整体情况后会发现，供需变化仍然是金属价格波动的主要原因，而产量、进出口量、消费量和库存量等是反映供需基本面的关键指标。此外，随着循环经济的发展，再生金属的使用比例逐渐增加，成为反映供需状况的重要指标。

（1）供给。金属的供给取决于矿床分布和提取成本。矿山规模越大、矿石品位越高、矿场越接近市场等因素都能有效地降低开采成本和增加供给。

供给曲线的刚性是金属资源供给的特点之一。Tilton（2006）研究了铜的供给，发现在周期性的漫长价格下跌过程中，勘探与采选等前期投入也会随之下降，当价格重新进入上涨阶段时，这些前期投入的不足又会制约供给的增加，反映为一条随着累计产量增加逐渐趋于平缓和刚性的曲线。

对再生资源领域而言，普遍的观点是规模更大的再生资源市场和更多的可替代性资源将会增加金属价格的稳定性。不过，尚且没有人准确测算出再生金属对金属价格稳定的影响程度。此外，不同品种的再生金属替代性不尽相同，再生和原生金属的供给间没有直接关系，对价格的影响尚不确定。

国际金属供需结构的变化也影响着价格的变化，金属消费大国的身份正在不同国家间转移，同时发生的还有消费国和生产国的角色转换。历史上，主要金属消费国往往也是主要生产国，正是其自身对金属的巨大需求推动了矿山开发。但在过去几十年，金属生产商和消费者逐步分化，形成了各自的阵营，表现出利益博弈的竞争局面。最明显的表现就是，生产国政府更关注提高金属价格，维护本国利益，而消费国政府越来越担心这种趋势对自身经济发展的冲击。为应对日趋激烈的围绕价格和供给的竞争，金属资源生产国和消费国都纷纷建立各自的贸易联盟，以在市场上获取更大的话语权，加剧对抗性，给世界范围经济的稳定和持续发展带来不确定因素。

（2）需求。从经济意义上来讲，长期需求既可以表现为某个价格范围内的需求，也可以表现为某个特定价格的需求（Friedman，1976）。当商品不存在短缺时，需求量就会等于消费量。

经济增长是推动金属需求上升的重要原因。据世界银行 2006 年的分析报告，金属需求与 GDP 增长趋势基本保持一致。可以预计，包括我国在内的新兴工业国家，金属需求将持续增长并长期保持在高位，这也刺激着国际金属价格的不断走高。

人均消费量的不断增加，是当今金属资源需求方面的重要特点。Sznopek（2006）研究了 20 世纪 90 年代以来的美国市场金属消费情况，发现矿产品及金属产品需求的主要驱动力来自人口数量的增长，而美国矿产品消费增速高于人口增长速度。

由于喜好不同，金属资源的消费形态也发生变化。在交通运输行业里，倾向大型车辆的国家将大大增加钢铁等基本金属的需求量，而倾向环保和新能源的市场会增加稀土和锂的需求。

法律法规等宏观政策也会影响金属需求。Plunkert（1999）指出部分法规的出台会降低有毒金属的使用，而增加替代金属的需求。Sznopek（2006）指出，提高汽车尾气排放标准将会增加铂族金属的需求，因为采用这类金属的触媒转换器能有效减少排放。同样，根据 Kelly（2005）的观察，美国 CAFE（公司平均燃油经济性标准）标准促进了汽车的轻量化，可能导致铝的需求上升，以替代钢铁。

5.2.3.2　宏观经济

（1）经济运行周期。经济运行类似于正弦曲线，在增长、繁荣、衰退和复苏之间呈现周期性的交替转换。需求的周期性变化带来整体经济的起落，引发价格的波动。金属是重要的工业原材料，从长期来看，宏观经济周期直接影响金属产业下游的需求，从而引起价格的波动。图 5 - 1 展示了美国经济周期和铜价的关系，正可说明这种波动。图中柱状阴影为美国官方统计的经济衰退周期，曲线是伦敦金属交易所铜价。不难看出，在曲线和阴影部分的重叠区域中，曲线会先出现剧烈波动，然后下行，也即当经济步入衰退期后 1 ~ 2 个季度内，金属铜的价格会从衰退期前的上涨趋势转变为明显下跌。

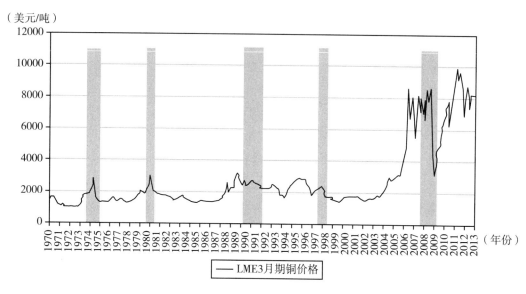

（美元/吨）

图 5 - 1　美国经济周期与铜价

金属价格伴随宏观经济周期出现涨跌的现象已经得到确认，但是对这种周期的幅度和频率还存在很多的观点。比如，Slade（1982）借助光谱分析法研究了铜、铝、铅、锡、锌、铁和银等金属的价格，发现除了响应于短期商业周期的高频波动外，还有一个10～14年的长波动周期。Cuddington（2012）开发了一个针对金属和不可再生商品的系统供需模型，重点研究金属价格的超长周期，并在模拟仿真中观察到一个持续约20年的金属资源非对称价格周期。

（2）货币政策。宽松的货币政策将带来巨大的市场流动性释放，推高金属价格。例如2008年11月我国为应对国际金融危机提出"适度宽松"的货币政策，部分资金进入金属资源市场，一定程度上推动了价格的快速反弹。但是，过于宽松的货币和汇率政策又会带来流动性过剩。加上以杠杆交易为特征的衍生金融工具不断涌现，加剧了高流动性资产的积累，提高了货币创造系数，迅速增加了货币供给，进一步推高金属价格。而金融自由化降低了资本流动的交易成本，可能吸引大量海外资金，加剧金属价格的波动。

在国际市场上，美联储宽松的货币政策大大增加了美元的流动性和贬值风险，带动更多投机资金进入大宗商品市场，推高包括金属在内的大宗商品价格，使新兴经济体面临全面的资产价格上涨。表5-3分析了2008年以来美国采取的四轮量化宽松政策的措施及影响。

表 5 – 3   美国量化宽松政策

量化宽松政策	措施	影响
美联储从 2008 年底至 2010 年 3 月启动第一轮量化宽松政策	累计购买 1.7 万亿美元债券	推动了美元贬值，经济复苏和量化宽松共同推动了包括基本金属在内的大宗商品价格攀升，LME 铜价在商品属性和金融属性的共同作用下上涨了 262%，于 2011 年 2 月达到新高点
2010 年 8 月美国联邦储备委员会公开市场委员会（FOMC）宣布启动第二次量化宽松	实施 6000 亿美元的"量化宽松"计划，美联储发行货币购买财政部发行的长期债券，每个月购买额为 750 亿美元，直到 2011 年第二季度。这就是 QE2，即所谓美联储的第二次量化宽松政策	LME 铜价由 2010 年 8 月的 7067 美元/吨一路上扬涨至 9301 美元/吨，涨幅达 31.6%
2012 年 9 月 15 日开始第三次量化宽松	每月采购 400 亿美元的抵押贷款支持证券（MBS），现有扭曲操作（OT）等维持不变	推高大宗商品市场，中国是主要的铜进口国，大宗商品价格上涨推动中国铜进口价格上涨，增加生产成本
2012 年 12 月 12 日美联储宣布了第四轮量化宽松货币政策	每月采购 450 亿美元国债，替代扭曲操作，加上第三轮量化宽松每月 400 亿美元的宽松额度，联储每月资产采购额达到 850 亿美元，并用量化数据指标来明确超低利率期限	对其他国家带来汇率波动、资产泡沫等冲击

（3）产业政策。产业政策的出台有利于提高产业集中度，在保证竞争活力的情况下优化资源配置，提升整个产业的竞争力。对于金属行业来讲，国家还能从政策层面加强对保护性矿种的开采管理，维护供需平衡和可持续发展。合理的产业政策能增强金属资源的保障能力，稳定价格。

我国加快了产业政策制定和实施的步伐，2009 年出台《金属产业调整和振兴规划》，2011 年颁布《金属工业"十二五"发展规划》，2011 年划定了首批稀土和铁矿国家规划矿区，这些措施都有效保护了钨、锡、锑、稀土等我国优势矿产资源，稳定了金属价格，保障了供给。

5.2.3.3 投机因素

金属具有商品和金融双重属性，这使得其价格形成和波动变得更为复杂。近年来国际市场金属价格的快速上涨，已经超越了供需等基本面所能解释的范围。许多学者认为源自流动性过剩带来的大量热钱进入金属市场，尤其是期货交易市场。

金属期货市场的过度投机，将会推动期货与现货价格同时上升，超出由供需等基本面因素决定的合理价格。从最近十年的金属市场行情来看，各种基金在多次价格上涨中都起到了推波助澜的作用。基金大致可以划分为三类：技术型的 CTA（商品交易顾问）基金、对冲基金、指数基金。其中，指数基金是对针对各金融市场指数进行投资的基金，金属类商品在指数基金中占有重要比例。

以铜为例，首先，期铜是最成熟的期货交易品种之一，构成整个金融市场的重要组成部分；其次，铜具有良好的自然属性和保值功能，历来被作为仓单交易和库存融资的首选品种。因此，铜价和商品指数基金规模呈现出密切关联。①

5.2.3.4 突发事件

自然灾害等突发事件，虽然不会改变金属价格的长期走势，但是会在短期内对价格产生冲击，尤其是涉及金属主要生产国和消费国的突发事件，这种冲击的效果还会比较明显。突发事件对生产国的供电、运输和建筑等基础建设造成破坏，势必影响到金属资源的正常生产和出口，造成短期内供应减少，推高价格。而灾后重建中，生产国本身的金属需求增加，影响到出口量，促使价格进一步上升。对于消费国来讲，突发事件后的重建则会增加需求量，也会在国际市场拉高金属价格。

以铜为例，全球最大产铜国智利地震频发，对国际市场铜价冲击严重，而我国作为主要进口国，受到明显影响。2010 年 2 月 27 日，智利中南部发生 8.8 级地震，随后的 3 月我国铜矿砂及其精矿的进口量由 2 月的 57 万吨下降至 54 万吨，价格却由 2 月的每吨 1870 美元上升至 2000 美元，涨幅 7%。2012 年 3 月 26 日，智利中部马乌莱地区发生 6.8 级地震，当月我国铜矿砂及其精矿的进口数量由上月的 63 万吨降至 53 万吨，下降 15.9%，而价格却由上月的每吨 2020 美元上涨到 2180 美元，涨幅 7.9%。随后的 4 月，我国铜矿砂及其精矿进口量进一步下降至 47 万吨，价格涨至每吨 2540 美元，涨幅高达 16.5%。智利位于环太平洋地震带上，地震非常频繁，在 1960 年 6 月 22 日甚至发生过人类观测史上震级最高的 9.5 级瓦尔迪维亚大地震，在可以预见的将来，仍有可能发生规模较大的地震，也势必会对国际铜价产生短期内的强烈冲击。

此外，恐怖袭击、武装冲突和政治格局变动等其他突发事件对金属价格也有很强的短期冲击，表 5 - 4 就罗列了部分突发事件及对金属价格的影响。

---

① 2002 年铜价处于稳定低位时，商品指数基金规模为 80 亿美元。2008 年，铜价上涨引发商品指数基金规模的激增，一度高涨至 2000 亿美元，但随后出现金融危机，铜价剧烈下跌，基金规模又大幅缩水至 1000 亿美元。

表 5 - 4 突发事件对金属价格影响

时间	事件	影响
1976 年	第一次石油危机	铜价在 1974 年出现大幅下滑,最大跌幅达到 75% 的成本线,时间持续了 4 年
1984 年	第二次石油危机	1981~1985 年铜价再次跌破边际成本线,时间也持续了 4 年
20 世纪 90 年代初	储贷危机和苏联解体	导致大量电解铝冲击市场,铝价格出现了大幅下跌,时间持续了 3 年
2001 年 9 月	"9·11" 事件	国际形势出现紧张,美国金融保险、证券期货、贸易流通等行业损失严重,导致投资者对市场前景信心不足,使市场需求进一步看淡,价格下跌
2008 年	美国次贷危机	导致全球经济陷入衰退的情况下,金属价格出现了大幅的下滑
2011 年 3 月	利比亚战争	石油价格出现上涨预期,机构为免受较大损失而逃避市场风险,使金属期货价格回落
	日本地震	对日本制造业造成巨大冲击,短期内金属进口量减少,从而使金属期货价格降低。但设施重建对金属需求量增大,因此一段时间后金属进口量增大,金属期货价格回升
2012 年	欧债危机	LME 期铜的价格从 2012 年 2 月达到 8765 美元/吨后开始下跌,至 6 月其价格更一度跌破 7300 美元/吨,达到该金属价格的半年来新低。LME 金属其他 5 个品种也表现出剧烈跌幅,1 月末、2 月初以来,LME 期锌的价格已下跌超过 18%,铝和铅的价格都分别下滑逾 20%,镍和锡的跌幅甚至达到 27% 和 30%

5.2.4 金属资源定价机制系统仿真

定价机制是指相互联系和制约的各因素对商品价格的共同作用规律。如前所述,这些因素主要包括供需结构、宏观经济、投机因素和突发事件,它们的变动会引起金属价格的变动,而金属价格的变动最后又会反作用于这些因素。因此,单方向地由影响因素的变化来预测金属价格是不完善的,需要运用系统动力学的方法来模拟金属价格变动和各影响因素变化的关系,以探寻科学的金属资源定价机制。

以铜为例,引入 Sterman (2000) 的商品通用模型,构建一个包括价格、需求、成本、产能利用率和库存五大模块的价格波动系统,绘制各模块因果回路图,分析其内部动力反馈机制，并据此对我国 1996~2012 年的铜价进行模拟和验证。

5.2.4.1　价格波动模型的结构和分析

（1）价格模块。价格作为库存周转率范式函数引入系统动力学，是一个外推的库存供应理论。Sterman（2000）建议价格形成于库存周转率和生产者成本的共同影响，因为生产者往往将成本传递给买家。模拟价格变化的因果关系如图 5-2 所示，模拟价格受到预期铜价、库存周转率影响因子和成本影响因子的直接作用。

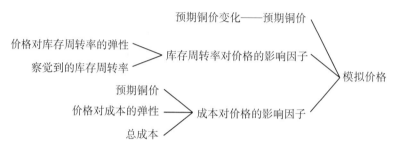

图 5-2　价格模块因果关系

此外，随着时间的推移，企业能够适应任何给定的价格，这一概念在"交易者预期价格"模型变量中引入，即以成本和库存为基础的基准价格。在商品市场中，生产者最关心其必须持有的库存水平，而消费者则关心生产者能否按时按量交付商品。因此，库存周转率指标可以用于衡量生产者的库存成本和供货能力，当库存周转率低于正常水平或参考水平时，价格会调整到均衡水平以上；反之，库存周转率上升时则价格下降。这一关系模拟了典型经济方法设置铜价，通过给定的价格供给曲线确定商品供给数量。同样，通过价格需求曲线确定商品需求数量。均衡价格为供给量等于需求量，即两条曲线相交点的价格。

（2）需求模块。由于金融属性的存在，金属价格波动受到证券和期货等市场因素的影响。投机力量通过期货市场影响需求，因此，在计算总需求时应该在实际需求的基础上增加投机需求变量。

宏观经济因素是影响金属价格的重要因素，因此引入工业总产值，作为衡量经济周期性变化的重要指标，其变化能够影响国内投资、生产和消费等实际需求，并通过需求影响库存水平，进而影响价格。据此构建需求模块的因果回路关系，如图 5-3 所示，产品需求直接受到预期价格、产品需求弹性、投机需求和预期需求变化量的影响。

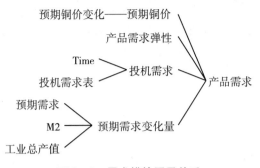

图 5 - 3　需求模块因果关系

（3）成本模块。分析成本模块因果反馈关系如图 5 - 4 所示，成本变量被定义为原材料成本、生产成本和其他成本的总和。

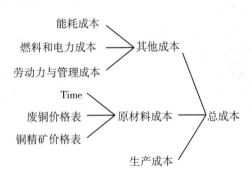

图 5 - 4　成本模块因果关系

在以铜为例的模型中，原材料成本分为铜精矿价格和再生原材料废铜价格；生产成本是在满足需求的产能利用率下的最低单位成本；其他成本包括能耗成本、燃料和电力成本、劳动力与管理成本。

（4）产能利用率模块。如图 5 - 5 所示，生产能力代表了生产能力的上限。产能利用率取决于生产者对当前运营收益率的预期，企业支付员工加班工资，租用额外的生产设备，都是要使产能达到最大化。

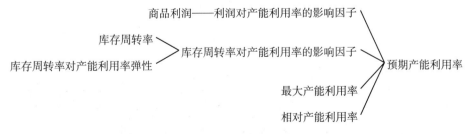

图 5 - 5　产能利用率模块因果回路

实际产能利用率取决于两个因素：一是利润，更大的利润带来了更大的生产动力；二是库存，企业都有一个期望库存水平，一旦实际库存与期望不同，就会试图改变产量。

（5）库存模块。如图5-6所示，价格是库存周转率函数，库存增加、价格下降。

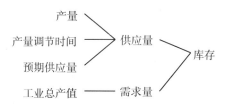

图5-6　库存模块因果回路

库存也是企业平滑产量的方法，在产品和客户订单之间起缓冲作用，企业不需要因为每笔订单而改变产量水平。假设企业维持原材料库存，以缓冲另一端的生产，这样企业不会因为原材料供应的问题导致生产中断。

存储供给理论认为持有存货是有收益的，Brennan（1958）称之为（负）便利成本，即手上没有库存是不方便的，会产生成本。例如，一家企业在面对客户订单时没有存货，可能会导致交易失败或者不得不推迟交货且价格打折。由此推算，在低库存和增加的库存迅速减少到零时，便利的收益是非常高的。

5.2.4.2　仿真结果验证

评价系统模型的优劣关键在于模拟结果能否真实有效地反映历史，为验证模型的有效性，将模拟价格与1996～2012年铜均价历史值展示如图5-7和图5-8所示，所用数据均来自国家统计局、Wind数据库、同花顺iFinD数据库等权威发布。

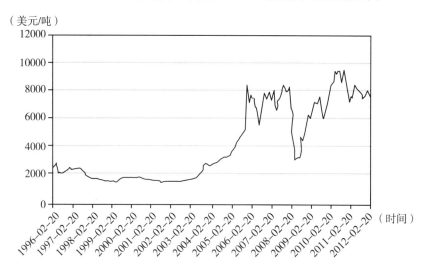

图5-7　中国铜价历史趋势

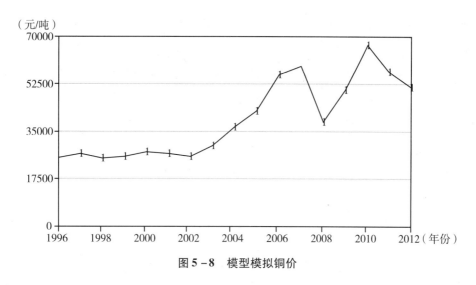

图 5-8　模型模拟铜价

比较表明，铜价模拟仿真结果与历史趋势保持了较好的一致性，说明模型是有效的，但是价格模拟值低谷出现在 2008 年，而铜年度均价历史值低谷出现在 2009 年。这是因为 2008 年全球性金融危机爆发，致使全世界的经济形势低迷，相关经济指数异常波动，大大影响了铜的现实需求和投机需求，致使铜价大跌，出现了铜价历史最大跌幅，铜均价历史值是取均值，平滑了波动效应，因此反映铜价趋势具有一定的滞后效应，而系统动力学模型是根据系统结构的内部运行机制模拟仿真铜价趋势，因此与铜价波动历史趋势具有较好的一致性。

5.3　金属资源金融化及其对价格的影响

随着矿产资源市场的不断发展，矿产资源不再只具有单一的商品属性，还逐渐演化出金融属性。这种金融属性的出现使得资源价格不再是现货市场供需平衡的静态反映，随着国际金融机构将矿产资源作为一种金融资产，将大量资金从资本市场移至资源期货市场，资源价格更多地受投机交易的影响，其本质是国际资源价格由资源期货市场的金融投机需求决定。从现阶段来看，学者对矿产资源的商品属性研究已经很成熟，但近年来却无法准确解释矿产资源价格的波动情况，因此，学者开始重视对金融属性的研究。因此，本节主要就金属资源金融化发展下的资源金融属性进行具体阐述。

5.3.1　金属资源金融属性

进入 21 世纪后，金融资本对大宗商品的冲击加剧，用传统的供求关系来解释大宗商品价格波动时已经显得力不从心。从市场参与者的角度看，以对冲基金为代表的金融机构早已把商品期货作为重要的投资渠道；从价格形成的角度看，商品的价格与经济增长率、流动性、利率、汇率等多种金融指标或参数都有密切的关系。当大宗商品成为一种投资品时，其价格就不仅仅取决于供求关系了。由于资本流动改变了市场上买卖格局，从而产生了一种与商品属性不同的新的定价方式。这种定价方式从商品属性中衍生出来，跟金融资本的运行非常密切，称之为金融属性。

对商品属性和衍生的金融属性而言，前者反映商品本身供求关系的变化对价格走势的作用，而后者则主要体现为利用金融杠杆来进行投机炒作的市场行为。从广义上看，商品的金融属性体现在如下方面：

5.3.1.1　作为融资工具

商品具有良好的自然属性和保值功能，历来作为仓单交易和库存融资的首选品种而备受青睐。许多银行或投资银行直接或间接参与仓单交易，并通过具有现货背景的大型贸易商进行融资操作。这种传统意义上的金融属性，实际上起到风险管理工具和投资媒介的作用。

5.3.1.2　作为投机工具

大宗商品市场是成熟的投资市场，构成整个金融市场的有机组成部分，从而吸引大量投资资金介入。而投机炒作的主角则非投资基金莫属，其中包括 CTA 基金、指数基金等。

5.3.1.3　作为资产类别

大宗商品作为重要的自然资源和工业原材料，为越来越多的大型投资机构所重视，有的甚至将其视作与股票和债券等"纸资产"相对应的"硬资产"，成为与金融资产相提并论的独立资产类别，从而成为其重要投资标的或投资替代品。

金属市场是商品金融化的一大重要领域，Masters（2008）、Paul Sukagawa（2010）、刘向东（2010）、汪五一（2014）等国内外学者发现金属资源的金融属性也日益明显。

5.3.2　商品金融化表现

在商品金融化背景下，商品市场呈现出越来越多的金融市场特点，具体来说可以体现在其衍生品市场和实际交易的现货市场上。

5.3.2.1　衍生品市场金融化

商品衍生品市场金融化主要表现在商品交易主体和商品交易机制的变化上。

（1）交易主体的金融化。商品交易主体的金融化主要是指金融机构参与商品交易，商品交易主体不再仅仅是简单的实物商品交割的买卖双方。金融投资者在没有实际商品产量的情况下进行期货交易，唯一的收益来源就是衍生品价格的上升，这样的购买行为就被认为是投机行为。当这些金融投资者持有大量资金进入市场时，他们的投机行为就会对市场价格产生较大影响。随着商品衍生品市场的金融化，期货市场出现了新的投机者——指数投机者和基金管理者。这些投机者往往持有较大的资金，促使商品市场的交易主体结构发生相应的变化。

纽约期货交易所以商业头寸和非商业头寸分别表示期货市场上的从事实际生产的交易者和金融交易者。图 5 - 9 为 1995 年、2000 年、2005 年以及 2010 年末纽约期货交易所铜的商业头寸与非商业头寸的情况。2000 年以前，商业头寸与非商业头寸之间的比例基本上保持稳定在 20% ～ 30%，然而进入 2000 年以后，非商业头寸迅速增加，投机者大量进入大宗商品的衍生品市场，遇到金融危机后非商业头寸的比例又有所下降，但总体来说还是处于历史上的高位。这说明投机者的角色正变得越来越重要，指数投机者把商品期货合约当作对冲通货膨胀优化投资组合的工具，当越来越多的金融机构参与指数投机当中时，商品价格表现与投资组合其他资产的关系就越密切，指数投机者的存在与发展推动了商品金融化的发展。

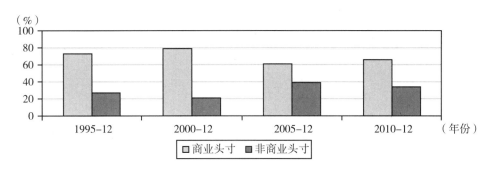

图 5 - 9　CFTC 市场铜的商业头寸与非商业头寸

（2）交易机制的金融化。第一，交易指令化。商品期货交易可以在期货交易所和场外市场同时进行。客户在按规定足额缴纳开户保证金后，即可开始交易，进行委托下单，通过指令完成交易。常用的交易指令有市价指令、限价指令、止损指令、取消指令等。在正式交易时，客户可以通过书面、电话或者互联网下单。交易指令的出现大大降低了交易成本，缩短了交易时间。第二，价格形成自动化。商品期货合约价格的形成方式主要有公开喊价方式和计算机撮合成交两种。公开喊价属于传统的竞价方式，靠的是人力，速度较慢。计算机撮合成交是一种计算机自动化交易方式，是指期货交易所的计算机交易系统对交易双方的交易指令进行配对构成，其特点是生成的价格准确、连续。

第三，程序化交易。程序化交易主要是通过计算机系统进行某种约定的条件形成证券组合，并且构建组合交易指令，实现自动下单的交易过程。利用程序化交易，主要是为了进行风险管理和成本管理，在风险管理方面，程序化交易可以设置盈利率和止损率，系统可以自动完成，在成本控制方面，可以在交易后时时监控损益和保证金要求，动态管理保证金。

此外，在期权交易市场上，也出现了以商品期货合约为标的的期权交易类型，在互换市场上也不断有新的商品互换类型出现，使商品价格固定在约定水平上。这些都是商品金融化带来的交易机制的变化。

5.3.2.2　现货市场金融化

（1）现货交易的类期货化。第一，现货仓单标准化。同期货合约一样，现货市场的仓单也是标准化的，其内容是预先规定好的。以现货标准仓单为交易标的，可以通过计算机网络实现同货异地同步交易，把有形市场和无形市场结合起来。现货仓单的标准化，使得产品质量得到了保证，避免了假冒产品。第二，现货物流标准化。现货仓单的标准化在一定程度上促进了现货物流的标准化。现货物流单据票据的标准化，可以实现信息的有效采集，将管理工作规范化和标准化，是进行现货仓单网上交易的基础标准，也可以实现对现货交易进行有效宏观监控。现货物流标准化对现货物流成本和效益有着重大的影响，参与现货交易的成本降低其效益相应的获得提高。第三，网上交易集中化。现货电子市场交易有着严格的市场交易制度，所有的交易最终在网上集中完成。大宗商品电子交易也称网上现货交易或现货仓位交易，是采用计算机网络组织同货异地、同步集中竞价、统一撮合、统一结算、价格行情实时显示的交易方式。

（2）现货交易门槛降低。现货市场不仅有现货交易商，还出现了投机者。买主和卖主很难在同一时刻提出数量相同、交易方向相反的交易，这就需要投机商从中买卖，赚取差价，承担投机风险，促使现货仓单成交，使得交易变简单便捷。投机者的参与提高了市场的流动性，增加了现货交易量，保持了价格体系的稳定。同时，现货交易目前也实行对冲制度、双向交易、T＋0制度和履约金制度等，这些新制度的出现给现货交易带来了便利，交易灵活，所需金额比较低，使得交易门槛降低。

（3）现货市场金融创新。商品金融化也促进了现货市场上金融创新的发展。比如在铜价不断攀升时，ETF证券公司推出了现货铜ETF（铜交易型开放式基金），黄金非货币化以后一直延续进行的纸黄金交易，以及为规避油料市场风险的油的纸货交易。这些交易方式取代了实物交割，降低了商品的储藏成本和交易成本，促进了商品金融化的发展。

5.3.3　商品金融化的形成机理

商品金融化是伴随着经济金融化的不断发展而产生的，经济金融化又是建立于金融自由化基础上金融体系和银行监管不断放松的情况下的。随着美国对债务和金融管控的不断放松，1970 年后美国逐渐呈现经济金融化的特点。随后，在美国的大力带动下，世界上其他发达国家都进行了经济结构变革，金融业得到巨大发展，世界经济逐渐呈现金融化特征。随着经济金融化的发展，金融因素已然成为商品交易中不可忽视的大背景因素，这些金融因素不断影响着重要商品的市场交易价格，使之偏离供求关系决定的理论价格，商品金融性逐渐凸显。

根据现有研究综合，商品金融化形成的本质是由于市场上的资金流动量增加，资金供应量超过资金需求量。闲置资金增加使得这些资金需要谋求一个投资的市场，同时部分商品由于数量较少本身具有较好的保值增值功能，这就使得大量的闲置资金进入到这些商品市场，对商品的市场交易价格造成影响，商品价格不再仅仅受到供求因素的影响，还受到这些资金投入带来的金融因素的影响，商品金融化也就形成了。

冯宇文（2015）通过分析总需求 – 总供给模型得出商品金融化产生的根本原因是市场中流通的资金量增加，闲置资金进入商品市场。随着这些资金进入商品市场，商品价格的波动变得复杂化，市场经济中的货币供应量、利率等宏观经济因素可以通过商品金融市场对商品实际价格产生影响，同时也影响商品的实际产量。这时，商品的交易价格就会受到金融因素的影响偏离供求决定的基本价格。市场上的金融投资者主要是金融机构，他们通过在商品期货和远期等市场与商品实际交易的现货市场交叉操作来获得收益。这些金融投资者的交易行为使得商品市场受到金融因素的影响，导致商品实际交易价格的波动，商品金融化产生。具体可以通过图 5 – 10 表示这种传导方式。

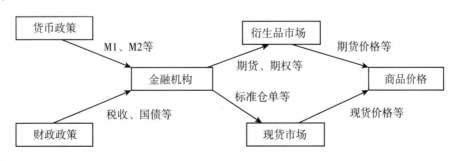

图 5 – 10　宏观经济政策影响商品价格传导

5.3.4　商品金融化影响分析

随着全球经济环境的变化和金融一体化的不断推进，我国金融衍生品市场迅猛发展，商品金融化成为一种趋势和潮流，同时也影响着我国实体经济的发展。一方面，适度的商品金融化使得商品期货等金融市场得到相应发展，套期保值者能够有效地利用期货交易规避商品价格波动的风险，使得相关生产企业能够锁定生产利润；另一方面，过度的商品金融化导致期货市场上出现过度投机的情况，商品价格波动过大，交易的不确定性增强，不利于相关生产企业稳定自身发展，也不利于实体经济的发展。因此本书将从以下三个方面来阐述商品金融化影响。

5.3.4.1　对期货市场参与者行为与结构影响

第一，商品金融化会对期货市场参与者的基本行为产生显著影响。随着商品金融化的发展，期货市场上的参与者不再局限于一般的套保者和投机者，而是开始出现指数化投资者和期货基金管理者等特殊的新型投资者。这两类投资者都并不直接从事商品的生产或者消费，其参与商品金融市场交易只是为了通过买卖商品金融资产来获得利差。由于这两类投资者往往持有极大的资金量或者交易中存在极大的杠杆，故随着他们参与市场，市场上交易主体的结构和行为都发生了很大的变化，如表5-5所示。

表5-5　　　　　　　　　　商品期货市场参与者行为分析

交易行为	传统投机者	期货管理基金	指数化投机者
普遍市场持仓情况	在市场的多空方向上均有主动管理的持仓，上涨下跌均可获利	主动管理的持仓，在市场多空方向上均有大额且相对不透明的持仓	被动持仓，在商品互换中持有大额多头的方式间接入市，只能通过上涨获利，持仓透明
投资决策过程	根据商品市场基本面分析，如供求关系、库存等；通常只对最熟悉的一两个品种进行交易；运用杠杆投资	某些管理基金做一些基本面分析，如对冲基金；更多的管理基金主要运用技术分析模型，经常引发其他投资者的跟风与羊群效应；运用杠杆投资	对个别品种的基本面不感兴趣，更多地将商品市场看作一个整体；根据某个指数的权重来分配各品种之间的持仓；持仓调整相对容易预测；不使用杠杆
对市场流动性的影响	改善流动性	主动管理的大额持仓可以改善流动性，但在强烈的价格变化过程中大额持仓反而会产生挤出效应，降低流动性	被动的大额持仓产生挤出效应，降低流动性

续表

交易行为	传统投机者	期货管理基金	指数化投机者
对剧烈价格变化的反应	对于与基本面无关的突然变化感到疑惑；价格的突然变化可能导致保证金不足而被迫平仓	通常由计算机程序自动判断并执行交易；有放大风险的可能	个别品种的价格变化可能导致指数权重的调整，进一步导致持仓比例的相对变化，价格上涨追加持仓，下跌时降低持仓
对其他市场变化的反应	对其他市场变化不作反应，只关注少数几个商品期货品种	在商品市场之外还有其他类型的资产，通常对商品的持有保持在一个固定的比例，因此其他市场变化可能导致商品期货持仓变化	配置在许多资产类型之间，当其他资产更具吸引力，或其他市场需要追加保证金时，有可能减少在商品期货市场的持仓

第二，商品金融化会对商品市场参与者的结构产生显著影响。随着商品金融化的出现和发展，商品市场中出现了多类型的交易者，使得传统单纯按照商业头寸和非商业头寸来对市场交易者进行两大类划分已不符合现今市场的实际情况。由于新型投资者在市场上的操作方式复杂多样，传统的划分方式可能使得他们的实际操作目的被复杂的操作方式所掩盖，导致市场参与者的结构情况不准确。例如，许多进行指数化投资的金融化投资者把他们的持仓头寸报告为避险头寸，从而被归为商业交易者一类，但实际上他们是用持有的期货头寸对冲另一个商品互换的风险。这种商品互换实际上又是其他金融机构进入商品期货市场的工具之一，如果他们直接来买商品期货，就会被归为非商业交易者一类。为此，美国期监会自 2007 年开始，为部分农产品期货品种发布一项关于商品指数交易者的新报告（CIT）来主要关注这类投资者进行指数化投资的行为，无论他们是商业交易者还是非商业交易者。

5.3.4.2 金融化对期货市场套期保值效果的影响

随着商品市场的不断发展，商品价格波动日渐复杂化，商品相关生产企业具有减小价格波动风险的需求，加之商品市场不断金融化，商品期货市场的产生，生产企业在期货市场上进行套期保值以规避价格风险也是期货市场最重要的功能之一。由于期货市场的实际情况以及周边环境处于不断的变化中，因此在不同的时期期货市场的套期保值效果也会有所不同。同样，铜金属的金融化程度作为期铜市场实际情况的一个重要反映，也会对期铜的套期保值效果产生一定影响。不同金融化程度时期的期铜套期保值效果可能也不会相同。

（1）商品金融化对套期保值效果影响路径。如图 5 - 11 所示，一方面，在商品金融化不断发展的情况下，期货市场上日渐增加的投机行为使得商品期货市场更为活跃，期货市场上众多交易者充分参与、公开竞价，各种交易信息和预期的互相作用，使得期货价格成为市场综合因素的反映，期现价格的相关性较好，套期保值者能够较为准确预期未来现货价格，从而寻找合适的期货合约。同时，买卖商品期货合约的参与者增加、交易量扩大，使得套期保值者能够更容易地在期货市场上找到适合自己的套期保值合约，降低套期保值所需合约的成本。另外，套期保值者进行期货交易的目的是为了转移部分未来商品价格波动所带来的风险，那么转移的风险就需要投机者来承担，投机行为的增加往往表明投机者承担的转移风险更多，套期保值者就能够更好地降低价格风险。

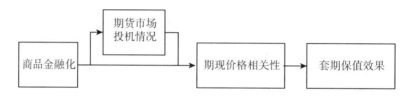

图 5 - 11　商品金融化对套期保值效果影响路径

另一方面，商品金融化后商品价格波动中包含的影响因素大量增加，这使得商品价格的套期保值变得更加复杂，传统的套期保值方法不能够很好地发挥套期保值效果，企业要进行合适的套期保值则需要专业能力更高的人才。此外，由于现阶段金融制度尚不够完善，过度的商品金融化导致期货市场上的投机行为超出合适的数量和频率，从而导致期货价格极大偏离现货价格。在这种情况下，期货交易所给出的期货价格也就缺乏应有的价格指引功能，企业难以根据期货交易所的价格变化来指导具体的生产、销售或采购业务活动。同时，在这种情况下，利用期货对商品现货价格进行的套期保值活动必然受到不良影响，套期保值变得更加困难，套保的期限也开始变得日益短期化。

（2）商品金融化对套期保值效果影响。在研究视角上，学者大多将商品金融化和期货市场的套期保值分裂开来研究，但金融化程度会导致商品期货价格和现货价格差异的变化，从而对套期保值者产生极大的影响，但从现有文献来看，学者们将这两方面研究进行整合研究相对较少。

冯宇文（2015）从金融化相关概念和理论出发，将铜金属的金融化程度和期铜市场上的套期保值效果进行联系，从实证角度分析和解释我国铜金属的金融化程度对期铜套期保值效果产生的影响和原因。冯宇文首先对金融化程度测度体系进行改进，从期现价格互动程度、价格受金融市场系统风险憧憬程度、收益率波动程度和市场整体投机程度四个方面构建金融化程度测算体系，通过实证测算出不同时期我国铜金属金融化程度的各项具体指标；其次，以2005年1~12月的测度数据为基期数据对其余各期数据进行调整，得出各期的具体金融化程度，形成我国 2005～2014 年近 10 年来金融化程度变化曲线，并对曲线进行相应分析，区分出我国铜金属金融化程度相对高、中、低时期；最后，从我国铜金属金融化程度高、中、低时期中分别选出样本区间进行套期保值实证分析，再对各样本区间的套期保值效果进行比较以得出铜金属金融化程度对期铜市场上套期保值效果的影响。得出的结论主要如下：

第一，金融化程度测算结果表明，在 2005～2014 年的近 10 年中，我国铜金属的金融化程度呈现由低到高再回归低值的情况。从各分量指标来看，主要呈现以下特点：

其一，期现价格互动程度在 2005～2014 年间整体差别不大，在 2010 年出现一个小的峰值后再回归均值，并从 2013 年开始逐渐下降。因此，其虽然是金融化程度的重要判别指标，但其对各期间综合计算得出的具体金融化程度数据影响不大。

其二，价格受金融系统风险冲击程度，在 2008 年金融危机时期达到极高的峰值，该期间我国铜金属期货市场受到国际金融危机影响显著，价格波动极大，表明我国铜金属期货市场在该阶段较为成熟，易受到金融风险的冲击。在 2010 年期间该指标出现一个小峰值，说明在该阶段我国铜金属期货市场对金融风险的抵御能力也较小。

其三，收益率波动指标在 2005～2014 年间总体来看相对平稳，在 2008 年有个小峰值同时自 2013 年开始又出现持续下降。但其作为综合程度计算的负向指标，是综合金融化程度的扣减项，其整体对金融化程度的影响较小。

其四，投机程度指标在 2005～2014 年间呈现一个先下降再上升再下降并逐渐平稳的情况，其中在 2008 年末到 2009 年初投机程度达到最大的峰值。这一波动情况说明了我国铜金属期货市场的可投机性在金融危机后达到了一个峰值，随后由于期铜市场制度的不断健全、投资者的不断成熟使得期货市场上的投资行为更加理性，投机行为相对减少，使得金融化程度也有所下降。

总的来看，我国铜金属金融化程度的综合计算结果在上下波动过程中产生了三个峰值点，同时呈现由低到高再回归低值的情况。从我国 2005～2014 年间的整体情况分析可得，在 2008 年 4 月前后我国铜金属金融化程度相对较高，2005 年 7 月前后和 2010 年 4 月前后我国铜金属金融化程度处于中等水平，其余时期则处于相对较低的金融化水平。

第二，通过利用 ECM-BGARCH 模型，对高中低金融化程度期间分别取样进行套期保值比率求解和套期保值绩效分析可得：套期保值比率从高到低为低金融化程度期间、高金融化程度期间、中等金融化程度期间，而套期保值绩效从高到低则为中等金融化程度期间、低金融化程度期间、高金融化程度期间。这表明就套期保值成本而言，中等金融化程度期间成本最低，低金融化程度期间成本最高；而套期保值对价格风险的降低程度则为中等金融化程度期间降低程度最大，高金融化程度期间降低程度最小。

这可能是由于套期保值低成本的实现往往需要市场上存在较多的投机者，使得套期保值者能够购买到合适的期货合约来满足套期保值者的保值需求，以降低套期保值的成本，而低金融化程度时期市场的投机程度低，投机者较少且较为理性，这往往加大了套期保值者寻找合适的期货合约的难度，使得套期保值的成本上升；而对套期保值降低风险程度而言，高金融化程度期间虽然有众多的投机者和套利者活跃市场，承担套期保值者的风险转移，但由于金融化程度高加之全球范围内金融危机的发生使得铜金属价格波动幅度极大，套期保值能够有效降低价格风险的程度有限。因此，从整体情况来看，中等金融化程度期间我国期铜市场套期保值行为的效果是最佳的，其能以最小的套期保值成本取得最大的价格风险降低程度。

5.3.4.3 金融化背景下投机对期货市场定价的影响

（1）投机在期货市场中的作用。通过上述分析发现，投机行为在期货市场中的作用不可忽视。期货市场投机基金规模不断扩大，而且由于基金投机交易策略灵活、进入或者退出市场操作迅速、资金实力雄厚，很容易影响甚至操控价格的变动。关于投机基金参与期货市场，是否会引起期货价格背离供求基本面，增大价格波动，国内外学者对此一直存有争论。

一种观点认为，投机基金的投机行为是导致期货价格剧烈波动的主要原因，期货市场已经失去价格发现和风险规避作用。Wang（2002）在外汇期货市场，Buchanan（2001）在天然气期货市场都得出了类似的观点。Slade（1991）对金属期货市场的研究表明，投机性持仓头寸并没有稳定期货价格的功能，Pindyck（1994）对资源性商品价格波动进行研究后发现，短期看投机是造成期货价格波动的重要因素。Baffes（2010）认为投机行为将引起商品价格出现高的波动行为，并可能通过增大价格周期的长度和价格波动的幅度来影响商品市场。李金香等（2011）以及邵留国等（2013）的研究结果都表明投机性持仓影响着期铜价格的波动。Julien（2013）、MarcJoets（2013）等对能源期货市场的研究也表明投机行为在石油价格波动过程中起着重要的作用。

另一种观点认为，根据现有的研究不能确定期货价格是否受到投机行为影响。IMD（2006）对铜和棉花等商品的定价研究发现，期货市场投机头寸对现货市场价格没有显著影响。宋琳和房珊珊（2010）对期铜的研究发现对冲基金的投机对期铜价格的推动作用则比较微弱。Kilian和Murphy（2011）、Christopher等（2013）实证分析认为投机几乎不对原油期货价格以及价格波动产生影响。

Joseph等（2013）、Stefan等（2013）的研究结果发现，金融投机行为不能造成农业大宗商品价格的上涨或者下跌。

现有研究具有以下特点：第一，研究领域多集中在农产品与能源期货市场，只有少数文献对能源、农产品期货市场同时进行多市场研究，单独涉及有色金属期货市场或者其他期货市场的研究相对缺乏；第二，研究方法也大多使用简单的相关性分析以及因果检验性的方法，研究方法相对比较单一，具有一定的局限性；第三，投机所使用的数据大多选用美国商品期货交易（CFTC）所公布的非商业性持仓数据，但是 CFTC 并没有将所有的非商业交易商都划分为投机者，一些商品指数基金本质就是彻底的投机者，因此仅选取非商业性持仓考察投机的行为有一定的缺陷，而且国内的文献对商品指数基金等新型投机者的实证分析相对较少。

（2）金融化背景下投机对期货市场定价的影响。随着大宗商品金融属性的增强，基金在大宗商品市场上的资金量越来越大，其影响不容忽视。特别是近年来金属期货市场存在大量投机基金，而与此同时金属资源的价格波动剧烈且频繁。为厘清投机与金属资源价格之间的关系，需清楚背后的运行机理。但从国内外的研究来看，研究投机对金属资源价格影响的文献相对较少。本小节通过李红生（2011）和费然（2013）对国际铜的研究为代表来阐述投机对金属资源定价的影响。

李红生（2011）通过相关性分析发现基金投机持仓和期铜价格波动之间负相关，基金投机持仓和期铜价格收益正相关，和期铜价格绝对收益负相关；采用定性的格兰杰因果关系检验发现，存在单向的期铜价格收益到基金投机持仓、到期铜价格波动的格兰杰关系。基金根据期铜价格走势调整其投机持仓仓位，是策略性趋势跟随交易者，而并非完全根据期铜价格波动大小调整净多头仓位。

由于相关性分析和格兰杰检验均只能提供定性的研究结论，李红生采用基于GARCH 族模型定量分析基金投机持仓和国际期铜价格波动之间的关系，并分别将基金投机持仓分为可预测部分、非可预测部分，考察它们对期铜价格波动的影响。结果表明：期铜价格波动存在较强的持续性，基金投机持仓有减小期铜价格波动率的功能，其中不可预测部分对期铜价格波动的影响要强于可预测部分；基金投机持仓能够减缓期铜价格波动的非对称效应。经过分析给出了造成这种原因的三个主要因素：国际金融危机造成全球铜市场供求关系的变化、美元指数长期以来震荡走低以及铜资源的稀缺性。

费然（2013）在分析国际铜价的定价方式的演变、国际铜价的影响因素、基金投机主体的操作特点的基础上，对基金投机对国际铜价的影响进行了理论分析，并且采用协整检验方法检验二者之间是否存在长期均衡关系，采用 Geweke 分解检验方法检验二者之间的长短期因果关系，采用标准 GARCH 模型来进一步研究基金投机持仓变动对国际铜价波动的影响，采用 EGARCH 模型研究国际期铜市场价格波动的非对称性。得出的主要结论如下：

协整检验结果表明，在整个样本期间，基金投机与国际期铜价格之间存在长期的均衡关系，而在价格上涨期二者并不存在长期的均衡关系。Geweke 分解检验的结果表明，不论是在价格上涨期还是整个样本期，管理基金净多头持仓占比和期铜价格之间的因果关系显著，但主要表现为相互之间即期的因果关系，长期来看，仅存在国际期铜价格对管理基金持仓单向的因果关系。这说明基金的投机行为是国际铜价短期剧烈波动的重要原因，但并不是国际铜价长期剧烈波动的根本原因。

基金采取趋势跟随策略，会根据前期期铜价格的变动及时调整投机持仓，在价格上涨的时候大量买入，在价格下跌的时候大量卖出。但正是基金这种大量买入推动了价格的进一步上涨，大量的卖出助长了价格进一步下跌的颓势，价格和基金投机行为短期内相互影响，相互推动，从而使得铜价短期内波动剧烈。标准 GARCH 模型的实证结果表明，期铜价格波动存在持续性，且持续性较强，长期来看，管理基金持仓变动对期铜价格的波动没有影响。这可能是由于管理基金持仓变动造成的价格短期波动会被市场自身的调节机制所消化吸收，也可能是由于影响期铜价格波动的因素多种多样，其他因素变动造成的铜价波动与基金持仓变动造成的铜价波动方向不同，从而相互抵消掉了。EGARCH 模型的实证结果表明，期铜价格波动存在非对称效应，等量的利空消息能比等量的利好消息对期铜价格产生更大的波动，价格下跌时，市场的参与者会反应过度，加速价格的下跌。

5.3.5　金属资源金融化相关研究展望

从现阶段的研究来看，对金属资源金融化的研究已经形成新的研究热点，但主要集中在某一金属资源金融属性的形成和金融因素的影响方面，对于金属资源市场整体金融化的研究尚未形成一个较为完整的体系。随着金属资源市场的不断发展，金融化也逐渐成为金属资源市场难以避免的趋势，因此在未来的研究中构建一个针对金属资源金融化的完整研究体系显然具有重要的意义。

5.4　中国因素对金属资源价格的影响

近年来，中国经济持续增长，一方面拉动了世界经济增长，另一方面也带动了全球金属资源等大宗商品的需求增长。在国际市场上，中国需求被广泛认为是金属资源价格上涨的主要支撑因素，中国需求成了市场势力提价和炒作投机的题材。中国需求并被称为"中国因素"。"中国因素"具有两个典型特征：巨量且快速增长的需求，但却高度分散的市场结构。"中国因素"对价格的影响引起了国内外大量专家学者的广泛关注。

5.4.1 中国巨量需求对金属资源价格影响的实证分析

许多学者对大宗商品的价格波动与中国经济发展状况之间的关系进行了研究，但是结论不尽相同。Michael Francis 等（2005）认为从 2001 年 12 月加入世贸组织开始，中国消费品的出口量和初级大宗商品的进口量都在不断增加，对大宗商品的供给和需求产生了非常重大的影响，直接导致了全球通货膨胀的增加。Elekdag 和 Lalonde（2008）采用 DSGE 的模型，模拟出现阶段大宗商品价格的上涨主要是由于新兴经济体的快速发展所形成的生产力增长对能源密度造成了巨大的冲击。Jaramillo（2009）等通过估计误差修正模型发现中国工业产出与各类大宗商品国际价格之间存在显著正向关系。Anzuini（2012）采用一系列计量经济学的方法研究国际大宗商品市场波动中新兴工业国的贡献，结论表明，以中国为代表的新兴国家的发展在国际市场上大宗商品价格的波动中发挥着越来越大的作用。关旭（2010）进行了国际大宗商品价格波动的"中国因素"研究，采用中国货币供给量、中国有色金属的进口量、出口量、产量和中国国内工业生产总值 5 个变量进行研究，其结果表明国际有色金属价格的波动很大程度上受中国经济发展水平的影响。宋增基、刘芍佳等（2009）运用计量模型系统定量地研究中国经济增长对世界石油价格的影响，其结论表明，随着中国经济的快速增长，尽管在中短期之内，"中国因素"对世界石油价格的影响不太明显，但是长期来看，"中国因素"对世界石油价格的上涨有着较大的影响。李跃忠（2006）分别以伦铜连续价格、伦铜连三价格、沪铜连续价格、沪铜连三价格为研究对象，运用误差修正模型和脉冲响应分析等方法对期铜价格中的"中国因素"进行了实证分析，认为中国对铜现货市场的需求并不是引起国际铜价上扬的主要因素，而是由于期货市场存在着价格发现的功能，国际期铜价格与国内期铜价格的共同作用才是推高国际铜价的主要力量。

在国际金属资源的价格波动中，"中国因素"是否发挥了作用，影响程度到底有多大，"中国因素"对国际价格的影响是否仅仅是单向传递等问题，目前的研究结论并不一致，同时相关研究并没有将"中国因素"放在一个系统的框架下进行深入分析。对此，本书以铜为例，从长短期维度分别进行系统检验。

国际铜价选取伦敦期货交易所三月期铜的月度价格，数据来源于南华期货交易行情系统，区间为 2004 年 1 月至 2012 年 3 月。解释变量包括中国工业总产值、广义货币供给量、人民币对美元的实际汇率、国内精铜的进口量，以及通货膨胀率。

5.4.1.1 "中国因素"与国际铜价之间长期均衡关系的实证检验

本部分首先运用 H-P 滤波的方法，分解出国际期铜价格序列与代表"中国因素"的各变量的长期趋势序列，并运用 VAR 模型和 JJ 协整方法对二者进行了检验，从而得出关于二者长期均衡关系的相关结论。

通过 H-P 滤波，分解出中国工业总产值（见图 5 – 12）与中国精铜进口量的长期趋势序列（见图 5 – 13）。

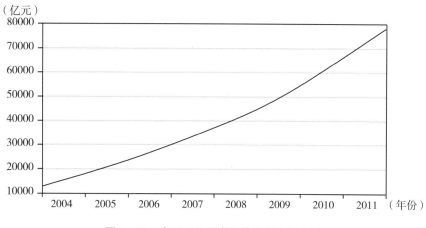

图 5 – 12　中国工业总产值的长期趋势序列

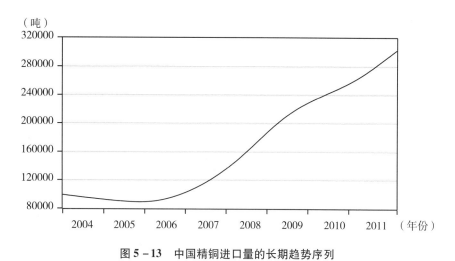

图 5 – 13　中国精铜进口量的长期趋势序列

在 VAR 模型中，本部分运用 AIC 信息准则和 SC 准则，并结合 LR 准则对 VAR 模型的最优滞后期进行了检验，结果显示最优滞后期为 8 阶。由此建立的 VAR（8）模型方程为：

$$\ln\!lmecu = c_1\ln\!lmecu(-p) + c_2\ln\!ip(-p) + c_3\ln\!m2(-p) + c_4\ln\!ppi(-p)$$
$$+ c_5\ln\!imcu(-p) + c_6\ln\!rer(-p) + et \tag{5-4}$$

其中，$p = 1，2，\cdots，8$。

参数估计结果为：

$$\ln\!lmecu = 0.7946\ln\!lmecu(-1) - 0.3861\ln\!lmecu(-2) + 0.4441\ln\!lmecu(-4)$$
$$(5.772)^{***} \qquad (-1.9821)^{***} \qquad (1.9946)^{***}$$
$$-0.4432\ln\!lmecu(-8) + 0.0863\ln\!ip(-7) + 1.8572\ln\!m2$$
$$(-2.1165)^{**} \qquad (2.1992)^{***} \qquad (2.1361)^{***}$$
$$+9.5998\ln\!m2(-7) + 5.6296\ln\!ppi(-1) - 10.2585\ln\!ppi(-2)$$
$$(3.9453)^{***} \qquad (2.8541)^{***} \qquad (1.9258)^{**}$$
$$+5.6192\ln\!ppi(-8) + 3.8793\ln\!rer(-8)$$
$$(1.8983)^{**} \qquad (2.3987)^{***}$$
$$R^2 = 98.4\%$$

其中，由于本书只考虑"中国因素"对伦敦铜价的影响，因此只列出 VAR 模型中以伦敦铜价为被解释变量的一个方程。（ ）内为 T 值。1% 显著性水平下的 T 值，用 *** 表示；5% 显著性水平下的 T 值，用 ** 表示；10% 显著性水平下的 T 值，用 * 表示。

从式（5-4）可以看出，对国际期铜价格的波动产生显著影响的变量主要包括国际期铜价格自身的滞后项、中国铜进口量、中国工业生产总值、中国广义货币供给量、中国通货膨胀率、人民币对美元的实际汇率的影响，沪铜期货价格对它的影响不显著。

在 JJ 协整检验中，以伦敦期铜价格为被解释变量，其他剩余变量作为解释变量，采用 Johansen（1990）协整检验的方法来检验这些变量之间是否存在协整关系。结果显示，变量之间存在着 6 个协整关系，在多个协整关系的情况下，结合经济运行的实际情况，一般对特征根最大的协整关系进行分析，据此，得到标准化的协整方程：

$$\ln\!lmecu = -0.1309\ln\!imcu + 3.3673\ln\!ip - 1.5228\ln\!m2 + 10.7247\ln\!ppi - 0.9396\ln\!rer + 47.6$$
$$(1.2006) \quad (-10.1979)^{***} \quad (2.7801)^{**} \quad (8.7617)^{***} \quad (1.56)^{*}$$
$$R^2 = 99.3\%$$

其中，（ ）内为 T 值。

由上述结果可见：第一，通过比较分析国际期铜价格和"中国因素"的长期趋势序列，我们发现，国际期铜价格的长期趋势和波动周期与"中国因素"的长期趋势和波动周期呈现出较强的联动性，因此，二者有可能存在着长期的均衡关系。第二，对于长期均衡关系的检验结果表明，国际期铜价格与中国的宏观经济发展水平有着紧密的联系。国际期铜价格与中国工业总产值、广义货币供给量之间存在着长期的协整关系，并且协整方程中的解释变量都是显著的。当中国工业总产值增加时，中国宏观经济持续快速增长，对精铜的需求量不断上升，这就会引起国际期铜价格的上升；当中国通货膨胀率增加时，原材料的价格也跟着不断上涨，这就刺激了投资需求，进而通过调节需求量来推动国际铜价的上涨。第三，中国通货膨胀率对国际铜价的影响程度要大于中国工业生产总值对国际铜价的影响程度。从货币数量论的角度来看，中国通货膨胀率主要影响的是中国对精铜的实体需求和金融需求，从而影响到国际铜价，这点已经得到了充分论证。

5.4.1.2 "中国因素"与国际铜价之间短期冲击关系的实证检验

本部分首先运用 H-P 滤波的方法，分解出国际期铜价格序列与代表"中国因素"的各变量的短期波动序列。在此基础上，运用 ECM 模型、脉冲分析和方差分解的方法对变量间的短期波动关系进行检验，探寻当偏离均衡状态时，国际铜价如何进行修正从而达到长期均衡状态，同时运用格兰杰因果关系检验来确定变量之间相互影响的方向。

为了衡量变量之间的短期波动关系，将协整方程中估计出来的残差项作为误差修正项引入误差修正模型，根据 AIC 准则和 SC 准则确定了最优的滞后期为 8，经过多次回归调试，剔除不显著的滞后变量，得到了误差修正模型的最终结果如下所示：

$$Dlnlmecu = -0.2030ecm(-1) + 0.3048dlnlmecu(-1) + 0.369dlnlmecu(-4) + 7.056dlnppi(-1)$$
$$(-1.04380)^* \qquad (1.62473)^{**} \qquad\qquad (1.61717)^* \qquad\qquad (2.04881)^{***}$$

$$+ 7.267dlnppi(-6) - 4.523dlnm2(-3) - 6.489dlnm2(-6)$$
$$(-1.75107)^{**} \qquad (-1.82919)^{**} \qquad (-1.98267)^{***}$$

其中，（ ）内为 T 值。

在上述的误差修正方程中，被解释变量的波动可以分为两部分：一部分是长期均衡，另一部分是短期波动。$ecm_{(-1)}$ 代表的是误差修正项，它反映的是短期波动偏离长期均衡的程度，其系数反映了当国际期铜价格偏离长期均衡状态时，将其调整到均衡状态的调整速度，方程右边的差分项则反映了各自变量的短期波动对国际期铜价格短期变化的影响。

接着，对前面所检验出来的在统计意义上显著的变量进行了脉冲响应分析如图 5 – 14 所示。为了了解各新息冲击对伦敦期铜价格的变化贡献度，又对上述的 VAR 模型进行了方差分解如图 5 – 15 所示。此外，本部分还对变量间的格兰杰关系进行了检验。

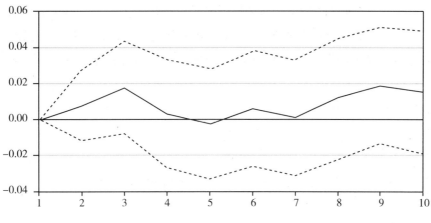

图 5 – 14　中国工业生产总值对国际期铜价格的脉冲响应

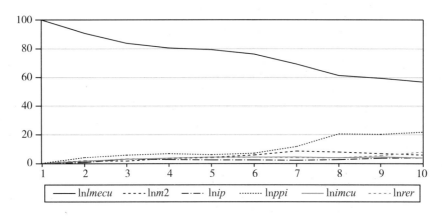

图 5 – 15　方差分解的结果

　　从实证结果可以得到以下几点结论：首先，从短期波动趋势来看，中国广义货币供给量、中国通货膨胀率、中国工业总产值、中国精铜的净进口量的短期波动趋势与伦敦期铜价格的短期波动趋势都存在着紧密联系，且中国广义货币供给量和中国通货膨胀率还存在着一定的滞后效应，从供需理论上来讲，中国作为世界上最大的精铜进口国，中国经济的运行状况会对伦敦期铜价格产生一定的影响，因此，有必要对它们之间的关系进行下一步的检验。其次，通过误差修正模型的检验，我们可以看出，尽管误差修正项的系数为负，符合了反向修正机制，但是其在统计意义上并不显著，换而言之，当国际铜价的短期波动出现偏离其长期均衡的状态时，这种长期均衡态势并不会起到引力线的作用，将铜价的波动拉回到长期均衡状态中来，即国际铜价长期稳定关系的失衡对国际铜价的波动并无较大影响。此外，中国通货膨胀率和中国广义货币供给量的变动对国际铜价的短期波动产生了较为显著的影响，如前述原因，中国广义货币供给量的检验结果与预期不符，但是中国通货膨胀率作为一个快变量，对国际铜价的波动产生了较大的影响，具体而言，当一阶滞后的中国通货膨胀率变动 1 个单位时，会引起国际铜价短期正向波动 7 个单位。最后，从脉冲分析、方差分解和格兰杰检验的结果可以看出，中国通货膨胀率作为最显著的变量对国际铜价的短期波动产生了较大影响，其贡献度约为 20%，且在滞后期为 5~8 时，它都是引起国际铜价变化的格兰杰原因；在国际铜价短期波动的所有因素中，中国因素的贡献度约为 44%，这表明，尽管有一定的滞后性，但"中国因素"确实对国际铜价的短期波动产生了影响。

5.4.2　我国分散型市场结构对金属资源价格的影响分析

除巨量且快速增长的中国需求外，我国分散的市场结构也是金属资源国际市场价格高涨、我国定价权缺失的重要原因。由于市场结构数据难以获取，目前研究主要运用博弈论分析市场结构造成我国定价权缺失的机理。

5.4.2.1　寡头垄断市场条件下的价格影响机理分析

在经济学研究中，关于价格操纵的表述隐含在关于市场结构的论述中。曼昆认为，竞争企业是价格接受者，垄断企业是价格制定者。价格垄断一般发生在不完全竞争市场，垄断者凭借其垄断地位决定产品数量并操纵价格。在寡头市场上，价格的确定往往不是由市场供求关系直接决定，而是形成操纵价格。这种操纵价格或者由寡头垄断者的价格同盟——卡特尔作出，或者由寡头垄断者的默契形成，或者由一家最大的寡头先行定价后其他寡头遵从。价格一旦形成之后在较长时期不会变动。部分学者从市场结构角度对价格操纵问题进行了研究。如姜延书（2010）定性分析了大豆国际寡头操纵的原因，认为美国及其跨国资本试图全力掌控大豆这一国际贸易额最大的大宗农产品，正在把它变成战略物资，通过形成垄断地位，取得超额垄断利润，一方面可以榨取高额的垄断利润，另一方面可以达到控制世界粮油安全的目的。蔡继荣（2011）研究了默契合谋，认为默契合谋下的市场价格操纵是非寡头垄断市场中企业之间为推动市场价格快速上涨而采取的策略性行为，是同业竞争企业的自主定价行为及其交互影响的结果。Obadia 和 Claude（2013）从信息不对称角度考察了国际钢铁市场上信息内容对于铁矿石跨境交易有效性和国际市场价格操纵的影响。他们通过分解法测量了铁矿石出口定价，研究表明市场竞争强度和外国市场有效性会作用于矿石的定价机制，同时得出结论，信息不对称程度会影响价格操纵的有效性。因此，当国际铁矿石和稀有金属市场信息高度不对称时，国际财团将更有机会通过所掌握的信息获得垄断利润。

5.4.2.2　非寡头垄断市场条件下的价格影响机理分析

默契合谋是集中度较高的非垄断行业中市场价格操纵的主要实现方式，它与寡头企业通过公开或秘密的协议（书面或秘密会谈）来协调行为以使合作组织利润最大化的行为不同。在默契合谋中，企业之间的行为协调借助动态博弈下的策略性行为来实现，其中的信息交流是通过市场观测或预测来进行的。当生产同类产品的企业意识到它们之间的相互依存性时，因而就能够以一种纯粹非合作的方式进行勾结，达成默契合谋来维持垄断价格（Chamberlin，1929）。默契合谋理论源自对卡特尔组织的研究，它关注价格同盟能否得到维持，其中从行业集中度、产品差异化、成本的对称性等方面对合谋存在性和非稳健性的研究是其关注的重点。这些研究认为，竞争企业之间的价格卡特尔本身是不完善的，会产生"囚徒困境"的结果，因而是不可维持的（Stigler，1968），特别是因为观测及报复的滞后、产品或成本等方面的非对称、行业中的企业数等都会影响垄断价格的稳定性（Tirole，1988）。然而，合谋行为在现实中却是存在的，因为残酷价格战的威胁足以阻挡削价的诱惑，合谋就通过一个纯粹不合作的机制来实现，所以在重复的"囚徒困境"博弈中合作的结果可能发生，即存在着合谋的均衡（Kreps，1990），Friedman（1971）、Abreu（1986）的研究也证明，在一定的限制性条件得到满足的情况下，"冷酷到底"策略和"胡萝卜加大棒"策略都可能导致合谋。

在非寡头垄断的市场环境下，企业之间的价格操纵可以在默契合谋下实现，并且由于策略性行为中的后发优势，轮番涨价将成为可能。剩余的问题是价格上涨的幅度，它决定着市场对于价格上涨的感知和承受能力，并最终决定着操纵后的价格能否实现。如果短期内涨价幅度过大，市场反应就会越敏感，价格上涨的承受力就下降，价格操纵就很难被市场接受。

5.4.2.3　"中国因素"发展趋势与研究展望

（1）需求增速放缓但总量依然巨大。2014 年，中国经济增速放缓至 7.4% 左右，但仅其增量就相当于 20 世纪 90 年代初期 1 年的经济总量。同样道理，尽管中国有色金属需求增幅由先前的两位数回落至 6% 左右，但其绝对数量依然惊人，现在每 1 个百分点的增幅，所增加的有色金属需求量近 50 万吨，相当于 20 世纪 90 年代初期 10 个百分点的增长水平。

国外大宗商品咨询公司 Wood Mackenzie 发布的一份报告中指出，未来几年，中国将继续为全球的贱金属需求提供强劲支撑。现阶段中国对铝、铜、铅、镍和锌等贱金属的需求仍在以每年 5% ~ 8% 的速度增长。这虽然不及 2008 ~ 2013 年中国经济快速增长时达到两位数的增速，但以绝对吨数计算的数量依然非常可观。

（2）金属资源需求接近峰值。随着我国步入经济新常态，我国的发展阶段将面临重大转换，经济体制、政府职能、社会民生等领域全面改革将不断深化；经济结构调整、转型升级将继续推进，我国经济增速放缓，受此影响，我国大宗金属资源需求也已进入增速下滑期，多种大宗金属需求总量将陆续接近峰值。需要注意的是，为满足人们物质文化生活的提高和经济建设的稳步推进，我国对大宗金属资源的大规模需求还会保持相当长时期，数量规模依然巨大。

（3）金属资源需求结构呈现新特点。随着新技术革命的加速发展，《中国制造2025》的实施，将进一步带动战略性新兴产业发展，从而对金属资源需求结构产生重要影响。按照工信部编制的《中国制造2025》规划，到2025年中国将要赶超德国、日本等国制造业，成为世界工业强国。为实现这个规划，会引发中国制造业结构的显著变化：轻纺工业和一般加工业比重下降，而电子、高铁、核电、汽车、机械装备等机电工业比重显著提高。除基本金属外，稀有稀散金属的需求量将快速增加，中国有色金属需求结构呈现出新的特点。

金属资源未来的价格走势、我国金属资源需求增速对价格的影响、我国基本金属和稀有金属的安全态势等问题亟须进一步的研究。

5.5　多市场联动视角下金属资源价格操控研究

5.5.1　多市场的金属资源价格联动机制

5.5.1.1　价格联动的基本内涵

"联动"一词是由 Lucas 于1977年提出来的，它特指宏观经济变量的共同运动趋势，随着研究的深入，研究者们逐渐把"联动"一词应用到金融市场的研究，用来描述一种资产价格伴随另一种资产价格同涨同跌的经济现象。一般来说，资产价格可以用收益率、波动率等特征值来刻画，因此联动也可以划分为收益联动、波动联动等。把联动应用于描述不同市场间资产价格的运动趋势，也就是所谓的市场联动，则指由于经济全球化、金融一体化等内在机制的作用，使得两个市场间的参数形成共同运动的趋势，表现出高度的相关性，也就是收益、波动等特征值表现出相互依存、相互作用的过程。

5.5.1.2　期货市场与现货市场联动的机制研究

为了对金属资源期现联动机制进行研究，本节以 SHFE 与 LME 的铜期货市场作为研究对象，统计了自 2004～2012 年间 SHFE 与 LME 金属铜期货市场的期货价格与现货价格的数据，利用卡尔曼滤波算法从动态的角度研究了 2004～2012 年期间我国沪铜期货市场价格发现的贡献。

（1）数据选取及描述性统计。为了研究沪铜期货市场价格发现随时间变化的贡献，本节选取的数据时间跨度为 2004～2012 年，铜期货的数据来自上海铜期货合约的价格，这里取收盘价，数据来源于万德（Wind）数据库。为降低价格序列可能存在的异方差性，提高统计的精确度，先对沪铜期货价格和现货价格分别进行对数化处理，记为 S_t 和 F_t，相应的一阶对数差分记为 ΔS_t 和 ΔF_t。研究数据的基本统计特征如表 5－6 所示。

表 5－6　　　　　　　　沪铜期货、现货价格及一阶差分统计量

变量	样本数	均值	标准差	偏度	峰度	JB 检验
S_t	2139	10.80539	0.327720	－0.713943	2.085838	244.2170
F_t	2139	10.81261	0.320638	－0.711078	2.092293	241.8303
ΔS_t	2138	0.000422	0.017858	－0.409484	5.134328	443.7798
ΔF_t	2138	0.000422	0.017371	－0.083035	7.349423	1608.751

（2）单位根检验。本节采用 ADF 检验方法进行单位根检验，选择截距项和趋势项，对滞后阶数的确定主要依据 AIC 准则，由 EViews 软件自动完成，结果如表 5－7 所示。

表 5－7　　　　　　　　价格序列及一阶差分序列检验结果

价格序列	ADF 检验 t 统计量	显著性水平 1% 下 t 统计量的临界值	显著性水平 5% 下 t 统计量的临界值	显著性水平 10% 下 t 统计量的临界值	平稳性检验结果
F_t	－2.3294	－3.4332	－2.8630	－2.5674	非平稳
ΔF_t	－30.4736	－2.5660	－1.9410	－1.6166	平稳
S_t	－2.3869	－3.4332	－2.8627	－2.5674	非平稳
ΔS_t	－42.8352	－2.5660	－1.9410	－1.6166	平稳

从表 5－7 中可看出 S_t 和 F_t 是非平稳的，ΔS_t 和 ΔF_t 是平稳的，即 $F_t \sim I(1)$，$S_t \sim I(1)$。

（3）Johansen 协整检验。为了调查序列和存在长期关系的假设，本书采用 Johansen 协整检验对序列和进行协整检验来判断这两个序列间是否存在协整关系，检验结果如表 5 - 8 所示。由表 5 - 8 可知，在 0.05 显著性水平下，这两个序列存在 1 个协整关系，表明沪铜的期货价格与现货价格之间具有长期的均衡关系。

表 5 - 8　　　　　　　　　　　　序列和的协整检验结果

原假设	特征值	迹统计量	5% 的临界值	P 值
存在 0 个协整关系	0.072409	167.6302	20.26184	0.0001
至少存在 1 个协整关系	0.003309	7.079222	9.164546	0.1223

（4）状态空间模型的应用。接下来结合上文中构造的状态空间模型和选取的样本数据，测算时间序列上的期货市场价格发现的贡献。在测算之前，需要根据已建立的模型来定义状态空间模型的量测方程和状态方程。

量测方程：

$$\Delta F_t = A_{1t} \times ECM_{t-1} + C_1^F \Delta S_{t-1} + C_2^F \Delta F_{t-1} + \varepsilon_t^F \tag{5-5}$$

$$\Delta S_t = A_{2t} \times ECM_{t-1} + C_1^S \Delta S_{t-1} + C_2^S \Delta F_{t-1} + \varepsilon_t^S \tag{5-6}$$

状态方程：

$$A_{1t} = A_{1t}(-1) + \eta_{1t} \tag{5-7}$$

$$A_{2t} = A_{2t}(-1) + \eta_{2t} \tag{5-8}$$

通过误差修整模型对量测方程和状态方程的参数 C_1^F、C_2^F、C_1^S、C_2^S、ECM_{t-1} 进行估计，结果如下：

$$\begin{bmatrix} \Delta F_t \\ \Delta S_t \end{bmatrix} = \begin{bmatrix} -0.16 & 0.22 \\ 0.11 & 0.00039 \end{bmatrix} \begin{bmatrix} \Delta F_{t-1} \\ \Delta S_{t-1} \end{bmatrix} + \begin{bmatrix} -0.094 \\ 0.18 \end{bmatrix} \times ECM_{t-1} + \varepsilon_t$$

$$ECM_{t-1} = F_t - 1.023 S_t + 0.258$$

$$C_1^F = 0.22 \quad C_2^F = -0.16 \quad C_1^S = 0.00039 \quad C_2^S = 0.11$$

接着利用卡尔曼滤波技术算法得出状态向量序列 A_{1t}、A_{2t}，计算出期货市场价格发现的动态贡献：$\delta_t = |A_{2t}|/(|A_{2t}| + |A_{1t}|)$。同样地，可以得出现货市场对于价格发现的动态贡献：$\delta_t' = |A_{1t}|/(|A_{2t}| + |A_{1t}|)$。结果如图 5 - 16 所示。

本节用同样的模型与方法对同时期伦敦金属交易所的铜期货市场进行了相同的研究，实证结果如图 5 - 17 所示。

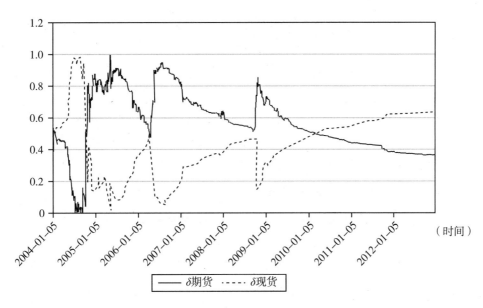

图 5 - 16 沪铜期货市场、现货市场价格发现的动态贡献

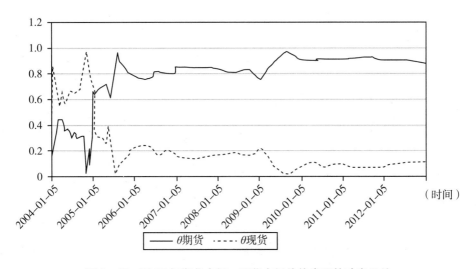

图 5 - 17 LME 铜期货市场、现货市场价格发现的动态贡献

（5）结论。研究结果显示，期货市场价格发现的贡献随着时间的变化而变化。随着沪铜期货市场的发展，2004～2008 年在价格发现功能上逐步增强，已占据主导位置；2008 年金融危机后，逐步下滑，至 2010 年，落后于现货市场；之后有回升趋势，但比较缓慢，与同时期的世界最大的伦敦金属交易所铜期货市场相比较，其价格发现功能更为有效且稳定。

5.5.1.3　国际市场与国内市场的联动机制研究

为了对国内外市场联动机制进行研究，本节基于动态视角，着重从收益联动层面对 SHFE、LME、NYMEX 三大期铜市场的联动进行实证分析，以揭示联动所呈现的时变特征。主要采用 Granger 因果检验、溢出指数模型、溢出指数的滚动窗口检验等方法，以衡量中外期铜市场收益联动的方向、相互作用的相对强度以及收益联动作用的时变性。

（1）数据来源。本节的数据区间为 1994 年 1 月 4 日至 2013 年 5 月 20 日，采用周收盘价，因为中国、英国、美国停市的节假日不同，造成数据不同步，本节对停市时期的价格仍认为是停市前那天的价格，补充成同步数据，一共获得 1012 组数据。SHFE、LME、NYMEX 期铜价格走势如图 5 - 18 所示。为研究方便，对所得数据取自然对数，并用 $SHFE_t$、LME_t、$NYMEX_t$ 分别表示沪铜、伦铜、美铜的自然对数序列，收益计算公式为 $\Delta X_t = \ln P_t - \ln P_{t-1}$，$P_t$ 表示第 t 日的收盘价，如沪铜第 t 日的对数收益表示为 $\Delta SHFE_t$。

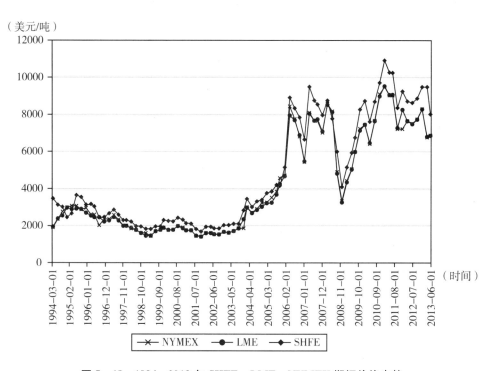

图 5 - 18　1994 ~ 2013 年 SHFE、LME、NYMEX 期铜价格走势

（2）收益联动的实证分析。

第一，Granger 因果检验。表 5 - 9 给出了三个铜期货市场的 Granger 因果检验结果，根据 VAR 模型滞后阶数的确定，Granger 因果检验滞后 3 阶。结果表明，在 1% 的置信水平下，LME 对 SHFE 存在引导作用，NYMEX 对 SHFE 存在引导作用，并且对 LME 也存在引导作用。

表 5 - 9　　　　　　　　　　　　Granger 因果检验结果

	F 统计量	P 值
LME 不是 SHFE 的 Granger 原因	16.7565	1. E - 10
SHFE 不是 LME 的 Granger 原因	1.33072	0.2630
NYMEX 不是 SHFE 的 Granger 原因	24.1606	4. E - 15
SHFE 不是 NYMEX 的 Granger 原因	0.54071	0.6545
NYMEX 不是 LME 的 Granger 原因	8.64709	1. E - 05
LME 不是 NYMEX 的 Granger 原因	1.28860	0.2770

第二，溢出指数模型。基于方差分解，计算得出的溢出指数如表 5 - 10 所示。

表 5 - 10　　　　　　　　　　　溢出指数统计　　　　　　　　　　单位:%

	LME	SHFE	NYMEX	来自其他市场的影响
LME	97.32	0.44	2.24	2.68
SHFE	52.1	45.55	2.35	54.45
NYMEX	80.23	0.79	18.98	81.02
对其他市场的影响	132.33	1.23	4.59	138.15
对所有市场的影响	229.65	46.78	23.57	46.05

由表 5 - 10 可知，LME、SHFE、NYMEX 三个期铜市场之间的溢出指数为 46.05%，显示中、美、英三国期铜市场之间存在明显的收益溢出效应，其收益联动性较强。

进一步计算三个期铜市场的单向溢出指数（DSI），在这里将其细分为外向溢出指数 S.i 与内向溢出指数 Si. 。其计算结果如表 5 - 11 所示。

表 5 - 11　　　　单向溢出指数（DSI）和净溢出指数（NSI）统计　　　　单位：%

		LME	SHFE	NYMEX
DSI	S.i	44.11	0.41	1.53
	Si.	0.89	18.15	27.01
NSI		43.22	- 17.74	- 25.48

可以看出，LME 对外部市场的影响即外向溢出指数为 44.11%，远远大于 SHFE 与 NYMEX 的数值，而在其他市场对本身市场的影响方面，由于 NYMEX 受 LME 的影响比

较大，故其内向溢出指数最大，为 27.01%，其次为 SHFE，LME 受到其他市场的影响最小。

将外向溢出指数减去内向溢出指数，得出净溢出指数，结果显示 LME 为 43.22%，SHFE 其次，NYMEX 的指数值最小。在某种程度上反映了在全球铜期货市场收益联动体系中，LME 仍占主导地位，其他市场仍处于接受其主导的情形，比较前面 Granger 因果检验结果，可以发现 Granger 因果检验只反映了时间领先滞后关系，就影响力而言，NYMEX 还是弱于 LME 的。另外，SHFE 的 NSI 值比 NYMEX 值大，也可以反映 SHFE 现已成为仅次于 LME 的全球第二大铜定价中心的现实。

第三，溢出指数的滚动窗口检验。本节采用 700 天的滚动窗口，第一个子样本区间为 1994 年 1 月 4 日（第 1 个交易周）至 2007 年 6 月 4 日（第 700 个交易周），第二个子样本区间为 1994 年 1 月 11 日（第 2 个交易周）至 2007 年 6 月 11 日（第 701 个交易周），依次往下推，最后的样本区间为 1999 年 12 月 27 日（第 312 个交易周）至 2013 年 5 月 20 日（第 1011 个交易周）。图 5 – 19 时间轴表示各滚动窗口的截止日期。为检验溢出指数值的时变特征，本节采用固定滚动窗口检验方法。根据 VAR 确定的滞后阶数，滚动窗口检验依旧选择滞后阶数为 3 阶。

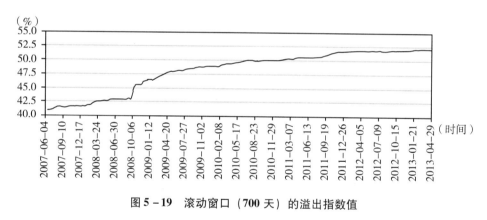

图 5 – 19　滚动窗口（700 天）的溢出指数值

图 5 – 19 显示，随着时间变换，中外期铜市场的溢出指数值呈现稳步增长趋势，由 41.01% 上升到 52.19%，表明三大期铜市场的收益联动呈现增强的趋势，同时我们也可以看到，溢出指数的波动幅度比较小，唯一在 2008 年末出现一次比较大的波动，这段时期，溢出指数大幅上升，从 42% 跳到 45%，此后的长时间内，溢出指数一直在 46%~52% 的区间内稳步上升。我们知道，2008 年末正是美国次贷危机发酵为全球金融危机的时刻，因此，这一事件应该是溢出指数发生结构性变化的关键因素。在此期间，国内外期铜价格普遍大跌，期铜价格走势一致，使得期铜市场间的收益溢出效应更加明显。这也再次表明，在金融危机等极端事件下，期铜市场的收益联动程度会在短时

间内显著增强，并在较长时间范围内保持影响作用。

图 5-20 给出了上海期铜市场外向溢出指数的滚动窗口检验，由图可以看出，其波动范围在 11%~15%，波动比较平稳，同时，沪铜的外向溢出指数在 2008 年末达到峰值，显示全球金融危机期间，沪铜对外溢出明显加大，其对外影响力显著增强。但是整体呈下降趋势，表明沪铜在短时期内无法成为国际铜定价中心，还需进一步发展，以提升在国际铜定价体系中的话语权。

SHFE 外向溢出指数为什么会下降？本节分析了上海期铜市场对伦敦期铜市场与纽约期铜市场的预期方差贡献度，发现在样本期内，SHFE 对 LME 的预期方差贡献由 5.61% 提升到 6.6%，而对 NYMEX 的预期方差贡献由 35.55% 下降到 26.81%，显示沪铜在对伦铜影响力增强的同时，对纽铜的影响力却在急剧下降。这与先前诸多学者得出的沪铜对外影响力不断增强的结论不同，一个重要原因就是先前诸多学者没有把纽约期铜市场纳入研究对象，因此得出的结论只是沪铜对伦铜影响力不断增强，这也表明忽视纽约期铜市场得出的结论是不完善的。

图 5-20　SHFE 期铜市场外向溢出指数的滚动窗口检验

（3）结论。在收益联动上，溢出指数模型的结果显示：LME、SHFE、NYMEX 三个期铜市场之间的溢出指数为 46.05%，显示中、美、英三国期铜市场之间存在明显的收益溢出效应，其收益联动性较强，并且在全球铜期货市场收益联动体系中，LME 仍占主导地位，其他市场仍处于接受其主导的情形。

而溢出指数的滚动窗口检验结果显示，从 1994 年至 2013 年将近 20 年的时间里，三大铜期货市场之间的溢出指数呈上升的趋势，反映了中外期铜市场间收益联动趋势的增强；并且在金融危机等极端事件下，期铜市场的收益联动程度会在短时间内显著增强，呈现出阶段性的特征。

外向溢出指数的滚动窗口检验显示，2007 年 6 月至 2013 年 5 月，SHFE 期铜市场的外向溢出指数在 2008 年末达到峰值，此时对外影响力最强。但是整体呈现下降趋势，表明其短期内无法成为国际铜定价中心，这与许多学者的结论不一样，其中一个重要原因是先前的研究没有把 NYMEX 期铜市场纳入国际铜定价体系，而本书的实证结果显示，沪铜在相对伦铜定价能力增强的同时，对纽铜的影响力却在下降，并且下降幅度大于对伦铜的增强幅度，因此其对外影响力整体呈下降趋势。

5.5.2　金属资源期货市场价格操控机理

5.5.2.1　价格操控的界定

通过一定的文献归纳和分析，我们可以发现，无论是学术界还是司法界在对价格操控进行定义时，均明确价格操控行为有以下几个特征。第一，人为扭曲市场价格，导致非均衡价格出现；第二，最终以获取不正当利润为目的；第三，操控者有主观操控意图。

鉴于此，本节将市场价格操控行为定义为：市场势力或占据市场优势地位的机构或个人投资者通过在市场上创造垄断势力，继而人为控制市场价格，并使之远远偏离正常的均衡价格，同时以影响市场正常交易为意图，其最终目的为获取不正当利润或转移风险的行为。

5.5.2.2　价格操控的主要模式

（1）多头市场力量操控。多头市场力量操控的事件发生得最多且最频繁，也几乎被一致认定为操控活动，是广大投资者和管理者重点关注的对象。因为相对于空头力量操控来说，更利于操控者实施。它一般是指操控者在期货市场买进大量的被操控期货合约，即在期货市场为多头一方；同时在现货市场购买囤积大量的现货商品。这样随着该期货合约到期日的来临，操控者不断拉升期货价格，迫使空头要么在合约到期日之前以多头操控者任意设定的异常高的期货价格（远高于他购买期货合约的价格）平仓掉期货合约；或者空头选择进行实物交割，但是一般而言，空头是不会取得足够的现货进行交割的，因为操控者已经在交割地囤积了大量现货，造成现货市场供不应求的假象。因此如果空头选择实物交割，那么他就面临违约的风险，要付出高额的违约罚款金。由此可以看出，不管空头选择平仓还是交割违约，操控者都将操控成功，获取高额的操控利润。

在国外相关文献中，把多头市场操控又称为"囤积居奇""扎空"或者为"多逼空"。这种操控会产生一个奇特的现象——"僵尸效应"。它是指当产生"多逼空"，空方不得不选择交割现货时，由多头操控者绝对控制并提高了交割地现货价格，他必须从其他地方购买该商品，根据经济学的供求理论，因此会相对提高了其他地方的商品价格。由于市场存在逐利性，将会有过多的商品运到交割地，从而造成了供大于求的局面。在操控结束以后，即交割期结束后，一方面操控者拥有大量被交割的现货，以及交割前囤积的现货；另一方面还有大量从外地运来的现货。这样造成了现货存货数量的过度膨胀，使市场供给数量远远大于需求数量，必然使该商品价格出现暴跌的现象。从而在多头操控存在情况下，交割地点的商品价格就会出现暴涨暴跌的情形，我们就将此称为"僵尸效应"。

尤其当存在大的多头操控时，对商品价格和商品流动的影响就会更加明显。这种市场力量导致的价格和数量组合明显异于竞争性市场上的价格和数量组合。这种"僵尸效应"的存在，意味着操控者以较高的价格购买交割商品，随后在操纵结束后以较低价格将这些商品出售，这里操控者通过交割会造成损失，但是他的获利主要来源于在合约到期时他所设定的任意价格（远高于他购买期货的价格）平仓掉的剩余合约。从中可以发现，这种在交割前后货物流向非常异常，完全是人为造成市场资源的浪费，扭曲了商品生产、消费、存储和流动，其成本很高。同时也使期货市场功能失去它原有真正职能，沦为操控者获取不正当利益的工具。

（2）空头市场力量操控。相对于多头市场力量操控来说，空头市场力量操控发生的事件比较少见，主要有 1976 年美国期货市场的 Hohenberg Brothers Cotton 公司案。它是指操控者在被操控期货品种的各个月份合约建立空头地位，然后大量卖出被操控的期货的近期合约进行打压现货价格。因为期货市场与现货市场相关性非常强，一般说来如果现货价格出现比较大的下降，那么它相应的期货价格也会出现下降；同理，期货价格出现比较大的回落时，相关现货价格也会出现下降。这样操控者通过打压近期合约价格，使现货价格出现回落，同时也会使远期的期货合约价格下降，如果能够成功打压，那么操控者在远期合约上建立的大量空头合约就能够获利。

但是从历史实践来看，空头市场操控要获得成功还是存在一定困难性，主要原因在于，虽然期货市场与现货市场的长期相关性非常强，但是短期内由于一些偶然事件发生，例如商品的一段时间对外出口剧增，使现货市场的商品价格暂时偏离了期货价格。这样如果操控者打压近期期货合约价格，但它不能够使现货价格下降，由于现货出口的增加，反而使现货价格提高，这样也可能会使远期期货合约的价格上升，这样操纵者非但不能获得操纵利润，而且在远期期货合约上会产生较大的损失。因此相对于多头市场力量操纵事件，空头市场操纵在历史上出现的案例比较少。

5.5.2.3　价格操控的案例分析：2005 年国储铜价格操控事件

由于期现货市场是紧密相连的，因此国际大宗商品期货操控通常是非单个市场操控，一般横跨期现货两个市场，操控手段相对来说更加复杂、隐蔽和难以识别。根据已有的研究，本书选取了"国储铜"事件的期货操控案例，在分析案例过程和特点的过程中，总结了期货价格操控的手段。

（1）案例介绍。经历了 20 世纪 90 年代中后期的长期低迷后，国际铜价开始出现复苏迹象，价格从 1999 年的 1360 美元/吨一路飙升至 2004 年 3057 美元/吨的历史高位，此时，国际投资机构对于铜价一致看多，预计其价格将继续强势上行，但 2004 年世界经济形势突转，中国开始实行经济宏观调控，国内的铜需求开始出现萎缩，国内铜价亦于第三季度开始下探，陷入了低谷时期。基于此，使得时任中国国储局交易员刘其兵判断铜市价格已经见顶，他于 2005 年 9 月 18 号在伦敦金属交易所铜期货市场上持续大手笔以结构性期权方式以及 3 月期期货空头建仓的模式进行抛空。建仓头寸 8000 手（每手 25 吨），共 20 万吨，交割日期为 2005 年 12 月 21 日，当时的建仓价约在 3500 美元/吨左右。刘其兵如此巨量的交易，迅速传遍市场，成了国际基金猎杀的目标。

2005 年 9 月 19～23 日，伦敦金属交易所铜价闻讯而动，国际投资基金开始大举入场，铜价从 3500 美元/吨一路飙升至 3800 美元/吨，走出一波上攻趋势，面对铜价上涨，刘其兵以国储局的名义不断在市场开出卖单，期望将铜价压下，但这吸引了越来越多的对冲基金，更加推动了铜价向上拉升。国庆节后，铜价已经涨到 4000 美元/吨左右，此时深受原期货空头和结构性期权的双重压力，刘其兵终于爆仓，彻底栽在国际投机基金手下。面对此局势，国储局决定采取一系列措施，期望将铜价打压下去。

面对越来越恶化的局势，1999 年 12 月 7 日至 2005 年 10 月 30 日，国储局分四批进行储备铜公开拍卖。而大洋对岸的国际铜价在这些消息的刺激下，开始逆市上涨，最终创下了 LME 建所百年以来期铜最高纪录——4466.5 美元/吨，对此，国储局彻底放弃了打压铜价的意图。纵观国储四度抛铜，除了首次抛售，国际铜价出现小幅下探后，其余三次抛售铜价不仅没有下跌反而应声上涨，而且这三次的流拍量一次比一次大，这也让欧美国际投资基金组织认为中国持有巨大空单但缺乏足够的供应量的看法更加坚定，纷纷进入市场大肆建仓。

面对铜价的一路飙升，中国官方不得不承认国储铜的亏损。银监会原主席刘明康于 2005 年 12 月 12 日接受记者采访时坦言，由于国储局缺乏对期货市场风险的有效控制，"国储铜"事件给我国造成了巨大损失。这也是"国储铜"事件发生后国内政府高官首次也是唯一的一次对"国储铜"事件做出回应。

（2）案例结果描述。在此次价格操控案例中，参与博弈的空头方是国储局，扮演空头角色接连抛售现货，压迫国内企业减少进口量以打压国际市场期铜价格，多头方来自美国和英国的对冲基金（Touradji Capital、Moore Capital、Vega Asset Management、Winton Capital、Armajaro 等），他们携巨额游资豪赌期铜多头，最终国储局弃子认输，采取了时间换空间的策略，以期减少损失。

到了 2005 年 12 月 21 日 LME 3 月铜的交割期，面对国内外众多压力，国储局选择了部分交割的策略，向伦敦交易所先交付 5 万吨现货铜，而将剩下 15 万吨的空单展期到远期——部分转为 3 个月后，即 2006 年 2 月 21 日到期的空单。

（3）操控模式分析。通过分析可以发现，在此次价格操控中，以国际投资基金为代表的多头在 LME 3 月期铜可供交割量不大的情况下，大肆做多 3 月铜期货，同时囤积现货，试图在期现货双市场拉高铜价从而逼迫市场上的空头——中国国储局高价买入现货铜进行交割，是一种相当明显的"多逼空"的价格操控手法。目前，学术界将"多逼空"的逼仓方式定义为：当多头市场势力预计到市场上未来可供交割的现货商品无法满足交割的需要，或多头者本身所拥有的资金非常充足，足以形成垄断时，多头势力会在期货市场上买入大量的期货合约以拉高市场价格，同时会在现货市场大量购入和囤积满足交割要求的现货。这些举动导致期现货市场的价格同时升高，这就使得期货合约在临近交割期时，空头头寸的持有者将不得不在期货价格高位认赔将手中价格清仓，或者以较高的价位在交割市场买入满足交割要求的现货进行实物交割，从而多头市场势力此时便可从中赚取高额利润，而这些利润正是空头势力所损失的。

5.5.2.4　价格操控的案例分析：2008 年 JP 摩根和汇丰控股白银期货操控案件

（1）案例介绍。在 2010 年的第三季度，纽约商业交易所（COMEX）两位白银期货交易员彼得·拉斯卡里斯（Peter Laskaris）和布赖恩·比蒂（Brian Beatty）向曼哈顿法院提起诉讼，对摩根大通（J. P. Morgan Chase & Co.）和汇丰控股（HSBC Holdings Inc.）为首的国际投资机构提起诉讼，指控其在 2008 年 1 月到 2008 年 10 月期间通过发布虚假交易指令的操控手法，故意在白银期货的交易过程中打压白银期货价格，由于上述投资基金已经提前在白银期货市场上建立了大量空头头寸，从而从中赚取了近亿美元的违法收入，涉嫌违反了美国反托拉斯法。具体案例的过程如下：

第一，利用资金优势，买入白银看跌期权，同时在白银期货市场建立大量的空头合约。

早在 2007 年年末，以 JP 摩根为首的国际大型投资机构携带大额资金在白银期货价格底部建立了空头头寸。其持有的空头头寸之多足以有效控制纽约商品期货交易所白银期货和期权合约市场，使其在白银价格出现下滑时能保证自己可以获得较高利润。据后来公布的数据显示，上述两家投资机构在 2008 年第三季度中期持有的白银期货净空头仓位已达到市场宗数的 85% 以上，截至 2009 年第一季度，其所持有的以白银为首的贵金属衍生品初步估计价值高达 79 亿美元。

第二，选择全球期货市场不稳的时候大规模发出虚假交易指令，并大量买入看跌期权和期货空头头寸，使白银价格下跌。

2008 年 3 ~ 10 月，两家金融机构借国际金融危机期间国际有色金属价格波动幅度较大，用互相通报大额交易的方式"操控"白银市场，并通过发出欺诈交易指示（spoof trading orders）和完全不执行的交易指令蓄意大规模打压白银期货价格，致使白银看涨期权下跌、看跌期权上涨。在期权市场上，上述两家投资基金因购买了较多的白银期权，在价格下跌之际触发了期权的行权指令，从中获取利润，而当二者将期权进行抛售后，再将白银价格在某个时间段内稳定在某个固定水平，使得期权到期时一文不值，购买者无法行权，则 JP 摩根等机构再次获得了期权费。同时，在期货市场上，二者已经在期货市场建立了大规模的空头头寸，在利用虚假指令对价格进行打压，在白银价格下跌时，则利用期货的杠杆倍数获得了较高的利润，从而实现在期权和期货市场的双倍盈利。

相对应的是，在此期间，美国白银期货价格较黄金期货价格大幅下跌超过 24%，这种不同寻常的状况引起了美国商品期货交易委员会（CFTC）的关注，并由此展开了关于白银期货市场的调查。

（2）案例结果描述。从 2010 年第三季度，美国商品期货交易委员会（CFTC）开始调查该白银期货操控案件。在调查听证会上，该委员会主席称，白银期货市场存在价格扭曲的情况。但摩根大通于 2013 年 3 月赢得了这项官司，美国华盛顿地区法官 Robert Patterson 表示，他们发现个别交易日的白银期货交易的确存在"不正常"现象，但这些证据还无法证明摩根大通通过囤积大量做空仓位来操控白银价格，只能证明摩根大通有能力影响白银期货的价格。

（3）操控模式分析。在此案例中，JP 摩根大通和汇丰控股事相互通谋，通过交易所委托系统发出买卖申请，在其中一方购买或出售某种标的合约的同时，另一方则以同一价格出售或购买相同品种和相同数量的合约，此委托可以很快地被执行，但始终都不以合约买卖交易为最终目的，只是利用大量的买进卖出制造出期货合约交易踊跃的虚假现象。由于期货交易量是期货价格的导向指标，通过虚构交易量，也可以误导进行技术分析的投资者，使之做出错误判断，从而达到操控期货市场的目的。目前，学术界将这种价格操控方式定义为虚假交易，且此案例为虚假交易中的相对委托操控手段。

通过对上述价格操控案例的操控过程和操控特点进行分析，我们可以看出，其操控主体都是具有资金优势和信息优势的国际机构投资者，从操控手段来看，都是多家金融机构联手直接对期货价格进行操控，从操控深度看，我们发现由于价格操控所建立的资产头寸和所需要动用的资金规模都很大，经常会出现几家金融机构联手用多账户进行交易，以躲避监管。同时操控过程中，相应标的期货合约价格的波动幅度和成交量变化幅度都非常大，而且被操控的期货合约在价格波动、持仓头寸、库存量和交易量这几个方面都具有较强的相关性，这些数据表现出来的特征与市场上正常的供需基本面是不尽相同的，因此有可能作为期货价格是否被操控的判断依据。从操控类型来看，期货价格操控经常是基于交易、行为、信息的三类操控类型并存，这也无形中增加了操控的复杂性，从而为期货价格操控的监控与鉴别增加了难度。总之，期货价格操控行为具有一定的复杂性和隐秘性，对其分析不能仅仅局限于期货价格，相关现货市场价格、库存数量以及持仓头寸等数据都需要密切关注，只有这样才能有效地对价格操控进行防范、监管和判别。

5.5.3　金属资源价格操控研究展望

5.5.3.1　期货市场价格操控行为的识别研究

早期对于期货市场价格操控行为的研究基本以定性分析价格操控特征为主。Fischel 和 Ross（1991）认为价格操控应满足以下三个条件：一是交易的意图在于驱使价格往某个方向运动；二是操控者认为除非自己的操控性交易行为所致，价格不会朝着该方向运动；三是其营利来自操控者驱动价格的能力而不是他占有有价值的私人信息。CFTC（美国商品期货交易委员会）指出，以下三种情况是显示市场是否有被操控迹象的重要因素：一是以远高于市场价格的价格买进；二是顺次以高价位快速地、阶段性地买进；三是与市场规模相比较而言，其买入量过大。随着研究方法的发展和数据量的增加，学者们逐渐开始采用定量的方法试图识别期货市场中的价格操控行为。部分学者采用考察期货价格期限结构扭曲程度的方法来判别期货市场操控（Barnhartetal，1996；Gilbert，1997）。

目前，更多研究是通过考察操控期间资产价格的波动性和流动性，发现被操控的价格序列表现出"非自然"的特性，作为识别价格操控行为的基本方法。刘庆富（2005）基于比价关系、基差变动、库存量及实物交割量等变量的显著变化，构建了识辨期货市场价格操控行为的基本模型，并对价格操控行为识辨效果的优劣进行了比较研究与分析。韦立坚（2006）通过建立 GARCH 模型分析被操控的价格序列波动性特点，从日持仓量、成交量和流动比率等流动性指标的异常变化发现了操控活动存在的事实依据。熊熊和张宇（2011）的研究表明操控期与非操控期的交易量和空盘量有显著的不同，而反映市场波动性的收益率指标在操控期和非操控期之间并无显著差异。

总体而言，虽然许多学者从多个侧面对期货市场价格操控行为的识别进行了研究，但随着信息技术的发展，价格操控行为日益复杂，还缺乏可操作的价格操控的识别方法。

5.5.3.2　期货市场价格操控的应对研究

由于我国期货市场还是个新兴市场，国内学术界对期货市场操控的研究相对比较肤浅，但也有部分学者对期货市场防止操控提出了各种措施。毛小云（2005）把期货市场价格博弈的参与者分为套期保值者和操控者，构建出博弈决策矩阵，从而推导出操控者选择操控的概率会受到套期保值的风险规避程度、期货市场价格波动率、空头违约的罚金以及操控者持有的期货头寸规模的正向影响，受到交割点存货能力的负向影响，从而认为应该通过提高交割点的存货能力、持仓限制、增大操控后罚金的力度、减少期货市场价格的过度波动率等一系列手段来防止操控。毛小云（2006）通过三类不同的防止期货市场操控的监管措施及其效率的比较，表明事后防止措施是其中最有效率的方法，合约设计是一种非常有效的补充方法。刘凤元（2010）从交割制度设计的角度，定性讨论了减少跨市场操控的方法。翁东东等（2011）通过建立期货市场价格操控行为的演化博弈模型，并结合有限理性的假设，对其动态演化过程进行了分析，指出加大对操控事件的处罚力度有助于防止期货市场操控行为的发生。

对于价格操控行为的防范而言，当前学者基本上都是定性地对我国期货市场操控事件进行分析，以及给出相应的政策建议，但是并没有给出具有可操作性的能够有效识别和防范价格操控的具体方法。

5.6　定价权缺失案例分析

长期以来，我国金属资源未能掌握国际定价权，紧缺金属多以"黄金价"进口，优势金属却以"白菜价"出口。我国作为金属商品市场的大买方和大卖方，并未取得与市场份额相匹配的定价权，却屡屡受制于人。

5.6.1 以铁矿石为代表的紧缺金属资源定价权缺失案例分析

在国际铁矿石长协定价机制占主导地位的时代，世界铁矿石价格总体呈现不断上升的趋势。我国作为世界最大的铁矿石进口国，巨大的购买量本应该成为我国取得国际铁矿石定价权的有利筹码，然而事实却不尽然。2004 年宝钢以中国钢铁行业代表的身份参加国际铁矿石定价谈判，2005 年被迫接受铁矿石价格上涨 71.3% 的协议，2006 年接受 19% 的涨价协议，至 2008 年铁矿石价格累计涨幅达到 165%。从 2003 年到铁矿石年度定价机制解体，我国一共参加了 6 次铁矿石谈判，除 2009 年因受金融危机影响铁矿石价格同比下降外，其余 5 年铁矿石价格均同比上涨。2010 年 4 月，国际三大铁矿石巨头巴西的淡水河谷和澳大利亚的必和必拓、力拓对中国不仅提出了铁矿石合同价上涨 90% 的要求，而且还提出了季度定价，之后又发展成指数定价，而仅在短短的半年之后，三大矿山又单方面执行月度定价。

5.6.1.1 我国进口铁矿石定价权缺失的原因分析

张宗成、胡仁霞、何维达、刘春长、宋文飞、盛中、郭洪等学者研究探讨了我国进口铁矿石定价权缺失的原因。总体而言，我国进口铁矿石定价权缺失的原因主要有五个方面。

（1）国际铁矿石生产商的寡头垄断。世界三大铁矿石巨头控制了全球铁矿石交易量的 80%，在铁矿石贸易中处于卖方的寡头垄断地位，铁矿石市场的交易价格将不能按照市场供需来决定，而是由作为寡头的三大铁矿石巨头：淡水河谷、力拓和必和必拓通过相互之间的博弈来决定。

（2）我国铁矿石对外依存度高且进口集中度高。我国铁矿石进口量对外依存度达 60%，从 1979 年至 2011 年进口量由 738 万吨增加到 6.86 亿吨。我国主要与巴西、澳大利亚和印度三国进行贸易。我国每年从巴西、澳大利亚和印度进口量达到 80% 以上。由于进口国过度集中，很容易产生进口依赖，受到上游厂商的控制，不利于我国控制价格。

（3）国际金融资本对国际铁矿石市场的渗透。受国际铁矿石市场高额利润的驱使，越来越多的国际金融资本渗入其中，金融资本逐利的属性特征，使得三大矿山千方百计地以追求当期最大利益为出发点，而不考虑企业的长期利益。面对三大矿山如此强大的金融背景，中国钢铁企业显得明显的势单力薄，虽然拥有中投公司等强大的主权基金，但是也没有能在国际铁矿石定价中发挥应有的作用。

（4）中国钢铁产业战略意识缺乏，未能提前布局国际市场。在日益严峻的世界铁矿石供需形势下，世界上的大型钢铁企业纷纷进行国际化经营，以期尽可能地操控世界范围内的铁矿石资源，实现对铁矿石资源的自给自足，从而规避国际铁矿石的价格波动风险。比如印度的米塔尔钢铁公司在美国、墨西哥、阿尔及利亚以及南非等国拥有了属于自己的铁矿山。据印度相关政府部门的统计数据显示，2011年印度的钢铁企业已经基本上满足了自身对铁矿石的需求，大大降低了对国际市场的依赖性。

（5）中国钢铁产业产能过剩，且集中度低。受中国唯经济增长的发展战略的影响，主政者把主要精力放在增长速度的提高和增长数量的扩大上。有些领导干部将"经济增长"与"经济发展"两个概念等同起来，把以经济建设为中心理解为以GDP为中心，把GDP作为衡量一个地区发展程度以及考核各级政府绩效的唯一标准，往往热衷于建设"政绩工程""形象工程"，片面地追求经济的高速增长，铺摊子、上项目，不断加大投资力度，大搞重复建设，草率上马钢铁项目，使中国钢铁工业的快速发展具有十分明显的粗放型特征，国内钢铁产能过剩的矛盾已经十分突出。

中国钢铁行业过低的集中度致使国内大量的中小钢铁企业无序发展、恶性竞争，搅乱了整个行业的正常发展秩序，最终导致整个行业很难做到齐心协力、一致对外，其整体议价能力受到极大地制约。据中国钢铁协会不完全统计，中国有大大小小的钢铁企业1000余家，但中国钢铁企业布局混乱，建厂缺乏统一规划，造成中国钢铁产业集中度低。2012年中国排名前十位的钢铁企业，年产量只占全国总产量的32.5%。而在日本，前六位的钢铁企业产业集中度高达近90%；在欧盟，排名前六位的钢铁企业产业集中度也达到78%左右。

5.6.1.2　我国铁矿石定价权提升的对策

（1）增强我国钢铁企业集中度。在铁矿石卖方市场已形成寡头垄断的情况下，需要做大做强我国钢铁企业，提高产业集中度。政府应采取积极的态度和政策促进钢铁企业之间的联合，但在推动实施合并兼并战略时，不能完全依靠行政力量而不尊重市场规则，否则会造成更大的负担。以河北钢铁重组为例，由于当地政府的干预，河北的钢铁企业分别被强行组合。这种组合并没有按照企业的意愿进行，使得钢铁企业之间未能实现优势互补，对做大做强我国钢铁企业十分不利。

我国钢铁行业兼并重组的阻碍较大，因此需要国家战略层面上出台行之有效的兼并重组政策，增强市场竞争性，打破地方保护势力，积极淘汰落后产能，方能有效地提高产业集中度，加快产业升级，增强在国际市场上的竞争力。

（2）加快技术创新，提高国内铁矿石资源供给。2010年我国已探明的铁矿石原矿储量为 230 亿吨，而同年我国的铁矿石产量仅 9 亿吨，这标志着我国国内铁矿石矿藏还具有很大的开发潜力。随着国际铁矿石进口价格的不断上涨，导致开采国内低品位矿藏的高成本所引发的国内外铁矿石价格的差额进一步缩小，同时伴随着铁矿石开采技术的不断进步，开采国内铁矿石的重要性开始显现。在这种现实情况下，我国政府部门应当加大对国内铁矿石资源的开采力度，鼓励钢铁企业投资国内矿山，并对铁矿石开采技术提供一定的政策支持和税收优惠，以减小我国钢铁企业对国外铁矿石的过度依赖。

（3）投资参股海外铁矿石企业，获取权益性收益补偿。通过加大国外铁矿石的投资力度来保障进口铁矿石供给，这种做法由来已久，做得比较成功的当属日本。和中国钢铁企业类似，日本钢铁业没有足够的本国铁矿石资源支撑，在铁矿石价格飞涨的今天，铁矿石几乎全部依赖进口的日本却相对受影响较小，重要原因是日本企业在海外许多矿山都有参股。日韩企业早在若干年前就开始境外买矿或合作开发矿产，它们能够控制的铁矿石贸易已经达到全球 60% 以上。

（4）完善我国铁矿石期货交易市场。铁矿石价格金融化的趋势已不可避免，在这种大趋势下，2013 年 10 月 18 日我国铁矿石期货在大连商品交易所正式上市交易。铁矿石期货交易市场既有利于争夺铁矿石定价权，又能够通过期货市场进行风险分散，保证铁矿石价格大幅度上涨所带来的价格风险能够通过期货市场进行有效分散，以保证我国钢铁行业能够避免因铁矿石价格变化引发的成本风险。

5.6.1.3　铁矿石定价权发展趋势与研究展望

中国钢铁企业进行海外资源开发也遇到不小的困难。首钢、宝钢等钢铁企业在海外资源开发中纷纷陷入泥沼。据中国矿业联合会 2013 年数据显示，中国矿企海外投资并购案中有 80% 的失败案例。此外，我国钢铁企业多以高价收购海外矿藏，自 2011 年底以来铁矿石价格的持续下跌给国内钢企造成巨大损失。国内钢铁行业的产业整合与产能过剩治理已取得了一些进展，但面临的阻力仍然较大，各地政府、企业职工等利益关系网难以厘清，产业整合与产能过剩治理尚未达到理想效果。铁矿石定价方式发生了巨大转变，长期以来的长协定价方式逐渐转变为现货、指数定价，金融化风险逐渐显现。

总之，虽然随着经济环境变化，铁矿石价格不断下行，定价权问题的严峻性暂不凸显，但是我们的劣势依旧突出，下一次铁矿石价格上行周期再次带来定价危机的风险依然存在，我国定价权发展趋势不容乐观。

此外，在价格低谷期，国际铁矿石巨头采取低价市场挤压政策，要重点关注国内钢铁企业的生存状况；在现货指数定价与期货定价方式下，铁矿石定价权的研究较少，需要重点关注。

5.6.2 以钨为代表的优势金属资源定价权缺失案例分析

近年来，钨的国际市场价格摆脱了长期过低的局面而适度回归，如图 5 – 21 所示，但长期以来，钨资源价值没有得到合理的体现。从根本上说，我们在整个价格中的地位还是非常被动和从属的，我国企业对钨国际价格趋势的影响力还是局部性、初步性的。

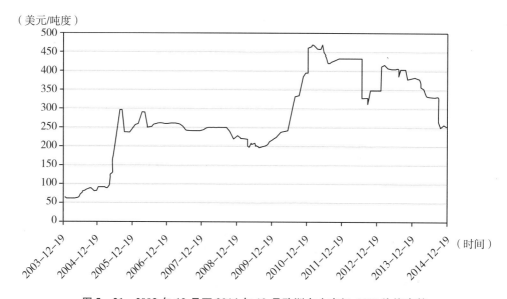

图 5 – 21　2003 年 12 月至 2014 年 12 月欧洲自由市场 APT 价格走势

5.6.2.1　钨金属价格波动影响因素的多时间尺度分析

目前，对于金属价格波动行为产生的原因，基本认为是一系列因素共同作用的结果。例如，从长期看，供需基本面决定有色金属的基本价值和价格走势；而从短期来看，市场的冲击可能来自金融因素，特别是那些与投机活动和商品期货、期权有关的方面。此外也包括一些政策冲击，如利率或汇率的变化可能会加剧金属价格的波动等。在研读有关有色金属价格行为研究的基础上，我们总结出导致有色金属价格变动的主要因素，具体而言，主要包括以下四个方面：供需因素、金融因素、宏观经济因素、其他因素，如表 5 – 12 所示。本部分以钨为例，对钨金属价格波动影响因素进行多时间尺度分析。

表 5 – 12　　　　　　　　　　钨价格影响因素研究指标选择

供需基本面	钨产量、中国出口量
金融因素	货币供应量 M2
宏观经济因素	OECD 国家工业生产指数、中国工业增加值、人民币汇率
其他非传统因素	重大产业政策（虚变量）

研究的具体思路如下（见图 5 – 22）：首先选取 2004 年 1 月至 2014 年 6 月钨价格序列，共有 126 组月数据；其次对钨价格序列进行 EEMD 分解与重构，形成短期、中期和长期时间序列（见图 5 – 23），进而利用计量经济模型，分别研究钨价短期、中期、长期价格变动与以上代表性变量之间的关系；最后得出研究结论，数据均来源于 Wind 资讯。

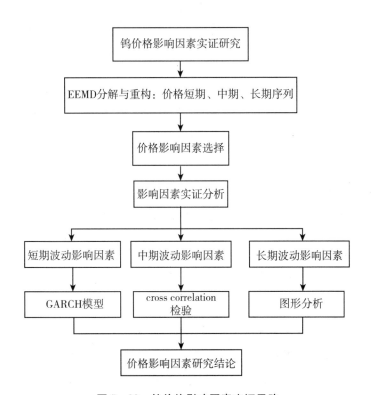

图 5 – 22　钨价格影响因素实证思路

通过实证分析，我们可以得出一些结论：

第一，供给（生产）与需求（消费）是决定钨长期价格的根本因素。第二，中期周期下，中国经济发展对钨价格影响很大。由于我国既是最大的钨生产国，也是最大的钨消费国，钨价格与中国内部因素密切相关。影响钨价格的主要因素为中国宏观经济状况（中国工业增加值）、中国产量、中国出口量以及人民币汇率。第三，金融因素对钨

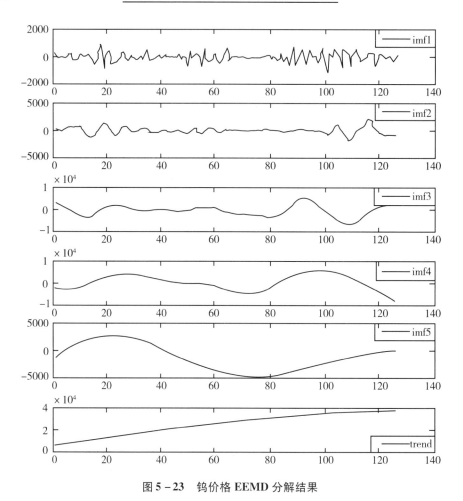

图 5 - 23　钨价格 EEMD 分解结果

价格在中短期内有影响，但是由于缺乏用于钨交易的期货市场，金融因素没有根本改变钨价格的走向。第四，政府对钨价格的相关调控政策只起到短期作用，政策调控效果不理想。

鉴于数据不可得性和考虑到模型的有效性，钨金属市场集中度、国际势力和竞争等因素没有作为研究变量选取进来，从我国钨行业的历史和现状可以看出，它们对钨价格也有较大的影响力，特别是市场集中度过低一直是困扰我国钨行业的重要因素。长期以来，中国钨行业集中度过低，导致上下游企业间相互压价、恶性竞争，使中国钨产品在国际市场上一度丧失了"话语权"。

5.6.2.2　钨行业定价权缺失的原因

（1）钨行业定价权缺失的直接原因。钨定价权缺失不仅仅是采矿环节的问题，而是整个钨上中下游和贸易环节的问题，如图 5 - 24 所示。

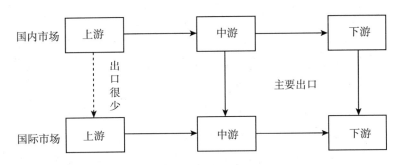

图 5 - 24　钨行业定价权缺失的上中下游路径

第一，市场供需失衡，国内产能严重过剩。在影响商品价格的诸多因素中，起决定作用的是供求关系。从定价权的角度来看，产能超过市场需求会导致企业间的竞争白热化，加剧了低价竞销，导致整个行业的效益长年得不到提高。从 2011 年开始，我国钨行业开始出现大规模的产能过剩，2013 年达到了最高峰，2014 年由于钨价格下行，钨产量减少，产能过剩的情况有所缓解，但产能过剩问题仍然突出。

第二，行业集中度低。我国钨行业的集中度较低，属于低集中竞争型，如表 5 - 13 所示，五矿集团在中国的市场占有率为 20% ~ 30%，尚不足以在钨市场上形成足够的话语权，众多的零星私营小企业对钨价格也具有较大的影响力。相比较于国外极高寡占的格局，我国在钨定价话语权上处于弱势地位。

表 5 - 13　　　　　　　　　　　**2011 年钨行业集中度分布**

主要产品集中度		
	钨精矿（吨 WO_3，65%）	APT（吨）	硬质合金（吨）
五矿集团	28626	14649	9846
厦门钨业	5100	19100	2418
章源钨业	3690	7024	758
江西稀有稀土钨业	3700	7000	
四家合计	41116	47773	13022
全国	135685	106800	23500
五矿集团在全国占比（%）	21.10	13.72	41.90
四家合计占全国的比例（%）	30.30	44.73	55.41

第三，产业结构不合理，深加工水平低。我国有色金属行业总体上仍处于中低端环节，冶炼产品、初级加工产品多，深加工产品少，产业结构不合理、创新能力不足、基础研究能力薄弱、同质化竞争激烈等问题仍然突出。这些问题导致我国有色金属终端市场、关键技术、高端产品长期依赖国外，我国有色金属企业多数还停留在那些耗能、耗

水、高污染的初级工序，而高附加值、深加工及技术性工序主要由国外少数企业垄断或者掌控。当国内终端需求扩大时，企业因科技创新能力较弱，关键技术瓶颈无法掌握，而只能继续在低端初级产品市场竞争，提高钨成本难以往下游传递，反而损害了加工环节发展能力，导致议价能力低下。

第四，现货交易平台建设尚不完善，期货市场缺乏。由于我国现货交易平台建设时间短，交易规模和影响力尚小，平台建设不完善，交易信息零散以及信息不透明、不充分，容易引起市场恐慌，加剧市场钨价格波动，降低我国主导钨定价权的能力。因此，我国需要规模更大、影响力更大、制度更完善的定价中心。在中国钨现货市场发展不完善的情况下，期货市场又没有提供良好的定价机制，这就容易造成钨企业在不具备充分价格信息的情况下开展恶性竞争，从而导致中国的钨定价话语权被大大削弱。

5.6.2.3　钨治理政策存在的问题

（1）国家对钨矿行业实行宏观调控的主要政策措施。为保护我国钨矿资源的优势地位，我国主要采取保护性、抑制性开发治理政策，如图 5 - 25 所示，期望通过有效手段促使资源优势向经济优势转化。

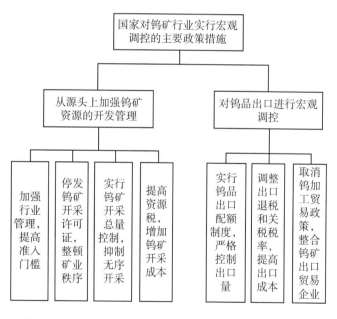

图 5 - 25　国家对钨矿行业实行宏观调控的主要政策措施

（2）管制政策效果及失效原因分析。

第一，开采配额与出口管制政策实施效果及失效原因分析。我国开采总量控制在一定程度上抑制了这些资源的过度开采局面，起到了保护优势矿产的作用，但由于执行力度、需求变化等因素的影响，开采总量的控制目标并未完全实现。出口管制政策主要是配额和关税，由于出口管制政策不合理，配额限制对实际出口量的调控效果甚微。

一方面，出口管制政策引发国际贸易争端。2014 年 3 月 26 日，WTO 裁定中国稀土、钨、钼相关产品的出口管理措施违规。旨在改善我国优势金属资源出口价格长期低价位运行，减缓资源耗竭速度，控制环境污染的出口管制政策，却引发了国际贸易争端。

另一方面，超采与走私现象严重。国内钨精矿开采一再超标，冶炼加工企业未批先建，生产规模屡屡扩大，钨矿超采现象非常严重。以 2013 年为例，国土资源部下达的钨精矿（三氧化钨含量65%）开采总量控制指标为 8.9 万吨。但据第三方公布的统计数据显示，2013 年全国钨精矿产量达 13.8 万吨，超采率高达 55.06%。我国钨制品走私现象同样非常严重，近几年，查获钨走私的案件时有发生。例如 2013 年有配额的企业实际出口量仅占出口配额的 77.34%，其余 22.66% 以及超额出口的部分均是未拿到出口配额指标的小企业所完成的出口量。

第二，收储价格调节机制失效。从我国大型钨企业收储钨精矿的案例来看，钨收储行动一定程度上减少了钨供应量，短期内使得钨价上涨；长期来看，钨市场供给依然呈现供过于求的现象，钨收储机制的价格调节功能失效。我国钨收储失效主要有以下的两点原因：一是我国国家级的钨储备一直没有得到足够重视。我国没有建立成熟的钨资源战略储备体系，也没有钨储备相关的政策和资金支持。二是储备认识错误。我国是钨的大国，并非紧缺国家。我国钨储备目标不能跟日本等钨紧缺国家类比。在储量丰富、产能过剩、集中度较低的情况下，商品储备速度不可能跟上增产的速度。因此我国对钨不应该采取商品储备，而更多是要考虑矿产地储备。

第三，钨协同定价机制失效的原因。对于中国的钨产业来说，组建中国的钨业卡特尔是实现垄断定价的一个可能方式。当以湖南有色、厦门钨业、五矿有色为载体的三大钨业集团实现中国的钨产业整合之后，在集团内部，就是各企业的内部产业链整合和技术提升问题，但是在企业外部，就是各大寡头之间的协议与分工问题了。目前中国钨协同定价是松散的共谋关系，这样得到的卡特尔通常是不"稳定"的。因为总是存在着欺骗的诱惑：以多于被同意的产量生产，来偷偷获取额外的收益，或者以低于协议的价格进行销售获取更多的销量来获取额外利益。所以，除非卡特尔组织能够对违反协议的行为采取惩罚措施，否则总是存在着违反协议的诱惑，必然面临着解体的局面。

5.6.2.4　钨定价权失效机制原因分析

我国钨定价权缺失除了供需失衡、政策失效等表面原因外，还存在引起供需失衡和政策失效的深层次机制原因，其中包括产能过剩、价值补偿与分配等机制。正是这些内在机制上的不完善导致了定价权缺失的表面成因。

（1）产能过剩机制分析。

第一，地方政府具有强烈的投资冲动形成产能过剩。在体制缺陷背景下，地方政府采用各种优惠政策进行恶性招商引资竞争，是导致产能过剩的深层原因。地方政府具有各种强烈的干预企业投资的动机，财政分权和以考核 GDP 增长为核心的政府官员政治晋升体制，使得地方政府具有强烈的干预企业投资和利用各种优惠政策招商引资的动机，特别是对具有高投入、高产出特征的行业更是如此。这种地区之间普遍存在的对于投资的补贴性竞争，导致普遍的投资扭曲，进而导致产能过剩。

第二，有色金属产业政策上的某些缺陷是推动产能过剩形成的重要原因。有色金属冶炼行业"扶持大企业限制小企业"的产业政策，导致大中型企业为获得政策重点支持、小企业为避免被政策限制或淘汰而进行过度产能投资，进而推动过剩产能的形成。政策部门习惯在产能利用率下降、竞争加剧的时候，强化对于中、小民营企业的限制与对大企业（尤其是国有大企业）的保护，这种做法进一步加大了大企业过度产能投资倾向。

（2）价值补偿机制分析。我国对矿产资源开发资源价值补偿，主要表现为矿产资源有偿使用制度，通过矿产资源税费政策来调节矿产资源的合理开发利用，实现国家的矿产资源所有权权益。关于矿产资源开发生态补偿，主要表现为有关矿产资源开发的环境保护制度。

第一，钨价值补偿不充分，造成资源开采成本较低。现行的矿山企业成本并没有充分纳入安全成本、环境成本、社会成本等因素，导致企业和个人对资源的无序开采、爱富弃贫，资源税税额不能反映资源资产的真正价值和所有者的权益变化，不利于真正维护国家资源性资产。同时，资源税税额过低，导致矿业进入门槛低，部分小企业开采过程中不重视环境保护，造成了对矿产资源的盲目开采和环境破坏。

第二，损害权益补偿机制不完善。中国矿产资源损害权益补偿机制不完善，使得矿产资源价格中的外部补偿成本缺失，不能充分反映矿产资源的可耗竭性。代际与代内补偿，以及因矿产资源对环境、生态和社区的破坏而需要的环境价值补偿和矿区补偿缺失，使生产过程中私人成本小于社会成本，地方政府对负外部性无力内部化，导致了环境污染严重、社区的生态恶化。

（3）产权制度缺陷。在矿业权一级出让市场，"双轨制"和产权不明晰是不规范的主要表现。矿业权仍然存在矿产资源有偿和无偿取得的"双轨制"，使得矿产资源的地租被不少企业几乎无偿占有。还有一些地方，矿山产权不明晰，存在多家实质占有但并未明确占有权的情况。这种"无偿"和"不明晰"使得企业缺乏珍惜资源的动力。我国采矿许可证有效期最长为 10 年的规定也促进了矿山企业"有水快流"心态的形成。

5.6.2.5　钨定价权提升对策

（1）理清钨战略的一些基本观点。第一，厘清了我国钨资源战略中一些似是而非的概念。我国是钨资源大国但国外仍有 60% 以上的储量，因此，虽然钨是战略金属，但不能成为我国制约别国的武器。我国控制钨的主要目的是希望钨价格充分反映市场供求和资源稀缺程度、体现生态价值和代际补偿，并获取适度的经济利益。我国是最大的钨出口国，但更是最大的消费国，钨定价过高既会损害我国钨矿山的国际市场份额，也会削弱我国钨下游产业的竞争力。第二，钨对我国而言是优势金属，对日本而言却是紧缺金属，因此，我国钨战略不能简单照搬日本等紧缺国家的钨战略，例如钨储备战略。在钨产能严重过剩、集中度不高的情况下，我国钨商品收储战略注定难以实现提升定价权的目标。我国应更多采取矿产地储备战略，从长远的角度通过控制钨储量来提升定价权。第三，钨定价权缺失原因是系统性的，因此定价权的提升方案也必须是系统性的。我国钨定价权缺失不仅是资源端的问题，而是上中下游甚至贸易环节等整个产业的问题。冶炼产能过剩、深加工水平较低、交易中心不发达等都是重要原因。因此需要从产业链视角进行整体治理。与此同时，钨整个产业链发展的不完善又是由税收分配、资源价格补偿、中央政府与地方政府利益格局等很多机制原因造成的，政府还需进行相关政策层面的改革和调整。仅仅采取局部性而不是系统性的应对方案，难以实现预期目标。比如，如果不能首先改变供给过剩和结构分散的供给格局，通过钨业卡特尔、商品收储控制价格的意图必然遭受挫折。

（2）采取钨整体产业链协同治理理念。因为出口关税、出口配额易引发国际贸易纠纷，并且在以往的 WTO 仲裁案中我方不断败诉，我国钨资源管理已从出口端管理转移到国内治理。我国钨开采配额治理效果不佳，也促使我们重新审视整个产业链，考虑中游产业结构、下游技术水平和市场结构对钨定价权的影响，加强对开采、生产、流通等环节的监管。

第一，钨产业链上游。应进一步提高上游产业集中度；进一步严格钨矿开采总量控制和 APT 生产配额执法力度；明确钨战略储备目标，以矿产地储备为主；重视再生钨产业，将再生钨产业的发展提升到国家战略高度上。

第二，钨产业链中游。着力化解中游过剩产能，重视国外市场，防范产能化解过程中带来的社会问题。2013 年之前 APT 价格持续走高，使得中国 APT 差能也持续增长，造成中国 APT 产能严重过剩。但现在市场供需形势逆转，中国的 APT 的过剩产能很难在短期消化淘汰。此外，矿业是解决地方就业的重要行业之一，同时矿业税收是资源型城市政府收入的主要来源。在产能化解过程中，短期会对当地的税费收入、就业和经济社会发展造成一定程度的影响，应当事先防范化解产能所引发的社会问题。

第三，钨产业链下游。鼓励钨领域的技术创新和产业转化，调整产业链上中下游的利润分布，对下游创新起到支撑作用。针对我国钨产业结构劣势，政府应当鼓励转变我国钨行业产业模式，从出口低端初级产品向出口高附加值的精加工产品转型。深加工环节的核心驱动是技术，但技术研究研发和科技产业化方面资金需求巨大、风险很高。政府可以通过对上游的税费改革、对下游的补贴扶持等措施来调整钨产业链上中下游的利润分布，对下游创新起到支撑作用。

第6章

金属资源安全问题研究

金属是人类赖以生存和发展的重要自然资源，考古学中将金属资源的利用程度作为人类改造世界能力的重要标志，也常常用金属的名称来命名一个历史时期。公元前4000年前后，青铜器的出现标志着人类开始使用金属制品，也标志着金属资源开始被人类广泛开发和利用。不过，在相当长的历史时期内，由于生产力水平的低下，对金属的需求比较容易得到满足，也就不存在资源安全的问题。

近代工业革命以来，大规模工业化的迅速普及，对金属资源的需求也相应地迅速扩大，金属资源在人类经济社会发展中所扮演的基础性作用也越来越明显。改革开放以来，我国经济迅猛发展，尤其是制造业和房地产的飞速发展，形成了对金属资源前所未有的需求。然而，由于国内矿产资源储量有限，导致金属资源的消费对海外矿产的依赖程度很高。金属资源已经成为关系到国民经济平稳发展和保障国家安全的核心要素，金属资源安全问题不容忽视。2014年4月，习近平主席在中央国家安全委员会第一次会议上对国家安全做了系统阐述，其中将资源安全独立出来，提升到和经济安全并列的高度，突出我国对资源安全的高度重视。作为资源安全领域重要组成的金属资源安全，也引起了学界的极大关注。

6.1 金属资源安全的定义和特征

金属资源安全是指一个国家或地区可以稳定、优质、绿色地获取所需金属资源的状态，主要包含以下基本含义：一是稳定，代表金属供给在时间上的延续性和分布的均衡性，需要保持需求量和供应量的平衡。这不仅指数量上的稳定，更有金属种类上的稳定。取得这种稳定的重要手段就是保障供给源头的接续和运输渠道的畅通，合理安排采购，尤其是在突发事件的干扰下启动应对机制，保障供给安全。二是优质，主要指获得金属资源的性价比，在保证矿产资源的质量符合要求的前提下，如何让付出的经济代价最小。在市场经济高度发达的今天，只要不是战争和禁运等极端情况出现，在全球市场上总能找到满足需求的金属资源，那么价格就成了经济安全的唯一内容。而影响价格的能力就集中体现在定价权上，这也是我国在金属资源的经济安全方面最为缺乏的。三是绿色，就是资源安全在环境生态上的体现，主要包含三个方面的含义。其一，将金属资源的开采、冶炼和使用过程对环境的污染降到最低，并对已经造成的金属污染积极治理；其二，废物再利用，对废弃的物品中的金属尽量回收再利用，也即"城市矿产"的开采；其三，对资源型地区在资源枯竭后的应对措施，主要是对废弃的矿山矿坑进行地质复原和产业转型升级。

金属资源安全具有自身的特点：

（1）动态性。金属资源安全的内涵是随着经济社会的发展和人们认识的提高而不断变化的，对此的研究也相应地具有了动态性。这主要体现在：其一，需求的不断增加导致了量变到质变的转换，当今国际上对金属资源的争夺已经超越了简单的商品买卖关系，更多体现了国家间的战略博弈；其二，供需格局转变，以我国为代表的新兴经济体对金属资源的需求已经超过了传统发达国家，但定价权的缺失引发了新兴经济体、发达国家和资源供应国之间既竞争又合作的"战国时代"；其三，金属资源安全研究的焦点也在不断变化，从供应保障到应急储备到定价权争夺再到合作开发，研究重心的变迁体现着安全理念的最新动态。

（2）综合性。金属资源安全是当代所有企业、国家和国家间组织都面临的问题，涉及人类社会的发展方式、国际政治经济秩序、国际关系和价值观冲突以及保护生态环境等很多方面的深层次原因，而金属资源安全本就是供给、经济和生态三个目标的综合，其综合性前所未有。

（3）市场性。金属资源安全着眼于长期和宏观，是具有政府背景的规划，但问题的解决和战略的实施最终还是要回到市场当中，让各个市场参与者在规划的指导下运作，实现国家层面的目标。也就是说，金属资源安全战略既要体现顶层设计，也要顾及市场主体的经济利益，只有这些个体能从战略规划中体会到经济利益，他们才有积极性去服从和配合整体战略的实施。

6.2　我国金属资源安全现状评价

6.2.1　金属资源安全评价的研究现状

金属资源安全评价是在分析金属资源安全影响因素的基础上，对金属资源的安全状态进行评估，主要目的在于分析金属资源需求和经济社会发展的关系，寻求资源供应和消费的客观变化规律，建立金属资源安全的预警机制。

安全评价大体分为四个步骤：

（1）确定资源安全的影响因素，包括经济、技术和制度三方面。经济因素对金属资源安全的影响主要表现在一个国家是否拥有足够的外汇来保障资源的进口和抵御资源价格上涨，是否有能力在开发本国资源和进口资源之间做出最优配置，以保障国家整体的资源安全。技术因素影响到金属资源的开发成本。现有金属资源技术的提升会在短时间内降低开发成本，但伴随新的资源技术发展，替代资源的开发成本会降低，引导人们合理配置资源的消费，以确保国家整体资源的安全。制度因素对金属资源的安全也有很大的影响，尤其在海外资源开发方面，政府如何利用自身的政治影响力来保障资源安全是我国当前需要学习的内容。

（2）建立安全评价的指标体系。根据上一步选定的各因素，依据其影响力大小细化为可以计算的安全评价指标，构成一个评价指标备选库。在实际的每次评价中，根据一定原则从备选库中选择数个评价指标，建立安全评价的指标体系。

（3）确定各指标的权重，主要采用层次分析法，具体方法参考张炳讲编著、电子工业出版社出版的《层次分析法及其应用案例》。

（4）计算金属资源安全值并进行对比检验。权重计算完毕后，根据统计数据可以测出金属资源的年度安全值。通过纵向对比，将我国历年来金属资源安全值进行对比，可以看出国家整体的金属资源安全走向。同时，通过横向对比，将我国的金属资源安全值和世界主要金属资源消费国的数值进行对比，一方面可以了解我国的金属资源安全状况在全世界的排位，另一方面可以参考其他国家的数值确立一个适合我国的金属资源安全参考值和安全警戒值。当金属资源安全值和这个安全参考值的偏差超过一定程度时，就应该引起我们的注意；达到安全警戒值时，就应该采取更有力度的措施保卫我国的金属资源安全。

国内对金属资源安全评价的研究中，出现了一些较有代表性的研究成果。虽然不同研究的侧重点不同，但总体上采取上述的评价流程，主要区别仅在于纳入评价体系的指标选择不同。王礼茂（2002）把影响金属资源安全的因素归结为资源本身、政治、经济、运输、军事和其他6个方面，并据此对我国石油和粮食进行了安全评价。张大超、汪云甲（2003）用3个层次共14个评价指标来计算国家资源安全指数。孙永波、汪云甲（2005）把影响金属资源安全的因素归结为资源因素、经济因素、技术因素和制度因素，并进一步提出从"国内资源禀赋、供需及使用、国家保障能力和措施"3个方面对资源安全进行评价。胡小平（2005）提出了同一矿种的国别安全评价体系和同一国家的矿别安全评价体系。

6.2.2　我国金属资源安全现状评价结果

中南大学金属资源研究院选取价格波动系数、国际市场价格、储采比、对外依存度、供应方集中度、储量占比 6 项指标，从价格可忍受性、供给保障程度以及资源禀赋 3 个维度构建了我国金属资源安全指数体系（IRS），并利用变异系数法赋权。金属资源安全指数为百分制，最高值为 100，最低值为 0，指数越高代表金属资源安全状况越好。具体评价等级如表 6 - 1 所示。

表 6 - 1　　　　　　　　　　金属资源安全指数等级

安全等级	安全指数	预警颜色
十分安全	$100 \geq IRS > 80$	浅绿色
比较安全	$80 \geq IRS > 60$	绿色
值得关注	$60 \geq IRS > 40$	蓝色
比较危险	$40 \geq IRS > 20$	橙色
十分危险	$20 \geq IRS \geq 0$	红色

考虑到金属资源相关数据的可获取性，选取了 2006～2010 年我国使用量较大的铜、铝、铅、锌、锡、镍六种基本金属和铁矿石作为评价样本，数据全部来自国家统计局、中国海关、相关统计年鉴等权威公开渠道。

所计算出的金属资源安全综合评价指数、二级安全指数计算结果及排行如表 6 - 2 至表 6 - 5 所示。

表 6 - 2　　　　　　　2006～2010 年我国金属资源安全综合评价指数

2010 年		2009 年		2008 年		2007 年		2006 年	
镍	53.35	锡	51.72	锡	39.37	铝	53.50	铁矿石	62.65
铝	51.71	铁矿石	47.89	锌	32.74	锡	53.33	锡	55.82
锌	46.83	镍	44.29	镍	31.31	铜	41.98	铝	55.29
铁矿石	44.00	铝	35.55	铁矿石	30.42	锌	37.42	铅	39.03
铅	43.99	锌	33.15	铝	28.93	铁矿石	35.80	锌	32.91
铜	41.89	铅	30.87	铅	26.56	镍	29.08	镍	32.90
锡	39.16	铜	29.31	铜	23.87	铅	26.63	铜	29.40

表 6 - 3　　　　　　　　　2006~2010 年我国金属资源价格安全指数评价结果

2010 年		2009 年		2008 年		2007 年		2006 年	
铝	64.87	铁矿石	61.77	锌	29.18	铝	59.29	铁矿石	78.22
锌	55.53	锡	50.16	铝	28.26	锡	55.44	铝	60.28
铜	54.58	铝	48.35	锡	25.55	铜	52.81	锡	56.94
镍	52.79	镍	33.79	铁矿石	21.98	锌	37.09	铅	43.83
铅	51.16	锌	32.29	铜	20.28	铁矿石	30.78	铜	30.11
铁矿石	50.75	铜	30.11	铅	20.00	铅	19.74	锌	20.61
锡	29.56	铅	28.29	镍	18.01	镍	15.60	镍	18.28

表 6 - 4　　　　　　　　　2006~2010 年我国金属资源供给保障安全指数评价结果

2010 年		2009 年		2008 年		2007 年		2006 年	
锡	68.61	锡	73.55	锡	75.32	锡	68.42	镍	75.50
镍	59.67	镍	65.20	镍	67.18	镍	66.75	锡	74.61
铅	50.70	铅	48.16	锌	51.04	铝	57.38	锌	67.36
锌	47.90	锌	42.65	铅	49.60	铅	51.43	铝	59.77
铝	44.77	铁矿石	26.74	铁矿石	42.27	锌	50.65	铅	46.03
铁矿石	38.89	铜	18.77	铝	31.42	铁矿石	40.14	铁矿石	40.49
铜	20.38	铝	16.59	铜	17.53	铜	18.23	铜	19.48

表 6 - 5　　　　　　　　　2006~2010 年我国金属资源禀赋安全指数评价结果

2010 年		2009 年		2008 年		2007 年		2006 年	
镍	45.17	镍	45.12	铜	41.69	铁矿石	43.28	铁矿石	46.55
铜	34.07	铜	40.49	铁矿石	37.85	铜	41.74	铜	39.57
铁矿石	31.06	铁矿石	35.66	锡	30.71	铝	31.10	铝	34.44
锡	27.22	锡	27.07	铝	26.72	锡	27.03	锡	27.44
铝	22.94	铝	23.56	镍	21.29	锌	21.19	锌	22.88
锌	21.10	锌	23.44	锌	19.16	镍	17.25	镍	17.87
铅	15.61	铅	16.25	铅	15.71	铅	14.40	铅	16.76

　　从上述安全评价结果，结合团队其他研究成果，可以对 2006~2010 年我国金属资源安全状况做以下基本判断：

　　（1）金属资源安全处于比较危险的等级。我国金属资源整体安全程度较低，部分金属资源安全态势已达到比较危险等级，亟须构建有效的资源安全保障体系，以实现金属资源的可持续开发和合理利用。

从表 6-2 和图 6-1 可以看到，2006~2010 年我国金属资源安全指数基本位于 20~
60，其中值得关注等级有 14 个数据点，占总数据的 40%；比较危险等级有 20 个数据
点，占总数据的 58%。从平均值来看，2006~2010 年铜、铅、锌和镍四种金属的资源
安全指数处于比较危险的等级（见图 6-2）。

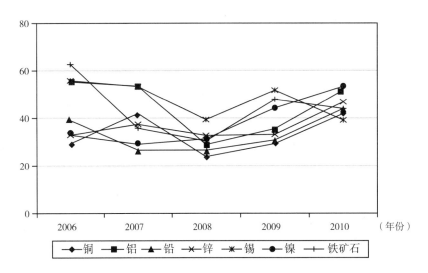

图 6-1　2006~2010 年七种金属资源安全指数趋势

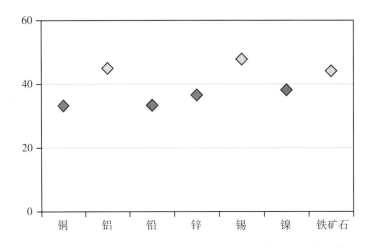

图 6-2　2006~2010 年七种金属资源安全综合指数平均值比较

尽管锡、铝以及铁矿石的资源安全综合指数的平均值相对较高，资源安全总体态势
相对较好，但其指数标准差较大（见表 6-6），说明三种金属的资源安全态势波动较
大，其中 2008 年三种金属的综合安全指数分别为 30.42、28.93 和 39.37，安全态势均
达到比较危险的级别（见图 6-3）。

表 6－6　　　　　　　2006～2010 年七种金属资源安全综合指标的均值和标准差

金属品种	平均值	标准差
锡	47.88	8.00
铝	45.00	11.94
铁矿石	44.15	12.39
镍	38.19	10.31
锌	36.61	6.04
铅	33.42	7.79
铜	33.29	8.20

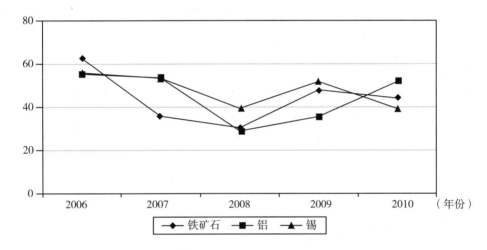

图 6－3　2006～2010 年铁矿石、铝和锡金属资源安全指数趋势

（2）金属资源价格是金属资源安全的主要影响因素。金属资源的获取，价格是一个关键的因素，关系到一国是否能以合理的成本获取所需要的资源。采用变异系数权重法对各二级安全指数确定权重如图 6－4 所示，结果表明价格安全指数对综合指数大小的影响最大。

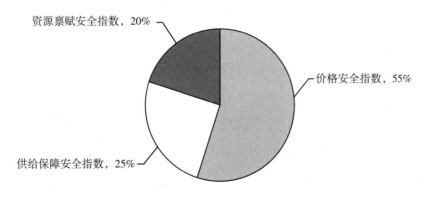

图 6－4　金属资源安全指数二级指标权重分布

从 2006 年开始，金属价格持续上涨并伴随剧烈波动。从图 6 - 1 的时间趋势上看，2008 年七种金属资源安全指数最低，表明 2008 年金属资源安全程度较低，其中一个主要原因是 2008 年金属价格的剧烈波动。而从表 6 - 7 中可以看到，尽管价格安全指数（39.61）不是三个二级安全指数中均值最小的，但较大的标准差（15.81）说明价格的波动幅度巨大。目前，在资源类产品上，我国属于典型的需求大国。我国对金属需求的增加，构成了全球金属资源市场供求关系变化的重要影响因素，并直接推高了全球金属资源产品的价格，极易陷入"一买就涨"的尴尬境地。一旦金属价格出现大幅上涨，就必然需要支付更多的价格成本，才能保障资源供给的稳定性，而这种高价格必然会损害资源需求国的利益，导致该国财富的流失和企业竞争力的下降。而随后的价格下跌，同样会干扰企业正常的生产经营节奏。

表 6 - 7　　　　　　　　金属资源安全指数及其二级指标的总体均值和标准差

指标	价格安全指数	供给保障安全指数	资源禀赋安全指数	金属资源安全综合指数
均值	39.61	48.38	28.67	39.79
标准差	15.81	6.56	4.70	9.24

因此，当前我国金属资源安全问题的关键在于资源的均衡价格是否在一个相对合理的区间，能够保障所对应的均衡数量可以满足国内正常的经济增长需要。

（3）无节制开采导致我国优势金属资源演变至危险等级。从样本金属的各维度安全指数计算结果来看，资源禀赋安全指数均值为 28.67（见表 6 - 7），为三个二级指数中最小的。特别是铅、锌和锡三种金属，其储量虽然位居世界前列（分别位居世界第二、第二和第一位），但近年来其资源禀赋安全程度已处于比较危险，甚至是十分危险的级别（见图 6 - 5 和表 6 - 8），锡更是由资源净出口变成了净进口。这是由于巨大的开采量极大降低了储采比，按 2010 年产量计算，三种金属仅能够持续开采 10 年左右，资源禀赋高的金属反而成了最可能耗尽的金属品种。

因此，从资源可持续的战略性角度出发，对我国金属资源进行有序和合理地开发，已成为重要和紧迫的资源问题。目前，我国已对钨、锡、锑、稀土等特定矿种实行保护性开采，但对其他金属品种，需要在代际公平的前提下，做出更深远、更能保障子孙后代利益的战略开采规划，确保金属资源使用速度不能高于其替代资源的开发速度。同时，降低社会资源需求必须以资源高效、节约利用和资源再生利用为基础。

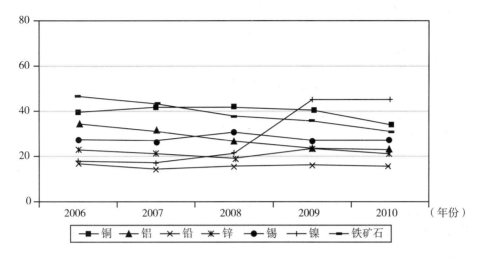

图6-5 金属资源禀赋指数趋势

表6-8 2006~2010年七种金属资源禀赋安全指数的均值和标准差

金属品种	平均值	标准差
铜	39.51	3.17
铁矿石	38.88	6.14
镍	29.34	14.51
锡	27.89	1.58
铝	27.75	4.94
锌	21.55	1.69
铅	15.75	0.88

（4）依存度过高和进口源单一增大了金属资源安全风险。我国金属资源的供给保障安全程度堪忧，除锡、镍处于比较安全的范围外，铜、铝、铅、锌、镍以及铁矿石的资源保障能力已处于或接近危险的状态（见图6-6和图6-7）。

一方面我国铜、铝、铅、锌、镍以及铁矿石等重要金属资源自给率严重不足，需要靠大量进口来满足国内需求。2006~2010年铜矿、铝土矿、铅矿、锌矿和铁矿石的平均对外依存度分别为84%、47%、48%、42%和55%，且呈现出进一步扩大的趋势。另一方面，我国金属资源进口来源过于集中，铝、锡和镍的进口国基本集中在2~3个国家，特别是铝土矿，2008年以来我国80%以上的铝土矿进口自印度尼西亚，且比重呈现日益上升趋势。

金属资源进口集中度的提高将大大增加进口国市场价格风险。一方面，资源拥有者极易以资源为武器，逼迫进口国就范，以获得市场之外的利益，从而直接危害进口国的国家安全和经济安全；另一方面，一旦海外运输渠道受到干扰，进口会面临资源供给中

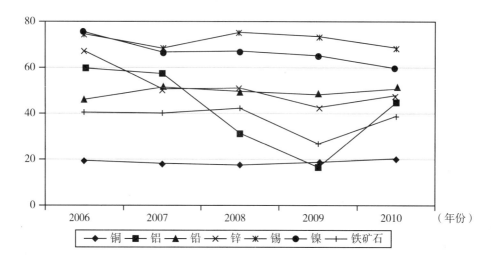

图 6 – 6　2006～2010 年我国金属资源供给保障安全指数趋势

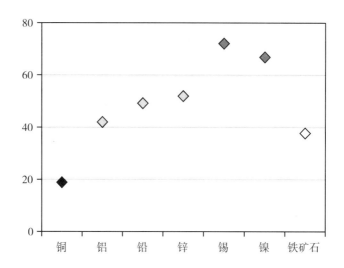

图 6 – 7　2006～2010 年我国金属资源供给保障安全指数平均值

断的风险。因此有必要采取贸易进口来源及进口方式多元化等措施降低我国在获取外部资源上存在的风险。

6.2.3　金属资源安全评价的局限

上述对金属资源安全的评价办法是目前使用较为普遍的一种，可操纵性较强，但是也有一定的局限。

（1）缺乏对国际政治经济格局的考察。在影响金属资源安全的因素中，其实还有一类因素影响较大，有时候甚至是决定性的，那就是国际政治经济格局。这类因素相对不稳定，很多时候无法预见，通常在金属资源安全评价中被归结为不可抗拒因素，在安全指标体系的建立中没有考虑，且这类因素难以量化。但在实际操作中，对这类因素要十分重视，对国际政治经济秩序的变化要充分分析，在安全评价中及时补充这类影响。

（2）安全指标的选择和判断矩阵的构建具有主观性。在层次分析法中，变量层安全指标的选择虽然要求和安全程度具有统一的相关性，但是具体选择将哪些指标纳入评价体系具有很大的随机性和主观性，往往是根据指标所需数据获取难度的大小去选择具体指标，所选出的指标方便计算但是缺乏代表性。在构建判断矩阵以求得各安全指标的权重过程中，采用的是指标之间两两比较并依据重要程度来打分的方法。重要程度的确定具有很强的主观性，使得判断矩阵也具有了主观性，虽然需要通过一致性检验来调整个别分值，但这样的调整也充满了主观因素。

（3）缺乏对生态安全的评价指标。在以往的资源安全评价中，主要侧重于对供给保障和经济成本方面，设计的评价指标也多和这两方面有关，对生态安全的忽视严重。生态安全是资源安全的重要组成，需要完善对生态安全指标的设计，这也将成为我们下一步研究的重要方向。

6.3　金属资源战略借鉴

世界主要的金属资源生产和消费国家，大致可以分为三类。第一类以美国为代表，既是金属资源的生产大国又是消费大国，但总体上消费量大于生产量，对海外金属资源具有一定的依赖。第二类以日本和德国为代表，自身金属资源贫乏却又有大量的需求，对海外金属资源高度依赖。第三类以加拿大和澳大利亚为代表，本身的金属资源非常丰富，消费量不大，资源大量出口海外。美国、日本和加拿大分别是上述三类国家的代表，各自实施着适应本国国情的金属资源战略，在长期的资源竞争格局中始终保持优势地位，其做法值得研究和借鉴。

6.3.1　依托强大国力的美国金属资源战略

美国凭借经济、军事和外交实力，一直实施全球金属资源战略，在资源争夺中占据绝对的主导地位。美国的金属资源战略伴随其崛起经历，具有历史的沿革，无法被其他国家简单复制。

（1）立足全球的金属资源视角。美国的移民国家性质，决定了金属资源战略从诞生开始就把全球当成舞台，对全球资源的争夺从未停止过。19世纪初，在"门罗主义"的号召下，美国开始将欧洲势力挤出美洲，独占美洲金属资源。20世纪初，利用技术革命的成果，在大力开发国内矿山的基础上，美国进一步控制了南美的矿产，包括智利的铜、苏里南和圭亚那的铝以及加拿大的镍。第二次世界大战期间，美国利用向海外提供军事援助的机会，换取他国大量金属资源，包括中国的钨砂和英国的煤炭。第二次世界大战结束的建设时期，美国利用经济援助的形式，通过投资和贷款控制了大量矿山资源，包括利比亚的石油、扎伊尔的钴铀锂和金刚石、拉美地区的铝锰铅锌铁等。

（2）统一认识和国家层级的高度重视。对于金属资源的重要性，美国上下很早就达成了共识，即将全球矿产战略作为国家发展战略的重要组成部分，将金属资源安全方面遇到的困难在国家层面解决。早在1952年美国就成立了直属于总统的矿物原料政策委员会，研究第二次世界大战后全球金属资源形势，明确了全球视角的资源安全保障体系。1980年，美国国会通过了《物资和矿物原料国家政策、调查和开采法》，强调了安全的矿产供应对国家安全和人民生活水平的决定性意义。1981年，里根总统上台后，立即组建了以副总统和多位内阁部长为成员的战略矿产特别工作组，提出加强海外矿产拓展和国内战略储备的目标。1991年，老布什总统提出新的国家能源战略，强调能源供应的多元化，除传统的拉美后院和中东外，还鼓励到北非和中亚等热点地区拓展。

（3）借助民间机构执行国家战略。利用优势展开科学勘探以获取全球矿产信息，在技术援助和经济合作的名义下输出矿业资本。美国国家开发署明确委托美国地质调查所，在探明金属资源的地区进行矿产评估，以引导美国矿业企业的投资开发。美国国务院更是声称要利用美国地质调查所作为推行外交政策的工具，并要求内政部对派驻海外的外交人员进行金属资源方面的专业培训。第二次世界大战后美国推行的"国际地质计划"，就是利用自身在地质勘察方面的技术优势，以协助资源国开发为口号，为美国的海外矿产投资选择目标。美国地质调查所几乎和世界上所有的资源国进行过金属资源调查和评估方面的合作，并发现了哥伦比亚的铜矿和铅矿、巴基斯坦的铜矿和泰国的铜矿及钾盐矿。

（4）建立和维护全球金属资源信息系统，为矿业企业的跨国经营提供全方位的服务和支持，协助矿业企业夺取全球金属资源。政府支持下的美国地质调查所收集、整理并出版了大量的海外地质金属资源条件、矿业政策、法律法规和税收金融等方面的信息，对各国投资环境进行了比较分析，编制了海外金属资源风险勘探开发投资指南。早在1972年，美国地质调查所就建立了金属资源数据库，包含全世界95000多个矿床和矿点的信息，并逐年更新。美国地质调查所还对全世界金属资源的储量、供给、需求和消费进行持续监视，不仅为整体战略提供依据，更可以减少本国企业海外开发的风险。

（5）签订贸易协定，组建国际组织，保障重要金属资源的安全供应。对美国的金属资源战略而言，最富有成效的是与墨西哥和加拿大建立的北美自由贸易协定（NAFTA），大大缓解了美国的矿物原料供应困局。依照协定，美国可以用较低的价格取得加拿大的铀、铜、镍、钛、铁矿石、铂族金属和钾肥，从墨西哥得到廉价的石油、银、铜等矿产，并且通过其跨国公司的投资，控制了这两个国家的矿业生产，稳定了后方。1974 年，美国还牵头组建了国际能源机构（IEA），对抗石油输出国组织（OPEC）对国际石油市场的控制。截至 2019 年，该机构成员已达 29 个，包括西方主要发达国家，在石油消费方面制定共同计划，在紧急时刻共同分配现有石油储备，以形成石油消费国的合力，极大威胁到 OPEC 利益。

（6）运用军事和外交实力为金属资源战略服务。美国凭借超级大国的地位，单方面制定海底金属资源开发的法律法规，藐视并长期拒绝加入《联合国海洋法公约》。第二次世界大战后，美国先后于 1953 年和 1980 年颁布了《外大陆架土地法》和《深海底固体矿产开发法》，鼓励美国矿业公司从事海洋金属资源的开发。尤其是《深海底固体矿产开发法》，对采矿区面积不加限制，不征收租金和权利金，并与法国、意大利、日本和英国等国签订互惠协定，相互承认对方抢占的国际公海采矿权益。1983 年颁布的《专属经济区法》，建立了比本土面积还大 70% 的公海专属经济区。美国长期以损害自由采矿为理由，拒绝签署 1994 年生效的《联合国海洋法公约》，但却任意指责他国不遵守此法令，企图将国际公海底的金属资源全部收入囊中。

6.3.2　政府指导、步骤清晰的日本金属资源战略

日本工业发达，金属资源需求极大，但是自身资源极其贫乏，全球化的金属资源战略是其必然选择。历史上，日本曾以武力解决金属资源的保障问题，留下了不光彩的一页。第二次世界大战结束后，日本通过政府、事业团体和矿产企业的共同努力，形成了良好互动、各司其职的金属资源全球供应系统，打造了一大批海外金属资源基地，确保金属资源的安全。

（1）紧跟美国，搭金属资源开发的便车。第二次世界大战后日本采取了一面倒的外交策略，将自己捆绑在美国战车上，为美国的战争行为出钱出力，同时搭上便车，攫取了全球大量金属资源。尤其是美国在中东的多次战争行动，日本始终坚定不移地支持，也在战后资源利益分配上占了便宜。

（2）设立了职责分明的专门支持机构。日本政府根据《资源保障指南》将海外金

属资源开发活动划分为7个具体的阶段，包括国家关系构筑阶段、草根勘察阶段、详细勘察阶段、矿山周边基础设施调查和完善阶段、金属资源开发阶段、生产加工阶段、与资源国产业和其他事业合作阶段，明确了每个阶段的工作内容及组织实施部门，如表6-9所示。

表6-9 日本海外金属资源开发的阶段、内容和实施部门

开发阶段	工作内容	组织实施部门
国家关系构筑阶段	首先，选定重要资源国，外务省对该国采取资源外交政策；其次，与该国建立开发规划调查型技术合作，包括地质调查、资源初期探查、调研资源国矿业体制等；最后向资源国派遣专家或组织研修班，进行本土人才培养	外务省
草根勘察阶段	由经济产业省下属机构和日本石油天然气金属资源机构实施遥感地质调查工作和矿山金属资源分离冶炼技术调查工作，由产业技术综合研究所地质调查综合中心开展政府或企业委托的地质调查工作	经济产业省、独立行政法人机构
详细勘察阶段	引入民间企业，共同进行地质调查，包括海外矿区构造调查、海外共同地质调查、分离冶炼技术调查、矿山F/S评价、勘察融资和贸易保险等	经济产业省、独立行政法人机构
矿山周边基础设施调查和完善阶段	对资源国家矿山周边的电力、交通、港口和桥梁等基础设施的完善程度进行调查，还包括民情文化调查、贷款项目形成调查和开发规划调查等	经济产业省、独立行政法人机构
金属资源开发阶段	帮助民间企业进行开发融资、债务担保、海运及贸易保险	经济产业省、独立行政法人机构
生产加工阶段	帮助民间企业进行开发融资和债务担保、资源进口的融资和债务担保、海运及投资贸易保险、生产技术F/S评价等	经济产业省、独立行政法人机构
与资源国产业和其他事业合作阶段	在循环经济政策、代替材料开发、核能合作、铀资源确保战略、节能及新能源合作等方面展开合作	经济产业省、独立行政法人机构

代表政府实施矿产资源战略的是经济产业省下辖的9个部门，分别是制造产业局有色金属课，产业技术环境局循环利用推进课，贸易经济合作局的技术合作课、资金合作课和贸易保险课，资源能源厅的金属资源课、资源燃料电力燃气事业部核能政策课、资源燃料电力燃气事业部核能燃料循环产业课和节能新能源部。具体实施对企业的支援的独立行政法人机构包括日本石油天然气金属资源机构、日本国际协力银行、日本贸易保险公司、日本国际合作组织和产业技术综合研究所地质调查综合研究中心。

（3）循序渐进的海外金属资源调查模式。日本将海外金属资源的勘查分为"区域地质勘查、详细勘查、企业勘查与开发"三个阶段，由石油天然气金属资源机构代表政府组织各阶段的勘察工作。区域地质勘查阶段由经济产业省委托日本石油天然气金属资源机构具体组织实施，主要是海外大规模的基础地质勘查，经费由日本政府拨付，部分与资源国联合勘查。第一阶段普查结束后，选定远景矿区，转入详细勘查阶段，仍然由日本石油天然气金属资源机构具体实施，经费由日本政府、勘查相关地区的地方政府和相关企业按照 67%、13% 和 20% 的比例共同负担。详细勘查结束后，矿区移交给相关矿业公司进行勘探和开发。在开发过程中，日本政府通过石油天然气金属资源机构为企业提供债务担保、贷款、勘探补贴等多种形式的金融援助。

（4）政府资助的民间机构执行国家战略。日本组建了石油公团（1967 年）和金属矿业事业团（1963 年）等民间机构，在海外推行以经济技术援助与合作为名义的国家金属资源战略。通过技术合作和经济援助，开展海外基础调查，承担项目前期风险，引导企业选点，降低本国企业在海外矿产勘查开发的风险。据不完全统计，日本金属矿业团已经在 40 多个国家和地区开展了 140 个以上的金属资源调查评估，为日本企业的下一步开发铺平了道路。

（5）建立了全球金属资源信息网络。日本金属事业团在全球 11 个国家设有办事处，收集和分析世界各国的资源信息，尤其是针对金属资源潜力国和矿业投资环境的信息、重要矿产项目的信息、国际矿业走势追踪、跨国矿业公司动态分析、矿业权市场状况和矿产品市场等信息。

（6）"一揽子"的海外矿产开发支援措施。建立了海外金属资源风险勘查补助金制度，对于前期风险程度较高的选点工作，经费全部由政府承担。定点后进行矿床勘探时，钻探和坑探工程政府补贴 50%，其他补贴 60%。日本企业和海外企业联合勘查时，日本政府补贴本国企业 50%。

（7）对矿业公司的跨国经营实行税收优惠。主要形式是海外探矿备用金制度和海外矿产勘查费用特别扣减制度。前者允许日本跨国矿业公司将与矿产销售收入有关的50% 开采所得作为公积金使用，无须纳税。后者允许将海外矿产勘查的支出加上设备折旧或者探矿备用金支出等在税收计算时作为亏损。此外，日本为海外投资损失设置了专门储备金。

（8）对矿业企业的跨国经营给予优惠贷款、贷款担保和其他融资服务。日本企业在发达国家进行铜、铅、铀、锌等勘查时，政府提供一般贷款所需资金总数的 50%，特殊时可达到 70%，偿还期限为 15 年，还可以宽限 5 年；勘查稀有金属，一般贷款为所需资金总数的 60%，特殊时可达到 70%，偿还期限为 18 年，宽限期 5 年。政府和矿业企业共同组织的海外矿业项目，政府投资比例可以超过50%。日本企业在发展中国家进行勘查开发时，以海外经济合作基金会的名义提供50%比例的贷款，偿还期限20年，宽限期5年。日本进出口银行还对项目失败或遭遇天灾和战争等不可抗拒因素项目，减免贷款本金。日本政府还为探矿成功的企业提供贷款担保，比率为80%，补助金率为0.4%。

（9）矿业企业采用多种方式，加强和国际投资机构和具有欧美背景的跨国矿业企业合作，积极占据有利位置。目前，日本参与开发海外金属资源主要有三种方式：勘查矿、股本矿和购买矿。20世纪90年代开始，在政府引导下，企业从购买矿为主，向参股等多元化方式发展。据调查，日本海外80%以上的矿业项目都是协作开展，只有很少部分由日本企业完全自主。该方式主要有四个优点：一是分散了风险；二是通过与第三国矿业企业合作，熟悉和掌握该国开发的经验；三是与国际投资机构合作，加强了项目安全性；四是与资源国企业合作，在处理本地事务时更为方便。

6.3.3　制度健全、市场主导的加拿大金属资源战略

在加拿大经济社会发展中，矿业占据着支柱地位，不仅对GDP贡献很大，更带动了地质勘探、工程建设、法律咨询和市场融资等大批相关产业的发展。加拿大也因此成为西方发达国家G7中唯一把矿业作为支柱产业的国家。

（1）加拿大实施两级矿业权管理制度，把金属资源开发的相关权力分为初级勘探权和高级开发权，代表了不同阶段从土地中获取自然资源的权力。申请初级勘探权比较容易，在加拿大的大多数地区任何年满18周岁的个人参加地质勘查培训后就可以申请勘查许可证，拥有勘查许可证的人员或雇佣了持证人员的公司就可以申请初级勘探权。当具体勘探活动进行到一定程度，发现的金属资源达到一定数量的时候，持有初级勘探权的个人或者企业就可以申请高级开发权。相对于初级勘探权，高级开发权涵盖更广、期限更长。

（2）各级政府在基础地质调查方面保持长期投入，拉动了社会资本的进入，保证了后续勘查和开发的接力推进。关于基础地质调查的含义，有个形象的比喻，即矿产勘查如同"在干草堆里找到绣花针"，而基础地质调查就是确定干草堆的位置。1982年后近30年时间内，加拿大各级政府平均每年在基础地质调查上投入超过1.5亿加元。能源和矿产地质填图计划（GEM）和靶区地球科学创新计划（TGI）就是基础地质调查重点项目的典范。2000年TGI由加拿大地质调查局开始实施，已顺延四次，共投入1200万加元，为深部矿产勘查提供了技术支撑。2008年GEM项目启动后，联邦政府共投入

1 亿加元，部分地方政府也有配套资金。基础地质调查工作虽然和矿床的发现没有直接关系，但是却为初级勘查公司提供了优先的勘查靶区，吸引了投资者和经营者，促进了资金和技术的进入，加速了金属资源显化。据统计，基础地质调查每投入 1 元钱将会拉动 5 元的勘查投入。

（3）得益于自然资源的先天优势和矿产开发的传统，加拿大形成了独特的矿业生态系统，催生了数量庞大的金属资源开发主体，包括初级勘查公司、中级矿业公司和高级矿业公司。据资料显示，初级勘查公司有 1000 家左右，主要从事矿产勘查活动，具有相当的冒险精神，经营非常灵活。它们通过基础地质调查的数据找寻目标靶区，在取得初级勘探权后实施矿床勘查，发现可行项目后进一步申请高级开发权，取得矿业权后多数转卖给矿业公司进行后续开发，通过经营矿业权实现盈利，也有少数以矿业权为基础到资本市场融资，继续矿产开发。初级勘查公司逐步取代大型矿业公司成为商业性矿产勘查市场主力军，尤其对于那些风险大、路途遥远且交通不便地区的矿产勘查，渐渐发挥了风险矿产勘查的主导作用。近年来，加拿大很多突破性的矿产发现都是由初级勘查公司实施的，比如该国沃伊塞湾捏铜矿最初就是由金刚石矿田资源公司发现，后来被国际镍业公司收购并运营。中高级矿业公司往往自己经营矿山，一般也拥有自己的勘查团队，但通常都是在初级勘查公司的发现成果上做高级勘探。除勘查和开发企业外，加拿大矿业生态系统还包括律师事务所、会计师事务所和独立地质师等中介机构，在金属资源勘查阶段提供法律、财务、技术方面的服务。

（4）以矿业资本为特色的资本市场。矿业勘查和开发的悠久历史，活力十足、技术先进的初级勘查公司，加上适合于矿业风险资本的资本交易管理制度，共同保证了多伦多证券交易所在五大国际矿业资本市场中独占鳌头。截至 2012 年底，在多伦多证券交易所上市的 3837 家企业中，矿业公司达到 1673 家，数量在各证券市场排名第一，占全球上市矿业公司的 57%。1999 年，加拿大成立了矿产资产估价特别委员会（CIM-Val），致力于推荐被矿业普遍使用且被证券交易所采纳的金属资源资产评估原则和标准。2001 年，为了减少信息不对称给投资者带来的风险，加拿大制定了矿业项目的披露标准，规范了上市公司的行为。目前，加拿大的上市标准和金属资源资产估价标准获得了国际社会的广泛认可和借鉴。此外，和其他成熟交易市场一样，在加拿大上市的矿业公司需要接受证券监督委员会的监督和管理，必须及时准确全面地向投资者披露公司信息特别是财务状况。基于这些制度的保证，加拿大矿业资本市场的门槛较低，尤其是创业板对有形资产、收入和利润等方面没有任何要求，大大方便了依托探矿权和采矿权进行业务开拓的广大初级勘查公司上市融资。

6.4　新常态下的金属资源安全观

资源安全观，顾名思义，就是我们对资源安全领域根本问题的观点和看法。由于资源安全存在显著的动态性，我们在论述资源安全观时必须结合当前的经济社会发展现状，以提高针对性和实践操作意义。当前我国经济已经步入新常态，2014 年 5 月习近平主席在河南省考察时首次提出了这一概念，并明确指出了新常态下我国经济发展的几大特征：其一，经济增长中高速；其二，经济结构不断优化升级；其三，创新驱动增长；其四，不确定性风险加大。

在经济新常态的大背景下，我国金属资源安全形势也出现了变化：第一，近 30 年来的迅速工业化催生了金属资源的高强度消费和资源环境问题的集中爆发，引起了广大人民群众的关注和不满，传统的金属资源开发和消费方式亟须改变；第二，经济结构优化的不断深入，使金属行业的许多企业面临巨大的转型升级压力；第三，国际交易中金属资源定价权的缺失，使我国长期处于"一买就涨、一卖就跌"的窘境，严重威胁经济安全；第四，受经济和政治因素的干扰，我国矿业企业海外发展的道路困难重重，海外资源开发需要新思路；第五，金属资源社会蓄积量的大规模增加，促使我国加快城市矿产的开发利用。

科学的金属资源安全观应该立足于上述经济发展新特征和安全形势新变化，着力解决三大问题：一是金属资源持续和稳定的供给问题，即供给安全问题；二是金属资源价格的国际操纵和我国定价权缺失的问题，即经济安全问题；三是金属资源节约和环境保护问题，即生态安全问题。

（1）足量、持续且稳定地获取金属资源，是金属资源安全的核心问题。供给安全是金属资源安全的核心内容。目前，我国金属资源的供给呈现出"一个现状、两个矛盾、多重威胁"的局面。资源消费量大，对外依存度高，是我国金属资源供给的基本现状。改革开放以来，我国经历了快速工业化的道路，我们常常为之骄傲的，就是我们用 30 年时间走过了西方工业国家 100 年的工业化进程。但是，我们的工业化大多是粗放式的依靠资源的大量消耗来维持的，这导致我们对金属资源的消费量迅速攀升且数量惊人。同时，由于自身资源禀赋的不足，我国对海外金属资源的依存度相当高。据统计，我国经济发展所需要的主要金属资源，如铁、铜、铝、锰等对外依存度均超过了 50%，如图 6 - 8 所示。历史数据表明，一个国家的金属资源消耗量在其进入后工业化阶段（以第三产业为主导的服务型经济）后将达到顶峰，如图 6 - 9 所示。我国目前正处于向后工业化时代迈进的转型时期，金属资源需求量增长速度放缓但持续处在高位，预计未来十年，主要金属资源的需求将陆续达到峰值。在产业升级转型和金属资源需求洪峰的双重压力下，相当一段时间内，部分金属资源对外依存度高的格局难以根本改变。

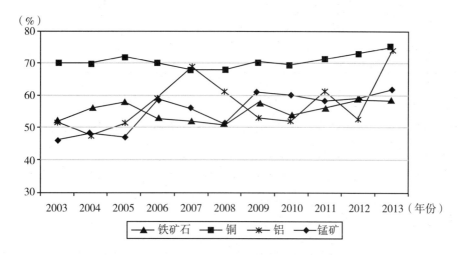

图 6 - 8　2003~2013 年我国主要金属资源的对外依存度

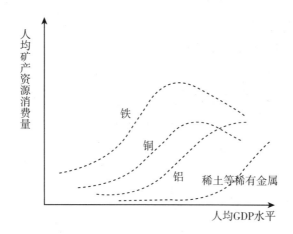

图 6 - 9　人均 GDP 和人均矿产消费的关系

金属资源的结构性短缺和金属工业中低端产能过剩，是我国金属资源供给安全面临的两个主要矛盾。一些传统高消耗的金属资源我们长期依赖进口，比如铜、铁、铝等，这些金属的供给状况在整体金属资源安全中占有的比重较大。而稀土等优势金属，我们本身资源丰富且直接消费量相对较少，所以大量出口，其供给状况在整体金属资源安全中占有比重相对小一些。但是，经济社会的进步对资源消费结构会产生一定影响（见表 6 - 10），可能导致我们长期大量进口的金属需求下降，而我们长期保持优势的金属需求上升，出现结构性短缺。

表 6 - 10　　　　　　　　　　《中国制造 2025》对金属的需求

《中国制造 2025》	涉及的金属元素
新一代信息技术	锗和钢等
高端装备制造业	稀土、钨和钼等
生物医药制造	锂和钛等
新能源产业	锂、钢、锗和锆等

此外，伴随《中国制造 2025》的逐步落实，我国将大力推进十大重点制造领域实现突破，包括新一代信息技术产业、高档数控机床和机器人、航空航天装备、海洋工程装备及高技术船舶、先进轨道交通装备、节能与新能源汽车、电力装备、农机装备、新材料以及生物医药及高性能医疗器械等。这些重点制造领域的推进将引发对钨、钼、锂、钛、锗和锆等稀有金属资源的更大需求，相对于传统的钢铁、铜、铝消费，产生新的结构性短缺。

中低端冶炼及加工行业的产能过剩问题长期持续困扰着我国金属工业，如图 6 - 10 所示，成为金属资源供给安全的另一大矛盾。以钢铁行业为例，进入 21 世纪以来我国粗钢产量在投资拉动下迅速上升，从 2001 年的 1.8 亿吨增长到 2014 年的 8.2 亿吨，但产能利用率却从 2002 年的 92.35% 下降到 2014 年的 75% 左右。与此同时，2013 年我国电解铝行业的产能利用率仅为 71.9%。而以汽车面板和建筑钢结构等为代表的高端金属工业的技术水平和产能却严重不足，比如湖南本土企业远大住工的建筑钢结构中就有不少需要从德国进口。伴随我国经济进入中高速增长和转型升级的新常态后，这种"低端过剩、高端不足"的矛盾将会持续下去。

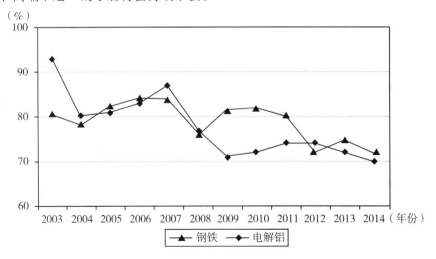

图 6 - 10　2003 ~ 2014 年我国钢铁和电解铝行业产能利用率

随着我国综合国力的不断增强，国际地缘政治格局有所改变，西方敌对势力也加紧了围堵和遏制的步伐，在金属资源供给安全领域的反应就是"资源民族主义"和"跨国公司垄断"等多种威胁的存在和加剧。我国重要的海外金属资源进口国，如印度尼西亚、赞比亚、蒙古国和澳大利亚等，在国内民粹的煽动和美国为首的反华势力挑唆下，相继以各种理由加强了资源控制，对我国金属资源供给产生不利影响。以西方国家为背景的跨国矿业公司长期垄断了世界主要金属资源贸易，动辄控制交易量、抬高价格，这种局面短期内难以打破。而由于对国家贸易规则所在地国情不熟悉，以及缺乏战略思维的限制，中资矿业企业的海外开发仅有不到两成的成功率。

（2）降低定价权缺失和价格操纵的不利影响，是金属资源安全的现实意义。现代资源安全不仅包括获取资源的数量，更关注质量和价格，这就是金属资源安全观中的经济安全。长期以来，我国实施"国际国内两个市场、原生再生两种资源"的战略举措，一定程度上缓解了金属资源供给紧张的发展困局，同时也存在不可忽视的经济安全问题，即"两个现象、一个原因"。

"两个现象"是指我国在国际金属资源市场上长期面临的"一买就涨、一卖就跌"的贸易窘境。以铁矿石为例，中国钢铁工业协会作为世界四大买方阵营之一，负责和国际矿业巨头谈判每年的铁矿石进口价格，一旦达成协议，全国所有钢铁企业将以这一统一价格与供货商签订具体供销合同。据中钢协的官方数据，我们可以看到，1995～2010年的16年间，我国进口铁矿石价格以2002年为分水岭，前半段价格波动不大，基本保持在25～30美元/吨的范围内，而2002年后的9年里铁矿石价格呈现出较大幅度的上涨，如表6-11所示。

表6-11　　　　　　　　1995～2010我国进口铁矿石价格涨幅　　　　　单位：美元/吨

年份	国际铁矿石价格	年份	国际铁矿石价格
1995	29.8	2003	32.8
1996	30.1	2004	61.1
1997	29.3	2005	66.7
1998	28.3	2006	63.7
1999	24.9	2007	87.8
2000	26.5	2008	133
2001	27.1	2009	79.9
2002	24.8	2010	127.5

查询发现2003年以来，我国房地产行业进入高速增长期，虽然经历多次调控，其发展势头仍不可小视。这也导致我国对铁矿石的需求量大增，进口量随之大幅度增加，而价格也趁势上涨，9年间竟然涨高了4倍。其他短缺金属，如铜和铝等的价格也面临逐步走高的局面。据统计，近10年来我国仅在铁、铜和铝资源进口上的损失累积高达

3000 亿 ~3500 亿美元，接近 2014 年我国 GDP 的 4%。

同时，我国优势金属如稀土、钨和锡等在出口价格上却节节败退。以稀土为例，我国是世界上稀土资源最为丰富的国家，也是唯一能提供全部 17 种稀土金属的国家，是名副其实的"稀土大国"，日本、欧洲和美国是我们的主要出口市场。但长期以来由于我国的重视不够，仅把其视为出口创汇的物资，而不是战略储备，因而丧失了价格话语权。2014 年我国出口稀土总量 2.8 万吨，同比增加 27.3%，但总市值仅为 23 亿元人民币，同比下跌 35.6%。

这种"一买就涨、一卖就跌"的窘迫现象，其原因在于我国没有掌握金属资源的定价权，也就是我们没有足够的力量和手段去影响国际市场上的金属资源价格，无论是短缺的还是优势出口的，都严重威胁着金属资源经济安全，是我们急待解决的重要问题。我国没有掌握定价权的原因很多，主要有以下几个方面：第一，市场垄断。国际金属市场长期被大型跨国矿业公司垄断，如铁矿石市场上的力拓、必和必拓和淡水河谷，它们的产量都占据国际总供应量的多数，它们联合起来足以左右资源价格。第二，价格操纵和投机行为。不仅是大型矿业企业，还包括一些仓储、物流和金融企业，都经常根据交易价格的走势采取价格投机和操纵行为，力图获取最大利益。仅就钢铁行业而言，2011 年仅必和必拓一家的利润就超过了我国 77 家大中型冶炼和加工钢铁企业的利润总和。第三，优势资源耗竭，价格话语权进一步丧失。对于优势金属资源而言，虽然我们没有掌握定价权，但因为资源优势明显，我们还是有其他很多手段来影响出口，以争取利益最大化。但是随着资源出口量的增加，国内资源逐步耗竭，资源优势降低甚至丢失，影响价格的能力进一步降低。经过多年大规模出口，我国稀土储量从占世界总量的 71.1% 下滑到现在的 23%，而 2007 年我国从锡净出口国变成净进口国，都严重损害了我们原本脆弱的定价能力。第四，贸易争端败诉不断。出于保护资源安全的目的，我国近年来采取了系列限制出口的措施，引发了不少的国际贸易争端。由于对国际贸易规则和国际诉讼程序的不熟悉，我国屡遭败诉，冲击到国家金属资源安全，表 6 - 12 就反映了近期我国遭遇败诉的典型案例。

表 6 - 12　　　　　　　　近年来我国金属行业遭遇的国际贸易诉讼

国际贸易争端	涉及的金属资源	WTO 裁定结果
2009 年，美国、欧盟、墨西哥就中国原材料出口限制措施向 WTO 上诉	铝土、镁、锰、锌等	2011 年，WTO 裁定中国原材料出口限制违规
2012 年，美国、欧盟、日本将中国对部分金属资源相关产品的出口管制措施诉至 WTO 争端解决机制	稀土、钨、钼	2014 年，WTO 裁定中国对稀土、钨、钼相关产品采取的出口关税、配额管理措施违反 WTO 相关规定

（3）实现资源节约和环境保护，是金属资源安全的重要目标。我国金属工业长期的粗放式发展，在开采、冶炼、加工和使用过程中产生了严重的大气、水和土壤污染，已经威胁带了我们赖以生存的环境。据统计，仅 2012 年全国金属行业就排放废气 20 万亿立方米、废水 24 亿吨、固体废气 16 亿吨；污染耕地 2000 万公顷，接近全国总耕地面积的 20%；污染粮食 1200 万吨，严重威胁到粮食和饮用水安全。2009 年以来，全国范围内接连爆发了数十起特大重金属污染时间，包括湖南浏阳镉污染、中金岭南铊超标、四川内江铅污染、山东临沂砷污染和福建紫金矿业溃坝等事件。生态文明是社会主义文明的重要组成，生态安全也成了当代金属资源安全的重要目标。随着环保法律的升级，环境保护已经成为全体国民的共识，发展金属工业的同时保护好生态环境更是刻不容缓。

此外，大力开发"城市矿产"，推广金属资源的节约和循环利用，减少开采量，也是生态安全的重要课题。"城市矿产"是指工业化和城镇化过程中产生和蕴藏于废旧机电设备、电线电缆、通信工具、汽车、家电、电子产品、金属和塑料包装物以及废料中，可循环利用的钢铁、有色金属、贵金属、塑料、橡胶等资源。建立城市矿产示范基地，对于废弃的资源加以有效利用，可替代部分原生资源，减轻环境污染。"十二五"期间，国家分 6 批设立了 49 个 "城市矿产" 示范基地，加强政策和资金扶持，推广自然资源尤其是金属资源的循环利用。

6.5　新常态下的金属资源安全战略

新常态下，为应对我国金属资源开发利用面临的多重挑战，需积极进行战略调整，对我国金属资源安全战略进行多方面改革，以防出现金属资源安全问题。

（1）调整我金属资源开发利用战略思路。从"充分利用'两种资源、两个市场'"向"最大限度利用境外资源，合理保护国内资源"转变，打通并保障国际金属资源的供给渠道，夯实金属资源的保障基础；通过资源行业的技术创新和应用领域的技术突破，不断挖掘金属资源在先进制造业的应用价值，强化金属资源的高端应用。

（2）制定金属资源开发利用技术路线。加强对产业变革趋势和重大技术创新的预警，加强对颠覆性技术替代传统产业拐点的预判，及时布局新兴产业所需金属矿产的前沿技术研发和新型替代资源的技术研发。突破深空、深海、深地资源开发技术，包括深空、深海金属资源高效可持续利用适用技术，及地球深部矿产资源勘探开发与综合利用技术。

（3）多元化金属资源获取的通道与策略。在"一带一路"重点地区开展金属资源产业合作，为我国矿业公司打开通道和市场。在矿业发展程度高的澳大利亚、南美地区，采用多种方式获取矿权。将城市矿产开发利用作为未来国家金属资源获取的重要通道，实现资源结构统筹。通过构建世界级金属资源交易所、金融财团，提升国家交易势力，强化矿产资源进口要道的安全保护。

（4）优化金属资源开发利用体制机制。培育流程型智能制造、网络协同制造等智能制造新模式，提高行业供给水平。鼓励中国矿业企业与金融财团、基建企业、海运企业等创新合作，打造矿企的生态系统，解决过度竞争问题。对事关经济安全和国防安全的战略性金属矿产，要完善国家战略储备制度。对市场化程度较高的金属矿产，探索开展金属资源企业商业储备试点，鼓励金融机构给予支持。

（5）分类调整金属资源开发利用政策。稀有战略性金属资源政策要基于国内需求，严控选冶规模。依据资源区域禀赋、品位，分类分区域优化金属资源税从价计征改革的税率，再生金属资源政策要逐渐向全生命周期管理模式创新的方向转变，理顺政策方案对各利益相关者的影响，形成政策合力，延长产品使用寿命，促进金属资源减量化设计。

（6）建立金属资源开发利用动态调整机制。持续分析发达经济体的"再工业化战略"和国防军工材料的战略重点，把我国 5 ~ 10 年产业体系演进和科技变革引发资源利用方式的变化嵌入"经济重要性 – 供应风险"评价体系中，动态调整保护性矿产名录及战略储备。建立金属资源分类实物量表、综合价值量表、平衡表、金属矿产账户，实现金属资源资产负债表的编制，并定期进行核算修订。

6.6　新常态下金属资源安全研究的关键科学问题展望

面对当前我国金属资源安全形势的变化，若要贯彻实现新常态下的资源安全观和资源安全战略，必须深入研究以下两大基本问题。

6.6.1　新常态下国家金属资源的安全机理及其发展趋势研究

如何科学认识新常态下国家金属资源的安全机理及其发展趋势是第一个基本问题，这是实现提升新常态下国家金属资源安全保障能力的理论前提。国家金属资源安全机理的研究必须涵盖常规安全和非常规安全，常规安全主要揭示国家金属资源安全发展的长期规律，非常规安全重点考虑非常规突发事件对国家金属资源安全的影响。

（1）从常规安全角度，认清新常态的新形势、新特点、新问题，判断其对国家金属资源安全产生的影响，构建新常态下的国家金属资源常规安全机理分析框架。研究目的是在认清新常态下经济、技术、制度方面的新形势、新特点、新问题的基础上，回答新常态下影响国家金属资源安全的关键因素发生了什么变化，以及对国家金属资源安全态势会产生什么作用等关键问题。一是针对我国工业发展阶段转换，进入工业化中后期，经济发展速度由高速转入中高速，需要讨论当前中国经济发展的特定阶段和产业升级对金属资源消费规律演进的影响。二是针对当前发生的以 3D 打印、智能制造为代表的第三次技术革命对金属资源的生产、消耗等都产生了显著影响，其带来的节约效应、替代效应、应用拓展效应、循环效应等最终将落足到需求端和供给端。因此，有必要突破原有资源供需分析框架中假定技术不变的条件，分析新技术革命对金属资源供给侧、需求侧的冲击作用。三是针对美国主导的 TPP、TTIP，以东盟主导、我国加入的 RCEP带来的贸易规则变化，以及美国"冲突矿产"法案的建立增加了新的贸易约束，有必要研究贸易规则、定价机制的演进对国家金属资源带来的影响。四是针对国家"两个市场、两种资源"战略的实施，大量金属资源从海外获取，资源的流动格局发生重大变化，正面临地缘政治日益复杂的严重局面，有必要研究资源流动格局与地缘政治对国家金属资源安全的影响。

（2）从非常规安全角度，研判在更为复杂和难以预测的突发事件背景下，国家金属资源安全的演变趋势，构建国家金属资源非常规安全机理。研究目的是在国家金属资源常规安全机理分析基础上，解析突发事件对国家金属资源安全的冲击影响机制，回答我国当前面临哪些主要非常规突发事件，其风险程度如何，会对国家金属资源安全产生什么样的冲击等关键问题。这是对常规安全的补充，是国家金属资源安全体系的拓展和完善。当前，矿难、矿产企业海外社会责任事件、金属资源价格操纵等一系列非常规突发事件对国家金属资源产生重大的冲击影响，而应急安全正是国家金属资源安全应对体系构建的关键。因此，需要进一步分析不同类型的突发事件产生的背景、条件及其对国家金属资源安全的影响，构建突发事件情景库，对典型案例进行剖析及仿真研究。在此基础上，对我国黑色金属、基本有色金属、稀有稀贵金属矿种面临的突发事件风险进行多准则动态评估和排序，形成风险矩阵图。

（3）在国家金属资源安全机理分析基础上，进一步评估新常态下的国家金属资源安全形势。研究目的是在认清国家金属资源安全机理的基础上，进一步回答新常态下国家金属资源安全影响因素发生了什么变化，对国家金属资源安全有什么样的战略影响等关键问题，这是政策制定的重要依据。需要考虑国家"一带一路"倡议、生态文明建设、《中国制造2025》等国家重大战略实施带来的影响，对国家金属资源供给安全、价格安全、生态安全进行相对精准地评估和预测。

6.6.2　新常态下的国家金属资源安全战略支持平台构建

为解决这个问题，需要从以下两方面着力：

（1）在顶层设计层面，厘清国家金属资源安全路线，完善战略、政策与管理体系。研究目的在于根据中国国情和金属矿产特点，构建国家金属资源策略库，解决国家金属资源安全战略调整，完善国家金属资源政策与管理体系等难题。针对当前我国金属资源安全战略路线不明、政策合意性不高、管理体系有效性不足等问题，需要定量评价国家金属资源安全战略、政策与管理体系，在经济发达体金属资源战略、政策、管理体系国际比较的基础上，提出国家金属资源安全战略的调整方向和路径，并进行国家金属资源安全的政策与管理体系的调整。

（2）在决策支持层面，开发面向金属资源安全管理与政策仿真的数据库及可视化管理实验平台。研究目的是解决专业数据支持及科学化决策的难题。当前已有大量专业的综合性能源数据库，而在金属资源领域，还停留在安泰科等信息数据库水平，缺乏科学化决策的支持系统。因此，有必要构建面向金属资源安全管理与政策仿真的时空数据库，建立安全预测预警复杂系统、价格安全预测仿真系统、应急管理复杂系统、政策仿真系统等，并实现金属资源安全管理和政策仿真的可视化。

综上所述，非常有必要围绕"如何科学认识新常态下国家金属资源的安全机理及其发展趋势""如何针对新常态下的新形势、新特点和新问题，提出国家金属资源安全方略"两大基本问题，建立新常态下金属资源安全机理分析框架，研判金属资源安全形势，比较和借鉴国际经验，研究典型案例，检讨和反思现行战略、政策和管理体系，构建金属资源安全管理与政策仿真数据库与可视化平台，最终实现国家金属资源安全战略、政策和管理体系的完善。

参 考 文 献

[1] 阿兰·尼斯,詹姆斯·斯威尼. 自然资源与能源经济学手册 [M]. 北京:经济科学出版社,2009.

[2] 安锦,王建伟. 资源诅咒:测度修正与政策改进 [J]. 中国人口·资源与环境,2015,25 (3):91-98.

[3] 安宁,刘志新. 商品期货便利收益的期权定价及实证检验 [J]. 中国管理科学,2006,14 (6):119-123.

[4] 安毅. 国际大宗商品定价模式的演变与中国纾困之策 [J]. 价格理论与实践,2011 (9):56-57.

[5] 白明. 中国对国际市场大宗能源类商品定价的影响 [J]. 中国对外贸易,2006 (6):82-85.

[6] 鲍勤,汤玲,汪寿阳,乔晗. 美国碳关税对我国经济的影响程度到底如何?——基于DCGE模型的分析 [J]. 系统工程理论与实践,2013,33 (2):345-353.

[7] 边一,王浦. 我国矿业企业对外投资中的社会责任问题研究 [J]. 中国人口·资源与环境,2013,163 (2):60-63.

[8] 部慧,何亚男. 考虑投机活动和库存信息冲击的国际原油期货价格短期波动 [J]. 系统工程理论与实践,2011 (4):691-701.

[9] 部慧,李艺,汪寿阳. 国际基金持仓与大豆商品期货价格关系的实证研究 [J]. 管理评论,2008,20 (5):3-8.

[10] 蔡继荣. 默契合谋下的市场价格操纵机理分析 [J]. 重庆工商大学学报(自然科学版),2011 (3):250-253.

[11] 曹飞. 石油价格冲击与中国实际经济波动研究——基于开放RBC模型的分析 [J]. 中国管理科学,2015 (7):45-52.

[12] 曹建海. 对我国工业中过度竞争的实证分析 [J]. 改革,1999 (4):5-14.

[13] 曹建海. 关于"过度竞争"的经济学含义 [J]. 首都经济贸易大学学报,

1999 (6)：12 - 17.

［14］曹建海. 论我国土地管理制度与重复建设之关联 ［J］. 中国土地，2004 (11)：11 - 14.

［15］曹建海. 我国重复建设的形成机理与政策措施 ［J］. 中国工业经济，2002 (4)：26 - 33.

［16］曹静. 走低碳发展之路：中国碳税政策的设计及 CGE 模型分析 ［J］. 金融研究，2009 (12)：19 - 29.

［17］曹明，魏晓平. 资源跨期最优开采路径技术进步影响途径研究 ［J］. 科学学研究，2012，30 (5)：716 - 720.

［18］昌忠泽. 流动性冲击、货币政策失误与金融危机——对美国金融危机的反思 ［J］. 金融研究，2010 (7)：18 - 34.

［19］常清，石宇. 对大宗商品价格暴跌的系统分析 ［J］. 价格理论与实践，2008 (11)：64 - 65.

［20］车卉淳，赵娴. "代际公平" 问题的经济学分析及其资源可持续性利用的路径选择 ［J］. 生产力研究，2013 (2)：9 - 12.

［21］车卉淳. 资源耗竭原因的经济学分析 ［J］. 现代经济探讨，2002 (1)：28 - 31.

［22］陈标金. 期货定价思想的演进与评析 ［J］. 江西社会科学，2014 (1)：77 - 81.

［23］陈菲琼，王旋子. 制度视角下中国资源型海外投资区域风险研究 ［J］. 科研管理，2012，33 (10)：121 - 128.

［24］陈洪涛，周德群，王群伟. 石油金融理论研究评述 ［J］. 经济学动态，2008 (7)：99 - 105.

［25］陈华国. 大宗金属商品金融属性及其在企业套期保值中的运用研究 ［D］. 云南大学，2011.

［26］陈靖. 境外金融机构参与商品期货交易研究及我国的应对之策 ［J］. 上海金融，2006 (2)：22 - 25.

［27］陈珊. 可耗竭资源有限期限约束下的内生经济增长 ［D］. 厦门大学，2009.

［28］陈诗一. 边际减排成本与中国环境税改革 ［J］. 中国社会科学，2011 (3)：14 - 19.

［29］陈喜峰，叶锦华，陈秀法，等. 日本海外矿产资源开发模式及对我国的启示 ［J］. 资源与产业，2014，16 (3).

［30］陈莹，袁建辉，李心丹，等．基于计算实验的协同羊群行为与市场波动研究
［J］．管理科学学报，2010，13（9）：119－128.

［31］陈泽，侯俊东，肖人彬．中国企业海外并购风险形成因素的层次结构：基于
ISM 模型［J］．中国地质大学学报（社会科学版），2013，13（2）：126－132.

［32］陈志松，王慧敏，仇蕾，等．流域水资源配置中的演化博弈分析［J］．中国
管理科学，2008，16（6）：176－183.

［33］陈仲常，谢波，丁从明．体制双轨制视角下的"中国式资源诅咒"研究
［J］．科研管理，2012，33（8）：153－160.

［34］成金华，汪小英，等．工业化与矿产资源消耗：国际经验与中国政策调整
［J］．中国地质大学学报（社会科学版），2011，11（2）：23－27.

［35］成金华，吴巧生，陈军．矿产经济学［M］．北京：中国地质大学出版
社．2012

［36］程倩，张霞．金属矿产资源开发的生态补偿及各方利益博弈研究［J］．矿业
研究与开发，2014，34（3）：127－131

［37］代军．中国权证市场的价格偏误及其均衡期权定价模型研究［J］．管理评
论，2010，22（12）：28－35.

［38］戴茂华．稀有金属矿产资源生态补偿机制探索［J］．中国矿业，2014，23
（2）：20－23.

［39］丹尼斯·米都斯．增长的极限：罗马俱乐部关于人类困境的报告［M］．长
春：吉林人民出版社，1997.

［40］党晋华，贾彩霞，徐涛，徐世柱．山西省煤炭开采环境损失的经济核算
［J］．环境科学研究，2007，20（4）：155－160.

［41］邓光君．国家矿产资源安全的经济学思考［J］．中国国土资源经济，2009，
22（1）：26－28.

［42］邓伟，王高望．资源红利还是"资源诅咒"？——基于中国省际经济开放条
件的再检验［J］．浙江社会科学，2014（7）：35－46＋156－157.

［43］丁博．大宗商品定价权与经济安全［D］．西南财经大学，2008.

［44］董梅，魏晓平．矿产资源跨期开采的实证研究［J］．系统工程，2014（12）：
81－86.

［45］董彦岭，孙晓丹，陈琳，等．金融危机对通货膨胀目标制的挑战及其发展方
向［J］．经济学动态，2010（4）：27－30.

［46］杜凯，周勤，蔡银寅．自然资源丰裕、环境管制失效与生态"诅咒"［J］.

经济地理，2009，29（2）：290 – 297.

［47］杜群阳，项丹．资源获取型海外并购绩效及其影响因素的实证研究［J］．国际贸易问题，2013（10）：159 – 166.

［48］杜希．中国矿业企业海外并购风险浅析［D］．西南财经大学，2012.

［49］杜晓君，刘赫．基于扎根理论的中国企业海外并购关键风险的识别研究［J］．管理评论，2012（4）：18 – 27.

［50］樊华，王治国，凌侠，等．基于生态足迹模型的陕北生态承载力定量分析研究［J］．内蒙古农业大学学报（自然科学版），2010，31（3）：146 – 152.

［51］范为，房四海．金融危机期间黄金价格的影响因素研究［J］．管理评论，2012，24（3）：10 – 18.

［52］方建春，宋玉华．我国在稀有金属出口市场的市场势力研究——以钨矿、稀土金属为例［J］．国际贸易问题，2011（1）：3 – 11.

［53］方先明，裴平，张谊浩．国际投机资本流入：动机与冲击——基于中国大陆1999 ~ 2011 年样本数据的实证检验［J］．金融研究，2012（1）：65 – 77.

［54］冯军．WTO 自然资源贸易与中国自然资源贸易规则构建［J］．世界经济研究，2011（11）：20 – 25.

［55］冯俊华，王英．基于使用者成本法的煤炭产业绿色 GDP 核算研究——以陕西省为例［J］．财会通讯，2015（3）：111 – 113.

［56］高丽．中国资源型企业国际化经营风险辨识与控制研究［D］．中国地质大学，2011.

［57］高新伟，赵文娟．基于资源耗减补偿的中国油气资源税率优化研究［J］．中国人口·资源与环境，2014，24（1）：102 – 108.

［58］高颖．社会核算矩阵的主要功能及应用［J］．中国统计，2008（2）：41 – 42.

［59］高颖，李善同．可持续发展框架下的递推动态 CGE 模型构建研究［J］．未来与发展，2009（1）：12 – 16.

［60］高永祥．资源诅咒与经济发展门槛——基于我国省际面板数据的经验分析［J］．电子科技大学学报（社会科学版），2011，13（1）：27 – 30.

［61］葛世龙，周德群，陈洪涛．储量不确定对可耗竭资源优化开采的影响研究［J］．中国管理科学，2008，16（6）137 – 141.

［62］葛世龙，周德群．可耗竭资源开采中的资源税征收预期影响研究［J］．系统工程学报，2009，24（2）：212 – 217.

[63] 葛世龙，周德群. 税收政策不确定下资源动态优化开采研究 [J]. 管理学报，2008，5（5）：674 – 677.

[64] 葛世龙. 不确定性条件下可耗竭资源最优开采研究 [D]. 南京航空航天大学，2009.

[65] 龚朴，高原，等. 非理性预期对信用衍生产品定价的影响——美国次贷危机的启示 [J]. 管理科学学报，2010，13（9）：55 – 67.

[66] 谷树忠，姚予龙，沈镭，等. 资源安全及其基本属性与研究框架 [J]. 自然资源学报，2002，17（3）：280 – 285.

[67] 谷树忠，姚予龙. 国家资源安全及其系统分析 [J]. 中国人口·资源与环境，2006，16（6）：142 – 148.

[68] 顾露露，Robert Reed. 中国企业海外并购失败了吗？ [J]. 经济研究，2011（7）：116 – 129.

[69] 郭明伟，夏少刚. 资产定价理论发展动态简评 [J]. 经济学动态，2009（11）：136 – 138.

[70] 郭庆旺，贾俊雪. 地方政府行为、投资冲动与宏观经济稳定 [J]. 管理世界，2006（5）：19 – 25.

[71] 郭振宇，魏晓平. 煤炭资源税政策选择中的探索分析 [J]. 决策参考，2014（24）：61 – 63.

[72] 韩立岩，魏晓云，顾雪松. 中国国际储备战略调整方向 [J]. 中国软科学，2012（4）：18 – 24.

[73] 韩立岩，尹力博. 投机行为还是实际需求？——国际大宗商品价格影响因素的广义视角分析 [J]. 经济研究，2012（12）：83 – 96.

[74] 韩润娥，赵峰. 取消出口配额对稀土出口的影响及对策 [J]. 对外经贸实务，2015（4）：89 – 91.

[75] 何沐文，刘金兰，高奇特. 不确定环境下自然资源开发项目投资评价模型 [J]. 管理科学学报，2013，6（16）：46 – 55.

[76] 何小明，成思危，董纪昌，等. 国际原油价格的长周期波动性 [J]. 系统工程理论与实践，2011，31（10）：1825 – 1836.

[77] 何亚男，汪寿阳. 世界经济与国际原油价格：基于 Kilian 经济指数的协整分析 [J]. 系统工程理论与实践，2011，31（2）：221 – 228.

[78] 侯乃堃，齐中英. 基于油价冲击分解的石油价格波动与经济增长的动态变化关系研究 [J]. 中国软科学，2009（8）：132 – 143.

［79］胡援成，肖德勇．经济发展门槛与自然资源诅咒——基于我国省际层面的面板数据实证研究［J］．管理世界，2007（4）：15 – 23.

［80］胡宗义，刘亦文．能源要素价格改革对我国经济发展的影响分析——基于一个动态可计算一般均衡（CGE）模型［J］．系统工程，2009（11）：1 – 6.

［81］扈文秀，牛静，李芳，等．基于统计套利模型的商品指数期货双跨套利方案研究［J］．管理评论，2013，25（9）：100 – 107.

［82］黄河，Starostin Nikita．中国企业海外投资的政治风险及其管控——以"一带一路"沿线国家为例［J］．深圳大学学报（人文社会科学版），2016（1）：93 – 100.

［83］黄建欢，杨晓光，成刚，等．生态效率视角下的资源诅咒：资源开发型和资源利用型区域的对比［J］．中国管理科学，2015，23（1）：34 – 42.

［84］黄英娜，张巍，王学军．环境 CGE 模型中生产函数的计量经济估算与选择［J］．环境科学学报，2003，23（3）：350 – 354.

［85］纪玉山，李通，刘静暖．中国矿产资源优化配置中的环境保护问题研究［J］．当代经济研究，2012（5）：28 – 31.

［86］冀相豹．中国对外直接投资影响因素分析——基于制度的视角［J］．国际贸易问题，2014（9）：98 – 108.

［87］江飞涛，曹建海．市场失灵还是体制扭曲——重复建设形成机理研究中的争论、缺陷与新进展［J］．中国工业经济，2009（1）：53 – 64.

［88］江飞涛，陈伟刚，黄健柏，焦国华．投资规制政策的缺陷与不良效应——基于中国钢铁工业的考察［J］．中国工业经济，2007（6）：53 – 61.

［89］江飞涛，耿强，吕大国，李晓萍．地区竞争、体制扭曲与产能过剩的形成机理［J］．中国工业经济，2012（6）：44 – 56.

［90］江飞涛，李晓萍．直接干预市场与限制竞争：中国产业政策的取向与根本缺陷［J］．中国工业经济，2010（9）：26 – 36.

［91］江飞涛．中国钢铁工业产能过剩问题研究［D］．中南大学，2008.

［92］姜超，张金水．考虑税收的可计算非线性动态投入产出模型及其参数设定［J］．系统工程理论与实践，2004，24（8）：32 – 37.

［93］姜春海，王敏，田露露．基于模型的煤电能源输送结构调整的补贴方案设计——以山西省为例［J］．中国工业经济，2014（8）：31 – 43.

［94］姜雪，李小平，董珑丽，刘晓臣．LCA 在产品生命周期环境影响评价中的应用［J］．中国人口·资源与环境，2014，24（5）：188 – 191.

［95］焦必方．环保型经济增长：21 世纪中国的必然选择［M］．上海：复旦大学

出版社，2001.

[96] 金成晓，余志刚，俞婷婷. 我国产业安全研究的历史与发展动态评述 [J].
财经问题研究，2010 (7)：26 - 33.

[97] 金艳鸣，黄涛，雷明. "西电东送" 中的生态补偿机制研究——基于三区域
可计算一般均衡模型分析 [J]. 中国工业经济，2007 (10)：21 - 28.

[98] 景普秋. 基于矿产开发特殊性的收益分配机制研究 [J]. 中国工业经济，
2010 (9)：15 - 25.

[99] 景维民，张璐. 环境管制、对外开放与中国工业的绿色技术进步 [J]. 经济
研究，2014 (9)：34 - 47.

[100] 靖学青. 自然资源开发与中国经济增长——"资源诅咒" 假说的反证 [J].
经济问题，2012 (3)：4 - 8.

[101] 瞿强. 资产价格泡沫与信用扩张 [J]. 金融研究，2005 (3)：50 - 58.

[102] 况伟大. 预期、投机与中国城市房价波动 [J]. 经济研究，2010 (9)：67 -
78.

[103] 赖丹，王黄茜，等. 完全与不完全成本下的稀土企业收益比较研究：以南方
离子型稀土企业为例 [J]. 中国矿业，2014 (1)：50 - 53.

[104] 赖丹，吴一丁，赖程. 政策干预背景下的中日稀土后端产业效率比较研究
[J]. 江西社会科学，2014 (12)：59 - 66.

[105] 蓝庆新. 近年来我国资源类企业海外并购问题研究 [J]. 国际贸易问题，
2011 (8)：154 - 165.

[106] 雷晓红. 企业跨国并购财务风险预警研究 [D]. 武汉理工大学，2007.

[107] 李昌峰，张玺英，赵广川，等. 基于演化博弈理论的流域生态补偿研究——
以太湖流域为例 [J]. 中国人口·资源与环境，2014，1 (24)：171 - 176.

[108] 李飞. 中央企业境外投资风险控制研究 [D]. 财政部财政科学研究所，
2012.

[109] 李国平，华晓龙. 使用者成本与中国非再生能源资源的定价改革 [J]. 经
济管理，2008，30 (15)：61 - 64.

[110] 李国平，李恒炜. 基于金属矿产资源租的国内外金属矿产资源有偿使用制度
比较 [J]. 中国人口·资源与环境，2011，21 (2)：153 - 159.

[111] 李国平，李恒炜. 使用者成本法的完善与美国油气资源使用者成本的估算
[J]. 自然资源学报，2013，28 (6)：1046 - 1058.

[112] 李国平，吴迪. 使用者成本法及其在煤炭资源价值折耗测算中的应用 [J].

资源科学，2004，26（3）：123 - 129.

[113] 李国平，杨洋. 中国煤炭和石油天然气开发中的使用者成本测算与价值补偿研究 [J]. 中国地质大学学报（社会科学版），2009，9（5），36 - 42.

[114] 李国平，张云. 矿产资源的价值补偿模式及国际经验 [J]. 资源科学，2005，27（5）：70 - 76.

[115] 李建武，李颖，周艳晶，邱南平，夏烨. 我国优势矿产资源开采总量控制政策评估 [J]. 中国矿业，2014（7）：1 - 5.

[116] 李杰，李捷瑜，黄先海. 海外市场需求与跨国垂直并购——基于低端下游企业的视角 [J]. 经济研究，2011（5）：99 - 110.

[117] 李敬辉，范志勇. 利率调整和通货膨胀预期对大宗商品价格波动的影响——基于中国市场粮价和通货膨胀关系的经验研究 [J]. 经济研究，2005（6）：61 - 68.

[118] 李军杰，钟君. 中国地方政府经济行为分析——基于公共选择视角 [J]. 中国工业经济，2004（4）：27 - 34.

[119] 李军杰，周卫峰. 基于政府间竞争的地方政府经济行为分析——以"铁本事件"为例 [J]. 经济社会体制比较，2005（1）：49 - 54.

[120] 李军杰. 经济转型中的地方政府经济行为变异分析 [J]. 中国工业经济，2005（1）：39 - 46.

[121] 李俊青，韩其恒. 不完全金融市场、海外资产结构与国际贸易. 经济研究 [J]，2011（2）：31 - 43.

[122] 李科，马超群，葛凌. 区域经济体可计算一般均衡模型的研究与应用 [J]. 系统工程理论与实践，2008，28（5）：55 - 63.

[123] 李鹏飞，杨丹辉，渠慎宁，张艳芳. 稀有矿产资源的全球供应风险分析——基于战略性新兴产业发展的视角 [J]. 世界经济研究，2015（2）：96 - 104 + 129.

[124] 李鹏飞，杨丹辉，渠慎宁，张艳芳. 稀有矿产资源的战略性评估——基于战略性新兴产业发展的视角 [J]. 中国工业经济，2014（7）：44 - 57.

[125] 李鹏远，周平，唐金荣，陈其慎. 中国黄金制造业用金需求趋势预测 [J]. 资源科学，2015（5）：1030 - 1037.

[126] 李平，江飞涛，王宏伟. 重点产业调整振兴规划评价与政策取向探讨 [J]. 宏观经济研究，2010（10）：3 - 12.

[127] 李松青. 矿业权价值评估 DCF 法与实物期权法比较研究 [J]. 矿业研究与开发，2009（3）：96 - 98.

[128] 李伟军，李智. 知识溢出与资源诅咒假说的门槛效应 [J]. 经济科学，

2013（6）：44 – 58.

[129] 李晓宇，方一平，张福良，马骋，郭佳. 稀土开采总量控制政策执行效果跟踪与分析 [J]. 中国矿业，2015（10）：22 – 26

[130] 李颖，陈其慎，柳群义，邢佳韵，陆挺. 中国海外矿产资源供应安全评价与形势分析 [J]. 资源科学，2015（5）：900 – 907.

[131] 李友田，李润国，翟玉胜. 中国能源型企业海外投资的非经济风险问题研究 [J]. 管理世界，2013（5）：1 – 11.

[132] 李志龙."中国式资源诅咒" 问题研究 [D]. 重庆大学，2009.

[133] 李忠民，邹明东. 能源金融问题研究评述 [J]. 经济学动态，2009（10）：101 – 105.

[134] 李仲达，林建浩，王美今. 大数据时代的高维统计：稀疏建模的发展及其应用 [J]. 统计研究，2015（10）：3 – 11.

[135] 李卓，邢宏洋. 国际石油价格波动对我国通货膨胀的影响——基于新凯恩斯 Phillips 曲线的研究 [J]. 国际贸易问题，2011（11）：18 – 30.

[136] 李自杰，刘畅，李刚. 新兴国家企业持续对外直接投资的经验驱动 [J]. 管理科学学报，2014（7）：35 – 49.

[137] 梁锶，苑生龙. 主体二元化背景下地方企业对外直接投资动因研究——基于省际面板数据的实证检验 [J]. 管理评论，2016，28（2）：49 – 60.

[138] 林伯强，何晓萍. 中国油气资源耗减成本及政策选择的宏观经济影响 [J]. 经济研究，2008（5）：94 – 104.

[139] 林伯强，刘希颖，邹楚沅，等. 资源税改革：以煤炭为例的资源经济学分析 [J]. 中国社会科学，2012（2）：58 – 78.

[140] 林伯强，牟敦国. 能源价格对宏观经济的影响——基于可计算一般均衡（CGE）的分析 [J]. 经济研究，2008（11）：88 – 101.

[141] 林伯强. 危机下的能源需求和能源价格走势以及对宏观经济的影响 [J]. 金融研究，2010（1）：46 – 57.

[142] 林毅夫，姜烨. 经济结构、银行业结构与经济发展——基于分省面板数据的实证分析 [C] // 全球金融学年会，2005.

[143] 林毅夫，巫和懋，邢亦青."潮涌现象" 与产能过剩的形成机制 [J]. 经济研究，2010（10）：118 – 118.

[144] 林毅夫. 潮涌现象与发展中国家宏观经济理论的重新构建 [J]. 经济研究，2007（1）：126 – 131.

[145] 刘超, 陈甲斌, 唐宇, 张艳飞. 中国锡金属消费量预测方法及应用 [J]. 资源科学, 2015 (5): 1038 - 1046.

[146] 刘春长. 我国铁矿石供需态势分析与国际定价权争取策略研究 [J]. 宏观经济研究, 2011 (12): 41 - 48.

[147] 刘春学, 李连举, 李春雪. 浅析金属矿产资源开发中的利益分配博弈 [J]. 技术经济与管理研究, 2013 (5): 20 - 24.

[148] 刘凤良, 郭杰. 资源可耗竭、知识积累与内生经济增长 [J]. 中央财经大学学报, 2002 (11): 64 - 67.

[149] 刘改芳, 高翠翠, 杨威, 等. 文化资本对资源诅咒地区经济发展的影响研究——基于有条件资源诅咒假说 [J]. 云南财经大学学报, 2015 (2).

[150] 刘慧媛, 杨忠直. 资源约束与中国经济增长——基于一个三投入随机前沿模型的研究 [J]. 软科学, 2013, 27 (4): 1 - 6.

[151] 刘建, 蒋殿春. 国际原油价格冲击对我国经济的影响——基于结构 VAR 模型的经验分析 [J]. 世界经济研究, 2009 (10): 33 - 38, 67, 88.

[152] 刘澎. A 股、红筹股及美国股票市场定价比较 [J]. 系统工程, 2009 (1): 44 - 49.

[153] 刘庆贤, 陈劲松. 中国钢铁产业打造转型升级版战略研究——基于产业安全的研究视角 [J]. 现代管理科学, 2014 (8): 87 - 89.

[154] 刘伟, 李虹. 能源补贴与环境资源利用效率的相互关系——化石能源补贴改革理论研究的考察 [J]. 经济学动态, 2012 (2): 94 - 98.

[155] 刘伟, 李虹. 中国煤炭补贴改革与二氧化碳减排效应研究 [J]. 经济研究, 2014 (8): 146 - 156.

[156] 刘璇, 陈其慎, 张艳飞, 高天明. 中国铬需求预测及资源供应安全态势分析 [J]. 资源科学, 2015 (5): 933 - 943.

[157] 刘岩. 后危机时代中国石油企业跨国并购风险管理研究 [D]. 北京工业大学, 2011.

[158] 刘艳飞, 张艳, 于汶加, 刘璇. 全球原镁需求预测及中国合理产能分析 [J]. 资源科学, 2015 (5): 1047 - 1058.

[159] 刘亦文, 胡宗义. 能源技术变动对中国经济和能源环境的影响——基于一个动态可计算一般均衡模型的分析 [J]. 中国软科学, 2014 (4): 43 - 57.

[160] 刘宇, 周梅芳. 煤炭资源税改革对中国的经济影响——基于 CGE 模型的测算 [J]. 宏观经济研究, 2015 (2): 60 - 67.

[161] 娄峰. 碳税征收对我国宏观经济及碳减排影响的模拟研究 [J]. 数量经济技术经济研究, 2014 (10): 84 – 109.

[162] 卢锋, 李远芳, 刘鎏. 国际商品价格波动与中国因素——我国开放经济成长面临新问题 [J]. 金融研究, 2009 (10): 38 – 56.

[163] 陆旸. 成本冲击与价格粘性的非对称性——来自中国微观制造业企业的证据 [J]. 经济学: 季刊, 2015, 14 (2): 623 – 650.

[164] 吕景胜. 企业海外投资新型风险类型及其防范 [J]. 中国软科学, 2012 (8): 185 – 192.

[165] 吕雁琴, 慕君辉, 李旭东. 新疆煤炭资源开发生态补偿博弈分析及建议 [J]. 干旱区资源与环境, 2013, 27 (8): 33 – 38.

[166] 吕永琦. 商品日便利收益的期权定价及实证分析 [J]. 管理科学, 2009, 22 (4): 107 – 114.

[167] 吕振东, 郭菊娥, 席酉民. 中国能源 CES 生产函数的计量估算及选择 [J]. 中国人口·资源与环境, 2009, 19 (4): 156 – 160.

[168] 罗辉, 宦吉娥, 等. 矿产资源安全研究述评 [J]. 中国地质大学学报社会科学版, 2010, 10 (3): 43 – 46.

[169] 罗云辉. 过度竞争: 经济学分析与治理 [M]. 上海: 上海财经大学出版社, 2004.

[170] 马金城, 焦冠男, 马梦骁. 中国企业海外并购行业分布的动态变化与驱动因素: 2005 – 2012 [J]. 宏观经济研究, 2014 (1): 33 – 42.

[171] 马林, 马超群, 马宗刚. 基于套利收益的矿产品价格模型构建 [J]. 系统工程理论与实践, 2011 (4): 771 – 777.

[172] 马有才, 赵映超. 产业安全理论研究综述——兼论高新技术产业安全的特点 [J]. 科技管理研究, 2009, 202 (12): 301 – 303.

[173] 毛艳华, 钱斌华. 基于 CGE 模型的分区域碳税从价征收税率研究 [J]. 财政研究, 2014 (9): 31 – 34.

[174] 孟倩. 我国进口铁矿石定价权缺失问题研究 [D]. 河北经贸大学, 2013.

[175] 穆月英, 赵霞, 小池淳司. 发达国家取消棉花税补贴对我国棉业经济的影响分析: 基于空间性应用一般均衡模型 [J]. 系统工程理论与实践, 2009, 29 (10): 13 – 20.

[176] 倪善芹, 侯淞译, 王洪海, 等. 镍价格的主要影响因素及其未来价格走势分析 [J]. 资源科学, 2015 (5): 961 – 968.

[177] 倪中新, 花静云, 武凯文. 我国企业的"走出去"战略成功吗? ——中国企业跨国并购绩效的测度及其影响因素的实证研究 [J]. 国际贸易问题, 2014 (8).

[178] 牛桂敏. 从过度竞争到有效竞争: 我国产业组织发展的必然选择 [J]. 天津社会科学, 2001 (3): 63 –66.

[179] 潘陆. 中国铁矿石进口定价权研究 [D]. 中央民族大学, 2013.

[180] 潘越, 戴亦一, 陈梅婷. 基金经理的投资经验、交易行为与股市泡沫 [J]. 中国工业经济, 2011 (1): 120 –129.

[181] 彭秀平. 矿业可持续发展基本理论与动态评价方法 [D]. 中南大学, 2004.

[182] 皮建才. 中国地方重复建设的内在机制研究 [J]. 经济理论与经济管理, 2008 (4): 61 –64.

[183] 钱炜, 张婕. 基于前景理论的流域生态补偿政策研究 [J]. 人民黄河, 2014, 1 (36): 85 –91.

[184] 秦昌波, 王金南, 葛察忠, 高树婷, 刘倩倩. 征收环境税对经济和污染排放的影响 [J]. 中国人口·资源与环境, 2015, 25 (1): 17 –23.

[185] 邱南平, 徐海申, 李颖, 等. 中国稀土政策的变迁及对稀土产业的影响 [J]. 中国国土资源经济, 2014 (10): 41 –44.

[186] 任忠宝, 王世虎, 唐宇, 周海东. 矿产资源需求拐点理论与峰值预测 [J]. 自然资源学报, 2012 (9): 1480 –1489.

[187] 阮利民, 曹国华, 谢忠. 金属矿产资源限制性开发补偿测算的实物期权分析 [J]. 管理世界, 2011 (10): 184 –185.

[188] 邵帅, 范美婷, 杨莉莉. 资源产业依赖如何影响经济发展效率? ——有条件资源诅咒假说的检验及解释 [J]. 管理世界, 2013 (2): 32 –63.

[189] 邵帅, 齐中英. 西部地区的能源开发与经济增长——基于"资源诅咒"假说的实证分析 [J]. 经济研究, 2008 (4): 147 –160.

[190] 佘升翔, 陆强, 马超群. "石油 – 美元"机制及其互动特征的实证研究 [J]. 系统工程, 2010 (6): 36 –39.

[191] 沈坤荣, 钦晓双, 孙成浩. 中国产能过剩的成因与测度 [J]. 产业经济评论, 2012 (4): 1 –26.

[192] 沈镭, 成升魁. 论国家资源安全及其保障战略 [J]. 自然资源学报, 2002, 17 (4): 393 –400.

[193] 沈振宇, 朱学义. 矿产资源总价值计量模型 [J]. 有色金属 (矿山部分), 2000 (3): 2 –6.

[194] 石敏俊, 袁永娜, 周晟吕, 李娜. 碳减排政策: 碳税、碳交易还是两者兼之? [J]. 管理科学学报, 2013, 16 (9): 9-19.

[195] 史欣向, 李善民, 王满四, 等. "新常态"下的产业安全评价体系重构与实证研究——以中国高技术产业为例 [J]. 中国软科学, 2015 (7): 111-126.

[196] 史永东, 杜两省. 资产定价泡沫对经济的影响 [J]. 经济研究, 2001 (10): 52-59.

[197] 舒基元, 姜学民. 持续发展中资源管理代际概念再认识 [J]. 生态农业研究, 1997, 5 (1): 55-61.

[198] 舒基元, 姜学民. 论自然资源的代际管理 [J]. 生态经济 (中文版), 1996 (6): 1-5.

[199] 宋军, 吴冲锋. 基于有限理性和传染机制的金融资产定价模型 [J]. 预测, 2001 (4): 13-16.

[200] 宋文飞, 李国平, 韩先锋. 稀土定价权缺失、理论机理及制度解释 [J]. 中国工业经济, 2011 (10): 46-55.

[201] 宋增基, 李春红. 经济增长对石油需求及石油价格影响的计量分析 [J]. 国际贸易问题, 2009 (5): 19-25.

[202] 苏伟伟. 农产品期货市场价格发现和价格稳定功能的实证分析 [D]. 山东大学, 2013.

[203] 苏迅. 资源贫困: 现象、原因与补偿 [J]. 中国矿业, 2007, 16 (10): 11-14.

[204] 苏杨. 由矿产资源价格形成机制引申 [J]. 改革, 2010 (8): 138-140.

[205] 孙国茂, 陈国文. 商品金融化形成机理研究 [J]. 济南大学学报: 社会科学版, 2013, 23 (6): 1-9.

[206] 孙坚强, 崔小梅, 杨燕, 等. 金融危机后的价格传导机制研究 [J]. 预测, 2015 (1): 66-69.

[207] 谭化川, 张艳飞, 陈其慎, 杨永强, 张亚龙. 2015-2025年中国锆英砂资源供需形势分析 [J]. 资源科学, 2015 (5): 998-1007.

[208] 谭小芬, 刘阳, 张明. 国际大宗商品价格波动: 中国因素有多重要——基于2012年季度数据和VECM模型的实证研究 [J]. 国际金融研究, 2014 (10): 75-86.

[209] 汤吉军. 生态环境资源定价与补偿机制设计: 一种实物期权方法 [J]. 中国人口·资源与环境, 2009, 6 (19): 7-10.

[210] 汤姆·泰坦佰格. 严旭阳译. 环境与自然资源经济学 [M]. 第5版. 北京:

经济科学出版社，2003.

[211] 田利辉，谭德凯. 原油价格的影响因素分析：金融投机还是中国需求？[J]. 经济学：季刊，2015 (3)：961 - 982.

[212] 田志龙，贺远琼，衣光喜，等. 寡头垄断行业的价格行为——对我国钢铁行业的案例研究 [J]. 管理世界，2005 (4)：65 - 74.

[213] 童雨. "中国需求"对国际大宗商品价格影响研究——基于 FAVAR 模型 [J]. 价格理论与实践，2014 (6)：96 - 98.

[214] 汪五一，滕蔚然，刘鹏. 中国大宗商品金融属性的强化及价格指数研究——以进口铁矿石金融属性强化作为案例分析 [J]. 学术研究，2014 (3)：70 - 75.

[215] 汪莹，蒋高鹏，张畅. 我国矿产资源企业海外运营融资策略研究 [J]. 国际贸易，2016 (1)：59 - 63.

[216] 王保忠，李忠民，王保庆. 基于代际公平视角的煤炭资源跨期配置机制研究——以晋陕蒙为例 [J]. 资源科学，2012，34 (4)：704 - 710.

[217] 王昶，徐尖，姚海琳. 城市矿产理论研究综述 [J]. 资源科学，2014，36 (8)：1618 - 1625.

[218] 王高辉. 从资源环境角度分析资源诅咒现象 [J]. 能源环境保护，2010，24 (4)：51 - 53.

[219] 王桂明. 资源约束下的内生经济增长与可持续发展 [J]. 当代经理人旬刊，2006 (21)：1259 - 1261.

[220] 王海. 中国企业海外并购经济后果研究——基于联想并购 IBMPC 业务的案例分析 [J]. 管理世界，2007 (2)：94 - 106.

[221] 王海建. 资源约束、环境污染与内生经济增长 [J]. 复旦学报（社会科学版），2000 (1)：76 - 80.

[222] 王鹤鸣，岳强，陆钟武. 中国 1998 年 - 2008 年资源消耗与经济增长的脱钩分析 [J]. 资源科学，2011，33 (9)：1757 - 1767.

[223] 王腊芳，何益得. 基于动态 CGE 的铁矿砂价格冲击经济效应研究 [J]. 经济数学，2009，26 (3)：36 - 52.

[224] 王立刚. 海外矿业投资的风险及防范 [D]. 中国地质大学，2013.

[225] 王璐瑶，葛顺奇. 国际投资规制与中国主权财富基金对外投资 [J]. 世界经济研究，2012 (5)：57 - 64.

[226] 王启洋，任荣明. 我国企业海外投资的壁垒及其应对策略——基于东道国与企业的利益博弈模型 [J]. 世界经济研究，2013 (10)：55 - 60.

[227] 王书平, 邝雄, 郑春梅. 锚定心理影响期货市场价格的数理模型 [J]. 系统工程理论与实践, 2012, 32 (3): 614-620.

[228] 王晓姝, 李锂. 产能过剩的诱因与规制——基于政府视角的模型化分析 [J]. 财经问题研究, 2012 (9): 40-47.

[229] 王晓雪. 建立我国矿产资源战略基地储备制度 [J]. 财政研究, 2009 (10): 51-53.

[230] 王孝松, 谢申祥. 国际农产品价格如何影响了中国农产品价格? [J]. 经济研究, 2012 (3): 141-153.

[231] 王茵田, 朱英姿, 章真. 投资者是非理性的吗——卖空限制下我国权证价格偏离探析 [J]. 金融研究, 2012 (1): 194-206.

[232] 王永钦, 杜巨澜, 王凯. 中国对外直接投资区位选择的决定因素: 制度、税负和资源禀赋 [J]. 经济研究, 2014 (12): 126-142.

[233] 王云清. 能源价格冲击与中国的宏观经济: 理论模型、数值分析及政策模拟 [J]. 经济学动态, 2014 (2): 44-57.

[234] 王云清. 中国期货市场价格操纵研究 [D]. 南京财经大学, 2008.

[235] 危慧惠, 樊承林, 朱新蓉. 基于随机便利收益的不完全市场商品期货定价研究 [J]. 中国管理科学, 2012, 20 (4): 37-44.

[236] 魏龙, 潘安. 制度水平、出口潜力与稀土贸易摩擦——基于贸易引力模型的实证分析 [J]. 世界经济研究, 2014 (10).

[237] 魏晓平, 李媛. 矿产资源跨期优化配置研究与展望 [J]. 河北学刊, 2015 (1): 130-135.

[238] 魏晓平, 王新宇. 金属矿产资源最适耗竭经济分析 [J]. 中国管理科学, 2002, 10 (5): 78-81.

[239] 魏晓平. 金属矿产资源的可持续利用与价值补偿问题研究 [J]. 煤炭学报, 1999, 24 (5): 548-551.

[240] 魏晓平. 矿产资源代际配置的若干问题研究 [J]. 中国矿业大学学报 (社会科学版) 2002 (2): 74-79.

[241] 魏晓平. 市场经济条件下金属矿产资源价值与最佳配置研究 [J]. 系统工程理论与实践, 1997 (6): 26-29, 110.

[242] 魏一鸣, 吴刚, 刘兰翠, 范英. 能源-经济-环境复杂系统建模与应用进展 [J]. 管理学报, 2005, 2 (2): 159-170.

[243] 吴崇宇, 周建涛. 国际大宗商品价格传导机制的结构特征与路径特征 [J].

经济学动态，2014（4）：87 – 96.

[244] 吴刚，魏一鸣. 突发事件情景下的中国战略石油储备应对策略研究 [J]. 中国管理科学，2011，19（2）：140 – 146.

[245] 吴晖琴，姚洪兴，等. 资源约束下的一类内生经济增长模型 [J]. 佳木斯大学学报（自然科学版），2007，25（1）：131 – 133.

[246] 吴力波，钱浩祺，汤维祺. 基于动态边际减排成本模拟的碳排放权交易与碳税选择机制 [J]. 经济研究，2014（9）：48 – 61.

[247] 吴文亮. 矿产资源与区域经济增长：基于中国省际层面的实证研究 [J]. 兰州商学院学报，2009，25（5）：45 – 55.

[248] 吴一丁，毛克贞. "稀土问题" 及稀土产业的政策取向 [J]. 经济体制改革，2011（5）：170 – 173.

[249] 向书坚，郑瑞坤. 自然资源资产负债表中的资产范畴问题研究 [J]. 统计研究，2015，32（12）：3 – 11.

[250] 肖皓，赖明勇. 燃油税改革的动态一般均衡分析 [J]. 经济数学，2009，26（3）：53 – 59.

[251] 肖辉. 中国矿业企业跨国投资风险预警监控研究 [D]. 武汉理工大学，2013.

[252] 肖黎姗，吝涛，郭青海. 基于生命周期评价的钢铁厂碱渣固碳技术比较研究 [J]. 环境科学学报，2014，34（3）：788 – 795.

[253] 谢飞，韩立岩. 投机还是实需：国际商品期货价格的影响因素分析 [J]. 管理世界，2012（10）：71 – 82.

[254] 邢斐，何欢浪，金梦，等. 下游国的贸易报复与中国稀土出口政策 [J]. 世界经济，2012（8）：92 – 114.

[255] 邢佳韵，彭浩，张艳飞，等. 世界锂资源供需形势展望 [J]. 资源科学，2015，37（5）：988 – 997.

[256] 胥丽，董伟. 国家实物储备建立规则的量化分析——以稀土行业为例 [J]. 生产力研究，2010（8）：104 – 106.

[257] 徐斌. 中国稀土政策的多元化选择：反思与应对 [J]. 国际贸易，2015（5）：40 – 43.

[258] 徐大伟，涂少云，常亮，等. 基于演化博弈的流域生态补偿利益冲突分析 [J]. 中国人口·资源与环境，2012，2（22）：8 – 14.

[259] 徐国祥，代吉慧，等. 中国大宗商品现货价格指数的构建及预测能力研究

[J]. 统计研究, 2014, 31 (12): 3 – 10.

[260] 徐辉, 蒲志仲. 金属矿产资源开发利用的生态环境价值补偿研究 [J]. 生态经济, 2014, 30 (2): 135 – 138.

[261] 徐康宁, 韩剑, 等. 中国区域经济的"资源诅咒"效应: 地区差距的另一种解释 [J]. 经济学家, 2005 (6): 96 – 102.

[262] 徐康宁, 王剑. 自然资源丰裕程度与经济发展水平关系的研究 [J]. 经济研究, 2006 (1): 78 – 89.

[263] 徐晓亮, 吴凤平. 引入资源价值补偿机制的资源税改革研究 [J]. 中国人口·资源与环境, 2011, 21 (7): 107 – 112.

[264] 徐晓亮, 许学芬. 资源税改革与我国区域"资源诅咒"困境 [J]. 系统工程理论与实践, 2014, 34 (1): 1 – 10.

[265] 徐晓亮. 资源税改革能调整区域差异和节能减排吗? ——动态多区域 CGE 模型的分析 [J]. 经济科学, 2012 (5): 45 – 54.

[266] 徐晓亮. 资源税改革中的税率选择: 一个资源 CGE 模型的分析 [J]. 当代经济科学, 2010, 32 (6): 98 – 126.

[267] 徐晓亮. 资源税制改革的双重红利——基于动态递归 CGE 模型的研究 [J]. 经济管理, 2015, 37 (2): 1 – 10.

[268] 许芳, 刘殿国, 邓志勇, 等. 产业安全的生态学评价指标体系研究 [J]. 生态经济 (中文版), 2008 (4): 55 – 58.

[269] 许士春, 何正霞, 魏晓平. 资源消耗、污染控制下经济可持续最优增长路径 [J]. 管理科学学报, 2010, 13 (1): 20 – 30.

[270] 许祥云. 20 世纪 90 年代后日本外汇市场干预的经验 [J]. 经济学动态, 2010 (7): 130 – 133.

[271] 雅诺什·科尔奈. 张安, 译. 社会主义体制——共产主义政治经济学 [M]. 北京: 中国编译出版社, 2007.

[272] 闫晓霞, 张金锁, 邹绍辉. 污染约束下可耗竭资源最优消费模型研究 [J]. 系统工程理论与实践, 2015 (2): 291 – 299.

[273] 严斌剑, 范金. 中国 CGE 模型宏观闭合的实证检验 [J]. 统计研究, 2009, 26 (2): 80 – 88.

[274] 阎海燕, 刘慧, 徐波. 基于系统动力学的企业跨国并购动态整合能力研究 [J]. 系统科学学报, 2016 (1): 70 – 74.

[275] 杨波, 魏馨. 中国企业海外并购的困境与对策 [J]. 宏观经济研究, 2013

（6）：98 - 103.

[276] 杨丹辉，渠慎宁，李鹏飞. 稀有矿产资源开发利用的环境影响分析 [J]. 中国人口·资源与环境，2014，171（S3）：230 - 234.

[277] 杨丹辉. 我国稀土产业发展战略与政策体系构建 [J]. 当代经济管理，2013（8）：66 - 71.

[278] 杨宏，金惠卿. WTO 对中国稀土案初裁结果及完善稀土出口管理的思考 [J]. 国际贸易，2014（9）：39 - 42.

[279] 杨蕙馨. 从进入退出角度看中国产业组织的合理化 [J]. 东南大学学报（哲学社会科学版），2000，2（4）：11 - 15.

[280] 杨蕙馨. 中国企业的进入退出——1985 - 2000 年汽车与电冰箱产业的案例研究 [J]. 中国工业经济，2004（3）：99 - 105.

[281] 杨建辉，潘虹. 国际原油价格、人民币实际汇率与中国宏观经济研究 [J]. 系统工程理论与实践，2008，28（1）：1 - 8.

[282] 杨亮，李猛. 世界连接 CGE 模型方法、研制与应用 [J]. 数量经济技术经济研究，2014（8）：102 - 116.

[283] 杨凌华. 我国大豆进口贸易的定价权问题研究 [D]. 中国海洋大学，2011.

[284] 杨培鸿. 重复建设的政治经济学分析：一个基于委托代理框架的模型 [J]. 经济学，2006，5（1）：467 - 478.

[285] 杨娴，邵燕敏，陆凤彬，汪寿阳. 矿产储备环境变迁与管理体系变革的联动机制——从美国看中国战略性矿产储备管理体系的建设 [J]. 公共管理学报，2009（2）：102 - 107 + 127 - 128.

[286] 杨艳军，费然. 基于 Geweke 分解检验的基金投机与国际资源性商品期货价格关系研究——以国际铜市场为例 [J]. 北京工商大学学报（社会科学版），2015，30（1）：80 - 85.

[287] 杨阳，万迪昉. 投资者情绪对我国金属期货市场的影响 [J]. 系统工程，2010（11）：1 - 8.

[288] 杨阳，王凤彬. 制度视角的海外投资进入模式选择研究进展 [J]. 经济学动态，2014（6）：149 - 157.

[289] 杨子川. 狭隘贸易保护主义与中国对外贸易 [J]. 经济学动态，2013（8）：56 - 61.

[290] 姚予龙，谷树忠. 资源安全机理及其经济学解释 [J]. 资源科学，2002，24（5）：46 - 51.

[291] 姚予龙，周洪，谷树忠，等．中国资源诅咒的区域差异及其驱动力剖析 [J]．资源科学，2011，33（1）：18 – 24.

[292] 姚志华．有色急缺矿产战略储备与释放研究 [D]．中南大学，2012

[293] 叶志辉．燃油税税率的确定——基于 CGE 的分析 [J]．统计研究，2009，26（5）：86 – 93.

[294] 阴秀琦，丁海洋，吴荣庆．重要矿产资源总量调控实施效果分析与评价——煤炭、钨、锑、锡、钼、稀土、萤石 [J]．中国国土资源经济，2013（10）：35 – 39.

[295] 阴秀琦．继续坚持矿产资源总量调控政策——规划先行 [J]．中国国土资源经济，2012（2）：16 – 19 + 49 + 54 – 55.

[296] 尹中立，桑晓靖．资产负债表型衰退理论假说及其对中国宏观调控的启示 [J]．经济学动态，2009（9）：53 – 56.

[297] 于桂琴．中国企业跨国并购整合风险分析与防范对策 [J]．经济界，2007（4）.

[298] 于汶加，陈其慎，张艳飞，高天明．世界新格局与中国新矿产资源战略观 [J]．资源科学，2015（5）：860 – 870.

[299] 余鹏翼，王满四，等．基于融资偏好视角的国内并购与海外并购内部影响因素比较研究 [J]．中国软科学，2014（9）：92 – 102.

[300] 余振国，冯春涛，郑娟尔，朱清．金属矿产资源开发环境代价核算与补偿赔偿制度研究 [J]．中国国土资源经济，2012（3）：31 – 34.

[301] 袁仁伟．大宗资源性商品国际贸易定价权研究——以铁矿石为例 [D]．中南林业科技大学，2012.

[302] 曾国华，吴雯雯，余来文．完全成本视角下离子型稀土合理价格的重构 [J]．现代管理科学，2014（3）：103 – 105.

[303] 曾康霖，王赟．马克思的货币危机理论与当前金融危机逻辑 [J]．经济学动态，2010（8）：25 – 29.

[304] 曾先峰，李国平，汪海洲．基于完全成本的碳酸稀土理论价格研究——兼论中国稀土资源定价机制改革 [J]．财经研究，2012，38（9）：134 – 144.

[305] 曾先峰，李国平．非再生能源资源使用者成本：一个新的估计 [J]．资源科学，2013，35（2）：439 – 446.

[306] 张斌，徐建炜，等．石油价格冲击与中国的宏观经济：机制、影响与对策 [J]．管理世界，2010（11）：18 – 27.

[307] 张大永，曹红．国际石油价格与我国经济增长的非对称性关系研究 [J]．

经济学: 季刊, 2014, 13 (1): 699 – 722.

[308] 张复明. 矿产开发负效应与资源生态环境补偿机制研究 [J]. 中国工业经济, 2009 (12): 5 – 15.

[309] 张贡生. "资源诅咒"论: 一个颇具争议的命题 [J]. 广西财经学院学报, 2009, 22 (6): 1 – 5.

[310] 张海亮, 齐兰, 卢曼. 套利动机是否加速了对外直接投资——基于对矿产资源型国有企业的分析 [J]. 中国工业经济, 2015 (2): 135 – 147.

[311] 张海亮, 饶永恒. 我国稀有金属市场定价效率研究——来自泛亚有色金属交易所的经验证据 [J]. 价格理论与实践, 2014 (10): 65 – 67.

[312] 张海莹. 负外部成本内部化约束下的煤炭开采税费水平研究 [J]. 中国人口·资源与环境, 2012, 22 (2): 147 – 151.

[313] 张建红, 周朝鸿. 中国企业走出去的制度障碍研究——以海外收购为例 [J]. 经济研究, 2010 (6): 80 – 91.

[314] 张景华. 自然资源是"福音"还是"诅咒": 基于制度的分析 [J]. 上海经济研究, 2008 (1): 9 – 17.

[315] 张军, 威廉·哈勒根. 转轨经济中的"过度进入"问题——对"重复建设"的经济学分析 [J]. 复旦学报 (社会科学版), 1998 (1): 21 – 26.

[316] 张雷. 中国能源安全问题探讨 [J]. 中国软科学, 2001 (4): 7 – 12.

[317] 张丽. 我国企业海外并购风险研究 [D]. 山西财经大学, 2011.

[318] 张利庠, 张喜才. 外部冲击对我国农产品价格波动的影响研究——基于农业产业链视角 [J]. 管理世界, 2011 (1): 71 – 81.

[319] 张倩, 曲世友. 金属矿产资源开发生态补偿博弈分析 [J]. 中国矿业, 2013, 8 (22): 40 – 43.

[320] 张琼, 董秀成, 张彦明, 等. 构建我国天然气战略储备制度的研究 [J]. 价格理论与实践, 2012 (11): 74 – 75.

[321] 张若然, 陈其慎, 柳群义, 于汶加, 谭化川. 全球主要铂族金属需求预测及供需形势分析 [J]. 资源科学, 2015 (5): 1018 – 1029.

[322] 张曙光, 程炼. 中国经济转轨过程中的要素价格扭曲与财富转移 [J]. 世界经济, 2010 (10): 3 – 24.

[323] 张维, 李根, 熊熊, 等. 资产价格泡沫研究综述: 基于行为金融和计算实验方法的视角 [J]. 金融研究, 2009 (8): 182 – 193.

[324] 张维迎, 马捷. 恶性竞争的产权基础 [J]. 经济研究, 1999 (6): 11 – 20.

[325] 张文，王珏，部慧，等. 基于时差相关多变量模型的金融危机前后国际原油价格影响因素分析 [J]. 系统工程理论与实践，2012，32 (6)：1166 - 1174.

[326] 张文丽，连璞. 煤炭开采中生态成本核算及经济补偿 [J]. 中国能源，2008，30 (9)：29 - 32.

[327] 张文霞，管东生. 生态系统服务价值评估：问题与出路 [J]. 生态经济，2008 (1)：28 - 31.

[328] 张新安. "走出去"开发利用国外矿产资源的方式选择 [J]. 国土资源情报，2001，3 (5)：18 - 21.

[329] 张新民，黄晓蓓，郑建明. 外资并购与我国产业安全：综述及研究展望 [J]. 国际贸易问题，2012 (4)：163 - 176.

[330] 张兴平，朱锦晨，徐岸柳，郭正权，刘珊珊. 基于CGE的碳税政策对北京社会经济系统的影响分析 [J]. 生态学报，2015，35 (20)：1 - 10.

[331] 张珣，余乐安，黎建强，汪寿阳. 重大突发事件对原油价格的影响 [J]. 系统工程理论与实践，2009 (3)：10 - 15.

[332] 张艳飞，陈其慎，于汶加，等. 2015 - 2040 年全球铁矿石供需趋势分析 [J]. 资源科学，2015，37 (5)：921 - 932.

[333] 张一文，齐佳音，方滨兴，李欲晓. 非常规突发事件及其社会影响分析——基于引致因素耦合协调度模型 [J]. 运筹与管理，2012 (2)：202 - 211.

[334] 张云，李国平. 论金属矿产资源使用者成本的补偿机制 [J]. 中国地质大学学报 (社会科学版)，2005，5 (3)：42 - 46.

[335] 张宗成，吕永琦，徐杰. 商品市场投机泡沫——基于金属铝的实证检验 [J]. 管理评论，2010，22 (7)：8 - 16.

[336] 赵胜民，方意，王道平. 金融信贷是否中国房地产、股票价格泡沫和波动的原因——基于有向无环图的分析 [J]. 金融研究，2011 (12)：62 - 76.

[337] 赵伟伟，白永秀. 资源诅咒传导机制的研究述评 [J]. 经济理论与经济管理，2010 (2)：45 - 51.

[338] 赵一平，孙启宏，段宁. 中国经济发展与能源消费响应关系研究——基于相对"脱钩"与"复钩"理论的实证研究 [J]. 科研管理，2006，27 (3)：128 - 134.

[339] 赵振宇，刘善存. 制度因素对我国国际储备的惯性影响 [J]. 管理评论，2012，24 (1)：39 - 44.

[340] 郑秉文. 纵观美日两国全球矿产资源战略 [J]. 新远见，2009 (2)：42 - 53.

[341] 郑锦荣，徐福缘，陈滨桐. 铁矿砂谈判中谈判定价权争夺的博弈研究 [J]. 管理世界，2010 (3)：108 – 116.

[342] 郑学敏. 中国企业跨国并购风险探讨 [D]. 山东师范大学，2008.

[343] 植草益. 日本的产业组织：理论与实证前沿 [M]. 北京：经济管理出版社，2000.

[344] 钟美瑞，胡小雪，黄健柏，朱学红. 基于组合性均衡评价模型的矿产资源开发补偿定价公平性分析 [J]. 经济地理，2015 (4)：162 – 168.

[345] 周焯华. 社会核算矩阵的建立和平衡——交互熵方法 [J]. 数学的实践与认识，2004，34 (12)：100 – 106.

[346] 周德群，葛世龙. 可耗竭资源跨期配置中不确定性问题研究进展 [J]. 经济学动态，2008 (3)：91 – 96.

[347] 周建军，王韬. 社会核算矩阵平衡与更新的 Cross-Entropy 方法研究 [J]. 管理评论，2003 (7)：20 – 24.

[348] 周劲，付保宗. 产能过剩的内涵、评价体系及在我国工业领域的表现特征 [J]. 经济学动态，2011 (10)：58 – 64.

[349] 周劲，付保宗. 产能过剩在我国工业领域的表现特征 [J]. 当代社科视野，2011 (12)：33 – 38.

[350] 周劲，付保宗. 工业领域产能过剩形成机制及对策建议 [J]. 宏观经济管理，2011 (10)：33 – 35.

[351] 周劲，付保宗. 我国工业领域产能过剩的表现特征及政策建议 [J]. 中国经贸导刊，2011 (13)：36 – 38.

[352] 周黎安. 晋升博弈中政府官员的激励与合作——兼论我国地方保护主义和重复建设问题长期存在的原因 [J]. 经济研究，2004 (6)：33 – 40.

[353] 周黎安. 中国地方官员的晋升锦标赛模式研究 [J]. 经济研究，2007 (7)：36 – 50.

[354] 周伟，何建敏. 后危机时代金属期货价格集体上涨——市场需求还是投机泡沫 [J]. 金融研究，2011 (9)：65 – 77.

[355] 周肖肖，魏晓平，王新宇. 环境约束下的化石能源跨期开采路径比较研究 [J]. 统计与信息论坛，2014 (7)：103 – 108.

[356] 周艳晶，李建武，李颖，等. 开采总量控制政策的历史沿革、作用及前景分析 [J]. 中国矿业，2015 (4)：1 – 4.

[357] 朱建民，魏大鹏. 我国产业安全评价指标体系的再构建与实证研究 [J].

科研管理, 2013, 34 (7): 146 – 153.

[358] 祝国平, 刘力臻, 张伟伟. 货币国际化进程中的最优国际储备规模 [J]. 国际金融研究, 2014 (3): 21 – 31.

[359] 邹艳芬. 基于 CGE 和 EFA 的中国能源使用安全测度 [J]. 资源科学, 2008, 30 (1): 119 – 128.

[360] Abolafia M. Y. Can speculative bubbles be managed? An institutional approach [J]. Strategic Organization, 2010, 8 (1): 93 – 100.

[361] Adelman M. A. User cost in oil production [J]. Resources and Energy, 1991, 13 (3): 217 – 240.

[362] Aghion P. , Howitt P. , Mayer-Foulkes D. The effect of financial development on convergence: Theory and evidence [R]. National Bureau of Economic Research, 2004.

[363] Allen A. O. , Feddema J. J. Wetland loss and substitution by the permit program in southern California, US [J]. Environmental Management, 1996, 20 (22): 263 – 274.

[364] Andersen J. J. , Aslaksen S. Constitutions and the resource curse [J]. Journal of Development Economics, 2008, 87 (2): 227 – 246.

[365] Ando A. W. , Khanna M. Natural resource damage assessment methods: Lessons in simplicity from state trustees [J]. Contemporary Economic Policy, 2004, 22 (4): 504 – 519.

[366] Anton Orlov, Harald Grethe. Carbon taxation and market structure: A CGE analysis for Russia [J]. Energy Policy, 2012 (51): 696 – 707.

[367] Armstrong M. , D'Arrigo R. , Petter C. , et al. How resource-poor countries in Asia are securing stable long-term reserves: Comparing Japan's and South Korea's approaches [J]. Resources Policy, 2016 (47): 51 – 60.

[368] Arrow K. J. The economic implication of learning by doing [J]. Review of Economics & Statistics, 1962, 29 (3).

[369] Arshad Mahmood, Charles O. P. Marpaung. Carbon pricing and energy efficiency improvement-why to miss the interaction for developing economies? An illustrative CGE based application to the Pakistan case [J]. Energy Policy, 2014 (67): 87 – 103.

[370] Atkinson G. , Hamilton K. Savings, growth and the resource curse hypothesis [J]. World Development, 2003, 31 (11): 1793 – 1807.

[371] Auty R. , Warhurst A. Sustainable development in mineral exporting economies [J]. Resources Policy, 1993, 19 (1): 14 – 29.

［372］Barteková E. , Kemp R. National strategies for securing a stable supply of rare earths in different world regions ［J］. Resources Policy, 2016 （49）: 153 – 164.

［373］Batten J. A. , Ciner C. , Lucey B. M. The macroeconomic determinants of volatility in precious metals markets ［J］. Resources Policy, 2010, 35 （2）: 65 – 71.

［374］Bernard, Jean-Thomas, Khalaf, et al. Forecasting commodity prices: GARCH, jumps, and mean reversion ［J］. Journal of Forecasting, 2008, 27 （4）: 279 – 291.

［375］Blignaut J. , Hassan R. M. Assessment of the performance and sustainability of mining sub-soil assets for economic development in South Africa ［J］. Ecological Economics, 2002, 40 （1）: 89 – 101.

［376］Bodart V. , Candelon B. , Carpantier J. F. Real exchanges rates, commodity prices and structural factors in developing countries ［J］. Journal of International Money & Finance, 2015, 51 （5）: 264 – 284.

［377］Bohi D. R. , Toman M. A. Understanding nonrenewable resource supply behavior ［J］. Science, 1983, 219 （4587）: 927 – 932.

［378］Bolton Gary E. , Axel Ockenfels ERC. A theory of equity, reciprocity, and competition ［J］. The American Economic Review, 2000, 90 （1）: 166 – 193.

［379］Borjas G. J. , Ramey V. A. Foreign competition, market power, and wage inequality ［J］. The Quarterly Journal of Economics, 1995, 110 （4）: 1075 – 1110.

［380］Boschi M. , Pieroni L. Aluminium market and the macroeconomy ［J］. Journal of Policy Modeling, 2008, 31 （2）: 189 – 207.

［381］Bottazzi J. M. , Luque J. , Páscoa M. R. Trading and rational security pricing bubbles ［R］. Universidad Carlor Ⅲ de Madrid Working Paper, 2011.

［382］Brennan M. J. , Schwartz E. S. Evaluation natural resource investments ［J］. Journal of Business, 1985, 58 （2）: 135 – 149.

［383］Broadhurst J. L. , Kunene M. C. , et al. Life cycle assessment of the desulfurisation flotation process to prevent acid rock drainage: A base metal case study ［J］. Minerals Engineering, 2014 （10）: 1 – 9.

［384］Browne F. , Cronin D. Commodity prices, money and inflation ［J］. Journal of Economics and Business, 2010, 62 （4）: 331 – 345.

［385］Cao B. , Jayasuriya S. , Shambora W. Holding a commodity futures index fund in a globally diversified portfolio: A placebo effect ［J］. Economics Bulletin, 2010, 30 （3）: 1842 – 1851.

［386］Carter C. A. , Rausser G. C. , Smith A. Commodity booms and busts ［J］. Resource Economics, 2011, 3 (3): 87 – 118.

［387］Cavaliere G. , Nielsen M. Ø. , Taylor A. M. R. Bootstrap score tests for fractional integration in heteroskedastic ARFIMA models, with an application to price dynamics in commodity spot and futures markets ［J］. Journal of Econometrics, 2015, 187 (2): 557 – 579.

［388］Chan W. H. , Young D. Jumping hedges: an examination of movements in copper spot and futures markets ［J］. Journal of Futures Markets, 2006, 26 (2): 169 – 188.

［389］Chaton C. , Creti A. , Villeneuve B. Storage and security of supply in the medium run ［J］. Resource and Energy Economics, 2009, 31 (1): 24 – 38.

［390］Chen J. , Cheng J. , Wu Q. Strategic evaluation on security of China's petroleum: From 1990 to 2006 ［J］. China Population Resources & Environment, 2008, 18 (1): 62 – 68.

［391］Chen R. H. , Lin Y. , Tseng M. L. Multicriteria analysis of sustainable development indicators in the construction minerals industry in China ［J］. Resources Policy, 2015 (46): 123 – 133.

［392］Chen Y. L. , Chang Y. K. Investor structure and the informational efficiency of commodity futures prices ［J］. International Review of Financial Analysis, 2015 (42): 358 – 367.

［393］Choi K. , Hammoudeh S. Volatility behavior of oil, industrial commodity and stock markets in a regime-switching environment ［J］. Energy Policy, 2010, 38 (8): 4388 – 4399.

［394］Consulting I. Strategic storage and other options to ensure long-term gas security. A report to the DTI ［R/OL］. DTI website-http: //www. dti. gov. uk/files/file31788. pdf, 2006.

［395］Corden W. M. , Neary J. P. Booming sector and de-industrialisation in a small open economy ［J］. The Economic Journal, 1982, 92 (368): 825 – 848.

［396］Corkin L. Chinese construction companies in Angola: a local linkages perspective ［J］. Resources Policy, 2012, 37 (4): 475 – 483.

［397］Costantini V. , Gracceva F. , Markandya A. , et al. Security of energy supply: comparing scenarios from a European perspective ［J］. Energy Policy, 2007, 35 (1): 210 – 226.

［398］Costanza R. , d'Arge R. , Rudolf de Groot, et al. The value of the world's ecosystem services and natural capital ［J］. Nature, 1997, 387 (5): 253 – 260.

［399］ Cuddington J. T., Jerrett D. Super cycles in real metals prices? ［J］. IMF Economic Review, 2008, 55 (4): 541 – 565.

［400］ Cuperus R., Caters K. J., Piepers A. A. G. Ecological compensation of the impacts of a road-preliminary method of AS0 road link ［J］. Ecological Engineering, 1996 (7): 327 – 349.

［401］ Dahl C. M., Iglesias E. M. Volatility spill-overs in commodity spot prices: New empirical results ［J］. Economic Modelling, 2009, 26 (3): 601 – 607.

［402］ Daily G. C., et al. Nature's service: societal dependence on natural ecosystems ［M］. Washington DC: Island Press, 1997.

［403］ Daly H. E. Beyond growth: the economics of sustainable development ［J］. Economia E Sociedade, 1996, 29 (4): 6.

［404］ Davis W. B., Levine M. D., Train K., et al. Effects of feebates on vehicle fuel economy, carbon dioxide emissions, and consumer surplus ［R］. 1995.

［405］ Devlin W., Woods S., Coates B. Commodity price volatility ［J］. Economic Round-up, 2011 (1): 1.

［406］ Doraisami A. Has Malasyia really escaped the resources curse? A closer look at the political economy of oil revenue management and expenditures ［J］. Resources Policy, 2015, 45: 98 – 108.

［407］ Dubreuil A., et al. Metals recycling maps and allocation procedures in life cycle assessment ［J］. The International Journal of Life Cycle Assessment, 2010, 15 (6): 621 – 634.

［408］ Dufwenberg Martin, Georg Kirchsteiger. A theory of sequential reciprocity ［J］. Games and Economic Behavior, 2004, 47 (2): 268 – 298.

［409］ Durucan S., Korre A., Munoz-Melendez G. Mining life cycle modelling: a cradle-to-gate approach to environmental management in the minerals industry ［J］. Journal of Cleaner Production, 2006, 14 (12 – 13): 1057 – 1070.

［410］ Economy T. F., Sturm G. R., Uzar L. A. Intelligent transaction router and process for handling multi-product point of sale transactions: U. S. Patent 7, 580, 859 ［P］. 2009 – 8 – 25.

［411］ Ejarque J. M. Evaluating the economic cost of natural gas strategic storage restrictions ［J］. Energy Economics, 2011, 33 (1): 44 – 55.

[412] Emekter R. , Jirasakuldech B. , Went P. Rational speculative bubbles and commodities markets: application of duration dependence test [J]. Applied Financial Economics, 2012, 22 (7): 581 –596.

[413] Evans H. D. A general equilibrium analysis of protection [M]. North-Holland: Amsterdam, 1972.

[414] E. L. Serafy. Absorptive capacity, the demand for revenue, and the supply of petroleum [J]. The Journal of Energy and Development, 1981, 7 (1): 73 –88.

[415] E. L. Serafy. The proper calculation of income depletable natural resources [A]. Y. J. Ahmed, S. E. Seralfy and E. Lutz (editors), Environmental accouting for sustainable development [C]. A UNEP-World Bank Sympoisum. Washington, D. C. : The World Bank, 1989: 10 –18.

[416] Falk Armin and Fischbacher Urs. A Theory of reciprocity [J]. Games and Economic Behavior, 2006, 54 (2): 293 –315.

[417] Farhan J. Overview of missing physical commodity trade data and its imputation using data augmentation [J]. Transportation Research Part C: Emerging Technologies, 2015 (54): 1 –14.

[418] Fehr Ernst, Klaus M. Schmidt. A theory of fairness, competition and cooperation [J]. Quarterly Journal of Economics, 1999, 114 (3): 817 –868.

[419] Fernandez V. Commodity futures and market efficiency: A fractional integrated approach [J]. Resources Policy, 2010, 35 (4): 276 –282.

[420] Fernandez V. Commodity price excess co-movement from a historical perspective: 1900 –2010 [J]. Energy Economics, 2015 (49): 698 –710.

[421] Ferran Sancho. Double dividend effectiveness of energy tax policies and the elasticity of substitution: A CGE appraisal [J]. Energy Policy, 2010 (38): 2927 –2933.

[422] Figuerola-Ferretti I. , Gonzalo J. Modelling and measuring price discovery in commodity markets [J]. Journal of Econometrics, 2010, 158 (1): 95 –107.

[423] Fishe R. P. H. , Smith A. D. Identifying informed traders in futures markets [J]. Journal of Financial Markets, 2012, 15 (3): 329 –359.

[424] Fong W. M. , See K. H. Modelling the conditional volatility of commodity index futures as a regime switching process [J]. Journal of Applied Econometrics, 2001, 16 (2): 133 –163.

[425] Fonseca M. S. , Julius B. E. , Kenworthy W. J. Integrating biology and economics

in seagrass restoration: How much is enough and why? [J]. Ecological Engineering, 2000, 15 (3): 227 – 237.

[426] Francis J. Merger waves, stock market bubbles and commodity booms since the First World War [J]. The Economic History Society, 2012 (77).

[427] Frankel J. A. , Rose A. K. Determinants of Agricultural and Mineral Commodity Prices [J]. General Information, 2010.

[428] F. Bodénana, F. Bourgeoisb, et al. Ex situ mineral carbonation for CO_2 mitigation: Evaluation of mining waste resources, aqueous carbonation processability and life cycle assessment (Carmex project) [J]. Minerals Engineering, 2014, 59 (2): 52 – 63.

[429] Ganji A. , Khalili D. , Karamouz M. Development of stochastic dynamic Nash game model for reservoir operation. I. The symmetric stochastic model with perfect information [J]. Advances in Water Resources, 2007, 30 (3): 528 – 542.

[430] Ganneval S. Spatial price transmission on agricultural commodity markets under different volatility regimes [J]. Economic Modelling, 2016 (52): 173 – 185.

[431] Getu H. , Weersink A. Commodity price volatility: the impact of commodity index traders [R]. CATPRN Commissioned Paper, 2010.

[432] Ghoshray A. A reexamination of trends in primary commodity prices [J]. Journal of Development Economics, 2011, 95 (2): 242 – 251.

[433] Gorton G. , Rouwenhorst K. G. Facts and fantasies about commodity futures [J]. Financial Analysts Journal, 2006, 62 (2): 47 – 68.

[434] Grimaud A. , Rougé L. Polluting non-renewable resources, innovation and growth: welfare and environmental policy [J]. Resource & Energy Economics, 2005, 27 (2): 109 – 129.

[435] Gutierrez L. Editor's choice: Speculative bubbles in agricultural commodity markets [J]. European Review of Agricultural Economics, 2013, 40 (2): 217 – 238.

[436] Gylfason T. , Herbertsson T. T. , Zoega G. A mixed blessing [J]. Macroeconomic dynamics, 1999, 3 (2): 204 – 225.

[437] Gylfason T. , Zoega G. Inequality and economic growth: Do natural resources matter? [J]. Gylfi Zoega, 2002, 34 (4): 127 – 155.

[438] Gylfason T. Natural resources, education, and economic development [J]. European Economic Review, 2001, 45 (4): 847 – 859.

[439] G. A. Costa Lima, S. B. Suslick. Estimating the volatility of mining projects consid-

ering price and operating cost uncertainties [J]. Resource Policy, 2006, 31 (2): 86 – 94.

[440] Hamilton J. D. What is an oil shock? [J]. Journal of Econometrics, 2003, 113 (2): 363 – 398.

[441] Hammoudeh S. , Nguyen D. K. , Sousa R. M. US monetary policy and sectoral commodity prices [J]. Journal of International Money and Finance, 2015, 57: 61 – 85.

[442] Hammoudeh S. M. , Yuan Y. , McAleer M. , et al. Precious metals-exchange rate volatility transmissions and hedging strategies [J]. International Review of Economics & Finance, 2010, 19 (4): 633 – 647.

[443] Harold Hotelling. The economics of exhaustible resources [J]. Journal of Political Economy, 1931, 39 (2): 137 – 175.

[444] Hartwick John M. , Anja Hageman. Economic depreciation of mineral stocks and the contribution of EL Serafy [C]. Toward Improved Accounting for the Environment, Washington, D. C. : The World Bank, 1993: 211 – 235.

[445] Hartwick John M. Intergenerational equity and the investment of rents from exhaustible resources [J]. American Economic Review, 1977, 67 (12): 972 – 974.

[446] Heaney R. An empirical analysis of commodity pricing [J]. Journal of Futures Markets, 2006, 26 (4): 391 – 415.

[447] Heaney R. Approximation for convenience yield in commodity futures pricing [J]. Journal of Futures Markets, 2002, 22 (10): 1005 – 1017.

[448] Hesam Dehghani, Majid Ataee-pour. Determination of the effect of operating cost uncertainty on mining project evalullation [J]. Resources Policy, 2012 (37): 109 – 117.

[449] Hess D. , Huang H. , Niessen A. How do commodity futures respond to macroeconomic news? [J]. Financial Markets & Portfolio Management, 2008, 22 (2): 127 – 146.

[450] Hicks J. R. Value and Capital [M]. Oxford University Press, 1946.

[451] Hogan W. W. Energy modeling for policy studies [J]. Operations Research, 2002, 50 (1): 89 – 95.

[452] Homm U. , Breitung J. Testing for speculative bubbles in stock markets: A comparison of alternative methods [J]. Journal of Financial Econometrics, 2012, 10 (1): 198 – 231.

[453] Hotelling H. The economics of exhaustible resources [J]. Journal of Political Economy, 1931, 39 (2): 137 – 175.

[454] Hotelling H. The economics of exhaustible resources [M] // The Economics of exhaustible resources. E. Elgar Pub. 1991: 281 – 312.

[455] Huang Y., Todd D., Zhang L. Capitalizing on energy supply: Western China's opportunity for development [J]. Resources Policy, 2011, 36 (3): 227 – 237.

[456] Humberto Llavador, John E. Roemer, Joaquim Silvestre. Intergenerational justice when future worlds are uncertain [J]. Journal of Mathematical Economics, 2010, 46 (5): 728 – 761.

[457] Humphreys D. The great metals boom: A retrospective [J]. Resources Policy, 2010, 35 (1): 1 – 13.

[458] Iimi A. Escaping from the resource curse: Evidence from botswana and the rest of the world [J]. IMF Economic Review, 2007, 54 (4): 663 – 699.

[459] Irwin S. H., Sanders D. R. Index Funds, Financialization, and Commodity Futures Markets [J]. Applied Economic Perspectives and Policy, 2011, 33 (1): 1 – 31.

[460] Isham J., Woolcock M., Pritchett L., et al. The varieties of resource experience: natural resource export structures and the political economy of economic growth [J]. The World Bank Economic Review, 2005, 19 (2): 141 – 174.

[461] Jabir I. The shift in US oil demand and its impact on OPEC's market share [J]. Energy Economics, 2001, 23 (6): 659 – 666.

[462] Jacks D. S., O'Rourke K. H., Williamson J. G. Commodity price volatility and world market integration since 1700 [J]. The Review of Economics and Statistics, 2011, 93 (3): 800 – 813.

[463] Jamasb T., Pollitt M. Security of supply and regulation of energy networks [J]. Energy Policy, 2008, 36 (12): 4584 – 4589.

[464] Jerrett D., Cuddington J. T. Broadening the statistical search for metal price super cycles to steel and related metals [J]. Resources Policy, 2008, 33 (4): 188 – 195.

[465] Johanson L. A multi-sectoral study of economic growth [M]. Amsterdam: North-Holland Publishing Company, 1960.

[466] John Baffes, Bruce Gardner. The transmission of world commodity prices to domestic markets under policy reforms in developing countries [J]. Journal of Policy Reform, 2003, 6 (3): 159 – 180.

[467] Kagraoka Y. Common dynamic factors in driving commodity prices: Implications of a generalized dynamic factor model [J]. Economic Modelling, 2016 (52): 609 – 617.

［468］ Kaldor N. Economic Growth and the Verdoorn Law——A Comment on Mr Rowthorn's Article ［J］. The Economic Journal, 1975, 85 (340): 891 –896.

［469］ Kama, A. D. , A. L. Sustainable growth, renewable resources and pollution ［J］. Journal of Economic Dynamics & Control, 2001, 25 (12): 1911 –1918.

［470］ Kawin Ruamsuke, Shobhakar Dhakal, et al. Energy and economic impacts of the global climate change policy on Southeast Asian countries: A general equilibrium analysis ［J］. Energy, 2015 (81): 446 –461.

［471］ Kilian L. , Murphy D. P. The role of inventories and speculative trading in the global market for crude oil ［J］. Journal of Applied Econometrics, 2014, 29 (3): 454 – 478.

［472］ Knudsen T. , Madsen T. K. Export strategy: a dynamic capabilities perspective ［J］. Scandinavian Journal of Management, 2002, 18 (4): 475 –502.

［473］ Kogel J. E. , et al. Measuring sustainable development in industrial minerals mining ［J］. International Journal of Mining and Mineral Engineering, 2014, 5 (1): 4 –18.

［474］ Korniotis G. M. Does speculation affect spot price levels?: The case of metals with and without futures markets ［M］. Division of Research & Statistics and Monetary Affairs, Federal Reserve Board, 2009.

［475］ Kotaro Suzumura and Kazuharu Kiyono. Entry barriers and economic welfare ［J］. Review of Economic Studies, 1987 (1).

［476］ Kovanda J. , Hak T. What are the possibilities for graphical presentation of decoupling? An example of economy-wide material flow indicators in the Czech Republic ［J］. Ecological Indicators, 2007, 7 (1): 123 –132.

［477］ Krutilla J. V. , Fisher A. C. Economics of Natural Environment ［M］. Mathematical Models, 1975.

［478］ Lammerding M. , Stephan P. , Trede M. , et al. Speculative bubbles in recent oil price dynamics: Evidence from a Bayesian Markov-switching state-space approach ［J］. Energy Economics, 2013 (36): 491 –502.

［479］ Larsen E. R. Escaping the resource curse and the Dutch disease? ［J］. American Journal of Economics and Sociology, 2006, 65 (3): 605 –640.

［480］ Lay J. , Mahmoud T. O. Bananas, oil, and development: examining the resource curse and its transmission channels by resource type ［R］. Kiel Institute for the World Economy, 2004.

［481］ Lei Y. , Cui N. , Pan D. Economic and social effects analysis of mineral development in China and policy implications ［J］. Resources Policy, 2013, 38 (4): 448 –457.

［482］ Leiby P. N. , Bowman D. , Jones D. W. Improving Energy Security Through an International Cooperative Approach to Emergency Oil Stockpiling ［R］. 2002.

［483］ Levine D. K. Modeling altruism and spitefulness in experiments ［J］. Review of Economic Dynamics, 1998, 1 (3): 593 –622.

［484］ Lien D. , Yang L. Asymmetric effect of basis on dynamic futures hedging: Empirical evidence from commodity markets ［J］. Journal of Banking & Finance, 2008, 32 (2): 187 –198.

［485］ Lucas R. E. On the mechanics of economic development ［J］. Journal of Monetary Economics, 1988, 22 (1): 3 –42.

［486］ Maloney W. F. , Manzano O. , Warner A. Missed Opportunities: Innovation and Resource-Based Growth in Latin America ［with Comments］ ［J］. Economia, 2002, 3 (1): 111 –167.

［487］ Manera M. , Nicolini M. , Vignati I. Financial speculation in energy and agriculture futures markets: A multivariate GARCH approach ［J］. The Energy Journal, 2013, 34 (3): 55 –81.

［488］ Marossy Z. Commodities and commodity derivatives, modeling and pricing for agriculturals, metals and energy ［J］. Journal of Banking & Finance, 2007 (31): 3904 –3906.

［489］ Mathis Wackernagel, William E. R. Our ecological footprint: reducing human impact on the earth ［M］. New Sciety Publishers, 1996.

［490］ McCay D. P. E. , Rowe J. J. Habitat restoration as mitigation for lost production at multiple trophic levels ［J］. Marine Ecology Progress Series, 2003, 264 (2): 233 –247.

［491］ Mcphail L. L. , Muhammad X. D. A. Disentangling corn price volatility: The role of global demand, speculation, and energy ［J］. Journal of Agricultural & Applied Economics, 2012, 44 (3): 401 –410.

［492］ Mehlum H. , Moene K. , Torvik R. Institutions and the resource curse ［J］. The economic Journal, 2006, 116 (508): 1 –20.

［493］ Mehlum H. , Moene K. O. , Torvik R. Plunder & Protection Inc ［J］. Journal of Peace Research, 2002, 39 (4): 447 –459.

［494］ Mehrara M. Reconsidering the resource curse in oil-exporting countries ［J］. Energy Policy, 2009, 37 (3): 1165 –1169.

[495] Memary R. , et al. Life cycle assessment: a time-series analysis of copper [J]. Journal of Cleaner Production, 2012 (33): 97 –108.

[496] Mensi W. , Beljid M. , Boubaker A. , et al. Correlations and volatility spillovers across commodity and stock markets: Linking energies, food, and gold [J]. Economic Modelling, 2013 (32): 15 –22.

[497] Mill J. – S. Principles of political economy: with some of their applications to social philosophy [M]. London: Longmans, 1848.

[498] Morana C. Oil price dynamics, macro-finance interactions and the role of financial speculation [J]. Journal of Banking & Finance. 2012, 37 (1): 206 –226.

[499] Natanelov V. , Alam M. J. , Mckenzie A. M. , et al. Is there co-movement of agricultural commodities futures prices and crude oil? [J]. Energy Policy, 2011, 39 (9): 4971 –4984.

[500] Nill F. Global oil prices, macroeconomic fundamentals and China's commodity sector comovements [J]. Energy Policy, 2015, 87 (5): 284 –294.

[501] North D. C. Location theory and regional economic growth [J]. Journal of Political Economy, 1955, 63 (3): 243 –258.

[502] Paddock J. L. , Siegel D. R. , Smith J. L. Option valuation of claims on real assets: the case of offshore petroleum leases [J]. The Quarterly Journal of Economics, 1988, 103 (3): 479 –508.

[503] Papyrakis E. , Gerlagh R. Resource windfalls, investment, and long-term income [J]. Resources Policy, 2006, 31 (2): 117 –128.

[504] Papyrakis E. , Gerlagh R. Institutional explanations of economic development: The role of precious metals [R]. FEEM Working Paper No. 131. 2005.

[505] Papyrakis E. , Gerlagh R. Resource abundance and economic growth in the United States [J]. European Economic Review, 2007, 51 (4): 1011 –1039.

[506] Paul B. Compensation for compulsory acquisition [J]. Land Economics, 1991, 67 (1): 49 –63.

[507] Philip Nuss, Matthew J. Eckelman. Life Cycle Assessment of Metals: A Scientific Synthesis [J]. Plos One, 2014, 9 (7): 1 –12.

[508] Pieroni L. , Ricciarelli M. Modelling dynamic storage function in commodity markets: Theory and evidence [J]. Economic Modelling, 2005, 25 (5): 1080 –1092.

［509］ Pigou A. C. The Economics of Welfare ［M］. London: Macmillan, 1920.

［510］ Pilar Swart, Jo Dewulf. Quantifying the impacts of primary metal resource use in life cycle assessment based on recent mining data ［J］. Resource, Conservation and Recycling, 2013, 73 (4): 180 - 187.

［511］ Possamai J. P., Pescador A., Mayerle S. F., et al. Optimal commodity price stabilization as a multi-period spatial equilibrium problem: A supernetwork approach with public buffer stocks ［J］. Transportation Research Part E: Logistics and Transportation Review, 2015 (77): 289 - 310.

［512］ Power G. J., Turvey C. G. Long-range dependence in the volatility of commodity futures prices: Wavelet-based evidence ［J］. Physica A Statistical Mechanics & Its Applications, 2010, 389 (1): 79 - 90.

［513］ Rabin, Matthew. Incorporating fairness into game theory and economics ［J］. The American Economic Review, 1993, 83 (5): 1281 - 1302.

［514］ Radetzki M., Eggert R. G., Lagos G., et al. The boom in mineral markets: How long might it last? ［J］. Resources Policy, 2008, 33 (3): 125 - 128.

［515］ Randall A. Resource Economics: An Economic Approach to Natural Resource and Environmental Policy ［M］. New York: John Wiley& Son, 1987.

［516］ Ratti R. A., Vespignani J. L. Commodity prices and BRIC and G3 liquidity: A SFAVEC approach ［J］. Journal of Banking & Finance, 2015 (53): 18 - 33.

［517］ Rees W. E. Ecological footprints and appropriated carrying capacity: what urban economics leaves out ［J］. Environment & Urbanization, 1992, 4 (2): 121 - 130.

［518］ Reid C., et al. Life cycle assessment of mine tailings management in Canada ［J］. Journal of Cleaner Production, 2009, 17 (4): 471 - 479.

［519］ Roache S. K., Rossi M. The effects of economic news on commodity prices ［J］. Quarterly Review of Economics & Finance, 2010, 50 (3): 377 - 385.

［520］ Roberts M. C. Duration and characteristics of metal price cycles ［J］. Resources Policy, 2009, 34 (3): 87 - 102.

［521］ Robinson S., Yúnez-Naude A., Hinojosa-Ojeda R., et al. From stylized to applied models: Building multisector CGE models for policy analysis ［J］. North American Journal of Economics & Finance, 1999, 10 (1): 5 - 38.

［522］ Romer P. M. Increasing returns to long-run growth ［J］. Journal of Political Economy, 1986, 94 (5): 1002 - 1037.

[523] Śmiech S. , Papież M. , Dąbrowski M. A. Does the euro area macroeconomy affect global commodity prices? Evidence from a SVAR approach [J]. International Review of Economics & Finance, 2015 (39): 485 – 503.

[524] Sachs J. D. , Warner A. , Åslund A. , et al. Economic reform and the process of global integration [J]. Brookings Papers on Economic Activity, 1995, 1995 (1): 1 – 118.

[525] Sachs J. D. , Warner A. M. The curse of natural resources [J]. European Economic Review, 2001, 45 (4): 827 – 838.

[526] Salama A. , Nehring M. , Greberg J. Evaluation of the impact of commodity price change on mine plan of underground mining [J]. International Journal of Mining Science and Technology, 2015, 25 (3): 375 – 382.

[527] Sala-i-Martin X. , Subramanian A. Addressing the natural resource curse: An illustration from Nigeria [M] //Economic Policy Options for a Prosperous Nigeria. Palgrave Macmillan UK, 2008: 61 – 92.

[528] Sam Meng. How may a carbon tax transform Australian electricity industry? A CGE analysis [J]. Applied Economics, 2014 (46): 796 – 812.

[529] Sanders D. R. , Irwin S. H. Measuring index investment in commodity futures markets [J]. Energy Journal, 2013, 34 (3): 105 – 127.

[530] Sanders D. R. , Irwin S. H. A speculative bubble in commodity futures prices? Cross-sectional evidence [J]. Agricultural Economics, 2010, 41 (1): 25 – 32.

[531] Seo Y. , Morimoto S. Comparison of dysprosium security strategies in Japan for 2010 – 2030 [J]. Resources Policy, 2014 (39): 15 – 20.

[532] Shang D. , Yin G. , Li X. , et al. Analysis for Green Mine (phosphate) performance of China: An evaluation index system [J]. Resources Policy, 2015 (46): 71 – 84.

[533] Smit H. T. J. , Ankum L. A. A real options and gametheoretic approach to corporate investment strategy under competition [J]. Financial Management, 1993, 22 (3): 241 – 250.

[534] Smith A. Partially overlapping time series: a new model for volatility dynamics in commodity futures [J]. Journal of Applied Econometrics, 2005, 20 (3): 405 – 422.

[535] Smith J. E. , Mc Cardle K. F. Options in the real world: lessons learned in evaluating oil and gas investments [J]. Operations Research, 1999 (47): 1 – 15.

[536] Stijns J. P. C. Natural resource abundance and economic growth revisited [J]. Resources Policy, 2005, 30 (2): 107 – 130.

［537］ Tabak B. M. , Serra T. R. , Cajueiro D. O. Topological properties of commodities networks ［J］. The European Physical Journal B, 2010, 74 (2): 243 – 249.

［538］ Tachibanaki T. , Yokoyama Y. The estimation of the incidence of employer contributions to social security in japan ［J］. The Japanese Economic Review, 2008, 59 (1): 75 – 83.

［539］ Thur S. M. Refining the use of habitat equivalency analysis ［J］. Environmental Management, 2007, 40 (1): 161 – 170.

［540］ Tilton J. E. , Humphreys D. , Radetzki M. Investor demand and spot commodity prices ［J］. Resources Policy, 2011, 36 (3): 187 – 195.

［541］ Tilton J. E. Exhaustible resources and sustainable development: Two different paradigms ［J］. Resources Policy, 1996, 22 (1): 91 – 97.

［542］ Tokic D. Speculation and the 2008 oil bubble: The DCOT Report analysis ［J］. Energy Policy, 2012 (45): 541 – 550.

［543］ Tokic D. When hedging fails: what every CEO should know about speculation ［J］. Journal of Management Development, 2012, 31 (8): 801 – 807.

［544］ Torvik R. Natural resources, rent seeking and welfare ［J］. Journal of development economics, 2002, 67 (2): 455 – 470.

［545］ Tripathi S. , Sharma L. D. Energy security to energy independence ［J］. Current Science-Bangalore, 2005, 89 (11): 1790.

［546］ Turner K. Economics and wet land management ［J］. Ambio, 1991, 20 (2): 59 – 61.

［547］ Valdivia S. M. , Ugaya C. M. L. Life cycle inventories of gold artisanal and small-scale mining activities in Peru ［J］. Journal of Industrial Ecology, 2011, 15 (6): 922 – 937.

［548］ Viehman S. , Thur S. M. , Piniak G. A. Coral reef metrics and habitat equivalency analysis ［J］. Ocean and Coastal Management, 2009, 52 (3): 181 – 188.

［549］ Wang R. , Cheng J. , Zhu Y. , et al. Research on diversity of mineral resources carrying capacity in Chinese mining cities ［J］. Resources Policy, 2016 (47): 108 – 114.

［550］ Wang Y. , Zhang B. , Diao X. , et al. Commodity price changes and the predictability of economic policy uncertainty ［J］. Economics Letters, 2015 (127): 39 – 42.

［551］ Watkins C. , McAleer M. How has volatility in metals markets changed? ［J］. Mathematics and Computers in Simulation, 2008, 78 (2): 237 – 249.

［552］ Watkins C. , McAleer M. Pricing of non-ferrous metals futures on the London Metal Exchange [J]. Applied Financial Economics, 2006, 16 (12): 853 –880.

[553] Wei Y. M. , Wu G. , Fan Y. , et al. Empirical analysis of optimal strategic petroleum reserve in China [J]. Energy Economics, 2008, 30 (2): 290 –302.

[554] Westman W. How much are nature's services worth? [J]. Science, 1977 (197): 960 –964.

[555] Wilson J. D. Chinese resource security policies and the restructuring of the Asia-Pacific iron ore market [J]. Resources Policy, 2012, 37 (3): 331 –339.

[556] Wright P. M. , Dunford B. B. , Snell S. A. Human resources and the resource based view of the firm [J]. Journal of Management, 2001, 27 (6): 701 –721.

[557] Wright R. A. , Martin R. E. , Bland J. L. Energy resource depletion, task difficulty, and cardiovascular response to a mental arithmetic challenge [J]. Psychophysiology, 2003, 40 (1): 98 –105.

[558] Wu G. , Fan Y. , Liu L. C. , et al. An empirical analysis of the dynamic programming model of stockpile acquisition strategies for China's strategic petroleum reserve [J]. Energy Policy, 2008, 36 (4): 1470 –1478.

[559] Wu S. , Lei Y. Study on the mechanism of energy abundance and its effect on sustainable growth in regional economies: A case study in China [J]. Resources Policy, 2016 (47): 1 –8.

[560] Xiarchos I. M. , Fletcher J. J. Price and volatility transmission between primary and scrap metal markets [J]. Resources, Conservation and Recycling, 2009, 53 (12): 664 –673.

[561] Xu X. , Xu X. , Chen Q. , et al. The impact on regional "resource curse" by coal resource tax reform in China—A dynamic CGE appraisal [J]. Resources Policy, 2015 (45): 277 –289.

[562] Xu X. , Xu X. , Chen Q. , et al. The research on generalized regional "resource curse" in China's new normal stage [J]. Resources Policy, 2016 (49): 12 –19.

[563] Yamada E. Research on the estimation of energy security level of Japan in comparison with advanced nations [J]. Nippon Genshiryoku Gakkai Wabun Ronbunshi, 2007, 6 (4): 383 –392.

[564] Yamori N. Characteristics of Japan's Commodities Index and its Correlation with Stock Index [J]. Ssrn Electronic Journal, 2009, i (2): 6.

[565] Yellishetty M. , Haque N. , Dubreuil A. Issues and Challenges in Life Cycle As-

sessment in the Minerals and Metals Sector: A Chance to Improve Raw Materials Efficiency [M] // Non-Renewable Resource Issues. Springer Netherlands, 2012: 229 – 246.

[566] Young C. E. F. , da Motta R. S. Measuring sustainable income from mineral extraction in Brazil [J]. Resources Policy, 1995, 21 (2): 113 – 125.

[567] Yu J. , Zhang Z. , Zhou Y. The sustainability of China's major mining cities [J]. Resources Policy, 2008, 33 (1): 12 – 22.

[568] Yue Y. , Liu D. C. , Shan X. U. Price linkage between Chinese and international nonferrous metals commodity markets based on VAR-DCC-GARCH models [J]. Transactions of Nonferrous Metals Society of China, 2015, 25 (3): 1020 – 1026.

[569] Yuxiang K. , Chen Z. Resource abundance and financial development: Evidence from China [J]. Resources Policy, 2011, 36 (1): 72 – 79.

[570] Zafonte M. , Hampton S. Exploring welfare implications of resource equivalency analysis in natural resource damage assessments [J]. Ecological Economics, 2007, 61 (1): 134 – 145.

[571] Zhang H. J. , Dufour J. M. , Galbraith J. W. Exchange rates and commodity prices: measuring causality at multiple horizons [J]. Journal of Empirical Finance, 2016 (36): 100 – 120.

[572] Zhang Y. J. Speculative trading and WTI crude oil futures price movement: an empirical analysis [J]. Applied energy, 2013 (107): 394 – 402.